イスタンブル交易圏とイラン

世界経済における
近代中東の交易ネットワーク

坂本 勉
Tsutomu Sakamoto

慶應義塾大学出版会

凡　例

1. 本書を構成する諸論考は、これまで筆者自身が執筆・発表した著書、学術論文、エッセイを基にしている。このたび一書としてまとめるにあたり、構成、内容においてできるかぎり全体を統一し、一貫して通読できるようにするため、大幅な修正と加筆を施し、新たに序章と終章を書き加えた。章によってはすでに書いた複数の論文を部分的に引用、参照しつつ、新たな構想のもとに章節を再構成して書き直したものもあり、結果として元のものと体裁上、まったく違うかたちになったものもある。その典拠については巻末の「初出一覧」に明記したのでそれを参照されたい。

2. 註および文献目録に引用した史料、雑誌、新聞等の略語表は、巻末の全体の註の前に掲載した。

3. ペルシア語、トルコ語のアラビア文字のラテン文字転写は、原則として大塚和夫ほか編『岩波イスラーム辞典』(岩波書店、2002年) に拠っている。アミーノッザルブ Amīn-al Ẓarb のようなアラビア語起源の人名、称号をカタカナで表記する場合は分かち書きをせず一語として扱った。また、ペルシア語の二重母音は ey、ow で転写し、語末の h は、無音の場合、転写文字を表記していない。

4. ヒジュラ暦 (Khijrī)、イラン太陽暦 (Shamsī)、オスマン帝国財務暦 (Mālī) は、年次を示す数字のあとに次の略号を付して区別した。
　ヒジュラ暦　Kh.、イラン太陽暦　Sh.、オスマン帝国財務暦　M.

5. 引用史料、参考文献のなかで出版地、出版年が不詳の場合は、それぞれ n.p.、n.d. という略号を付した。

6. 引用文中の ( ) はより詳しい説明ないし同義の言葉であり、〔 〕は達意のために補った言葉である。

目　次

凡　例　i

序　章　イスタンブル交易圏のなかのイラン―――――――――――1
　1　中東イスラーム世界における都市形成と市・交易圏　1
　2　近代以前の中東イスラーム世界における交易圏の特徴　4
　3　交易圏をみる視角　7
　4　イスタンブルからイランにつながる交易ネットワーク　13

第1章　イスタンブルの中継貿易とイラン――――――――――――21
　はじめに　21
　1　アミーノッザルブとオスマン帝国の非ムスリム商人　24
　　1）イスファハーンからテヘランへの移住　24
　　2）ヨーロッパに延びるラッリ商会の交易ネットワーク網　29
　　3）トラブゾン＝タブリーズ・ルートの開設　32
　　4）ラッリ商会のイラン進出　35
　　5）ザカフカス・ルートの台頭と中継関税問題　40
　2　イスタンブルに延びるイラン商人の交易ネットワーク　45
　　1）ラッリ商会の撤退とアミーノッザルブの貿易活動　45
　　2）商業会議所設立をめぐるアミーノッザルブの経済観　49
　　3）イスタンブルにおけるイラン商人の活動　56
　3　中継貿易の変容と交易ネットワーク　62
　　1）トラブゾンの領事報告からみる対イランの中継貿易　62
　　2）綿製品の交易ネットワークとその変容　70
　おわりに　75

第2章　イランのアルメニア系商人の交易ネットワークと
　　　　　イスタンブル―――――――――――――――――――79
　はじめに　79
　1　アルメニア系商人アルセニアン家の相続争い　82
　2　訴訟・裁判の過程からみえるアルメニア系商人の交易ネットワーク　87
　おわりに　92

第3章 イランの絹貿易とオスマン帝国のギリシア系非ムスリム商人 ―― 95

はじめに 95
1 微粒子病と生糸貿易の衰退 96
2 オスマン帝国からの蚕種輸入 104
3 繭貿易の進展 113
4 タブリーズ経済の地盤沈下 121
おわりに 124

第4章 イランにおけるカーペット・ブームとイスタンブルの中継貿易 ―― 127

はじめに 127
1 絹から絨毯へ 130
2 カーペット・ブームを牽引する外国商会 140
3 絨毯産業に進出するイランの民族商人 147
4 イスタンブルにおける絨毯の中継貿易 154
おわりに 162

第5章 イランのタバコ・ボイコット運動とイスタンブル ―― 167

はじめに 167
1 二つのタバコ利権の共通点と違い 169
　1) オスマン帝国におけるタバコの主力品種＝トゥトゥン 169
　2) イラン特産の水タバコ用の品種＝タンバークー 171
　3) ペルシア帝国タバコ専売会社の設立過程 176
2 利権廃棄をめぐる攻防 179
　1) ボイコット運動の高揚と内国専売の廃止 179
　2) テヘランの騒擾事件 183
　3) 喫煙禁止令の解除をめぐるやりとり 186
　4) 補償交渉と輸出問題 189
3 オスマン帝国におけるタバコ利権問題 192
　1) トンベキ輸入専売会社設立へ向けての動き 192
　2) 利権申請の手続 195
　3) オスマン帝国にとってのメリット 197
4 利権撤回を求めるイスタンブルのイラン商人たち 202
　1) ヴァーリデ・ハンにおける抗議集会 202
　2) トンベキ専売会社の改組 204
5 トンベキ専売会社発足後のイスタンブルにおけるボイコット運動 206
　1) 専売制の開始 206

２）イスタンブルにおけるタバコ・ボイコット運動　209
　　６　イスファハーンにおけるボイコット運動の余燼　216
　　　１）商人による輸出会社の設立　216
　　　２）トンベキ輸入専売会社の抗議　220
　おわりに　223

終　章　変容するイスタンブル交易圏────────227
　１　コチュ最初のイスタンブル旅行　227
　２　弱体化する非ムスリム商人の経済力　229
　３　台頭するトルコ系の商人　233
　４　イスタンブルにおける綿紡績業の発展　237
　５　サバンジュ財閥のイスタンブル進出　240
　６　イスタンブル交易圏の新たなる胎動　244

註　249

文献目録　309
初出一覧　367
あとがき　369
索　引　377

序　章　イスタンブル交易圏のなかのイラン

1．中東イスラーム世界における都市形成と市・交易圏

　西アジアから北アフリカにかけての中東イスラーム世界を構成する諸地域は、ヨーロッパ、インド、東アジアなどの世界と比べて早くから商業、交易が発達したところである。これは、分業という現象が中東イスラーム世界において早くから出現したことが関係している。それは古代オリエントの時代に遡る生産力の高度な発展の結果ともいえるが、むしろ中東イスラーム世界が抱える風土的な条件、生態環境に左右されるところが大きい。
　中東イスラーム世界の農業は、降雨量が極端に少ない乾燥した過酷な気候条件のなかでおこなわれている。地理学的には砂漠気候、サバンナ気候、高山気候、地中海性気候に分けられる中東イスラーム世界は、属する気候帯の違いによって降雨量に多寡が見られる。そうしたなかで天水農耕がぎりぎりに可能だとされる年間250ミリ以上の降雨がある地域は、アナトリア、シリア・レバノンの海岸地帯、そして北アフリカの地中海沿岸地方など、わずかな地方に限られる。これ以外のところでは何らかのかたちで灌漑をおこなわなければ農耕ができない自然環境にある。このため、ナイル川やティグリス・ユーフラテス両川のような大河が流れるエジプト、イラクでは、そこから水を引きながら農業をおこなってきた。これに対して河川に恵まれないイランのようなところでは、カナートと呼ばれる、竪井戸と横井戸を組み合わせた独特の地下井戸網を掘り、大地に染みこんだ地下の融雪水を耕地に導きながら農耕を行う灌漑技術を発達させてきた[1]。

しかし、灌漑すらも行うことができない砂漠、ステップにおいては、農業以外に生活の糧を求めていかなければならない。ここから遊牧という生産・生活様式が中東イスラーム世界に広範に生まれてくる。そのタイプは、アラビア半島や北アフリカのサハラ砂漠で一般的な水場を探し求めて水平に移動をくり返す遊牧から、イラン、アナトリアにおいて典型的に見られる山腹の夏営地から平地の冬営地へと季節的に垂直移動を繰り返す遊牧までさまざまだが、中東イスラーム世界において遊牧は、農業と並ぶもう一つの重要な生産と生活の手段を成してきた[2]。

　中東イスラーム世界でみられるこのような早い時期からの分業の発達は、この世界がおかれる過酷な自然によるところが大きい。雨が多いか、少ないかによってその生産・生活様式は農業と遊牧の二つの形態に峻別され、このような対照的な生産と生活のアスペクトの違いこそが中東イスラーム世界に分業の発達を促してきたのである[3]。

　以上のような農村と遊牧社会とのあいだで見られる判然たる分業という状況は、それぞれの社会において生産できないものに対する渇望感を強め、ここから交換を行うための市（いち）が各地に出現する。中東イスラーム世界では農村も遊牧社会も自ら生産するものだけでは十分に満足のいく暮らしを成り立たせることができず、相互に補完し合い、共存関係をつくりあげていかなければならなかった。こうした双方の切実な欲求のなかから交換の場としての市（いち）が形成されてくる[4]。

　市（いち）ができる場は、ふつう農業と遊牧という二つの相異なる生業に従事する人びとが容易に出会うことのできる境界域につくられる。その形態は、はじめは周期的な定期市のかたちをとったと思われるが、時が経つにつれて中東イスラーム世界ではその多くが常設化し、それを核にして農村とも遊牧社会ともちがう集落の形態としての都市が形成され、それを交易の中心（エンポーリアム）として局地的な交易圏がつくられていった。そしてさらにこの局地的な交易圏は、他のそれと相互に外部ネットワークで結ばれ、より広域的な交易圏を形成していくようになる[5]。

　中東イスラーム世界は、古くから国際的な中継貿易を通じて経済的に繁栄してきたところである。これを可能にしたのは、まず何よりもこの地域が

インド洋と地中海という二つの海域に挟まれ、またアジア、アフリカ、ヨーロッパの三大陸の結節点に位置するという地理的な条件のよさであった。しかし、それ以上に重要なのは、生態環境の違いによる分業の発達によって早くから市と都市が生まれ、そこから広狭の交易圏が形成され、そのネットワークを使って商品と商人が行き交う重層的な交易システムが中東イスラーム世界でつくられ、それが他のどの世界よりも発達したことであった。これが中東イスラーム世界をヨーロッパとアジア・アフリカの各地を結ぶ国際的な中継地にし、商業をさかんにしてきたのである。

　このような強固な交易システムは、今に至るまで中東イスラーム世界を特徴づける伝統として脈々と受け継がれている。本書はこれを踏まえて歴史的にはさまざまなかたちで形成されてきた交易圏のうち、近代以降イスタンブルを交易の中心とし、イランにまで延びる交易ネットワークとそれによってつくり上げられる広域的な交易圏を取り上げ、そこを動く商品、それを仲介する商人を通してオスマン帝国からイランにまたがって形成された、国を越えた地域的な経済圏の問題、在り方を経済史の観点からヨーロッパの資本主義経済が主導するグローバル化した世界経済のなかに位置づけ、考えていこうとするものである。

　1830年代末から40年代はじめの時期にかけて、ヨーロッパ諸国はオスマン帝国、イランと相次いで自由貿易主義にもとづく通商条約を結び、ほぼ時を同じくして両国をヨーロッパ資本主義経済の商品と資本の市場に取りこんでいった。しかし、これに対してオスマン帝国とイランの現地商人は、イスタンブルを境域市場にして両国の市場に進出しようとするヨーロッパの商人に対抗して、むしろそれまで培ってきた自らの交易ネットワークを強化・再編し、それをオスマン帝国からイランにまたがる強固で広域的な交易圏に昇華させて流通の主導権を握っていこうとした。

　このように中東イスラーム世界の広域的交易圏は、近代になってもヨーロッパのそれに十分に対抗できるだけの強さを残していたが、これについて論じる前にあらかじめ時代を遡って近代以前における中東イスラーム世界の広域的な交易圏が歴史的にどのようなものであったのか、その伝統が近代における中東イスラーム世界の交易圏の強さにどのようにつながっていたのか、

ヨーロッパの例と対比させながら見ておくことにしたい。

2．近代以前の中東イスラーム世界における交易圏の特徴

　11-15世紀のヨーロッパと比較して際立つ同時期の中東イスラーム世界の特徴は、局地的な交易圏の核となる都市のなかに早くから常設の市・店舗が出現し、これが定期市よりも重要な役割を果たしてきたことである。これはペルシア語でバーザール bāzār、アラビア語でスーク sūq、トルコ語でチャルシュ çarşı と呼ばれるが、こうした常設店舗の連なる恒久的な市場空間は、アッバース朝の首都バグダード、マムルーク朝の首都カイロの例から明らかなように、中東イスラーム世界では早い時期から発達していた[6]。これに対してヨーロッパでは11世紀以降、「商業の復活」によって中世都市が形成されてくるが、その過程でつくられてくる市(いち)は、ほとんど週市のかたちをとるのが普通であり、局地的交易圏における流通は、かなり後の時代まで常設の店舗ではなく、もっぱらこの都市の広場で開催される週市に依存して行われていた[7]。

　ヨーロッパと比較して見えてくる、もう一つの中東イスラーム世界の特徴は、遠隔地貿易の売買・取引の場となる恒久的な市場空間が都市の内部に設けられ、広域的な交易と局地的な交易とが乖離せず、有機的に結びついて全体として強力な交易システムをつくりあげていたことである。中東イスラーム世界の都市では局地的な交易圏の流通を担う常設店舗の市場や定期市が開かれる広場等に隣接して、ペルシア語でキャラバンサライ kārvānsarā、アラビア語でフンドゥク funduq、トルコ語でハン han と呼ばれる商業施設がつくられ、これが遠隔地貿易の売買・取引の場になっていた。これを通じて局地的な交易圏の中心となっているそれぞれの都市は、外の世界とつながり、他の都市と商業的に緊密なネットワークで結ばれ、地域や国、さらには国を越えた広域的な交易ネットワークの環を重層的に形成していた。中東イスラーム世界においては、局地的な交易と広域的な交易をそれぞれ担う市場装置が相接するかたちで都市のなかにあるのが普通であり、それらが相互補完的に機能し、全体として経済的にまとまりのある広狭の交易圏がつくり出さ

れていた[8]。

　これに対してヨーロッパでは、地中海方面での香辛料などの遠隔地貿易で成長を遂げたイタリア諸都市と、毛織物業およびバルト海・北海方面との貿易で経済的な力をつけたハンザ同盟都市を南北の両軸とする国際的な交易ネットワークが11世紀以降形成されてくるが、そこでの遠隔地貿易の取引・決済は、ある時期まで都市のなかでは行われず、それとはまったく別な場所で開催される規模の大きな定期市、いわゆる「大市」で行われるのが普通であった。その代表が12世紀半ばから14世紀半ばの時期にかけて最盛期を迎えるシャンパーニュの大市である。この大市にフランドルから毛織物、ヴェネツィアから香辛料などの遠隔地商品が持ちこまれ、そこで取引・交換がされた後、各地に流通していくというかたちをとるのが当時のヨーロッパでは支配的であった[9]。

　ヨーロッパでも、ヴェネツィアやブリュージュのような都市には商人が倉庫兼宿泊施設として使うフォンダコと呼ばれる商館が建てられ、これが遠隔地貿易の取引・決済の場として利用されることもなかったわけではない。しかし、その出現は時期的にかなり遅く、それ以前において遠隔地貿易の最終的な交換・流通の段階を押さえていたのは大市であった。これがヨーロッパの広域的な交易においては優勢だったのである[10]。

　局地的な交易と広域的な交易がそれぞれ別な場所で行われていたヨーロッパにおいて、遠隔地貿易の取引の場・市場空間が都市につくられてくるようになるのは、中東イスラーム世界に比べてかなり遅れ、14世紀半ばにシャンパーニュの大市が衰退し、これに代わってジュネーブ、リヨンで開催されるメッセに大市の機能が引き継がれてから以降のことである。これが発展して15世紀前半、アントウェルペンにヨーロッパ最初の商品取引所が開設され、以後、アムステルダム、ロンドンにも同様のものがつくられた。これによってようやくヨーロッパにも遠隔地貿易の取引が行われる市場空間が都市のなかに出現したということができる[11]。

　これと対照的に中東イスラーム世界では早くから広狭の交易圏とその市場装置を有機的に結びつけながら、ヨーロッパとインド、東南アジア、東アジア方面との間をつなぐ国際的な中継貿易が行われ、ヨーロッパを経済的には

るかに凌駕する状況が生まれていた。とくに重要だったのは、家島彦一の先駆的な研究が明らかにするように、地中海からエジプト、紅海を経てアラビア海へと抜けるインド洋海域を覆う広域的な交易圏を使った国際的な中継貿易である[12]。

　カイロを交易の中心とし、アレクサンドリアから紅海沿岸の諸港市、イェメンのアデン、インド南西部マラバール海岸のカリカットへと延びる、エジプト・紅海を基軸とする交易ネットワークによってつくり出されるこの広域的な交易圏は、10世紀後半以降、イラクとペルシア湾を基軸とする交易ネットワークに代わる国際交易の大動脈となった。その流通を支えたのは、11世紀半ばから15世紀後半にかけて活躍した、カイロに本拠を置くカーリミーと呼ばれるアラブ・ムスリム商人たちである。「胡椒と香料の商人」とも別称されるこの商人集団は、船の建造、船団の編成、資本においてたがいに協力しながら、ネットワークに沿って点在する諸都市・港市に設けられたフンドゥク（商館）、船宿を交易の拠点にして代理人（ワキール）を配し、また地元の仲介商人と緊密な関係を構築しながら国際的な中継貿易を精力的に行っていた。この香辛料貿易を独占するカーリミー商人の交易ネットワークは、ヨーロッパ商人の市場への参入を峻拒するほど強力であり、ヴェネツィアをはじめとするイタリア商人ですら、地中海の要港アレクサンドリアを窓口にして香辛料を買いつけることしかできなかった[13]。

　家島と同じように、このカーリミー商人がつくる強固なな交易ネットワークを高く評価するアメリカの歴史社会学者アブー＝ルゴド Abu-Lughod は、ウォーラーステイン Immanuel Wallerstein が提起する近代世界システム論に触発されて16世紀以前の前近代においても「世界システム」と呼べるものが存在し、そのなかでアラブ・ムスリム商人たちのつくる広域的なネットワーク、交易圏は枢要の位置を占めていたと主張する。アブー＝ルゴドが念頭におくこの世界システムとは、16世紀以降資本主義を発展させたヨーロッパを中核地域とし、その覇権をもって他の非ヨーロッパ諸地域を経済的に従属させ、周縁化していった近代世界システムとは構造的に違うものとして理解されている。

　アブー＝ルゴドによれば、16世紀以前における前近代の世界には、相対

的に対等な関係にある八つの広域的な交易圏、アブー＝ルゴドが使う用語に従うと「サブシステム」が並立し、たがいに覇権を行使することなく、交易を通じて緩やかに結びつき、12世紀末から14世紀はじめの時期に統合の度合いを強め、不均衡ではあるが共存、共栄のシステムをつくっていた。こうした世界経済の在り方をアブー＝ルゴドは16世紀以降形成されてくる近代世界システムに先行する「前近代の世界システム」と名づけ、そのなかで中東イスラーム世界の広域的な交易圏は、国際的な中継貿易を通じてヨーロッパをはじめとする他のどの交易圏よりも優位に立っていたことを強調するのである[14]。

しかし、こうした中東イスラーム世界の広域的な交易圏が占める優越した状況は、内的には黒死病の蔓延と14世紀前半にマムルーク朝が導入した香辛料の強制的な購入制度・専売制によってカーリミー商人の力が弱まり、外的には15世紀末にポルトガルがインド洋海域へ進出してきたことによって失われていった。これによって16世紀以降、経済の中心はヨーロッパに移り、世界は資本主義経済とそれによってつくられる近代世界システムに徐々に包摂されていく、とアブー＝ルゴドは論じるのである[15]。

しかしながら、このように16世紀を境にしてヨーロッパを中心に形成された近代世界システムが拡大していくなかで、中東イスラーム世界にあった広域的な交易圏が、それまでに培ってきた力を完全に失ってしまったのかどうかについては、慎重に検討しなければならない問題である。以下、これをめぐる議論、研究動向を紹介し、16-18世紀における中東イスラーム世界の広域的な交易圏の状況についてみておくことにしよう。

3．交易圏をみる視角

近年、交易圏という概念を使ってアジア各地の歴史を見なおしていこうとする動きがさかんである。16世紀以降のヨーロッパでいちじるしい発展、増殖をはじめた資本主義経済は、自らの交易圏のなかにそれまで独立に存在してきた複数の非ヨーロッパ世界の交易圏を呑みこみながら生産、流通、消費、すべての面で一体化を推しすすめていこうとした。こうした趨勢のなか

でアジアはいかなる対応をしたのか、それを再検討してみようというのが新しい研究の流れとしての、いわゆる「アジア交易圏論」といわれるものである。

　ヨーロッパの資本主義経済は、最初に南北アメリカとアフリカ大陸の西部諸地域を取りこんで広域的な環大西洋交易圏をつくり上げた。次いでその触手を喜望峰を東に迂回するインド洋海域に延ばし、さらに南シナ海から東シナ海周辺の海域に広げてその交易圏のなかに組みこんでいこうとした。しかし、これに対して 16-18 世紀のアジアは、大航海時代以前から培ってきた交易ネットワークでもって対抗し、ヨーロッパ主導のグローバル化をめざす交易システムに容易に包摂されない力をなお保持しようとした。ヨーロッパを中核地域とし、その他の諸地域を従属地域とみなすウォーラーステインに代表される近代世界システム論に異議を唱え、非ヨーロッパ諸地域、とりわけアジアにおける伝統的な交易ネットワークの強さ、自律性を強調しようという考え方がアジア交易論には通底している[16]。

　これを中東イスラーム世界の広域的な交易圏のなかでももっとも重要な位置を占めるインド洋海域を例にとって見てみると次のように言うことができよう。1509 年インド・グジャラート地方のディウ沖合でおこなわれた海戦でマムルーク朝とグジャラート・カリカットの連合艦隊を破ったポルトガルは、インド洋海域における香辛料貿易を独占していこうとした[17]。しかし、実際には古くからそこに根をはり、ネットワークを張りめぐらしていた商人の交易活動にとって代わることはできなかった。12 世紀以降、アラビア海・インド洋西海域で香辛料貿易を押さえていたエジプトのカーリミー商人の交易ネットワークは、すでに述べたように 15 世紀前半には弱体化し、これに代わってインド西北の諸港市に拠るグジャラート商人が台頭してくるが、ポルトガルはその交易ネットワークを切り崩すことができず、香辛料貿易に直接参入していくことができなかった。

　グジャラート商人の交易ネットワークは、トメ＝ピレス Tomé Pires によって「カンバヤ〔グジャラート〕は二本の腕をのばし、右手でアデンを握り、一方の手でマラカ〔マラッカ〕を握っている」と形容されるように、アラビア海・インド洋西海域のみならずベンガル湾と現在のインドネシア島嶼

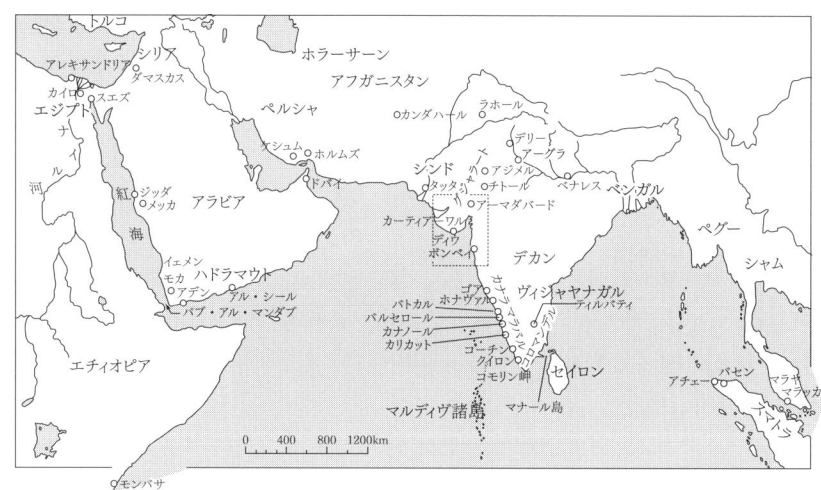

付図1　インド洋海域とグジャラート商人
出所：M・N・ピアスン（生田滋訳）『ポルトガルとインド』（岩波書店、1984 年）15 頁。

部にも及ぶ広大な海域をカバーしていた[18]。そこを舞台にグジャラート商人は、胡椒をインド西海岸のマラバール地方、ジャワ、スマトラ両島から仕入れ、また丁子、肉豆蔲、メイスなどの香料をモルッカ諸島にまで進出して買い付け、それをアデン・紅海方面へと送る中継貿易をおこなっていた[19]。

　これに対してインド洋海域での香辛料貿易の独占・支配をはかろうとするポルトガルは、従来通り交易活動を続けるグジャラート商人の船を攻撃し、拿捕しようとするが、グジャラート船は巧みにポルトガルの監視網をくぐり抜け、交易活動を続けた。その結果、ポルトガルは香辛料貿易の完全な独占を諦め、グジャラートの船に通行証（カルタス）を発行してそれを所有する者のみが交易活動ができるとし、それと引き替えにゴアやディウといったポルトガル人が建設した要塞・港市で関税を支払わさせることで妥協せざるを得なかった[20]。要するに、ポルトガルは、グジャラート商人の古くからの交易ネットワークへの課税を通じて既存市場へ参入するというかたちでしか、インド洋海域での香辛料貿易を行うことができなかったのである[21]。

　インド洋海域で見られるこのような現地商人の交易ネットワークの強さは、17 世紀前半以降さかんになってくるオスマン帝国の海港都市を中継地とし

てイランから地中海・ヨーロッパ方面に向けて送られた絹の広域的な中継貿易においても認められる[22]。中国を原産地とする絹は、ある時期までその養蚕技術は門外不出のものとされていた。しかし、時が経つにつれてそれは中央アジアからイラン、アナトリア、シリアに伝わり、7世紀頃から中東イスラーム世界は重要な絹の生産地になっていった。なかでも良質の繭、生糸の産地として知られるようになるのがイランのカスピ海南岸地方である[23]。ここから16世紀半ば以降、まずシリア北部の中心都市アレッポに向けて交易路が拓かれ、次いで17世紀前半になると、それとは別の交易路がイランからエーゲ海に面するアナトリアの海港都市イズミルにも通じ、広域的な交易ネットワークが形成されていった。

　アレッポとイズミルというオスマン帝国の二つの都市をそれぞれ交易の中心とする、これら二つの広域的な交易ネットワークを使って絹を流通させるのに大きな役割を果たしたのは、イランとアナトリアとの間の境界域を故郷とし、古くから国際商人として活躍していたアルメニア系の非ムスリム商人である。オスマン帝国によってビザンツ帝国の首都コンスタンティノープルがまだ攻略されていない時期においてこれらの商人は、カスピ海南岸地方の産地から絹を買いつけ、それをイラン西北部アゼルバイジャン地方の中心都市タブリーズからオスマン帝国領のブルサに持っていってそこでコンスタンティノープルのガラタの居留地からやって来るジェノヴァ商人に売り渡すということをやっていた[24]。

　しかし、ブルサを境域市場とするこのイランからアナトリアにかけての地域を横断する交易路は、1514年のチャルディランの戦い以降、1590年代はじめまで続くオスマン帝国とサファヴィー朝との間の長期にわたるアゼルバイジャン地方の領有権をめぐる攻防戦の影響を受けて、しばしば通行と輸送の安全を脅かされた。このため、アルメニア系の商人は、1550年頃からブルサからイスタンブルに抜ける中継貿易路に代わる新しい道としてタブリーズからヴァン、ディヤルバクルを経てアレッポに抜けるルートを開拓し、これをヨーロッパ向けの絹貿易の大動脈に変えていった[25]。

　1587年にサファヴィー朝の王位に即いたシャー・アッバース Shāh ‘Abbās は、絹輸出を国の専売制に切り替え、1605年にはアゼルバイジャン地方を

流れるアラス川畔の町ジョルファーを拠点に商業活動を続けてきたアルメニア系の商人を首都イスファハーンに強制移住させ、絹の広域的な交易ネットワークの再編を試みた。こうしたなか、アルメニア系の商人は国から絹を独占的に流通させる権利を与えられ、従来通りアレッポへの道を使って絹の中継貿易を続ける一方、17世紀前半になると、カスピ海南岸地方の絹の産地からアゼルバイジャンのタブリーズ、アナトリアのエルズルム、シヴァス、トカトの諸都市を経てイズミルへと抜ける新しいルートを開拓し、絹の中継貿易を発展させていった[26]。

　イズミルでは17世紀初め以降、大小メンデレス川の流域に広がる後背地でチフトリキと呼ばれる私的大土地所有制が発展し、町はそこで生産される農産物、畜産品、皮革製品、手工業製品が集散する局地的な交易圏の流通センターになっていた。これと並行してイズミルは、イランからもたらされる絹をヨーロッパに向けて積み出す国際的な中継貿易港としても発展し、17世紀半ばを過ぎるとアレッポを凌ぐ絹の広域的な交易圏の中心になっていった[27]。

　これにはイズミルへの道が安全で匪賊が出ず、通行税が安いということも理由になっていたが、一方においてヨーロッパにおける絹に対する需要の高まり、絹織物業の変化も関係していた。13世紀半ば以降イタリアのルッカ、フィレンツェで勃興し、その後ミラノ周辺地域に広まったヨーロッパの絹織物業は、16世紀になるとフランスのリヨンに広がり、そこが中心になっていくが、この町で原材料として使われる繭・生糸はマルセイユを通して輸入されていた。この地中海の港にとってイズミルはアレッポと比べるとはるかに近く、この距離の差がイズミルをイラン産の絹をヨーロッパに中継する境域市場として発展させていったのである[28]。

　以上のようにアレッポとイズミルをそれぞれ交易の中心とする二つのルートを使ってイランからアナトリアにまたがる地域で絹の中継貿易を行うアルメニア系商人のネットワークに対抗して、ヨーロッパの商人はそれに取って代わるものをつくり出し、中東イスラーム世界の市場への進出をはかろうとしたが、それを切り崩すことはできなかった。彼らは地中海海域からイラン・カスピ海方面に向けてその交易ルート、ネットワークを延ばそうとア

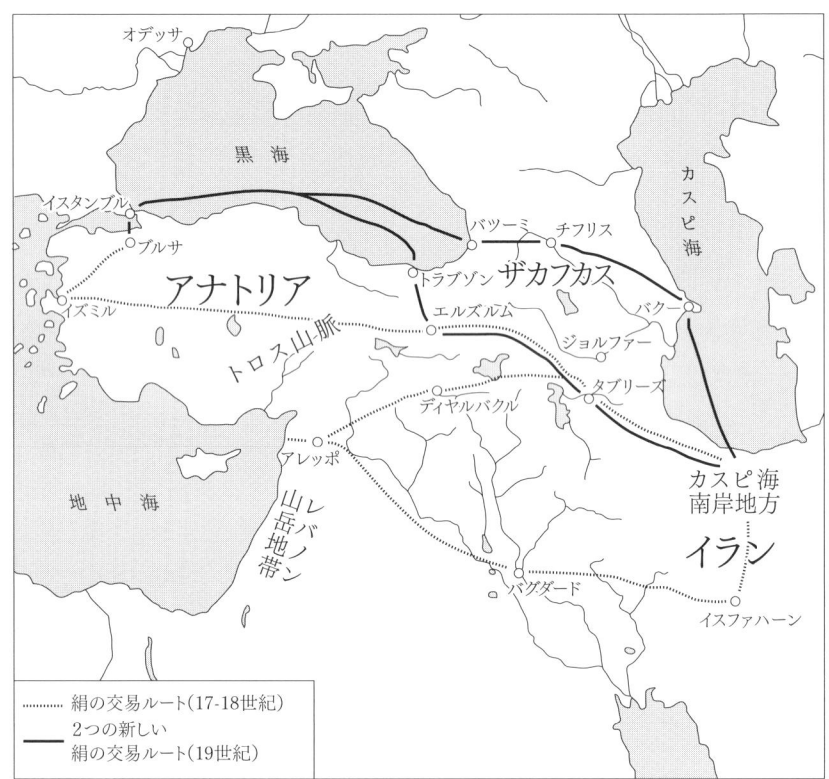

付図2　交易ルート
出所：坂本勉「中東イスラーム世界の国際商人」（岩波講座『世界歴史15　商人と市場』所収、1999年3月）218頁。

レッポ、イズミル、その他のオスマン帝国の海港都市に居留地、商館を設け、そこを拠点としながらオスマン帝国からカピチュレーションを得てさらに内陸に向けて自らのネットワークを拡げていこうとした[29]。

　しかし、このようなかたちの絹の中継貿易は、ヨーロッパ商人の思惑どおりには進まなかった。カピチュレーションというと、オスマン帝国のヨーロッパ諸国に対する恩恵、寛容性の面が強調される嫌いがあるが、実際にはヨーロッパの商人が居留地を離れて交易を行おうとすると、イスラーム法官（カーディー）に願いを出さなければならず、移動において完全に自由とは言えなかった。また、ヨーロッパの商人にとってアナトリアからイランにかけ

て延びる隊商の世界、輸送手段を自分たちのものにするということはきわめて困難なことであった。関税にかんしてもある時期までアルメニア系の商人をはじめとする在地の商人と比べると高く設定されており、これが制約となってヨーロッパ商人の絹貿易への参入を難しくしていた[30]。このため、ヨーロッパの商人はイランからアレッポないしイズミルにまで延びるアルメニア系商人の交易ネットワークに頼ってそれを行っていかざるをえなかったのである[31]。

4．イスタンブルからイランにつながる交易ネットワーク

　16-18世紀のイスタンブルの経済のなかで対外貿易が占める割合は、同時期のアレッポ、イズミルと比べると小さかった。当時のオスマン帝国は、自ら消費するものは輸入に頼らず、自国で生産されるもので賄っていくという「地大物博」への自負が強く、これが全体として貿易を抑制する消極的な経済政策となって現れ、それが首都のイスタンブルにも反映してこの町を国際的な交易都市としてはアレッポ、イズミルの後塵を拝する都市にしていたのである[32]。

　しかし、イスタンブルは、オスマン帝国最大の消費都市としてその需要と消費を満たしていかなければならず、経済的にはそれに応じた交易をしていくことも求められた。イスタンブルは帝国領内のどの都市よりも突出した人口を擁する町であり、ここに住む人たちが生活していく上で必要な食料、その他の必需品の確保は必須の課題であった。また、手工業生産に従事するエスナーフの職人に原材料を供給し、首都に駐屯する軍隊に糧食、軍服等を提供することもこの都市がやるべき重要な責務のひとつであった[33]。このため、イスタンブルは帝国内外からこれらのものを調達する体制を整えていくが、なかでもイスタンブルの日常生活を支える上で重要だったのは、黒海周辺に広がる諸地域である。

　黒海の西北に位置するオスマン帝国領のモルダヴィア・ワラキアとブルガリア、そしてオスマン帝国の宗主権下に置かれたクリミア・ハン国領の黒海北岸地方は、古くから豊かな農業・遊牧地域として知られる。これらの諸地

域で生産される小麦、大麦、粟、穀類、牛、羊、鶏などの食肉類、バター、その他の畜産物、魚、そして野菜・果物、塩等は、イスタンブルの食生活にとって必要不可欠であり、このためイスタンブルはこの黒海周辺域を町の消費にとって最大の供給地として位置づけ、そこにつながる海上の交易ネットワークを拡充・再編しながら、自らの広域的な交易圏の一部にしていった[34]。

この黒海周辺域とイスタンブルとの間を船で往き来し、小麦などの食料を買いつけてそれをイスタンブルにもたらす交易に従事していたのは、主としてオスマン帝国籍のギリシア系・アルメニア系の非ムスリム商人である。1453年のコンスタンティノープル征服以前において黒海に交易ネットワークを張りめぐらし、商業的な主導権を握っていたのは、ジェノヴァ、ヴェネツィアの商人をはじめとするイタリア商人であった。しかし、オスマン帝国はビザンツ帝国を滅して首都をイスタンブルに遷すと、この都市の食糧を独占的に確保していくという見地から外国の商人・船が黒海に入って交易活動をすることを全面的に禁止した[35]。16世紀を過ぎるとフランス、イギリスをはじめとするヨーロッパの商人は、オスマン帝国から相次いでカピチュレーションを獲得し、領内各地で交易することを認められるようになるが、イスタンブルから先の黒海周辺の広域的な交易圏だけは、例外的にオスマン帝国の商人の活動しか許されない「閉じられた海」とされた[36]。

しかし、こうしたオスマン帝国による交易の独占的な状況も、1768-74年にオスマン帝国と帝政ロシアとの間で露土戦争が起きると破られる。敗北を喫したオスマン帝国は、1774年に結んだキュチュク・カイナルジャ条約でロシア商船の黒海での自由航行権を認め、次いで1784年のコンスタンティノープル条約によってオーストリアに帝政ロシア領となった黒海北岸の港への寄港および自由航行権が認められ、さらに1798年のナポレオンのエジプト遠征後に締結された1802年の講和条約によってフランスおよびイギリスにも同様の権利が与えられた[37]。

これによって黒海は、もはやオスマン帝国の商人・船だけが交易を独占していける海ではなくなり、19世紀はじめには毎年900隻にも及ぶヨーロッパの商船がイスタンブルからボスフォラス海峡を北上して黒海に交易を行うために入って行った。ヨーロッパにとってとくに重要だったのは、黒海北岸

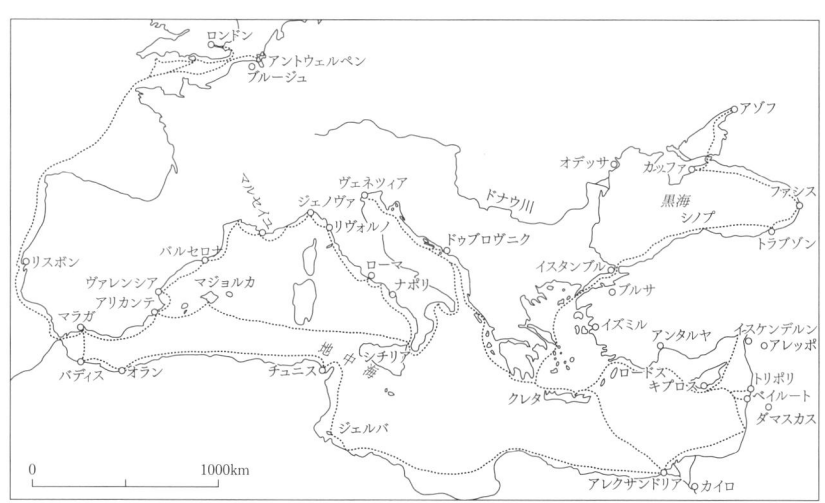

付図3　黒海・地中海周辺図
出所：Halil İnalcık & Donald Quataert, *An Economic and Social History of the Ottoman Empire, 1300-1914*, Cambridge University Press, 1994, p. 318.

の広大な穀倉地帯である。ここで生産される小麦は、18 世紀末のフランス革命とその後に続くナポレオン戦争によって混乱するヨーロッパの穀物市場の不足を補うものとして需要が急増し、黒海周辺域はヨーロッパにとって欠かすことのできない小麦の供給地、広域的な交易圏に変えられていったのである[38]。

　これに続いて 1828-29 年の露土戦争で再び敗北を喫したオスマン帝国は、エディルネ（アドリアノープル）条約でオスマン帝国領である黒海東南岸の港へのヨーロッパ商船の寄港を認めることを余儀なくされ、その結果としてイスタンブルから黒海東南岸の港トラブゾンまで蒸気船航路が開設された。これによって国は違うが黒海東南の奥に広がる後背地としてのイランがイスタンブルにつながる広域的な交易圏のなかに取りこまれていった。これ以降、黒海航路を開設したイギリスをはじめとするヨーロッパ諸国は、トラブゾンからキャラバンを使ってイラン西北部の都市タブリーズ方面に向かう道を拓き、イスタンブルを中継地、境域市場とする対イラン貿易に積極的に取り組んでいくようになる。

この黒海を走る蒸気船と陸路を行く伝統的な隊商とを組み合わせて拓かれた新しい交易ルートは、それまで絹の交易ルートとして利用されてきたアナトリアとイラン高原を東西に横断し、アレッポ、イズミルを中継地とする長大な交易ルートに比べると、黒海の奥のトラブゾンまで船で行くため大幅に時間を短縮でき、ヨーロッパの対イラン貿易の幹線ルートになっていった[39]。
　このイスタンブルからトラブゾン、タブリーズへと抜けるルートを開拓し、イランへの中継貿易を積極的に行っていくようになるのは、オスマン帝国とその奥に広がるイランを自国の主要な輸出品である綿製品の有望な市場にしていこうとするイギリスであった[40]。1825年にレヴァント会社を廃止し、地中海方面での自由貿易主義体制の確立をはかったイギリスは、1838年と1841年に時を前後してそれぞれオスマン帝国およびイランと新しい通商条約を結び、オスマン帝国のみならず、黒海を通じてイスタンブルとつながるようになったイランをもその自由貿易主義にもとづく交易システムのなかに並行して取りこんでいこうとした[41]。
　他のヨーロッパ諸国も、この後、同様の通商条約をオスマン帝国、イランと結び、イスタンブルを中継地とする対イラン貿易に乗り出していく。しかしながら、ヨーロッパの商人は条約によって恣意的な内国関税から解放され、移動の制限を受けずにどこでも自由に取引・売買することを法的に保障されたにもかかわらず、実際には言葉の壁と複雑な商慣習に阻まれ、思うように現地の市場に奥深く入っていくことができなかった。
　このイスタンブルから黒海を介してイランに向かう交易路は、もともとは黒海周辺域におけるオスマン帝国の交易の独占を打破するために、ヨーロッパの商人が新たに開いたものである。しかし、その交易ネットワークを思うようにヨーロッパ商人が伸ばしていけないのを見てとったオスマン帝国の非ムスリム商人は、逆にその隙を突くようにしてこの交易路を使う対イラン貿易に果敢に参入し、ヨーロッパ商人の交易ネットワークを脅かして東方への広域的な交易ネットワーク網の拡大に努めていく。1837年にイスタンブルに拠点を置くギリシア系の非ムスリム商人が、カスピ海南岸地方から絹を買いつけ、イスタンブルを中継地としてヨーロッパに再輸出する目的でイランのタブリーズに支店を出すのは、その嚆矢ということができる。これ以降、

4．イスタンブルからイランにつながる交易ネットワーク

イランの対ヨーロッパ向けの絹貿易は、それまでのアレッポ、イズミルを中継地とし、イランのアルメニア系商人によって担われてきたそれに代わって、イスタンブルに本拠を置くオスマン帝国のギリシア系の非ムスリム商人によって担われていくようになる。

また、イランの商人もオスマン帝国の非ムスリム商人の動きに刺激されて同じようにタブリーズからトラブゾンを経てイスタンブルに至る新しい交易路を使ってヨーロッパの商人に対抗するかたちで中継貿易に乗り出していった。南部のペルシア湾しか海への出口をもたないイランにとって、黒海によってつながるイスタンブルは、もっとも短い時間で行ける対ヨーロッパ貿易の窓口であった。このため、イランの商人はそのネットワークをイスタンブルにまで延ばし、対ヨーロッパ貿易を行っていこうとしたのである。

オスマン帝国の非ムスリム商人とイランの商人は、近代以前から培ってきた現地におけるそれぞれのノウハウと人脈を使いながら、この新しく開かれたイスタンブルからトラブゾン、タブリーズを経てイランに至る交易路にそのネットワークを張りめぐらしていった。オスマン帝国の非ムスリム商人とイランの商人によってそれぞれの国境を跨いでつくられた二つの広域的な交易ネットワークは時に拮抗することもあったが、全体としてみるとヨーロッパ商人のそれに対して相互に連携する協業的な交易ネットワークとして機能し、ヨーロッパの商人がつくろうとする広域的な交易ネットワークに対抗できる、強固で重層的な広域的交易圏をオスマン帝国とイランという国の境界を越えて形成していった。

これに対してヨーロッパの商人は、次第にこれらオスマン帝国の非ムスリム商人とイランの商人がつくる広域的な交易ネットワークに強く依存しながら、対イラン貿易を行っていくことを余儀なくされていくようになる。ヨーロッパの商人にとってイスタンブルから先のイランに通じる市場の状況は馴染みが薄く、このため、それに精通、熟知するオスマン帝国の非ムスリム商人やイランの商人の手を借りて行っていかなければならなかった。この過程でイスタンブルは、19世紀以降そこに拠点を置くオスマン帝国の非ムスリム商人を介してヨーロッパの商人とイランの商人とが出会う境域市場としての重要性を高め、国際的な交易都市として大きく発展していったのである。

本書の目的は、近代以降さかんになってくるイスタンブルを交易の中心とし、黒海を介してイランに向かって開かれた「イスタンブル交易圏」と名づけることのできる国を越えた広域的な交易ネットワークのなかで流通した綿製品、絹、絨毯、タバコを具体的な商品として取り上げ、それらをめぐってオスマン帝国の非ムスリム商人とイランの商人、そしてヨーロッパの商人が相互に拮抗、共存しながらそれぞれどのような交易活動を行っていたのか、その力関係を見ながらイランからイスタンブルにつながる広域的な交易圏の実際の在り方を分析していくことにある。

商業、経済の問題は、改めて指摘するまでもなくイランという一国だけで完結するものでなく、周辺諸国と国の境界を越えて密接なかたちでつながっている。とくに19世紀以降、イランはオスマン帝国とほぼ時を同じくしてヨーロッパ資本主義経済が主導するグローバルな世界経済のなかに取りこまれ、その商品輸出、資本輸出の波にさらされた。これを相互に連鎖するオスマン帝国とイランにおけるモノの流れ、交易の問題にしぼって関係づけ、比較していくことが本書の一貫してめざす視点である。

ウォーラーステインは、『近代世界システム 1730-1840s』およびオスマン帝国の近代世界システムへの組み込みに関して論じた一連の論文のなかで、18世紀半ば以降、オスマン帝国の経済、とくにその生産過程がヨーロッパを中核地域とする資本主義経済の分業体制とそれを構成する商品連鎖の環のなかに組みこまれ、結果としてオスマン帝国の貿易構造がヨーロッパからの工業製品の輸入、ヨーロッパ向けの工業用原材料および農産物の輸出に偏するようになり、従属化、周縁化が進んだと主張する。その論拠として彼が挙げるのは、オスマン帝国の領内では経済的に先進地域であったバルカンと、イズミルを中心とするエーゲ海地方で18世紀以降広く出現するようになるチフトリキ（在地の名望家層などによって集積された私的な大所有地・経営地）において綿花やタバコ、トウモロコシ等の換金作物の栽培が創出され、規模が拡大して国外への輸出をめざして市場指向性を強めたという指摘である[42]。

しかし、このウォーラーステインの論に対しては、チフトリキという私的な大土地所有および経営の形態がそもそも市場を常に意識したプランテーション型の私的大所有地というかたちをとっていたのかという疑義も出され

ている[43]。また、その従属論、周縁化論は、オスマン帝国の生産過程の変化、それによる貿易構造の変化にもっぱら議論が集中していて、対ヨーロッパ貿易の増大によってオスマン帝国の非ムスリム商人が果たすようになる新たな役割および流通過程そのものにどのような変化が生じたのかについての考察を欠いている[44]。

　本書の主眼は、このようなヨーロッパ資本主義経済の浸透によって非ヨーロッパ諸地域の従属化が進んだという生産過程の変化に重きを置いて論を展開する近代世界システム論の観点に対する批判の意味をこめて、むしろそれとは逆にヨーロッパの経済的進出に対抗してオスマン帝国のギリシア系・アルメニア系非ムスリム商人とイランの商人がそれまでの強固で自律的な交易ネットワークを保持し、さらにそれを再編成しながら国を越えた独自の広域的な交易圏に昇華させていく過程をオスマン帝国とイランとの間の地域間交易、比較関係史の視点から見ていくことにある[45]。

第1章　イスタンブルの中継貿易とイラン

はじめに

　『ハジババの冒険』という19世紀前半にイランに駐在していたイギリスの外交官モーリアによって書かれたピカレスク小説がある。主人公は、イランの古都イスファハーンに生まれたハジババという人物である。好奇心に富む生来のボヘミアンたるハジババは、イラン各地を遍歴し、破天荒な生活を送るが、放浪の果てにイランを出奔してオスマン帝国に隊商の旅に上り、イスタンブルに辿り着く。この都市をはじめて目の当たりにしたハジババは、町並みのあまりの美しさ、建物の絢爛さに息を呑み、こうつぶやく。

　　イスファハーンを"世界の半分"とすれば、イスタンブルこそ"世界の全部"だ[1]。

　ハジババの口から思わず出たこの言葉は、イスタンブルという都市が中東イスラーム世界の都市のなかで占める位置、魅力をあますところなく示しているように思われる。サファヴィー朝の時代に絹貿易で栄え、その繁栄を讃えられて「世界の半分」と称された都市イスファハーン。この自分が生まれた故郷の町より規模においても道行く人の多さにおいても、また宏壮華麗なモスクとミナレットが屹立するさまにおいてはるかに勝るイスタンブルの街並みに吃驚するハジババの思い、心情が「イスタンブルは世界の全部」という言葉にはよく現れている。

イスタンブルは、ビザンツ帝国、オスマン帝国の時代を通じて、また現代においても国内のみならず周辺世界の経済的な中心でありつづける都市である。国の内外からイスタンブルに収斂し、輻射する複数のさまざまなネットワークが交錯する広域的な交易圏の結節点としてのあり様は、まさに「世界の全部」と形容されるにふさわしいものがある。

　イランにとってイスタンブルは、19世紀以降、ヨーロッパ資本主義がつくりだす世界的な経済システムに包摂されていくなかでヨーロッパと貿易を行っていく際、その窓口として欠かせないところであった。1838年のオスマン帝国とイギリスとの間で締結された通商条約に遅れること3年、1841年にイギリスをはじめとする西ヨーロッパ諸国と相次いで通商条約を締結したイランは、ヨーロッパが求める自由貿易主義にもとづく交易ネットワークの環のなかに組み込まれていくが、ペルシア湾の諸港を出入口とし、インド洋海域に繋がる南部地域は別として、他の地方は直接ヨーロッパと貿易を行っていくことが地理的に難しかった。海に面していない内陸の中央部から北部にかけての諸地域は、アナトリアないしザカフカスを通る陸上ルート、トラブゾン、バツーミといった黒海沿岸にある諸港を通じて交易ネットワークをイスタンブルに繋げ、そこを窓口、中継地としてヨーロッパとの貿易を行っていかなければならなかった。これがイランの輸出入貿易においてイスタンブルという都市の重要性を高めたのである。

　イスタンブルは、1838年に結ばれたオスマン帝国とイギリスとの間の自由貿易主義にもとづく新しい通商条約以降、対ヨーロッパ貿易の結節点、境域市場としての役割をますます強めていた。ここには古くからヨーロッパと輸出入貿易を手広く行うオスマン帝国の商人、とりわけギリシア系、アルメニア系の非ムスリム商人が多く住み、彼らと取引するために数多くの商人がヨーロッパから集まってきていた。イランの商人はこれらオスマン帝国の商人とヨーロッパの商人とが出会い、取引する境域市場としての国際都市イスタンブルに自分たちの海外交易のネットワークを接続させ、それを通じて対ヨーロッパ貿易を行っていこうとした。

　これまでイランの対ヨーロッパ貿易をめぐる問題は、商品、モノの流れにもっぱら焦点をあてながら19世紀前半以降本格化するイギリスのイラン市

場への進出、19世紀末以降顕著になる帝政ロシアのイラン市場に対する積極的な攻勢、それにともなって起きたイランをめぐる両国の経済的なグレートゲーム、その結果としてのイランのヨーロッパ経済への従属化という文脈のなかで論じられることが多かったように思われる。

　こうした見方は、貿易のなかでイギリス、帝政ロシアから輸入される綿製品がイランの市場を席捲したという意味で決して間違ってはいない。しかし、商品、モノの数量的な浸透という観点からでなく、それがどのような商人によって流通させられていたのかという交易ネットワークの問題に目をやると、ヨーロッパの商人たちは、イギリスの商人であろうと帝政ロシアの商人であろうと、通商条約において自由に移動し、売買・取引することを法的に保障されていたにもかかわらず、実際には思うようにイラン市場のなかに奥深く入り込んでいくことができなかった。彼らは、オスマン帝国からイランにかけて広がる現地の市場の事情に十分に通じていたとは言えず、綿製品のような商品の輸出にあたっても近代以前から長い時間をかけて培ってきた、現地の商人たちのつくる強固で重層的な交易ネットワークに大きく依存しながら販路を開拓していかなければならない面をもっていた。

　ここではこうした点に着目してイランの対外貿易をめぐる問題をヨーロッパの一方的な経済的進出、ヨーロッパで生産された商品の圧倒的な市場への浸透・支配という視点から論じるのではなく、現地のオスマン帝国、イランの商人がヨーロッパの商人に対抗してどのような広域的、重層的な交易ネットワークをつくり上げようとしたのか、流通を実際に担った商人に焦点をあてて考えていくことにしたい。

　イランの商人は、イスファハーンのような都市を核にして農村、遊牧社会と一体となった局地的な交易圏を商業活動の基底の場としていた。しかし、彼らの活動はそれだけにとどまらず、イラン国内にある複数の局地的な交易圏を相互に結びつけながら、国外にもそのネットワークを延ばし、イスタンブルに進出して対外貿易を行うようになっていった。イランの商人は、ヨーロッパからやって来る商人とイスタンブルに本拠を置くオスマン帝国の商人とが出会う境域市場としてのイスタンブルに自らの交易ネットワークを繋げて対ヨーロッパ貿易を行っていくようになるが、ここではこのようにしてつ

くられたイラン商人の交易ネットワークがいかなるものであるのか、またそれとオスマン帝国の商人たち、とくにギリシア系、アルメニア系の非ムスリム商人たちが張りめぐらす交易ネットワークとどのような関係を築きながらイスタンブル交易圏という国を越えた広域的、重層的な交易圏をつくり出していったのか、共存と競合という二つの観点から見ていくことにしたい。

　イランの商人のなかで積極的に国外に向けてその交易ネットワークを広げ、対外貿易を行っていこうとした商人としてよく知られるのは、イスファハーンに生まれ、後に首都のテヘランに出てそこを本拠に商業活動を行っていくようになるアミーノッザルブ Amīnal-Ẓarb という商人である。彼は、1890年代初頭に起こされたタバコ・ボイコット運動においてパン・イスラーム主義の活動家ジャマーロッディーン・アフガーニーを支援した商人として知られるが、オスマン帝国のギリシア系非ムスリム商人と密接な関係を結ぶなか、その商圏をイスタンブルにまで拡大させ精力的に対外貿易を行っていった。

　以下においては、アミーノッザルブという商人が国際的な商人へと成長していく過程、彼とそれに続くイランの商人たちがイスタンブルに進出し、そこに本拠を構えるオスマン帝国の非ムスリム商人たちとどのような関係を取り結びながら国際的な交易を行っていったのか、イギリスからイスタンブルに輸出され、同地を境域市場、中継地としてイランにも再輸出されていった綿製品貿易を主たる手がかりにしながら考えていくことにしたい。

1．アミーノッザルブとオスマン帝国の非ムスリム商人

1）イスファハーンからテヘランへの移住

　イスファハーンにおいて両替商（サッラーフ ṣarrāf）を代々営む家系に生まれたアミーノッザルブが故郷を出て首都テヘランに移り住むようになるのは、1850年代半ば頃のことである。そこで彼は両替商から国際的な大商人へと成長を遂げていった。その変身の過程は、テヘランという町が社会的変容にともなって都市改造が行われていく時期と重なる。最初にこの都市が住民構成の面でも居住空間、市街地の広さという点でも大きく変わっていくなか、アミーノッザルブがイスファハーンからテヘランに移住し、商人としての地

歩を固めていく過程について見ていくことにしたい。

　アミーノッザルブが移住した頃のテヘランは、景観的にはまだサファヴィー朝のタフマースプ2世によって1553年に修築された付図1のような六角形の市壁が取り囲む面積7.5平方キロメートルほどの中世の面影を色濃く残す小さな町にすぎなかった。しかし、1796年にカージャール朝の首都に定められて以降、テヘランの町には地方からこの町をめざす流入者の数が年を追って増加し、19世紀半ばを過ぎるとすでに人が住む空間としては手狭になり、市街地は飽和状態に達していた。これを解消するため、1864年になるとそれまで町を囲んでいた市壁が取り壊され、1867年から約10年の歳月をかけて市街地の拡張・造成工事が進められた。この都市改造事業は、1877年に全体の中心に位置する「軍人広場 Meydān-e Sepāh」の竣工をもって終わり、これによってテヘランは、付図2の点線部分のような周囲の長さが旧市壁の三倍にも達する八角形の市壁と濠によって囲まれる面積20平方キロメートルの新しい町に生まれ変わった[2]。

　市街地の拡張・造成工事が始まって間もなく、1868年1月12日から当時、ダール・アル＝フォヌーンで数学の教授をしていたミールザー・アブドルアジーズ・ガッファール Mīrzā ʿAbd al-ʿAzīz Ghaffār を総轄責任者として人口調査が開始された。地方から流入してくる住民の増加によって膨張を続ける首都の人口を正確に把握し、種々の施策に役立てていくというのがその目的であった。調査は、まず旧市街を構成する五つの街区（マハッレ maḥalle）、すなわち、① 行政地区たる北部のアルゲ・モバーラク Arg-e Mobārak、② 商業地区たる南部のバーザール Bāzār、③ 住宅地として早くから発展していた東部のオウドラージャーン ʿOwdlājān、および ④ チャールメイダーン Chālmeydān の両街区、⑤ 未利用地、園地として放置され、発展が遅れていた西部のサンガラジ Sangalaj の諸街区について行われ、これが終わると旧市街地の外側に広がる市外地 khārej-e shahr、すなわち新市街地となるべき所の調査が行われていった。

　この一連の人口調査は、約2ヶ月余り続けられ、3月16日にすべて終了した。その結果は、『テヘランの人口統計 Tashḥīṣ-e Nofūs-e Dār al-Khelāfe』という報告書としてまとめられた。調査の対象は、31項目と多岐にわたるが、

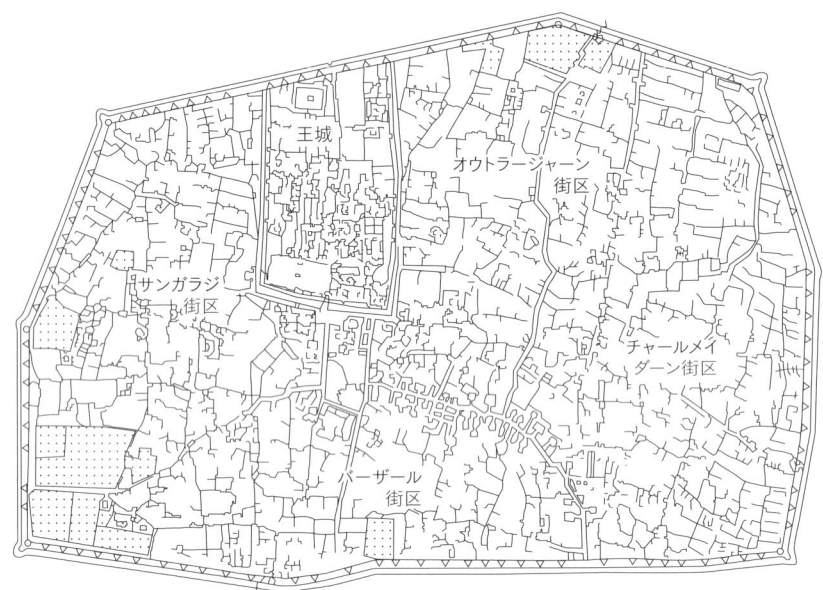

付図1：テヘランの旧市街
出所：Bahrambegygui, H. *Tehran: An Urban Analysis*, Tehrān, 1977, p. 20.

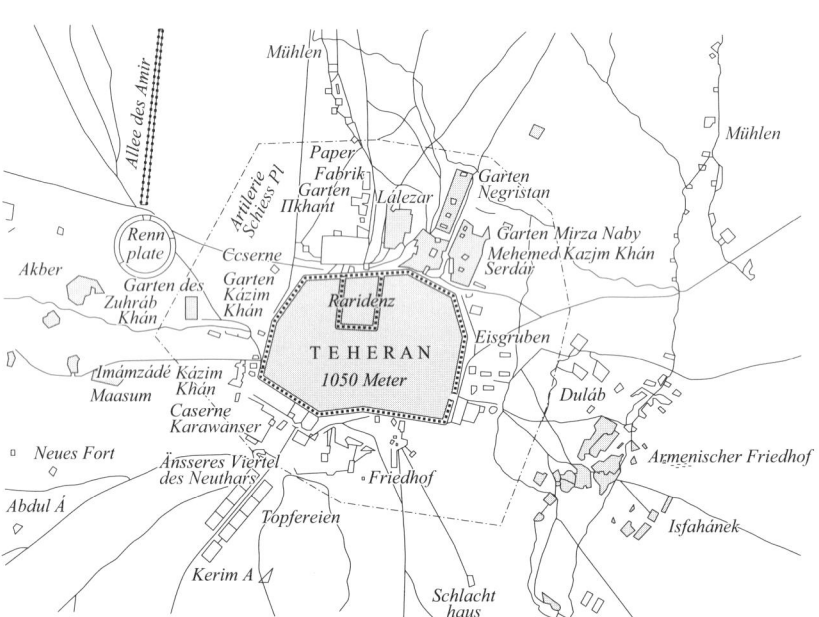

付図2：テヘランとその近郊
出所：Bahrambegygui, H. *Tehran: An Urban Analysis*, Tehrān, 1977, p. 22.

付表1　テヘランの住民・社会構成

項目	マハッレ	Arg-e Mobarak	Bazar	'Owdlajan	Chalmeydan	Sangalaj	Kharej-e Shahr	合計
A 年令性別	成人男性	1,333	9,550	13,012	11,740	11,002	7,335	53,972
	成人女性	890	10,045	13,109	11,766	10,973	5,607	52,390
	子供（5-15歳）	371	3,228	5,160	5,170	3,529	1,811	19,269
	幼児（5歳以下）	420	3,851	5,214	5,871	4,169	2,100	21,625
B 部族出身地	カージャール部族	70	91	1,268	358	104	117	2,008
	テヘラン出身者	1,182	10,012	11,498	9,975	3,884	2,694	39,245
	イスファハーン出身者	76	2,374	1,989	3,103	1,205	1,208	9,955
	アゼルバイジャン出身者	194	1,485	1,960	973	2,043	1,546	8,201
	その他	1,492	12,712	19,780	20,138	22,437	11,288	87,847
C 居住形態	家主層	2,190	18,686	29,152	17,925	22,707	11,233	101,893
	借家人	824	7,988	7,343	16,622	6,966	5,620	45,363
D	戸数	195	1,488	2,558	2,347	1,969	1,024	9,581
E 社会階層	名士層・商人・手工業者	744	7,184	9,549	10,865	8,120	6,186	42,648
	上記の階層に属する婦女	676	8,924	10,538	11,186	9,601	5,138	46,063
	男の召使い	576	2,191	3,192	787	2,735	1,087	10,568
	下女・乳母	115	686	1,530	298	885	288	3,802
	男の黒人奴隷・宦官	13	175	271	88	147	62	756
	女の黒人奴隷	99	435	1,041	282	487	181	2,525
	子供・幼児	791	7,079	10,374	11,041	7,698	3,911	40,894
	総人数	3,014	26,674	36,495	34,547	29,673	16,853	147,256

出所：*Tashḥīṣ-e Nofūs-e Dār al-Khelāfe*

　ここでは1868年当時のテヘランの住民・社会構成をおさえていく上で重要だと思われる5項目を選んで付表1として掲げることにする。

　このうち、テヘランの住民構成を出身地別に示す統計は、アミーノッザルブがイスファハーンからテヘランに移住してくるあたりの状況を押さえていく上で有用である[3]。これによると、テヘランは19世紀になってから急激に発展した歴史の浅い都市だということもあって、そこで生まれ育った生粋のテヘランっ子の占める割合は26.7%と小さく、残りは他の地方からの流入者によって占められていた。テヘランに移り住んだ者のなかで比率の上でもっとも多いのは、アミーノッザルブの生まれ故郷である中央部のイスファハーン地方の出身者である。割合にして約6.8%、テヘランの総人口14万7,256人のうち9,955名を占める。これに次ぐのがトルコ系の人たちが多く住む西北部アゼルバイジャン地方からの移住者で、約5.6%、8,201名である[4]。

　イスファハーンから首都テヘランへの移住と人の流れについては、ミールザー・ホセイン・ハーン Mīrzā Ḥoseyn Khān の『イスファハーン地誌 *Joghrāfiyā-ye Eṣfahān*』にも簡単ながら言及がある。それによると、イスファハーンの経

済が地盤沈下、衰退することによって次の六つの業種に携わる職人、商人たち、すなわち、① ろくろ工 kharrāṭ、② 銀糸作り sīmkesh、③ 両替商ṣarrāf、④ 鉄砲作り tofangsāz、⑤ 銃の打金作り chakhmāqsāz、⑥ レンズ豆の料理人・レンズ豆売り 'adaspaz va 'adasforūsh といった仕事に従事する職人、商人が、新しい需要を求めて故郷を離れ、首都のテヘランに移住したことが伝えられている[5]。このうち、アミーノッザルブの家系が代々、営んできた両替商について、『イスファハーン地誌』は次のように記す。

> イスファハーンでは、両替商専用のバーザールと店が「王の広場」の北側のカイサリーエ門の付近、「旧広場」、有力な二つの街区（マハッレ）であるビードアーバード Bīdābād、チャハールスーケ・シーラージーハー chahārsūq-e shīrāzīhā にあって今でも栄え、大きな同職組合 aṣnāf をつくっているが、半数の人がテヘラン、タブリーズに移住した[6]。

『イスファハーン地誌』は1870年代頃の状況について記す史料である。しかし、イスファハーンからテヘランへの移住は、実際にはこの時期よりももっと早くからはじまっていたようで、アミーノッザルブはそうしたイスファハーン出身の両替商人であった。彼がテヘランに移住して来るのは、1850年代半ば頃のことである。アミーノッザルブに関わる膨大な文書史料を駆使して伝記を書いたシーリーン・マフダヴィー Shireen Mahdavi の研究によると、彼はテヘランにやって来た当初、故郷のイスファハーンでと同じように、両替商の仕事を続けていたが、それは店舗を構えてのものではなく、テヘランの各街区を巡回して行商的な両替の仕事をしていたという。しかし、さほど時を置かず1857年になると、アミーノッザルブは2,000トマンを元手に4人のパートナーと一緒に商会を立ち上げ、次いで1859年にはテヘランのなかでももっとも大きなキャラバンサライとして知られるサラーイェ・アミール Sarā-ye Amīr に事務所を構えて本格的に商人としての活動をはじめていくようになる[7]。

アミーノッザルブがテヘランにおいて両替商から商人へと変わっていくきっかけになったのは、後述するようにイスタンブルに本店を置き、1837

年以降、イランにも進出してテヘランに支店を出すようになるオスマン帝国のギリシア系非ムスリム商人ラッリ商会との出会いであった。この商会は早くからイギリスの綿製品の商品としての重要性に着目し、イギリスにも支店を出してそれを買い付け、オスマン帝国内に輸入、販売するということを行っていたが、次第にその販路を本拠のオスマン帝国内だけでなく黒海を介してイランにも広げていった。アミーノッザルブは、このようにイスタンブルを拠点に広域的に綿製品貿易をさかんに行うようになっていたラッリ商会との関係を深め、その下で貿易のノウハウを学びながら自らの交易ネットワークを国内外に広げ、大商人への転身をはかっていったのである。

　イランを代表する国際商人たるアミーノッザルブの商業活動とその交易ネットワークのあり様を理解するためには、その前提として彼の初期の商業活動に多大の影響を与えたオスマン帝国のギリシア系非ムスリム商人、その代表ともいえるラッリ商会の活動、その海外展開と広大な交易ネットワーク網について把握しておくことが必要である。以下、オスマン帝国のギリシア系非ムスリム商人であるラッリ商会の広域的な交易ネットワークの拡大の過程について見ておくことにしよう。

２）　ヨーロッパに延びるラッリ商会の交易ネットワーク網

　ラッリ商会のもともとの故郷は、エーゲ海の東部、アナトリアのカラブルン半島の対岸にあるキオス島である。この島は古くから乳香とぶどう酒の産地として知られ、商業の盛んなところであった。18世紀中葉以降、イズミルがアレッポに代わってオスマン帝国における対ヨーロッパ・地中海貿易の国際的な海港都市として発展してくると、ラッリ商会はそこに進出、さらに首都のイスタンブルに本店を移してからはオスマン帝国領内のバルカン、アラブ地域のエジプト、シリアにも支店を開設して帝国内でも有数のギリシア系非ムスリム商人としての地歩を固めていった[8]。

　ただ、国外にその交易ネットワークを張りめぐらし、各地に拠点を設けて国際的な商人としての活躍が目立つようになるのは、18世紀も半ばを過ぎてからのことである。それまでラッリ商会のような非ムスリム商人は、多くの場合イズミルやイスタンブルのような海港都市にやって来てカピチュレー

ションにもとづいて輸出入貿易に従事するヨーロッパ商人へのオスマン帝国領内で生産される産品やイランからもたらされる絹などの国内での販売に主として従事していた。

このように非ムスリム商人の活動がオスマン帝国領内でのそれに限られていたのは、ヨーロッパ商人に与えられたような特権（イムティヤーザート imtiyazat）が非ムスリム商人には認められていなかったからである。ヨーロッパの商人は、カピチュレーションによってオスマン帝国に支払うべき輸出入関税を3％と低く設定されていた。これに対して非ムスリム商人の方は、ヨーロッパ商人よりも高い5％の関税を払うことを義務づけられていた。これが非ムスリム商人の対外貿易活動においてヨーロッパ商人の後塵を拝することにつながっていったのである[9]。

しかし、18世紀後半に入ってヨーロッパとオスマン帝国との間の貿易量が飛躍的に増大すると、非ムスリム商人のなかにも積極的に国外にその交易ネットワークを延ばしていこうとする者も出てくる。彼らは、カピチュレーションの体制下でヨーロッパ商人が享受していた特権と同じ権利を手に入れてそれを行っていこうとした。こうした思惑からヨーロッパ諸国の大公使館、領事館に通訳、領事代理などとして入り込み、国籍付与に準じる庇護民（プロテジェ protégé）の資格を得て商業活動を行う者が増えていった。ただ、元来、オスマン帝国臣民の身分にある者が外国公館に職を得てその庇護下に入ることは禁じられていた。しかし、1740年にフランスとオスマン帝国との間でカピチュレーションの更改がなされると、それを機にオスマン帝国の臣民であっても外国公館の庇護民になることが許されるようになり、オスマン帝国政府もそれを公に認める勅許状を出すようになった。これによってヨーロッパ商人と同じ3％の輸出入関税だけを払えばよい勅許状商人（ベラートル・テュッジャール beratlı tüccar）と呼ばれる特権的な商人が出現した[10]。

ラッリ商会は、まさにこうした勅許状を所持する非ムスリム商人の一人であった。露土戦争後の1774年に結ばれたキュチュク・カイナルジャ条約で帝政ロシアがオスマン帝国からカピチュレーションを付与され、その結果、黒海とエーゲ海におけるロシア商船の自由航行権を獲得するようになると、ラッリ商会は帝政ロシア領事館の庇護下に入り、それを後ろ楯にしてオスマ

ン帝国領外へその交易ネットワークを広げていった。とくに18世紀末から1815年にかけてのナポレオン戦争期に海上封鎖が続く地中海方面に黒海北岸の穀倉地帯から対ヨーロッパ向けの小麦輸送を続け、これによって商会はヨーロッパにおける足掛かりを確たるものにしていった[11]。

　18世紀後半から19世紀前半にかけて顕著になるオスマン帝国のギリシア系非ムスリム商人のこのような海外進出にかんしては、すでにストイアノヴィッチ T. Stoianovich によってバルカンからハプスブルグ帝国、ドイツ方面への交易ネットワークの拡大が明らかにされている。またフランガキス Elena Frangakis-Syrett、アウグスティノス Gerasimos Augustinos、トゥルガイ A. Üner Turgay によってそれぞれ地中海、黒海方面にギリシア系非ムスリム商人のコミュニティが拡大していくさまが論じられている。こうしたなか、ラッリ商会は産業革命によって機械制綿工業を発展させていたイギリスにいち早く進出し、1818年にロンドン、1826年になるとマンチェスターにそれぞれ支店を開設した。これは、1830年代に入って急増する他のギリシア系非ムスリム商人のイギリス進出の先駆けをなすものであった[12]。

　イギリスの経済史家チャプマン Chapman によると、イギリスに渡ったラッリ商会は綿製品を買い付け、それを自らの交易ネットワークに乗せてオスマン帝国の市場に送ることをはじめていくようになるが、その量と額は地元イギリスの商人のそれと比べても遜色ないものであったという。1825年にイギリスの特権的な貿易会社であるレヴァント会社が廃止され、その貿易独占体制が崩れると、さまざまな大小の新興のイギリス商人が綿製品を携えて規制が緩和されたオスマン帝国の市場に売り込みのために出かけて行った。しかし、実際のところ、これらイギリス商人の多くは零細な資本しか持たぬコミッション・マーチャントにすぎず、ラッリ商会に資本の面でも、また商業情報、人的ネットワークにおいても劣っていて、必ずしも思うようには現地の市場に入り込んでいくことができなかった。この点をとらえてチャプマンは、イギリス綿製品のオスマン帝国市場への浸透、輸出の拡大について考えていく場合、イギリス商人の果たす役割を過大に評価してはならず、むしろラッリ商会のようなオスマン帝国の非ムスリム商人が行っていた精力的な商業活動こそ、見ていくべきことを強調するのである。

このようにイギリスに進出してオスマン帝国への綿製品輸出を精力的に行うようになったラッリ商会は、1830年代に入ると、その交易ネットワークを本拠のイスタンブルからさらに東に延ばして隣国のイランにも広げ、自らの広域的な交易圏のなかにイランを取りこんでいくようになる。これを商会はイスタンブルから黒海東南の港町トラブゾンを経てイラン西北部の交易都市タブリーズに抜ける新しい交易ルートを使って行っていった。次に、このルートがイギリス綿製品の中継貿易ルートとしてさかんになってくる事情について触れながら、ラッリ商会のイランへの進出について考えていくことにしたい[13]。

3） トラブゾン＝タブリーズ・ルートの開設

イギリスからイスタンブルを中継地としてイランに輸出される綿製品は、大きく分けて二つの種類に分けられる。一つは金巾 shirting、あと一つは金巾よりやや幅が広い天竺木綿 T-cloth である。前者については、さらに①白地の生金巾 grey shirting と晒金巾 white shirting、②無地染めの緋金巾 Turkey red、③模様捺染がされたヨーロッパ更紗 printed cotton、printed calico、そしてインド更紗 chintz の三つに分けられる。後者の天竺木綿についても金巾と同様、それぞれ白地、無地染め、捺染の三種類に分けられる。

ただ、オランダのイラン経済史家フロール Floor の研究によると、1830年以前において以上挙げたようなイギリス綿製品のイランへの浸透はさほど多くなく、市場で占める割合も低かったことが指摘されている。植民地インドでつくられた更紗をイギリス綿製品のカテゴリーのなかに含めるならば、ペルシア湾の諸港を通じてイラン、とくに南部の諸地域にそれが輸入される例もなかったわけではない。しかし、1830年頃までイランで圧倒的に優勢だったのは、イギリスの綿製品ではなく、帝政ロシア産の手織りの綿織物か、ドイツ・スイス産の綿製品であった。前者はヴォルガ川中流域のニージニー・ノブゴロドの大市からカスピ海北部の港アストラハンを通じてイランにもたらされ、後者はドイツ東南部の都市ライプツィッヒの大市から帝政ロシア領内を経由してイランの北部地方に輸入されていた[14]。

イランに輸入される帝政ロシア、ドイツ・スイス産の綿製品貿易を掌中に

収めていたのは、オスマン帝国の商人でもイランの商人でもなく、ザカフカスの首邑ティフリス（トビリシ）に拠点を置くグルジアの商人であった。彼らは、ザカフカスが黒海、カスピ海方面からイランに抜ける際の重要な交通上の中継地であり、またここを通過するトランジット商品に対して帝政ロシア政府が低関税政策を取っていることを最大限に活用してイラン向けの綿製品貿易を独占していた。しかし、1831年になって帝政ロシア政府がザカフカスにおける中継貿易の優遇政策を止め、保護貿易主義に転じると、北から南のイランへ向かう綿製品貿易の流れが減り、仲介商人としてのグルジア商人の力に翳りが見えてくるようになる。これに取って代わって出てくるのが、イスタンブルからトラブゾンを経てタブリーズへと繋がる交易ルートを使ってイランへイギリス綿製品を輸出するようになるラッリ商会であった[15]。

　このトラブゾン＝タブリーズ・ルートが重要な中継貿易ルートになっていく裏には、綿製品の海外輸出をオスマン帝国からイランにも拡大していこうとするイギリスの強い思いが絡んでいた。イギリスは、19世紀初頭にオスマン帝国から黒海での自国商船の自由航行権を認められると、自国の綿製品をイスタンブルから先、ボスフォラス海峡を通って黒海東南部の港トラブゾンまで船で輸送し、そこでさらに荷をキャラバンに積み換えた後、アナトリア東部の山道を越えてイラン西北部の交易都市タブリーズまで運ぶ交易ルートを開拓していこうとした。この海と陸を組み合わせたルートは、イギリスにとってペルシア湾の方からイラン市場にアクセスするよりも距離的にも時間的にもはるかに短かく、また輸送費の点でも安く済むという利点もあって、1830年代に入るとイギリスの対イラン貿易における主要な幹線ルートになっていった[16]。

　イスタンブルを中継地としてトラブゾン、タブリーズに続くこの新しいルートは、一般的にはイギリスの主導で開かれた交易ルートと考えられている。しかし、イギリスより前にすでにオスマン帝国、帝政ロシア領ザカフカス、イランにまたがる地域で国際的な中継貿易に従事していたアルメニア系商人によってこのルートの開設が探られていたことも見落としてはならないように思われる。彼らは1830年以前においてグルジア商人と競いながら、帝政ロシア、ドイツ、スイスからザカフカスを中継地としてイランに輸入さ

れる綿製品の中継貿易を行っていたが、グルジア商人と比べると劣勢に立たされていた。これを挽回しようとアルメニア系商人は、旧来のルートとは異なるイギリス綿製品を輸入するための新しいルートを独自に模索していた。これがトラブゾン＝タブリーズ・ルートの開設につながっていくことになる[17]。

　この過程で 1827 年にアルメニア系商人のサーデク・ベイグ Ṣādeq Beyg（Bey）が、カージャール朝のアゼルバイジャン総督アッバース・ミールザーにイランとイギリスとの間の貿易促進を命ぜられて渡英する。彼はロンドンに着くと、商人のチャールズ・バージェス Charles Burgess と接触し、イギリス船の黒海への運航と対イラン貿易への参入を強く働きかけた。これをうけてバージェスは、3 年後の 1830 年にイギリスからトラブゾンまでの試験航海を行ってイスタンブルからトラブゾンまでのイギリス船による黒海航路開設に先鞭をつけ、タブリーズまでのキャラバン道がイランへの中継貿易ルートとして発展していく道筋をつけた[18]。

　このトラブゾン＝タブリーズ・ルートは、1831 年にトラブゾンにイギリス領事館が開設され、イズミルで貿易商人として活躍していたジェームズ・ブラント James Brant が副領事として赴任したことで弾みがつけられていった。ブラントは、イギリス人のなかで誰よりもこのルートがイギリスの対イラン中継貿易にとって重要だということに気がついていた。このことは、領事昇進後の 1833 年から 34 年にかけて自らイランに出向いて行なった調査報告から読みとることができる。このうち、1834 年 3 月 11 日にテヘランから本国の外務省宛に送った次の報告には、トラブゾン＝タブリーズ・ルートが開設されてから間もない時期におけるブラントの対イラン中継貿易に対する見通し、帝政ロシア産の綿製品に代わってイギリス産のそれをイラン市場に浸透させようとする彼の意気込み、抱負がよく示されている。

> イラン北部の市場において我々は主としてロシア商人と競争していかなければならない。彼らは長い間、それを独占することを享受してきたといえる。彼らはイラン北部の市場に自国でつくられる原料や生産物のみならず、ヨーロッパのほとんどの国でつくられるものを供給してきた。数年前までイラン北部で消費されるあらゆるヨーロッパ商品の多くの部

分は、アストラハンとティフリスを通して持ち込まれていた。1829 年にオスマン帝国と帝政ロシアとの間で戦争が終わると、黒海を使うルートが注目されはじめるようになった。トラブゾンにイギリス領事館が開設されて以降、このチャンネルを通じて貿易を行うことが増加し、それは急速に進んだ。(中略) 私は、帝政ロシア産の更紗は時を経ずしてイギリスのそれに取って代わられるだろうと見ている。ロシアの布類は品質がよくないので、それをイランに直接入れようとする国々は、イギリス綿製品に対抗していくことができないと思われる[19]。

4) ラッリ商会のイラン進出

ブラントは、トラブゾン＝タブリーズ・ルートを帝政ロシアでつくられる手織りの綿製品をイラン市場から駆逐する生命線と見なし、ここにイギリス商人を進出させて直接貿易のかたちで自国の綿製品をイランに浸透させていこうと考えた。しかし、実際にそれを扱う商人、流通の担い手は、ブラントが期待するようには進まず、多くの場合、現地商人の交易ネットワークに多くを依存する間接的な中継貿易のかたちを取らざるをえなかった。

1825 年におけるレヴァント会社の廃止後、多くのイギリス商人がトラブゾン＝タブリーズ・ルートの開設に夢を膨らませて、対イラン貿易の窓口となるイスタンブルを目指し現地に入って行った。彼らはそこに拠点を置いて現地オスマン帝国のギリシア系およびアルメニア系の非ムスリム商人を使って自らの主導で綿製品を売り込み、市場を広げていこうとした。しかし、実際には時が経つにつれてイギリスの商人に雇われた現地の商人たちは、単なる雇われの身分に満足せず、次第にイギリスの商会と代理店契約を結び、それを梃子に自分たちの交易ネットワークを逆にイギリスにまで延ばし、イギリス商人のそれに取って代わるようになった。このあたりの事情を時期はかなり後のことであるが、イスタンブルに駐在していたイギリス領事が 1898 年度の報告のなかで回想風に次のように記している。

　　1825 年のレヴァント会社の廃止以来、イギリス商品のオスマン帝国への輸入貿易は、ゆっくりではあるが変化し、ついに現在ではほとんどイ

ギリス人以外の手にある。当初、イギリス商人はオスマン帝国において実際にイギリス製品の唯一の輸入業者であった。その多くはイギリスにある商会のメンバーか、彼らと直接的な関係をもつものであった。（中略）時が経つにつれて、多分、イスタンブルにいたイギリス商人にかつて雇われていたアルメニア系、ギリシア系の商人がイギリスの商会から代理店契約を獲得し、以前の雇い主と競争関係に入るにいたった。彼らはイギリスでの自分たちの立場を不動のものとし、そこにいる代理人を自分たちと同じ民族出身の駐在員に置き換えていこうと考えるようになった。今やイスタンブルにある地元の商会の多くはイギリスにいるアルメニア系、ないしギリシア系の商会の販売代理人か、それらの商会に属する人たちである。他方、イギリス人の輸入業者はほとんどまったくいなくなってしまった。この結果、イギリスの貿易に深刻な打撃を与えている[20]。

イスタンブルには、ラッリ商会をはじめとするギリシア系の非ムスリム商人、またそれと並ぶ経済力をもつアルメニア系の非ムスリム商人がイギリスから綿製品を輸入し、それをイランをはじめとする他の中東イスラーム世界の諸地域に再輸出していくための境域市場が形成されるようになっていたが、それを買い付けるためにやって来るイランの商人も多くなっていた。これにともなってつくられたオスマン帝国の非ムスリム商人とイラン商人の強固で重層的な交易ネットワーク網にイギリスの商人は、次第に対抗していくことができなくなっていったのである。

ブラントは、イランにイギリス綿製品を輸出していく場合、貿易形態としてイギリス商人が直接イラン市場に出向いて売り込んでいくやり方と、現地の商人を介した間接貿易のどちらがイギリスにとって利益があるかという観点からそれぞれの場合にかかる経費を試算している。それによると、間接的な中継貿易は、間に入る現地の商人に綿製品価格の 16％にも上る仲介手数料をイギリス商人は払わなければならず、明らかに直接貿易と比べると不利であった。しかしながら、イギリス商人は、イスタンブルまで綿製品を持ってくることができても、現地の事情に不慣れなこともあって、これから先、

イランに至る地域、市場における流通にかんしては、現地のオスマン帝国の非ムスリム商人とその交易ネットワークに自らのそれを接続させて綿製品貿易を行うようになっていたイランの商人に委ねざるをえなかった[21]。

このようにイラン向けのイギリスの綿製品貿易は、イスタンブルに収斂・輻射するオスマン帝国およびイランの商人たちがつくる重層的な交易ネットワークに大きく依存しながら中継貿易のかたちをとって行われることが多かったが、1837年になると、この現地商人たちがつくる交易ネットワークにさらに大きな変化が生じる。それは、ラッリ商会をはじめとするオスマン帝国のギリシア系非ムスリム商人たちがイスタンブルから直接、イランに進出し、トラブゾン＝タブリーズ・ルートの綿製品貿易をイラン商人を排除して独占的に行っていこうとする動きである。

すでに述べたように、ラッリ商会はイギリスに支店網を延ばし、そこで綿製品を買い付けてオスマン帝国領内に送り、イスタンブルを中継地、境域市場としながらイランに綿製品を再輸出するということを行っていた。ただ、1837年までのやり方は、イラン市場向けの綿製品をイスタンブルに来るイランの商人に卸すだけの流通の段階にとどまり、自らの交易ネットワークをイランにまで延ばして直接、綿製品を売り込むことまではしていなかった。しかし、1837年になると、ラッリ商会をはじめとするオスマン帝国のギリシア系非ムスリム商人は、その交易ネットワークをイスタンブルからイランにまで延長し、タブリーズ、テヘラン等に支店を開いてイラン市場に直接、参入していった。これは、イスタンブルを窓口にして対ヨーロッパ貿易を行うイラン商人の領分を脅かすものであり、交易ネットワークの接続というかたちで共存していた両者の関係を壊すものに他ならなかった[22]。

このように、オスマン帝国のギリシア系非ムスリム商人がイランに直接進出するきっかけの一つになったのは、イラン商人に対する売掛金が焦げ付いたことであった。ラッリ商会をはじめとするギリシア系非ムスリム商人は、綿製品の買い付けのためにイスタンブルにやって来るイラン商人に対して、通常は長期の掛けでそれを卸していた。しかし、1837年に不況がイランを襲うと、タブリーズおよびイスタンブルのイラン商人の間に倒産者が続出し、売掛金の回収ができなくなった。これによってラッリ商会をはじめとするオ

スマン帝国のギリシア系非ムスリム商人は多大の損失を蒙り、マンチェスターで仕入れた価格より値を下げて綿製品を売らざるをえない状況に追い込まれた[23]。

　こうしたなか、オスマン帝国のギリシア系非ムスリム商人は、座して損害をいたずらに増やすより、イスタンブルからイランに交易ネットワークを延ばし、自らの手で綿製品を売り込んでいく方がより損失を食い止めることができると判断し、イランに進出していった。当時、タブリーズ駐在のイギリス領事であったアボット Abbott は、このあたりの事情を次のように記している。

　　1837 年までこの国（イラン）にはギリシア系の商会は存在していなかった。ギリシア系や他のヨーロッパ商人は、イスタンブルにいて、イラン人によってこの都市にもたらされる商品の取引を行っていた。（中略）ギリシア系商人のなかに交易をより直接的に行い、また商品が消費者により近づくために自らこの国に代理店を設立することを決める者が現れた[24]。

　1837 年以降もトラブゾン＝タブリーズ・ルートを使った綿製品のイランへの中継貿易は、従来通り、イランの商人がイスタンブルにやって来て買い付け、イランに送るというかたちでも続けられたが、次第にオスマン帝国のギリシア系非ムスリム商人がその交易ネットワークをイスタンブルからイランにまで延ばし、イラン商人と激しく競合しながら直接、綿製品を売っていくというやり方が優勢になっていった。こうした状況は、オスマン帝国とイランの両国がイギリスを軸とするヨーロッパの資本主義経済のなかに包摂されるようになっていく 1838 年のイギリスとオスマン帝国との間の通商条約、それに続く 1841 年のイギリス＝イラン通商条約がそれぞれ締結された後でも揺らぐことはなかった。

　もっとも、綿製品の主たる流通の担い手がラッリ商会をはじめとするオスマン帝国の非ムスリム商人の手に移ったといっても、これらの商人が取り扱う商品のほとんどはヨーロッパで生産された綿製品であることに変わりはな

かった。フロール Willem Floor の研究によると、1840年代半ばから50年代半ばにかけてトラブゾン＝タブリーズ・ルートからイランに輸出された生産国別の綿製品の割合は、イギリスのそれが80％ともっとも多く、これにスイス産の15％、ドイツ産の5％が続いた。製品別の内訳では、イギリス産の65％が染色された綿布、残りの35％が無地の綿布によって占められていた。これに対してスイス、ドイツから輸入される綿製品は、無地の綿布が少なく、多くが染色した綿布ないしプリント地であった。1830年頃までイランでもっとも多く出回っていた帝政ロシア産の綿製品は、19世紀半ばになるとイギリスをはじめとするヨーロッパ産のそれに押され、イラン市場からはほとんど姿を消していた[25]。

　ちなみに、帝政ロシアの綿製品が再びイランに流入し、イギリスのそれと激しく市場をめぐって争うようになるのは、後述するように帝政ロシアの工業化が進み、モスクワ近郊のウラジミールを中心とする地域に近代的な綿紡績工業が起こり、そこで生産された綿製品がイランに輸出されていくようになる1880年代以降のことである。これについては改めて後で触れることにしたい。

　イスタンブルを中継地とし、トラブゾン＝タブリーズ・ルートを使って行われるオスマン帝国のギリシア系商人による綿製品貿易は、1860年代になると、さらにイラン商人のそれを圧倒するようになる。前述のフロールの推算にしたがうと、1865年において約60％の綿製品が外国の商会、とりわけオスマン帝国のギリシア系非ムスリム商人の手によって輸入され、イラン商人が扱うのは残りの40％にしかすぎなかった[26]。

　イランに進出したオスマン帝国のギリシア系非ムスリム商人のなかで、もっとも精力的にイラン国内の市場にその交易ネットワークを広げていったのは、ラッリ商会であった。ロシア人ベレジン Berezin によると、この商会は、綿製品のデザインをイラン人の好みに合わせて売ることを心がけたため、これが成功につながったと指摘している。イラン人は、概してヨーロッパ風のデザインを嫌う傾向が強かった。これにラッリ商会は十分に留意してデザインをイラン人の嗜好に合うよう現地の職人に依頼し、それをイギリスに持っていって綿布にプリントした後、イランに輸入するというやり方をして

いた。ラッリ商会は、このように消費者の心理を巧みに掴みながらイランの綿製品市場にその交易ネットワークを深く浸透させていったということがいえよう[27]。

このようなラッリ商会のイランへの広域的な交易圏の拡大は、現地のイラン商人との間で深刻な軋轢も引き起こす。1864年4月18日付の駐タブリーズ・イギリス領事アボットの報告によると、商会はタブリーズにおける綿製品市場の独占をはかろうと現地のイラン商人に今後、綿製品を含む織物貿易から手を引くよう圧力をかけた。これに対してイランの商人はウラマーの支援を得てバーザールを閉鎖し、ラッリ商会の不当な要求をタブリーズ政庁に訴え出た。これが大規模な抗議運動にまで発展することはなかったが、オスマン帝国のギリシア系非ムスリム商人と現地のイラン商人との間には綿製品貿易をめぐってこのような激しい軋轢・確執も生じていたのである[28]。

5） ザカフカス・ルートの台頭と中継関税問題

1860年代に入ってトラブゾン＝タブリーズ・ルートとは別にイスタンブルから黒海、帝政ロシア領のザカフカス、カスピ海を経てイランへと抜けるザカフカス・ルートがもう一つの中継貿易ルートとして台頭すると、ラッリ商会をはじめとするオスマン帝国のギリシア系非ムスリム商人は、イラン商人よりもさらに有利なかたちで中継貿易を行っていくようになる。ザカフカス・ルートの方に中継貿易が流れることに危機感を持ったオスマン帝国は、1860年から通商条約の改定に着手し、中継関税を引き下げて自国領内を通るトラブゾン＝タブリーズ・ルートに商人と中継商品を呼び戻そうとした。この条約改定の結果、オスマン帝国とイラン、それぞれの国の商人が払う中継関税に大きな差が生まれ、オスマン帝国のギリシア系非ムスリム商人の力が一段と強まってくるようになる。以下、ザカフカス・ルートが台頭してくる事情について述べ、オスマン帝国のギリシア系非ムスリム商人がイランの商人と比べて有利なかたちで中継貿易を行っていくようになる状況について見ていくことにしたい。

1830年代以降、タブリーズ＝トラブゾン・ルートは、ヨーロッパの綿製品がイスタンブルを中継地としてイランへ中継輸出される際の幹線ルートに

なっていた。このルートが発展期を迎える1840年代半ばから50年代半ばにかけて、そこを通ってイランに輸出される綿製品は全商品のなかで約70%を占めたといわれるが[29]、このルートは、1860年代以降、ザカフカス・ルートが台頭してくると、幹線ルートとしての地位を脅かされてくるようになる。すでに述べたように、ニージニー・ノブゴロド、ライプツィッヒの両大市からザカフカスを経由してイランに送られる帝政ロシア、ドイツ・スイス産の綿製品の中継貿易は、1831年に帝政ロシアが保護貿易主義に転じ、無関税政策を放棄したことによって廃れていた。しかし、1865年なって帝政ロシアがザカフカスを通る貿易品に対してフリー・トランジット政策を復活させると、イスタンブルからイランへの中継貿易ルートとしてのザカフカス・ルートの重要性がさらに高まってくるようになる[30]。

　帝政ロシアは、このルートを振興するため、ザカフカスに通じる黒海とカスピ海の海運の増強に努めた。黒海方面ではすでに1850年代にザカフカスの西側の出入口にあたるポチ、バツーミの両港からイスタンブルまでの定期航路が黒海汽船会社によって開設され、これを使った綿製品の輸送が増加した[31]。また、カスピ海方面では1861年にカフカス・メルクール汽船会社 Kavkaz-Merkur Co. がカスピ海の東南、アゼルバイジャンの港町バクーからカスピ海南岸にあるエンゼリー等のイランの諸港へ蒸気船を周航させる航路を開き、これによってイランへのアクセスが時間的にさらに短縮された。そして、これと並行して黒海の港からザカフカスを横断してバクーに至る鉄道の敷設工事も1860年代初頭から始まり、陸上の輸送力強化も図られた。このザカフカス鉄道の敷設工事は、1872年に先ず支線のポチ＝ティフリス間が部分開通し、次で1883年に本線にあたるバツーミ＝バクー間が全通した[32]。

　イスタンブルから船で黒海東南の港バツーミに行き、そこから鉄道に乗り換えてティフリスを経てカスピ海西南の港バクーに至り、さらにカスピ海航路を使ってイランに達する海運と鉄道を組み合わせるこのザカフカス・ルートは、トラブゾン＝タブリーズ・ルートより短い時間でイランにアクセスできる中継貿易ルートとして急速に発展していった。とくに、このルートはカスピ海南岸の諸港に近いイラン北部の諸地方、すなわちギーラーン、マーザンダラーン、ホラーサーンなどの地域に行くのに便利であった。また、イラ

ン西北部のアゼルバイジャン地方に行く場合でも、ティフリスまでザカフカス鉄道を使い、それから先、南下してジョルファー経由でタブリーズに行くこともでき、時間的のみならず、安全性と輸送費の面でもトラブゾン＝タブリーズ・ルートに勝っていた[33]。

　このザカフカス・ルートの台頭にオスマン帝国は、強い警戒感を持った。新しいルートは、オスマン帝国領内を通るトラブゾン＝タブリーズ・ルートから得てきたこれまでの独占的な中継貿易の利益を奪うものであり、国としては対イラン向けの中継貿易の商品、それを取り扱う商人たちがザカフカス・ルートの方に流れるのをできるかぎり阻止しなければならなかった。このため、オスマン帝国は、トラブゾン＝タブリーズ・ルートを通る商品に対して課される従来の中継関税の率を引き下げ、巻き返しをはかっていこうとしたのである[34]。

　こうした思惑から1838年にオスマン帝国がヨーロッパ諸国と結んだ通商条約が、1860年から62年の時期にかけて相次いで改定されていくことになる。それまでオスマン帝国は、イスタンブルからトラブゾンを経由してタブリーズに運ばれる中継貿易の商品に対しては従価で3％の中継関税を課していた。その法的根拠になったのは、イギリスとの通商条約、いわゆるバルタ・リマヌ条約の追加条項第三条「他の諸国に送られる目的でオスマン帝国に輸入されたり、輸入業者の手元にあって他の諸国に販売していくために送られる商品は、（オスマン帝国に）輸入される際に3％の中継関税だけを支払うことにする。その他の税は一切、徴収されない」という規定である。オスマン帝国はこれにしたがって3％の中継関税を徴収していたが、これを1％に引き下げ、トラブゾン＝タブリーズ・ルートに商品と商人を呼び戻していこうとしたのである[35]。

　こうしたオスマン帝国の思いに応えてヨーロッパ諸国のなかでいち早くオスマン帝国と通商条約の改定を行ったのは、イギリスである。それは1860年12月にカンルジャ条約となって実現するが、これによると、従来徴収されてきた3％の中継関税は、最初の7年間、つまり1867年までは2％とされ、それ以降の1868年から1％にすることが取り決められた[36]。また、これと合わせて1838年の通商条約において従価の12％が徴収されることになってい

た輸出税も、オスマン帝国産品の輸出振興を図るという政策的見地から、初年度に先ず8%に引き下げられ、その後7年間をかけて毎年1%ずつ段階的に漸減させていき、最終的に1%にすることが決められた。これに対して輸入税の方は、オスマン帝国の国内産業を保護するという観点から逆に3%から8%に率が引き上げられた[37]。

　このような中継関税の引き下げとそれに付随した輸出入関税率の改定は、トラブゾン＝タブリーズ・ルートを使って中継貿易を行っていこうとするオスマン帝国とイギリス、それぞれの商人には有利に働いたが、彼らと競って中継貿易を行っていたイランの商人たちにはイランとオスマン帝国との間の通商条約交渉がまとまらなかったために適用されず、イラン商人は中継貿易において不利な戦いを強いられていった。

　オスマン帝国政府は、ヨーロッパ諸国との通商条約を改定した後、これに倣ってイランのカージャール朝政府に対して1823年に結ばれた第一次エルズルム条約、それを踏まえて改定された1847年の第二次エルズルム条約において定められた中継関税4%を1%に引き下げることを盛り込んだ新しい通商条約の締結を強く働きかけた。これを受けて駐イスタンブル・イラン大使館では通商条約を改定することの得失を現地で調査し、情報を本国に送ってどのような対応をすべきか本国政府に照会し、回答を求めた[38]。しかし、カージャール朝政府および外務省は、交渉を引き延ばして提案を受け入れず、結果的に中継関税は従来通り据え置かれ、イラン商人は中継貿易においてオスマン帝国の商人にますます遅れを取ることになった。

　1860年代を通じて長期にわたって続けられたオスマン帝国とイランとの間の通商条約の改定交渉については、駐イスタンブル・イラン大使館とオスマン帝国政府との間の交渉、その途中経過を伝える駐イスタンブル・イラン大使館から本国の外務省に宛てた報告書など、いくつかのペルシア語史料が残されている。以下、これによりながら新しい通商条約が妥結に至らず、その結果、イラン商人が中継貿易においてラッリ商会をはじめとするオスマン帝国の非ムスリム商人の後塵を拝するようになっていく状況について簡単に触れておくことにしたい。

　1862年に始まる第一次、第二次のエルズルム条約に代わる新しい通商条

約の締結へ向けての交渉においてオスマン帝国は、終始、積極的であった。このことは、1864年9月10日付の駐イスタンブル・イラン大使館から本国外務省宛の書簡のなかで、大使が当時、オスマン帝国の外務大臣を務めていたアーリー・パシャ ‘Ālī Paşa から一刻も早く回答するよう督促されていたことによく示されている。また、それを渋るイランに対してアーリー・パシャがしびれを切らして「貴国の状況は、わがオスマン帝国内においてイギリス、フランス、帝政ロシア、他の諸国と同じであるべきである。貴国はなぜ自国を例外として扱い、わが国に損失をお与えになるのか」と詰ったところに、オスマン帝国の苛立ちを見ることができる[39]。

オスマン帝国とイランとの間の新しい通商条約をめぐる交渉はこの後も続けられ、1865年3月から5月にかけてフランス外務省の仲介で駐パリ・イラン大使とオスマン帝国の代表との間で交渉が行われた[40]。しかし、イラン側に根強い反対論があり、1869年12月10日付のカージャール朝の外務大臣ミールザー・サイード・ハーン Mīrza Sa'īd Khān から駐イスタンブル・イラン大使モシールオッドウレ Moshīr al-Dowle 宛ての書簡が示すように、1869年末をもって最終的に両国の交渉は打ち切られ、新通商条約は実現に至らなかった。これら一連のペルシア語外交文書は、オスマン帝国からカージャール朝政府に対して提示された内容に対するイラン側の具体的な反対理由を明確に記していないが、イランにとって最大の懸念は、中継関税、輸出税が1％に引き下げられるのは歓迎すべきことであるが、輸入税が逆に8％に引き上げられるとイランの輸出貿易、とくに対オスマン帝国向けの商品としてもっとも重要な水タバコの輸出が減少するのではないかというところにあったと思われる。これがイラン側に新しい通商条約の締結を躊躇させたのである。

結局、オスマン帝国とイランとの間の中継関税、輸出入税は、1860年以降も変わらず、従来通りであった。それは基本的には1823年にオスマン帝国とイランとの間で結ばれた第一次エルズルム条約を踏襲するものであり、中継関税、輸出税、輸入税とも原則4％であった。ただ、1847年に改定された第二次エルズルム条約においてオスマン帝国ないしイランに輸入される商品に対しては、それが直接輸入した業者の手を離れて第三者に売却される段

階においてさらに2％の税が課されることが決められた。これによって輸入税は実質6％に引き上げられた。

　ザカフカス・ルートの台頭とそれにともなうタブリーズ＝トラブゾン・ルートにおける中継関税の引き下げによってもっとも利益を享受することになったのは、ラッリ商会をはじめとするオスマン帝国の非ムスリム商人たちであった。彼らはイスタンブルを中継地としてイランに輸出される綿製品貿易において、トラブゾン＝タブリーズ・ルートを使ってそれを輸送する場合、まずオスマン帝国の税関に対して従価3％から1％に引き下げられた中継関税を納め、さらにイランに入国するにあたって第一次、第二次エルズルム条約にしたがって4％ないし6％の輸入税を支払い、合計で5〜7％の関税を払えばよかった。しかし、これに対してイランの商人は、旧来の通商条約の取り決めにしたがってオスマン帝国の税関に4％の中継関税、イランの税関に同じく4％の輸入税、合わせて8％の関税を支払わなければならず、オスマン帝国の商人と比べると負担は重かった。

　オスマン帝国およびイランの関税制度、税関の運用は、実際にはさまざまな抜け道があり、以上のような関税の徴収が規則通りに行われたとは必ずしも言い切れず、また通行税、入市税なども考慮に入れて見ていかなければいけない面もあって一概に言えないが、タブリーズ＝トラブゾン・ルートを例にとって額面通り比較すると、ラッリ商会が負担する関税とイラン商人のそれとの間には全体で3％から1％の差があった。この違いこそ、イスタンブルを中継地とする対イラン貿易においてラッリ商会をはじめとするオスマン帝国のギリシア系非ムスリム商人を優位に立たせたということができよう。

2．イスタンブルに延びるイラン商人の交易ネットワーク

1）ラッリ商会の撤退とアミーノッザルブの貿易活動

　ラッリ商会は、以上のように関税の面でイラン商人と比べると、はるかに有利な条件でイギリスを中心とするヨーロッパ綿製品の中継貿易を行うことができた。しかし、1871年になって突然、商会は、タブリーズ、テヘランにある支店をたたんでイラン市場から撤退する。その一つの原因は、1870

年頃からイランを襲った飢饉とコレラの蔓延である。これによって多くの人が死亡し、生産力、購買力が落ちてイランの経済は危殆に瀕した。これがラッリ商会をイラン市場から退場させていったのである[41]。

しかし、これ以上に重要な要因は、第3章でも触れるように絹貿易の不振であった。ラッリ商会は、綿製品をイランに輸入するとともに、イランから生糸などの絹製品を二つの中継貿易ルートを通じてイスタンブルからマルセイユに送り、そこを窓口としてヨーロッパ市場に輸出していた。イランにとって生糸は、1850年代まで総輸出高の約3分の1を占め、最大の輸出商品であった。これにラッリ商会は着目し、イランに輸入される綿製品の見返り商品としてヨーロッパに輸出していた。しかし、この絹の輸出貿易も1864年になってフランス、イタリアで発生した微粒子病がオスマン帝国を通ってイランにまで波及すると、養蚕は壊滅的な打撃を受け、絹の輸出貿易は激減する。ラッリ商会はこの絹貿易の落ち込みにによって1871年にイランから撤退していったのである[42]。

これによって生じた間隙を突くようにして登場してくるのが、すでに最初のところで紹介したイランを代表する商人アミーノッザルブであった。彼は、すでに述べたように生まれ故郷のイスファハーンにいた頃は両替商をしていた。しかし、テヘランに移住すると、そこに支店を出して綿製品と絹を柱にしてイランとの中継貿易を行うラッリ商会との関係を強め、その下で貿易実務の経験を積みながら国際的な商人へと成長していった。以下、このアミーノッザルブを取り上げ、ラッリ商会がイランから撤退した1870年代初頭以降、その交易ネットワークを国外にまで広げ、オスマン帝国のギリシア系、アルメニア系の非ムスリム商人に伍してイスタンブルを中継地とするイランの対外貿易を精力的に行っていく状況について見ていくことにしよう。

アミーノッザルブがテヘランで自らの商会を立ち上げるのは、すでに述べたように1857年のことである。その後、彼はイスファハーン、タブリーズ、マシュハド、ヤズド、ケルマーンといった主要都市に支店を順次、開設していき、さらにザカフカス・ルートに繋がるカスピ海沿岸のバルフォルーシュ、マシュハディサルの両港にそれぞれ支店、代理人を配し、これらを足掛かりに帝政ロシア領のバクー、アストラハン、モスクワにも進出、国外への交易

ネットワーク網を着実に広げていった[43]。

　そして、1868年8月にはすぐ下の弟であるアブー・アル＝カーセム Abū al-Qāsem を支店開設の準備のためにイスタンブルに派遣し、1870年6月からは彼をイスタンブルに常駐させた。さらに、1871年4月からは商会の共同出資者でアミーノッザルブの右腕とも言うべきハージジ・アブドルハミード Ḥājj 'Abd al-Ḥamīd をアブー・アル＝カーセムに代わってイスタンブルに送り込んだ。その後、時期は不明であるが、ハージジ・アブドルハミードが新たに開設されたマルセイユの支店を委されてそこに転出すると、彼に代わって二番目の弟であるモハンマド・ラヒーム Moḥammad Raḥīm をイスタンブルに派遣し、中継貿易の要ともいうべきイスタンブルでの体制を固めていった[44]。

　以上のようなめざましいアミーノッザルブ商会の発展は、その多くをオスマン帝国の非ムスリム商人でタブリーズ、テヘランに支店を出しイランに進出していたラッリ商会に負っていた。マフダヴィーの研究によると、アミーノッザルブが海外貿易のノウハウを覚え、精通していくのにもっとも影響を受けたのは、ラッリ商会からテヘランの支店を委されていたパナヨッティ Panayotti という商人であったという。彼については、ラッリと同様、オスマン帝国からやって来たギリシア系の非ムスリム商人だということ以外詳しいことが分からないが、アミーノッザルブは、このパナヨッティから綿製品の輸入貿易と絹の輸出貿易をはじめとする貿易の諸事万端を覚えていった。とくに、アミーノッザルブは、パナヨッティがホラーサーン地方を主産地とする羊毛の輸出貿易で利益を上げているのを目の当たりにして、自らも 9,000 トマンの資金を投じて羊毛を買い付け、輸出するようになった。これがアミーノッザルブが大商人になっていくきっかけを与えたとマフダヴィーは指摘している[45]。

　パナヨッティに倣ってアミーノッザルブが習熟した貿易実務のなかでとりわけ重要なのは、取引後に行われる決済と送金の方法である。ラッリ商会は、広域にわたる自らの交易ネットワーク網を使ってモノとカネの流れを有機的に結びつけながらそれを巧みに行っていった。その仕組みは、水田正史の研究によると、大略、次のようになる。すなわち、ラッリ商会は、綿製品をイ

スタンブルを中継地として二つのルートからイランに輸入し、その見返りとして絹を輸出していた。しかし、綿製品の輸入高は、絹の輸出高を大幅に上回り、商会はその黒字分を絹以外のイラン産品を買い付けるか、あるいは何らかの手段を講じてイラン国外に送金しなければならなかった。後者の方法を取る場合、ラッリ商会は、イランで回収した綿製品の売上げ代金を帝政ロシア領の黒海北岸地方で商会がやっていた西ヨーロッパ向けの小麦の輸出貿易で支払わなければならぬ代金に充てて解決していこうとした。ここから1860年代になると、手形がイランからティフリスを中継地として黒海北岸地方における小麦貿易の中心地オデッサに送られ、さらにそこからロンドンの金融市場に送付されて割引かれ、最終的な決済がされるという金融ネットワークがラッリ商会によってつくり上げられていった。アミーノッザルブは、オスマン帝国からイラン、帝政ロシアにまたがる綿製品、絹、小麦をめぐる貿易に海外送金のネットワークを有機的に結びつけるラッリ商会のこのような三角貿易の方法に学びながら、自らの国外ネットワークを強化していったのである[46]。

　アミーノッザルブは、イスタンブルを中継地とする対外貿易に精力的に取り組み、ラッリ商会と同様、イスタンブルからイランに延びる二つの中継貿易ルートを使ってイギリス、その他のヨーロッパ諸国から綿製品をイランに輸入する貿易を行った。また、彼のつくった商会は、本店が首都テヘランに置かれたということもあってカージャール朝の王族、有力な官僚・軍人、その他の富裕層から需要の多いオーストリア産のクリスタル、イギリス産の陶磁器、フランス産のブロケード、ドイツ、イギリスなどでつくられる高級毛織物など奢侈品の輸入にも力を入れていた。マフダヴィーによると、アミーノッザルブが卸売り取引の事務所を置いていたキャラバンサライの部屋には、ヨーロッパから輸入される新奇で絢爛たる品々が溢れ、さながら流行の先端を行くショーウインドウの観を呈していたという。アミーノッザルブは、このように経済的に余裕のある少数の顧客の需要に応え、それらの人たちと深いつながりをもちながら高級品を輸入する商人という顔ももっていたのである[47]。

　しかし、アミーノッザルブには、これとは別にナショナリストとしての気

概に溢れる商人としての顔もあった。こうした点から彼は、対外貿易を輸入貿易よりも、むしろ輸出貿易の方に力を注いで行っていった。これには、ヨーロッパの綿製品がイラン市場を席巻するようになって伝統あるイランの綿織物業が衰微し、また微粒子病の蔓延を引き金として絹の輸出貿易が激減したことによってイランの経済が全体として破滅的状況に陥っていることを憂慮するアミーノッザルブの強い危機意識が働いていた。これを打開していくため、アミーノッザルブは絹に代わるイランの有望な輸出商品として米、綿花、アヘン、絨毯、タバコに着目し、その生産と輸出を振興して貿易収支の改善をはかり、イランの経済を立て直していこうとしたのである[48]。

　アミーノッザルブは、ヨーロッパからの商品が大量に浸透してくることによって経済的従属の度合いを強めるイランを脱却させていくためには、まず何よりも旧態依然たる流通の仕組みを改めて経済的に自立し、ヨーロッパの商人、オスマン帝国の非ムスリム商人に対抗できる強力なイラン商人の交易ネットワークを構築していくことが必要だと考えた。こうした思いから、彼は商人たちを結束させる目的をもって商業会議所の創設に熱心に取り組んでいくようになる。以下、これを手がかりにラッリ商会が撤退した1870年代はじめから1880年代前半の時期にかけてアミーノッザルブがイスタンブルを交易ネットワーク網の要とする対外貿易をどのように考え、行っていこうとしたのか、見ていくことにしたい。

２）　商業会議所設立をめぐるアミーノッザルブの経済観

　イランの貿易構造は、1860年代から輸入が輸出を上回る入超、赤字に転じ、こうした状況は、すでに述べたように70年代に入ってから飢饉とコレラの蔓延によってさらに加速した[49]。アミーノッザルブは、このようにイランの経済状況が悪化していくなかで国内外に自らの交易ネットワークを広げていかなければならなかった。彼を含めて多くのイランの商人たちが取り組んでいかなければならない大きな課題は、彼らを取り巻くこのような厳しい状況をいかに改善していくかということであった。これに対処すべくつくられるのが、1884年7月31日に設立された商業会議所である。その創設に奔走した中心人物がアミーノッザルブであった。

この商業会議所がつくられる事情については、マフダヴィーが最新の研究のなかで言及している。しかし、これよりも詳細に問題を商業会議所に絞り込んで扱っているのは、アーダミーヤト Ferīdūn Ādmīyat の史料紹介を兼ねた研究である。これにはアミーノッザルブが商業会議所設立に際してカージャール朝のシャー、宰相、商務大臣などに宛てた請願書、仲間の商人たちに出した書簡、さらに商業会議所創設にあたって起案した6条からなる定款（ケタープチェ ketābche）などが随所に原文のまま引用されている。マフダヴィーが利用したアミーノッザルブ関係の文書史料を自由に見ることができない現状を鑑みると、アーダミーヤトの研究は、現在利用できる商業会議所関係史料の摘要として有用だと思われるので、以下、これに拠りながら商業会議所が設立されていく経緯、ならびにアミーノッザルブの経済観について見ていくことにしたい。

　アミーノッザルブは、イスタンブルを中継地とする対ヨーロッパ貿易が進展していくなかでイランの経済がヨーロッパから輸入される商品の流入によって著しく衰退したことを強く危惧していた。ヨーロッパ商品のイラン国内での流通は、国の富を「破滅させる洪水」であり、民衆を貧困に追いやる元凶である。「なぜ、外国人はイランの人びとを支配するのか。いかなる理由で人びとは外国人に従属させられるようになったのか」これが、アミーノッザルブに一貫して通底する思いであった[50]。

　このように従属した状況をイランがはね除けていくために、アミーノッザルブは、先ず流通面で次の二つのことをすべきだと提案する。第一は、イランにおいて商慣習として広く普及していた掛けによる売買を止めることである。イランでは慢性的に通貨不足が続いていた。さらに流通する金・銀・銅貨のそれぞれの金属の含有量が地方ごとに、また鋳造された時期によっても大きく異なり、これらを決済に使うのは煩雑であった。こうした理由からイランでは現金による決済を避けて掛けによる売買が広く行われ、それはイランの商人がラッリ商会をはじめとする外国商会から綿製品を買い付ける際にも普通に行われていた。しかし、資金に余裕がないイラン商人のなかにはこのような信用取引を繰り返すうちに支払い不能に陥り、破産する者が続出した。これによってイランの商人は交易ネットワークを失い、ラッリ商会をは

じめとする外国商会との競争に敗れていった。これを由々しき事態と見るアミーノッザルブは、できるかぎり掛による売買を行わないようにし、信用取引をする場合には商業会議所から認可を得て、会議所の責任の下でそれを行っていくべきだと主張したのである[51]。

　第二にアミーノッザルブは、イラン商品の輸出をさかんにしていくために特別の見本市を開催することが必要だと強調する。イランの商人は、国境を北に越えて帝政ロシア領内で開かれるニージニー・ノブゴロドの大市やモスクワにしばしば出かけていた。しかし、そこでの商売のやり方は、ただ漫然と商品を並べて売るだけの行商の域を出ないものであり、商機をいたずらに失して安く買い叩かれることが多かった。これを憂慮するアミーノッザルブは、イラン商品の良さを積極的にアピールし、それを宣伝する場として国際的な交易見本市を国外で開催していく必要性を説いた。彼にとって商業会議所とは、商人たちが一丸となって輸出振興に取り組み、そのために国際見本市の開催を企画する戦略的な経済組織として捉えられていたのである[52]。

　アミーノッザルブは、以上のように流通の二つの面を改善することによってイラン商人の交易ネットワークを強化していこうとした。ただ、彼は商人であるにもかかわらず、流通面を改めるだけではヨーロッパの商品に浸食されているイランの経済を立て直すことはできないと考えていた。ヨーロッパの経済に対抗していくためには、産業分野のなかでも商業が中心になり、その力で近代的な工業を興し、鉱山を開発して、自前で製品をつくる力をイランがつけることが重要だと考えた。生産力を強化できれば、ヨーロッパからの輸入を減らすことができ、イランの経済は均衡に向かうはずだというのがアミーノッザルブの基本的な考え方であった。このような生産力を踏まえた流通論は、次の彼の言説からうかがうことができる。

　　国に存在する金銀の鉱山、農業、商業、工業を、発展させていかなければならない。国が必要とするものを外国から〔調達していくのをできるだけ〕抑えていかなければならない。（中略）事の多くは商業と結びついている。もし商業が力をもつならば、カージャール朝が必要とするものを外国から輸入することが抑えられ、工場を建設し、鉱山を開発するこ

ともできるはずである[53]。

　アミーノッザルブは、幾度となく繰り返し商人の権利（ḥaqq）と安全（amnīyat）を保護・保障しつつ、商人の自立（esteqlāl）をはかっていくことが必要だと言っている。最後の自立とは、彼にあっては商業資本を中心に据えて自国の工業を発展させ、これによって国内の需要を自国産品で賄い、輸入を減らすとともに輸出を振興してヨーロッパへの経済的依存から脱却していくことを意味していた。このような思いからアミーノッザルブは、ギーラーン州のラシュトに近代的な絹糸工場を建設した。彼が国際的な商人としての活動をはじめた頃は、まだ絹の生産と貿易は、微粒子病で手痛い打撃をうけた後の復興途上にあった。しかし、彼は紡績機を使ってつくられる生糸の市場価格が高いことに注目し、いち早くその導入に踏みきる。これにはヨーロッパの経済的進出に対して強い警戒心を抱く一方、優れたものにはその価値を認め、積極的に取り入れていこうとする彼の進取の気性がよくあらわれている[54]。

　国内産業を育成して生産力を強化し、それによって輸入の削減、輸出の増加をはかっていこうとするアミーノッザルブの考えは、絹糸工場のような近代的工業に関わる分野だけに留まるものでなく、伝統的な手工業の分野にも向けられた。とくに彼が力を入れたのは、ヨーロッパからの綿製品の輸入によって衰退したイランの伝統的な織物業とその関連産業を復興させることであった。ヨーロッパから綿製品が入ってくる以前においてイランでは地方ごとに独特の綿織物がつくられており、品質的にもヨーロッパ産の綿製品に決して劣らなかった。これをアミーノッザルブは高く評価し、イラン伝統の綿織物を復興させていこうとしたのである[55]。

　イランにおける綿織物業と染色業の中心で、アミーノッザルブの生まれ故郷でもあるイスファハーンを代表する綿織物としてよく知られるのは、更紗とカダク織りである。この二つは染色において対照的であった。更紗は捺染模様の綿布であるのに対して、カダク織りの方はグレーに近い青色で染め上げた無地染めの綿布である。なかでも後者のカダクと呼ばれる綿織物は、揉んでもくずれない適当な堅さと毛羽をきかせた肌触りと色調が好まれ、身分の

上下、貧富を問わず人気があった。

　しかし、このカダク織りも更紗も、価格が安く、デザイン・色柄が斬新で種類も豊富なヨーロッパから輸入される綿製品に太刀打ちできず、1850年代になると市場から姿を消していた[56]。とくに落ち込みが激しかったのが、カダクとその関連業種である。『イスファハーン地誌』によると、カダク織りの糸紡ぎで生計を立てていた寡婦は仕事を奪われ、イスファハーンの住民の10分の1にも達したといわれる織り子の数は、その半分に減ってしまった。綿打ち、洗い張り屋も打撃をうけた。カダク織りの染色に携わる職人の数も減少し、イスファハーンのバーザールにある店の数は半減し、136軒の店が残るだけになった[57]。アミーノッザルブはこうしたカダク織りとその関連業種の衰退に代表されるイランの伝統的な織物業の現状を嘆き、それを復興して輸出を振興していこうとした。このあたりの事情を彼は次のように書いている。

　　ヨーロッパの商品がかなりイランに流入している。その結果、質と耐久性の点でヨーロッパ商品よりも勝さっていると思われるイランの良質な商品、布地、その他のものは、廃れてしまった。昔からあった工房・工場も見捨てられ、放置されている。職人は仕事を棄て、さらにもとから携わってきた職を奪われて苦しみに喘いでいる。ナーセロッディーン・シャー Nāṣer al-Dīn Shāh 陛下の方から少しでもご配慮いただけるならば、イランの商人たちは、短期間のうちに国内の各都市に多くの工房・工場を必ずや責任をもってつくっていくはずである。これによって国内で仕事がない人は、職を得ることができる。一般の人たちがヨーロッパの商品を買い求めるということも減るはずである。神の御加護によって国内でつくられるものは、外国に輸出されるはずである。私自身は、質がよく、清潔で耐久性のある夏・冬用の軍服を誠心誠意を尽くしてつくり、工場から軍隊の倉庫に納入させていただく所存であります[58]。

　アミーノッザルブにとって輸出の振興は、入超、赤字の状態が続くイランの経済を立て直していくためにどうしてもやらなければいけないことであっ

た。しかし、それを実行に移していくには、ただいたずらに輸出を増やせばいいというものではなく、ヨーロッパから輸入された商品に品質において負けないものをイランにおいてつくり、輸出していくことが求められた。しかるに、当時のイランの現実は、アヘンや米、綿花の輸出の場合にとくに顕著に見られたが、しばしば量目を偽り、異物を混ぜて誤魔化して輸出することが横行していた[59]。こうした状況をアミーノッザルブは厳しく批判し、商業会議所とカージャール朝政府がそれぞれ目を光らせ、取り締まっていく必要性を強調した。とくに彼が力を入れた織物については、化学染料の使用を厳しく戒め、何時までも色褪せない天然染料を使った織物を生産し、輸出すべきだと説いた。こうしたアミーノッザルブの思いは、次の文章によくあらわれている。

> 化学染料で染めた綿製品は外国産であろうと国内産であろうと、売買しないようにしなければならない。親方、工房・工場に化学染料を使って織ることを厳しく禁止する。今でも質と価格において国内外で最高級と評価されている昔通りのあせない色でつくるようにしなければならない。化学染料を使うという過ちをした場合、没収して政府当局にこの旨を報告し、刑罰が科せられるようにする[60]。

アミーノッザルブは、綿製品を中心とするヨーロッパ商品のイラン市場への浸透によって流通面のみならず生産面においても弱体化したイランの商人たちの状況を改善し、ヨーロッパおよびオスマン帝国の商人たちがそれぞれつくる交易ネットワークに対抗して経済的にイラン商人が自立していくために商業会議所をつくっていこうとした。1884年7月31日、その設立がカージャール朝政府から認可され、テヘランに商業会議所が開設された。互選によって理事に選ばれた10人の商人たちによって年に120トマンでバーザーレ・ノウ地区にある商人アーカー・モスタファー Āqā Moṣṭafā の屋敷が借り上げられ、ここを事務所にして週に3回会議を開き、定款にもとづいてさまざまな商業上の問題について討議し、その処理、解決にあたっていく体制がつくられた[61]。

これをモデルにしてテヘラン以外の地域でも 1884 年 7 月末から 9 月末頃までの間にイスファハーン、タブリーズをはじめとする 17 都市にそれぞれ商業会議所が開設された。国外でもバクー、イスタンブル、バグダードに同様のものがつくられた。テヘランの商業会議所は、そうしたなかで全体を統轄する中央の商業会議所として位置づけられた[62]。

　しかしながら、このように商人の力を結集して商業会議所がつくられたにもかかわらず、その活動は長く続かず、2 年も経たずに商業会議所は休止に追い込まれる。その原因は、タブリーズにおける州知事とウラマーからの強い反対であった。州知事は、商業の問題について会議所が自主的に決定する体制ができると、行政当局の権限が侵害されるとして警戒感を強めた。また、ウラマーたちは、定款で定められた土地の登記手続き等が商業会議所を通じて行われるようになると、それまで自分たちが独占してきた権限を脅かされるとして強く反対した。その先頭に立ったのが、タブリーズでもっとも影響力をもつモジュタヘドとして知られるミールザー・ジャヴァード Mīrzā Javād である。彼は、商業会議所がイスラーム法（シャリーア）に悖るとしてマドラサの神学生（トッラーブ ṭollāb）を焚きつけ、商人たちに暴行を加えた。結局、このタブリーズでの動きがきっかけとなって首都テヘランにも反対運動が波及し、商業会議所はアミーノッザルブの会頭職辞職によって短期間で幕を閉じることになる[63]。

　商業会議所の頓挫は、オスマン帝国の非ムスリム商人に対抗して国際的な交易ネットワークを発展させていこうとしていたイランの商人たちにとって手痛い打撃であった。オスマン帝国ではイランより 2 年ほど早く 1882 年 1 月 4 日に首都のイスタンブルにギリシア系、アルメニア系の非ムスリム商人を中心に商業会議所が設立されていた。これによってオスマン帝国の商人は、必要な商業情報を容易に手に入れることができるようになり、また商人の利益に適う経済政策を独自に政府に対して働きかけることもでき、その経済環境を向上させていた[64]。

　これに対してイランの商人は、商業会議所の頓挫によって情報の入手・交換という点でも、組織として一致団結して商業活動の改善をはかっていくという点でも、オスマン帝国の商人に遅れを取ることになった。また、すでに

指摘したように、イラン商人は中継関税、輸出入関税の面でもオスマン帝国の商人と比べ不利な状況に置かれ、彼らに伍して貿易を行っていくには多くの困難が伴った。しかし、こうした悪条件にもかかわらず、アミーノッザルブをはじめとするイランの商人たちは、イスタンブルにその交易ネットワークを延ばし、そこを中継地とする貿易を続けていった。

次に、これらイランの商人たちがイスタンブルを中継地、境域市場としながら実際にどのように貿易をおこなっていたのか、1885 年から 1887 年にかけての時期におけるイスタンブルの状況について記すペルシア語史料に拠りながら見ていくことにしたい。

3）イスタンブルにおけるイラン商人の活動

イラン人がオスマン帝国領内に移住し、そこでどの程度の規模のコミュニティをつくっていたのか、これについては駐イスタンブル・イラン大使館に勤務した経験をもつサーサーニー Khān Malek Sāsānī の著した回想録から知ることができる。彼は、領事館に保存されている登録簿を調査し、1887/88 年にアナトリアの諸都市に居住していたイラン人の総数を 24,800 人と算出している。これはあくまでもパスポートを所持し、正規の手続きを踏んだ者の数である。このうち約 7 割にあたる 17,238 名が、黒海、マルマラ海、エーゲ海沿岸の海港都市ないしそこから少し内陸に入った町であるトラブゾン（270 名）、サムスン（664 名）、アダパザル（194 名）、イスタンブル（14,000 名）、バルケシル（955 名）、イズミル（1,155 名）に住んでいた[65]。

イラン人がつくっていたこれらコミュニティの状況については、1885 年 7 月 16 日から 1886 年 1 月 21 日にかけてテヘランからザカフカス・ルート、イスタンブルを経由してメッカ巡礼に赴いたカージャール朝の官僚ファラーハーニー Mīrzā Moḥammad Ḥoseyn Farāhānī が帰国後の 1887 年に書き上げた旅行記からも明らかにできる。それには往復の旅の様子、交通機関、距離と所要時間、運賃、持ち込み手荷物の重量、チッキの制度、通貨と為替、パスポートとヴィザの手続き、関税、検疫など、およそ旅行者なら誰でも知りたいと思う実用情報が丁寧に書き留められているが、彼が立ち寄ったアナトリアの海港都市にあったイラン人コミュニティの状況についても貴重な情報を

伝えている[66]。

　たとえば、イランの対外貿易においてイスタンブルと並ぶ重要な中継地であったトラブゾンについて、ファラーハーニーはそこで貿易を行う有力なイラン商人として次の8人の名前を挙げている。すなわち、① ハージー・セイイェド・アリー・アーカー・タブリージー Ḥājjī Seyyed ʻAlī Āqā Tabrīzī、② ハージー・モッラー・アリー・ホイー Ḥājjī Mollā ʻAlī Khoʼī、③ ハージー・アリー・アスガル・ホイー Ḥājjī ʻAlī Aṣghar Khoʼī、④ モッラー・アブー・ターレブ・ホイー Mollā Abū Ṭāleb Khoʼī、⑤ アーカー・モハンマド・アリー・ホイー Āqā Moḥammad ʻAlī Khoʼī、⑥ アーカージャーン・ホイー Āqājān Khoʼī、⑦ カルバラーイー・カーゼム・タブリージー Karbalāʼī Kāẓem Tabrīzī、⑧ アーカー・マフムード・サルマースィー Āqā Maḥmūd Salmāsī である。それぞれの名前の最後の部分、すなわち出身地を示すニスバから判断すると、ホイ出身者が5名、タブリーズ出身者が2名、サルマース出身者が1名であることが分かる。いずれもイラン西北部アゼルバイジャン地方にある都市から移り住んだ商人である。

　これからトラブゾンに居住する有力商人は、イランの商人といっても、言語的にはペルシア語ではなく、トルコ系のアゼルバイジャン語を母語とする人たちが多くを占めていたことが分かる。すでに述べたイスファハーンの出身でペルシア語を日常的には使うアミーノッザルブのような商人もいないわけではなかったが、少数にとどまり、多くはアゼルバイジャン地方の出身でトルコ系の言葉を話す人たち、いわゆるアゼリーによって占められていた。彼らは、オスマン帝国領内で商業活動をする場合でも言語の面で不自由を感じることがなく、また出身地のアゼルバイジャン地方がオスマン帝国と境を接するという地理的な近さから、国境を越えてオスマン帝国に交易ネットワークを延ばし、商人として活動する者が多かったのである[67]。

　オスマン帝国領内の各地にあったイラン人のコミュニティのなかでアゼリーがとくに多数を占め、優勢であったのは、居住者の数で他を圧倒していたイスタンブルである。サーサーニーによると、1880年代後半のイスタンブルには14,000人、ファラーハーニーによると16,000人にも上るイラン人が住んでいたという。1886年におけるイスタンブルの人口は、全体で

851,527 人、このうち外国人は 129,243 人であった。これから考えるとイランの居住者は、イスタンブルに住む外国人の約 1 割強を占めていたことになる。サーサーニーによると、これらイラン人の居住者のうちの 8 割、約 1 万人がイランの西北部地方に住むトルコ系のアゼリーであり、残りはそれ以外のホラーサーン、テヘラン、カズヴィーン、イスファハーン、カーシャーンの出身者であった。これほどイスタンブルには多くのアゼルバイジャン地方から来た人たちが居住していたのである[68]。

　イスタンブルは、イランのアゼリーにとって本国の首都テヘランに勝るとも劣らない魅力ある移住先であった。このことは、すでに述べた 1868 年 1 月から 2 月にかけてテヘランで実施された人口調査においてそこに住むアゼリーの数が 8,201 人であったという事実と比べても明らかである。テヘランで人口調査が行われた 1868 年とイスタンブルでアゼリー人口が約 1 万人を数えた 1887 年との間には約 20 年の時間的な開きがある。その間にテヘランでアゼリーの人口が自然的にも社会的にもさらに増えたことを考慮すると、直接比較の対象にはなり得ないが、イスタンブルがアゼリーにとってテヘランと比べて決して遜色のない移住先であったことは確かだと思われる。

　アゼリーは、その言葉を武器にして東西にその交易ネットワークを広げ、商人として活躍していた。彼らの話すアゼルバイジャン語は、ユーラシアに広く分布するトルコ系諸民族が使う言葉のなかでオスマン帝国領内で使われるトルコ語にもっとも近い言葉である。中央アジアのウズベク語とオスマン帝国のトルコ語との間には同一系統の言語といっても大きな違いがあるが、アゼルバイジャン語の場合、音韻的にも語彙的にもトルコ語との差はきわめて小さい。この近さを最大限に活用してアゼリーのイラン商人は、ペルシア語を母語とする他のイラン商人に比べてオスマン帝国領内で有利に商業活動を行っていくことができた。このあたりの事情を駐タブリーズ・イギリス総領事スチュアート C. E. Stewart は、次のように述べている。

　　アゼルバイジャン語は、北に隣接する帝政ロシア領ザカフカスのトルコ系諸部族の言葉に似ているが、イスタンブルのトルコ語ともブハラのトルコ系方言であるウズベク語とも異なる言葉である。しかし、違うとは

いえ、これら二つの言葉の中間的な方言という特徴が幸いして、トルコ系のアゼリーはイスタンブルでもブハラでも意志を通じさせることができ、これが商人、輸送業者として仕事をするのに有利に作用している[69]。

アゼリーにとってもっとも重要な国際的な商業活動の拠点は、イスタンブルであった。この町はイランが対ヨーロッパ貿易を行っていく際の中継地であり、このため多くのアゼリー商人がイスタンブルを目ざしてやって来ていた。アゼリーにとってイスタンブルがいかに重要であったのかについて、イラン立憲革命に際してタブリーズ蜂起に参加し、後にイスタンブルに亡命したアミールヒーズィー Hājj Esmā'īl Amīrkhīzī と現代イランを代表する歴史家キャスラヴィー Aḥmad Kasravī は、それぞれ次のように書いている。

百年、あるいはそれ以上前からヨーロッパ人と売買を行い、輸送手段もかなり困難をきわめていたイランの商人、なかんずくアゼリー商人は大部分、その取引をイスタンブルと行なっていた。イランの商人は自分の代理商をイスタンブルに送り込み、取引に従事させていた。別な言葉でいえば、イスタンブルは（商業、貿易の）中心であり、イランとヨーロッパとの間の貿易の中継地であった。このため多数のイラン商人がイスタンブルに住みついていた（アミールヒーズィー）[70]。

アゼリーは、イランの他の地域に住む人びとに先んじて貿易に従事し、商品を外国に輸出していた。ティフリス、バクー、バツーミ、アシュハバード等のザカフカス、中央アジアの都市における貿易の大部分は彼らの手に握られていた。また、アゼリーは、イスタンブルおよび他のオスマン帝国の都市、そしてヨーロッパのいくつかの都市との貿易においても大きなシェアを占めている（キャスラヴィー）[71]。

ファラーハーニーによると、イスタンブルで商売をする商人のうち、大商人（タージェル tājer）と呼べる者は 1,000 人ほどで、残りは取るに足らぬ零細な商人（カーセブ kāseb）であったという。そうしたなか、大商人が事務所

付図3　ヴァーリデ・ハン
出所：Gülenaz, Nursel. *Batıllaşma Dönemi İstanbul'unda Hanları ve Pasajlar*, İstanbul, 2011, ss. 55-56.

を構え、商業活動の拠点にしていたのが、ヴァーリデ・ハン Büyük Valide Hanı という名のキャラバンサライである。この建物は、1651年、ムラト4世の母ヴァーリデ・スルタン・キョセムによって建てられた。今でもこのキャラバンサライは残っており、カパル・チャルシュ（グランド・バザール）の北、チャクマクチュラル Çakmakçılar 通りにある。建物は方形の二階建てである。約4,000平方メートルの広さの中庭があり、真ん中に約4分の1ほどの面積を占める二階建ての「イラン・ジャーミ」と通称されるシーア派モスクが立っている。中庭を囲んで商人たちが事務所、宿、倉庫として使う210の部屋がつくられていた。イスタンブルでも大きなキャラバンサライの一つで、19世紀にはもっぱらイスタンブルにやって来るイラン商人によって使われていた[72]。

　ここに事務所を置いてイランとの間の中継貿易に従事していたアゼリー商人について、ファラーハーニーと同じ頃、イスタンブルを訪れたピールザーデ Ḥājjī Moḥammad ʿAlī Pīrzāde が面白い記事を残している。彼はイラン中央部のナーイーンに生まれたスーフィー（イスラーム神秘主義の聖者）で1887

年11月14日から翌年3月8日までイスタンブルに滞在した[73]。彼が著した旅行記によると、イスタンブルにいるイラン商人のほとんどがテヘラン、タブリーズにいる大商人の代理商人（nāʿeb, vakīl-e tojjār）か、まったく資本を持たない商人（bīmāye）であったという。ピールザーデは、そうした商人たちのなかでタブリーズとイスタンブルとの間を往き来して中継貿易を行うアゼリー商人ハージー・ミール・ジャアファル・アーカー Ḥājjī Mīr Jaʿfar Āqā の家族と知り合い、その交易活動の一端を次のように書き留めている。

それによると、ハージー・ミール・ジャアファル・アーカーには、4人の息子がいた。長男ハージー・ミール・カーセム Ḥājjī Mīr Qāsem、次男ハージー・ミール・モハンマド Ḥājjī Mīr Moḥammad、三男ハージー・ミール・バーケル・アーカー Ḥājjī Mīr Bāqer Āqā、四男ハージー・ミール・ネエマトッラー Ḥājjī Mīr Neʿmat Allāh がそれである。この商人家族は、イスタンブルとタブリーズとの間を絶えず往復しながら商売をしていたが、家族のうち、誰か一人が交替でイスタンブルにやって来て事務所の留守を預かるというやり方で仕事を続けていた。ピールザーデがヴァーリデ・ハンの事務所に招かれて訪れた時には、次男のハージー・ミール・モハンマドがそこに滞在していた。その後、数日してタブリーズから三男のハージー・ミール・バーケル・アーカーがイスタンブルにやって来ると、代わって次男のハージー・ミール・モハンマドが故郷のタブリーズに戻っていった。家長であるハージー・ミール・ジャアファル・アーカーは、この年、イスタンブルにはメッカ巡礼の途次に立ち寄っただけで商売の方は本拠のタブリーズで行っていた[74]。

ピールザーデが留守を預かる次男から聞いたところによると、この商人家族のイスタンブルにおける年間の取引高の平均は、オスマン帝国の通貨に換算して70,000リラほどであったという。しかし、1887年においてタブリーズに送付した商品の売掛金が回収できなかったため、取引高は、実際には40,000リラにまで落ち込んでいた。取り扱う商品は、イスタンブルからイランに送るものとして広幅の黒羅紗、捺染キャラコ（ヨーロッパ更紗）、逆にイランからイスタンブルを中継地としてヨーロッパ方面に輸出するものとして絹織物、イラン更紗などがあった[75]。

ハージー・ミール・ジャアファル・アーカーは、タブリーズとイスタンブルとの間の中継貿易を家族で行うことを通じてタブリーズでも有数の商人に成長していった。このことは、ピールザーデがこの商人家族と会ってから19年後の1906年にイランのタブリーズで起こされた立憲革命において、ハージー・ミール・ジャアファル・アーカーの三男ハージー・ミール・バーケル・アーカーが、州知事のモハンマド・アリー・ミールザーに対する蜂起の中心人物の一人として革命に参加し、商人の立場からそれに活動資金を提供したことによくあらわれている。

　キャスラヴィーの『イラン立憲革命史 *Tārīkh-e Mashrūṭe-ye Īrān*』によると、1906年9月17日から28日にかけてタブリーズにおいて議会の開設、憲法の制定を求める蜂起が起こされ、イギリス領事館に革命の支援と庇護を求めてバスト（聖域避難）が敢行された。これは1905年末から首都のテヘランで起こされていた立憲制の樹立をめざす動きに続くタブリーズにおける最初の大規模な蜂起であった。この「タブリーズを揺るがす十日間」においてハージー・ミール・バーケル・アーカーは、他の商人、知識人、ウラマー等と共に「公正とイスラーム立憲主義者協会 Anjoman-e 'Adālat va Mashrūtekhāhān-e Eslāmī」を結成し、自らそのアンジョマン（協会）の経理責任者に就任、経済的支援を精力的に行った。こうした彼の行動は、タブリーズとイスタンブルとの間の輸出入貿易を通じて押しも押されぬ国際商人に成長していたアゼリー商人としてのハージー・ミール・バーケル・アーカーの財力と自信を示すとともに、商業活動を通じて得た立憲思想への共感、その政治的実現へ向けての彼の情熱をよくあらわすものということができよう[76]。

3．中継貿易の変容と交易ネットワーク

1）トラブゾンの領事報告からみる対イランの中継貿易

　ファラーハーニーとピールザーデがイスタンブルに滞在した1880年代後半にそこを中継地とするイラン向けの輸出入貿易において実際どのような商品が取引され、流通していたのか、その貿易統計を示すことは、オスマン帝

国の税関関係史料の閲覧が現状では困難であり、残念ながら難しい。1880年代以降のイスタンブルの商業・経済にかんして有益な史料を提供する『イスタンブル商業会議所新聞 Journal de la chamber de commerce de Constantinople, Dersaadet Ticaret Odası Gazetesi』にもイランとの中継貿易にかんする詳細な商品別の統計を見出すことはできない。また、イスタンブルに駐在していたイギリス領事たちの報告も断片的で、それらを繋いで時間を追って見ていける統計を作成することもできない。トルコの経済史家シェヴケト・パムク Şevket Pamuk が、オスマン帝国時代の各種の統計資料を網羅、精査して著した『19世紀オスマン帝国の外国貿易 19. yüzyılda Osmanlı Dış, Ticareti』という統計史料集成にもイスタンブルを中継地とする対イランの輸出入貿易にかんする商品別の統計は載せられていない[77]。

　このようにイスタンブルの対イラン貿易にかんする史料状況は必ずしもよくないが、イスタンブルと並ぶもう一つの重要な中継地であるトラブゾンに駐在していたイギリスの領事報告には、比較的まとまった輸出入貿易にかんする統計が残されている。これを使うとイスタンブルの中継貿易のうち、トラブゾン＝タブリーズ・ルートを通る商品の流れを押さえていくことができる。トラブゾンとイスタンブルは、「戻し税」という独特な方法で徴収される中継関税の制度を通じて緊密につながっていた。これがトラブゾンにそれなりに批判に耐えうる中継貿易にかんする統計を残したということができる。

　「戻し税」による中継関税の徴収は、次のようなかたちで運用されていた。たとえば、イギリスから輸入される綿製品がイスタンブルに到着すると、税関はまず、それが中継貿易のかたちをとってイランに向かうものであってもオスマン帝国領内に輸入されたものとして取り扱い、すでに述べた1860年に改訂されたオスマン帝国とイギリスとの間の通商条約の規定にしたがって8％の輸入税を徴収し、商人に対して納税証明書を発行した。この後、綿製品がトラブゾンに着くと、商人は税関に荷が対イラン向けの中継貿易品であることを申告し、イスタンブルで出してもらった納税証明書を呈示する。そして、これに間違いないことが確認されると、すでに徴収済みの輸入税8％のなかから7％分が商人に還付され、実質1％の中継関税が徴収されるようになっていた。これが「戻し税」の仕組みであった[78]。

このように「戻し税」の制度を通じてイスタンブルとトラブゾンの両都市は密接につながっており、これからトラブゾンの中継貿易に関わる輸出入統計を使ってイスタンブルにおける中継貿易のおおよその流れを推測していくことも可能である。ただ、これだけではトラブゾン＝タブリーズ・ルートを通る中継貿易品の流れを押さえられるにすぎず、もう一つの中継貿易ルートたるザカフカス・ルートを使ったイスタンブルの中継貿易の流れが落ちてしまう弱点があることにも留意しておかなければならない。

　しかしながら、ザカフカス・ルートの中継貿易にかんしては、すでに述べたように1865年以来、帝政ロシアによってフリー・トランジット政策が続けられていたが、1883年になって自国産業保護の観点から再び高関税政策が取られるようになり、この結果、少なくともイスタンブルからザカフカスを通過してイランに輸出される商品は激減したので、その流れは無視してもいいように思われる。問題は、逆にイランからザカフカスを中継地としてイスタンブルに送られる商品の流れが依然として続いていたことである。たとえば、第3章で触れるように1890年以降その生産と輸出が復興した絹の場合、中継関税が高くても主産地であるギーラーン地方がザカフカス・ルートに近いということもあって、1883年にフリー・トランジット政策が廃止された以降も依然としてこのルートを使って輸出が続けられた。この流れをトラブゾンの貿易統計は、押さえられないという弱点をもっている。

　このようにトラブゾンの貿易統計を使ってイスタンブルの中継貿易を見ていくには制約があるが、これに代わる統計がないという現状に鑑みて以下、トラブゾンを中継地とする輸出入貿易の統計をそれぞれ上位5品目に絞って付表2、3として掲げ、これを手がかりにイスタンブルにおける中継貿易のおおよその流れを押さえていくことにしたい。ただし、統計が取れる時期は、輸入貿易にかんしては1885年から1909年まで、輸出貿易は1885年から1908年までである。

　これら二つの貿易統計を見て気がつくことは、トラブゾンを中継地とするイランへの輸入が、相変わらず輸出を圧倒しているということである。すでに述べたように、イラン商人のなかでも貿易の拡大にとりわけ熱心だったアミーノッザルブは、輸出を振興して貿易収支の均衡をはかり、イラン商人の

交易ネットワークを強化していこうとした。しかし、こうした彼の願いにもかかわらず、イランの輸出貿易は期待したようには伸びず、依然として輸入貿易に押されていたことがこれらの表から読みとれる。

　最初に次頁に掲げる付表 2 の輸出貿易の方からいくつか気がつく点を指摘しておくと、まず、第一点として 1885 年から 1891 年まで首位を占めていたタバコが、1892 年になって輸出額を落とし、ピークである 1889 年から 63.3％も減少し、絹織物、絨毯にも抜かれて第 3 位に転落したことが挙げられる。以後、タバコの輸出は回復せず、20 世紀に入ると 1901 年を除き統計も取れない状態になる。これは第 5 章で論じるように、1891 年から 1892 年にかけてイランで起こされたタバコ・ボイコット運動がオスマン帝国にも波及したことによっている。

　イランから輸出されるタバコは、ヨーロッパで需要が急増していたシガレット用の葉ではなく、16 世紀以降、広く嗜まれるようになった水タバコ用の葉である。ペルシア語でタンバークー tambākū、トルコ語でトンベキ tömbeki と呼ばれるこのタバコは、オスマン帝国内では良質なものが栽培できず、イランからの輸入に大きく依存していた。この意味でタバコは、他の商品と違ってヨーロッパに向けて輸出される中継貿易品ではなく、もっぱらオスマン帝国での消費用に輸出される商品であった。

　1891 年にタバコ・ボイコット運動が起こされると、イラン国内の混乱でタバコの輸出は激減し、それはイランで運動が終息した後も続いた。その原因は、イランでイギリス資本の「ペルシア帝国タバコ専売会社 the Imperial Tobacco Corporation of Persia」が廃止された直後、それに代わってオスマン帝国において新たにイランからタバコを独占的に輸入できる利権を与えられたフランス資本の「トンベキ輸入専売会社 Société du Tombac, La Société de la Régie des tumbekis persans, Tömbeki İnhisarı」が設立されたことによっていた。これによってタバコの輸出貿易から排除されたイラン商人がイスタンブルでボイコット運動を起こすが、これはイラン国内でのように大規模なものには発展せず、次第に密輸というかたちに抵抗の仕方を変えていった。これが 20 世紀以降、統計の欠如につながったのである。

　輸出貿易について指摘すべき第二の点は、第 4 章でも触れるように絨毯輸

付表2　トラブゾンの中継貿易—イランから輸出される主要商品　1885-1908年

	タバコ		絹織物		繭		絨毯		乾燥果実	
	価格 £	量 Cwts.	価格	量	価格	量	価格	量	価格	量
1885	87,290	21,820	45,400	450	40,800	680	34,060	3,410	6,280	3,010
1886	98,140	24,535	53,550	595	44,820	850	44,230	4,425	8,115	3,655
1887	100,360	25,090	90,720	1,010	35,060	585	60,850	6,085	5,305	2,165
1888	102,600	25,650	35,200	400	18,720	312	57,000	5,700	3,720	2,360
1889	103,505	25,875	63,680	795	6,040	135	79,415	6,620	11,610	9,025
1890	91,480	22,870	67,360	840	2,240	90	107,880	8,990	33,200	20,405
1891	92,440	23,110	65,360	815	3,580	160	80,615	6,720	17,455	20,545
1892	38,000	9,500	116,480	1,455	890	25	61,465	5,120	8,540	12,830
1893	13,880	2,775	141,120	1,760	4,320	230	76,130	7,130	2,200	1,370
1894	10,600	1,770	108,000	1,350	4,000	225	84,240	7,920	2,200	1,385
1895	2,550	415	97,720	1,235	6,670	250	96,400	8,555	1,500	1,855
1896	26,560	3,830	58,720	735	7,900	160	91,790	8,230	750	735
1897	17,600	2,515	104,160	1,300	2,300	45	86,575	7,775	2,205	2,430
1898	29,280	3,660	66,640	1,165	960	25	98,080	8,820	10,465	10,670
1899	19,280	2,410	37,310	670	1,000	25	68,080	6,590	22,650	20,300
1900	—	—	43,790	785	4,400	110	143,210	11,935	7,530	3,135
1901	140	20	44,560	890	2,880	70	80,200	7,680	2,790	1,160
1902	—	—	17,200	345	1,600	45	118,370	9,865	2,600	1,070
1903	—	—	22,200	440	2,800	70	115,270	9,610	210	90
1904	—	—	29,200	580	2,000	50	111,190	9,270	1,240	480
1905	—	—	35,400	710	—	—	186,700	15,560	—	—
1906	—	—	32,610	660	—	—	354,590	29,550	—	—
1907	—	—	5,500	110	—	—	58,800	4,780	—	—
1908	—	—	2,946	80	—	—	7,908	870	—	—

出所：1886年度から1909年度までのTrebizond (Trabzon) に駐在したイギリス領事のConsular Reportsから作成。

出の大幅な増加と繭輸出の激減である。絨毯は、統計初年度の1885年において輸出額で第四位であった。しかし、1898年に首位に躍り出てから1908年まで常に首位を占め続ける。これに対して繭は、1886年をピークに、以後減少が続き、1889年から1892年度まで輸出額においても量においても減ってしまう。1850年代半ばの微粒子病の流行によって絹の生産と輸出が激減し、それに代わって絨毯等の商品が新たに輸出品として開発されていくが、絨毯輸出の増加と繭輸出の減少は、まさにこうした相関関係を示すものだということができる。

　しかしながら、絹貿易は第3章で述べるように1850年代半ば以降、衰退したにもかかわらず、蚕種が病原菌に冒されているかどうかを調べる顕微鏡

付表3　トラブゾンの中継貿易―イランへ輸出される主要商品　1885-1909年

	綿製品		毛織物		茶		砂糖		絹織物	
	価格 £	量 Cwts.	価格	量	価格	量	価格	量	価格	量
1885	489,530	54,300	117,800	3,300	81,120	10,140	60,550	49,100	30,750	480
1886	439,620	54,840	112,850	3,160	75,200	9,400	73,375	59,060	17,100	300
1887	371,030	52,800	69,900	2,200	96,600	16,100	22,500	22,500	6,800	140
1888	433,345	61,820	60,720	2,805	72,240	12,040	9,175	8,820	8,760	185
1889	460,050	65,600	72,080	3,260	102,000	17,000	4,660	4,660	12,240	230
1890	399,660	62,305	94,080	4,405	48,120	8,020	42,610	45,330	11,920	240
1891	350,875	54,700	92,400	4,340	96,000	16,000	24,420	24,420	13,820	290
1892	246,160	38,340	85,800	3,840	84,000	14,000	29,200	29,200	9,600	190
1893	242,500	40,240	89,600	4,160	60,060	10,010	21,200	21,200	12,680	260
1894	299,450	49,600	146,160	6,150	75,000	15,000	6,080	7,200	36,200	760
1895	360,100	59,310	158,720	6,805	56,000	11,200	16,830	21,040	26,040	590
1896	242,655	39,915	166,000	7,140	78,000	15,600	19,280	24,100	14,800	335
1897	255,660	42,090	130,480	5,700	71,945	15,640	16,515	20,640	17,280	390
1898	251,065	44,240	112,960	4,880	70,750	16,080	10,945	13,680	23,960	640
1899	228,230	37,960	80,840	3,370	62,400	15,600	19,250	24,060	22,120	430
1900	140,180	23,010	101,660	5,770	60,720	20,240	13,630	17,040	33,520	1,000
1901	204,100	45,300	147,000	9,840	72,360	20,100	2,950	4,210	50,040	1,510
1902	200,250	41,850	109,580	6,075	69,600	17,400	2,880	4,120	40,530	975
1903	177,000	39,200	116,490	6,980	81,640	20,410	270	540	31,400	740
1904	143,240	27,600	148,310	8,940	75,840	18,960	―	―	24,040	670
1905	156,410	32,960	192,320	11,610	103,200	25,800	―	―	26,500	830
1906	168,030	35,320	211,080	11,260	69,730	17,430	8,190	10,930	20,020	680
1907	135,670	23,620	86,130	5,130	47,430	11,290	―	―	8,480	310
1908	33,955	6,170	79,261	3,820	1,468	400	―	―	5,658	110
1909	30,580	4,860	72,190	7,180	140	50	―	―	2,700	160

出所：1886年度から1910年度までのTrebizond（Trabzon）に駐在したイギリス領事のConsular Reportsから作成。

を使った最新の検査法が導入されたことによって1890年代に入るとその生産は回復し、トラブゾンを中継地とする輸出も1893年度から96年度と1900年度の統計が示すように復調してくる。ただ、繭が主産地であるギーラーン地方からイスタンブル、ヨーロッパ方面に輸出される際に使われたのは、産地に近くて便利なザカフカス・ルートであった。タブリーズからトラブゾンへと抜けるルートを使った繭の輸出が1889年以降、一時的に増加するものの減少傾向を示すのは、生産と輸出が全体として落ち込んだからではなく、輸出ルートが変化した結果と見なければいけない。

　輸出貿易の主たる動向は以上のように整理することができるが、これに対

して輸入貿易の方は、大別して綿製品、毛織物、絹織物からなる織物類と茶・砂糖の二つに分けて見ていくと貿易の推移がよくつかめるように思われる。

　まず、茶と砂糖の方から見ていくと、これらがイランに多く輸入されるようになるのは、19世紀以降、イランにおいて喫茶の風がコーヒーから紅茶に変わり、それが広く普及するようになってからのことである。イランに輸入される茶の多くは、インドからペルシア湾の諸港を通じて入ってくるのが普通であった。しかし、イランの北部地方で消費される分については、インドからイギリスに輸出された茶がイスタンブルに再輸出され、そこからトラブゾン＝タブリーズ・ルートを使ってイランに運ばれるというやり方も行われていた。

　付表3は、このような迂回のルートを使って輸入された茶貿易の動向を示している。その輸入は1905年をピークに下落するが、これはイラン立憲革命および青年トルコ人革命によってイランとオスマン帝国、それぞれの国が政治的のみならず経済的にも混乱し、その影響が出たためと考えられる。こうした減少傾向は砂糖の輸入についても同じように言える。その減少は茶と比べると時期的にもう少し早く、1901年からすでに始まっていた。トラブゾン＝タブリーズ・ルートを通じてイランに輸入される砂糖は、サトウキビを原料とするそれであった。しかし、帝政ロシアで砂糖大根を原料とする製糖業が発展すると、イランの北部地方でその輸入が急増する。20世紀に入って前者が減少するのは、その影響を受けた結果と考えることができる。

　他方、木綿、羊毛、絹をそれぞれ原材料とする織物類は、イスタンブル、トラブゾンを中継地とするイラン向けの輸入貿易のなかでもっとも需要が多いものであった。絹織物についていうと、イラン産の手織りの伝統的な絹織物がヨーロッパでもてはやされて輸出される一方、ヨーロッパ風のデザインや色柄に対するイラン人の憧れもあって逆にヨーロッパ産の絹織物がイランに輸入されることも並行して行われた。概してその額、量はイランからヨーロッパに輸出されるものに比べると少ないが、それでも絹織物は1906年まで安定して輸入されていたことが付表3から読みとれる。また、軍服やウラマーが着用する外套などの生地として使われる毛織物の需要は、絹織物より

もはるかに多く、1892年以降は輸入貿易のなかで綿製品に次で第2位を占め、1904年を過ぎると1907年を除いて綿製品の輸入額を抜いてトップに躍り出る。これは毛織物に対する需要が増えたことにもよるが、帝政ロシア産の綿製品の輸入が著しく増加し、それにともなってイギリスを中心とするヨーロッパ産綿製品が落ち込んだことによっている。

綿製品は、1870年代初頭にオスマン帝国のギリシア系非ムスリム商人であるラッリ商会がイラン市場から撤退した後も、イスタンブルからトラブゾン＝タブリーズ・ルートを使ってイランに輸入される中継貿易品のなかで基幹商品の位置を占め続けた。しかし、帝政ロシアで近代的な綿織物工業がモスクワ近郊のウラジミールを中心に発展すると、そこで生産された綿製品の輸入が増加し、イギリスや他のヨーロッパ諸国の綿製品はそれに押されて輸入額と量を相対的に減少させていった。付表3から明かなように、その輸入量は1889年をピークに減少を続け、1908年以降は茶・砂糖貿易と同様、イラン立憲革命と青年トルコ人革命による混乱で極端に下落する状況に陥る。

このような綿製品の輸入貿易の衰退は、実際にはもっと早く1887-88年頃からすでにその兆候が現れていた。すでに述べたピールザーデがイランからイスタンブルにやって来てタブリーズ出身のアゼリー商人ハージー・ミール・ジャアファル・アーカー Ḥājjī Mīr Jaʿfar Āqāの家族と交流を続け、往き来していた頃のことである。このあたりの事情を駐イスタンブル・英領事は次のように記している。

> 1887-88年におけるイスタンブル経由のイラン貿易は不十分なものである。マンチェスター製品を扱っている商人（ディーラー）は、一部はロシアの猛然たる進出のため、さらにオデッサの為替がずっと高めであるためにかなりの不振をかこっている。オデッサの為替市場はイランの市場に影響を与えるものであり、外国に送金しようとしている商人に深刻な被害を与えている[79]。

これから分かるように、1887-88年という時期は、帝政ロシアのイラン市場への攻勢が強まってイスタンブルを中継地とするイギリス綿製品のイラン

向け貿易が大きな変容を迫られる転換期としてとらえることができる。以下においては改めてこの綿製品貿易を取り上げ、1887-88 年頃を境にそれまでオスマン帝国の非ムスリム商人とイラン商人が綿製品の中継貿易をめぐってつくりあげてきた重層的な交易ネットワークにどのような変化が生じたのか、見ていくことにしたい。

２）綿製品の交易ネットワークとその変容

　1871 年にラッリ商会が絹貿易の不振によってイランから撤退した後、綿製品の中継貿易に従事するギリシア系非ムスリム商人の名は、史料にほとんど出てこなくなる。これに代わって登場してくるのが、アルメニア系の非ムスリム商人である。彼らは、イスタンブルにおいてギリシア系商人とともに商業を支える存在であった。このことは 1886 年にイスタンブルで商工業に従事していた者の約 27％がアルメニア系の住民によって占められていることによくあらわれている。付表 4 のセンサスはそれを示すが、その割合はギリシア系住民のそれに比肩し、両者を合わせると 50％を越える[80]。

　また、1882 年 1 月 14 日に開設されたイスタンブル商業会議所の初代会頭にアルメニア・カソリック教徒の大商人アザルヤン Aristaki（Arisdakes）Azaryan が就任し、彼を支える 13 人の役員たちのなかにギリシア系商人と並んで 4 名のアルメニア系商人、すなわちマヌキヤン Sinekerim Manukyan、ギミュシュゲルダン Dikran Gümüşgerdan、ウンジュヤン Apik Uncuyan、グルベンキヤン Serope Gülbenkiyan が名を連ねているところにアルメニア系の非ムスリム商人がイスタンブルにおいていかに大きな経済力を持っていたのかがよく示されている[81]。

　イスタンブルに拠点を置いてイギリスなどから綿製品を輸入し、それを一手に卸していたアルメア系の非ムスリム商人について、現代トルコを代表するアルメニア系の文学者で戯曲家としても知られるハゴプ・ミンツーリ Hagop Mintzuri は、19 世紀末から 20 世紀初頭にかけての少年時代を振り返って著した『回想録 İstanbul Anıları 1897-1940』のなかで興味ある事実を書き記している。少し長くなるが、オスマン帝国末期のイスタンブルにおけるアルメニア系非ムスリム商人のあり様を示すものとして貴重だと思われるので

付表4　1886年のイスタンブルの宗派別人口と商工業従事者数

宗教グループ	人口	割合　％	商工業従事者数	割合　％
ムスリム	201,339	49.40	51,073	38.32
ギリシア正教徒	91,804	22.52	33,866	25.41
アルメニア正教徒	83,870	20.58	35,979	26.99
ブルガリア正教徒	3,977	0.98	3,238	2.43
カソリック教徒	3,209	0.79	1,783	1.34
ユダヤ教徒	22,394	5.49	6,984	5.24
プロテスタント	488	0.12	123	0.09
ラテン人（東方カソリック教徒）	528	0.13	251	0.19
合　計	407,609		133,297	

出所：*Bā Irade-i Seniye-i Cenāb-ı Padişahi buda icra olunan Tahrir-i sakık yoklaması mucibince Der Saadet ve Bilad-ı selasede mevcut nüfusun İstatistik Cetvelidir*, İstanbul, 1302. ただし、実際に拠ったのは S. J. Shaw, *History of the Ottoman Empire and Modern Turkey*, vol. II, Cambride, 1977, p. 242.

以下、引用しておくことにしたい。彼が言及する商人は、石油王として名高いグルベンキヤン Calouste Gulbenkiyan と縁戚関係にあったホヴァネス・イスタンブルヤン Hovhannes İstanbulyan という人物である。ミンツーリは、この商人を自分の幼馴染みのケヴォルク Kevork を通して知り、次のように記している。

> アルメニア人小学校の四年生の子供たちのなかで最上の服を着ていたのは、ケヴォルクであった。彼は私と同郷で、親戚筋にあたる。中等部でも彼のような者は見かけることができなかった。まるでどこかのお大尽の坊ちゃんという風であった。ピカピカのイギリス製の生地でつくられた縞模様のグリーンの服と、あと一着、縞のブルーの服をもっていた。この二着を彼は代わる々々着て来ていた。父親は、ペラ地区に住む富豪のホヴァネス・イスタンブルヤンの料理人をしていた。ホヴァネスの旦那は、イギリス綿製品のただ一人の代理人の指定をうけた輸入商人である。自分の子供たちのために服を誂えるが、大きくなって着れなくなるとお下がりとしてケヴォルクに与えたのである。（中略）時々、父親か本人のケヴォルクのどちらかからホヴァネス様のお屋敷に来るようにと誘われ、屋敷の中に入れてくれた。その宏壮な邸宅は、ペラ地区の東にあってアア・モスクに通じる脇の道に入らず、そこから数軒下に行った

ところにあった。大金持ちのひとりとして知られるアルメニア・カソリック教徒のキョチェオウル Köçeoğlu 様のお屋敷から三軒上に行ったところである。ケヴォルクは何度か内部を案内してくれた。屋敷は地下の階と、その上にある三階建ての建物からなっていた。各階にはそれぞれ三つの部屋があった。屋根裏にすら両開きの窓と階段がついているほどである。召使いの部屋にいたるまで階段は言うにおよばず、どこもかしこもすべて大理石で敷きつめられていた。どこを見てもピカピカに光っていた。一階部分は、当主の ホヴァネス様と奥様でカドキョイ地区に住んでおられるセロペ・グルベンキヤン Serope Gülbenkiyan の姉（妹）であるシルプヒ Sirpuhi 様が使っておられた[82]。

　1871 年にギリシア系非ムスリム商人のラッリ商会がイランから撤退した後、イギリスからイスタンブルに輸入される綿製品は、ミンツーリが記すホヴァネス・イスタンブルヤンのようなアルメニア系の非ムスリム商人からイスタンブルにやって来るイランの商人に卸され、イランに輸出されることが多くなった。

　たとえば、駐タブリーズ・イギリス総領事アボットが 1886 年に記す報告を見ると、イスタンブルでイラン商人がアルメニア系の非ムスリム商人から綿製品を仕入れ、それをタブリーズに送った例が報告されている。もっとも、史料によると、この時はトラブルが生じている。綿製品を買い付けた商人がタブリーズに戻って荷を解いたところ、アルメニア系の非ムスリム商人からイスタンブルで見せてもらった見本と中味が違っていた。このため、タブリーズのイラン商人は怒って手形の決済を拒んだということが領事報告には記されている[83]。

　イスタンブルを中継地とするイラン向けの綿製品貿易は、以上のようにアルメニア系の非ムスリム商人が張りめぐらす交易ネットワークにイラン商人が自らのそれを接続させるかたちをとって行われるのが多くなっていた。アゼリーを中心としたイラン商人は、ヴァーリデ・ハンのようなキャラバンサライに拠点を置きながら、イスタンブルの市内に事務所を構えるアルメニア系の非ムスリム商人のところに行き、彼らから綿製品を仕入れ、イランに送

るということが多くなったのである。

　イスタンブルにおいてこのようなやり方で買い付けられた綿製品が、イラン国内のバーザールで実際に流通していたことを具体的に示す史料も残されている。たとえば、カスピ海の東南マーザンダラーン地方の都市アスタラーバード Astarābād に駐在していたイギリス領事が 1881 年に記す報告がそれである。これによると、当時、アスタラーバードのバーザールには百軒ほどの店があり、そこには多くのイギリスの綿製品が並べられ、売られていた。これらの品はいずれもイスタンブルから輸入されたもので、その梱にはイランから来た商人に実際に綿製品を卸した全部で 8 名のイスタンブルの商人、取引業者の商標が貼られていた。このうち 5 名は、名前から判断してアルメニア系の非ムスリム商人だと思われるが、そのなかにはイスタンブル商業会議所の創設に参画した有力商人のギュミシュゲルダン Dikran Gümüşgerdan、マヌキヤン Sinekerim Manukyan の名前も見られる[84]。

　イスタンブルを中継地とするイラン向けの綿製品貿易は、以上のように 1870 年代以降、オスマン帝国のアルメニア系非ムスリム商人とアゼリーを中心とするイランの商人たちがつくる交易ネットワークを使って行われることが多くなっていた。しかし、このような中継貿易の流通のあり方は、帝政ロシア産の綿製品がイランに大量に流入しはじめる 1880 年代末を迎えると、大きな変容を迫られる。エントナー M. L. Entner によると、帝政ロシアからイランに輸入される綿製品の量と額がイギリスのそれを凌駕するようになるのは 1890 年代に入ってからであるが、その兆候は 1886 年頃からすでに現れはじめていた[85]。

　このことは、当時タブリーズに駐在していたイギリス総領事アボットが行ったイランにおける綿製品の輸入状況にかんする調査報告から明らかである。それによると、1880 年代半ば頃まで帝政ロシアには、最大で 26-27 インチまでの狭い幅の綿布を織る技術しかなく、このためイランで需要が高く、人気のあった 30-32 インチの広幅の綿布を生産することができず、帝政ロシア産の綿布はイギリス綿製品に取って代わることができなかった。しかし、帝政ロシアで広幅の布地を織ることのできる紡織機の導入が進み、イギリス綿製品に比肩する広幅の綿布が生産されるようになると、イランへの輸出が

急増する。もともと、帝政ロシアでつくられる綿製品は、色、柄、布地の質においてイギリスのそれと比べても遜色がなかったが、広幅の綿布がつくられるようになると、それはイギリス綿製品の市場を脅かしていった。こうした状況の変化にタブリーズ駐在のイギリス領事アボットは強い危機感を抱き、早くも1886年の時点で警鐘を鳴らしている[86]。

　これを深刻な脅威と受けとめたイギリス商務省は、1888年になって当時、通商参事官を務めていたロウ E. F. Law をイランに派遣し、実情調査にあたらせた。ロウはイスタンブルからザカフカス・ルートを通ってイランに入り、各地で綿製品の市場調査を行ったが、そこで彼が目撃したのは、イラン北部地方の市場において帝政ロシア産の綿製品がイギリスのそれを圧倒して優勢になりつつあるという現実であった。しかし、彼を驚かせたのは、これだけにとどまらなかった。これ以上に彼が脅威と感じたのは、帝政ロシアの経済的攻勢によってイギリス綿製品の流通を実際に担ってきたオスマン帝国の非ムスリム商人とイラン商人とがつくってきた交易ネットワークに楔が打ち込まれ、これまでの中継貿易の流通ルートが大きく変わりつつあるということであった。

　綿製品を輸出しようとする帝政ロシアの商人にとってイラン市場は、かつてイギリス商人が経験したように入り込むのが難しいところであった。このため、彼らはロシア語とペルシア語という二つの言語に通じ、帝政ロシア、イラン双方の商慣習に熟知するイランからザカフカスにかけての地域に住む現地のアルメニア系商人や、帝政ロシアから庇護（プロテジェ）を受けていたイランの商人を仲介商人として取り込みながら綿製品をイランに売り込んでいこうとした。イランの消費者がいかなる種類、柄の綿製品を欲しているのかを知悉するこれらの商人たちが帝政ロシアの商人に協力して新たにつくる交易ネットワークは、これまでにオスマン帝国の非ムスリム商人とイラン商人とがつくりだしてきた重層的な交易ネットワークを寸断し、その流通の仕組みを根本から壊すものであった。これにロウは、真の脅威を感じたのである。

　ロウは、イギリス商務省の官吏であるにもかかわらず、イスタンブルを中継地とするイラン向けのイギリス綿製品貿易を支えてきたのが、イギリスの

商人ではなく、オスマン帝国の非ムスリム商人とイランの商人たちが国境を跨いでつくる広域的、重層的な交易ネットワークであることを誰よりも見抜いていた。激しさを増すイギリスと帝政ロシアとの綿製品をめぐる経済的なグレートゲームにイギリスが勝ち抜いていくためには、これまでイギリス綿製品の流通回路になってきた現地の商人たちの交易ネットワークをこれまで以上に梃子入れしながら、イスタンブルの中継貿易を維持していかなければならないというのが、イランでの実情調査で得たロウの確信であった。

イギリスの対イラン貿易に占めるイスタンブルの重要性、そこからイランに向けて輻射する現地商人の広域的な交易ネットワークを重視する以上のようなロウの考え方は、イランでの調査の後に1888年12月8日付で商務省に宛てて送られた次の復命書の一文によく示されている。

> イスタンブルの商人は、それがアルメニア系の商人であろうとトルコ系の商人であろうと、ヨーロッパの商人が利益にあずかれないような仕方で商売をしているように見える。私はこの事実をアジアの人たちと取引する際において可能なかぎりアジアの人を雇って利益を挙げるべきだということのさらなる証左として言っておきたい。一般的にいって対イラン貿易に関してイスタンブルが占める重要性は、刮目に値する。すでに言及したイギリス産品だけにとどまらず、イラン北部のバーザールで見られるあらゆる種類のフランス、オーストリア、ドイツ産品のかなり多くの割合がイスタンブルの商人たちの手を通じて持ち込まれているのである[87]。

おわりに

以上のロウの指摘とこれまで論じてきたことから明かなように、イスタンブルの商人、とりわけギリシア系、アルメニア系の非ムスリム商人は、ヨーロッパ商人を寄せつけない強力な交易ネットワークをイスタンブルからイランに延ばしながら綿製品の中継貿易を行っていった。ヨーロッパ商人のなかには、後章で触れるツィーグラー商会のようにイスタンブルの商人を介さず、直接、綿製品をイラン市場に持ち込み、流通させていく商人もいないわけで

はなかった。しかし、多くの商人は、それをイスタンブルまで持って来てそこを境域市場としてギリシア系、アルメニア系の非ムスリム商人に卸すにとどまり、イスタンブルから先の綿製品の流通は現地の商業事情に精通するオスマン帝国のギリシア系、アルメニア系の非ムスリム商人とイランの商人がつくる交易ネットワークに委ねていかざるをえなかった。

　イスタンブルを中継地とする広域的な交易ネットワークを使って行われるイラン向けの綿製品の輸出貿易は、基本的にはイスタンブルにやって来るイランの商人に対してオスマン帝国のギリシア系、アルメニア系の非ムスリム商人が綿製品を卸し、それをイスタンブルからイランに向けて再輸出するというかたちをとるのが普通であった。しかし、オスマン帝国の非ムスリム商人のなかには、1837年にイランに進出したギリシア系のラッリ商会のようにイスタンブルからイランに直接、その交易ネットワークを延ばし、タブリーズ、テヘランに支店を開設してイラン国内での流通にも深く関与し、地元のイラン商人を排除して綿製品貿易を独占していこうとする者もいた。

　総じてオスマン帝国のギリシア系、アルメニア系の非ムスリム商人は、1860年代以降、通商条約の改定によって中継関税が低く設定されたということもあってイラン商人より有利に綿製品貿易を行っていくことができた。このことは、1871年にラッリ商会がイランから撤退したあと、ギリシア系の非ムスリム商人に代わってイスタンブルで綿製品をイランから来る商人に卸し、中継貿易を押さえていくようなるアルメニア系の非ムスリム商人の場合も同様であった。

　このようにオスマン帝国の非ムスリム商人は、綿製品の中継貿易をイランの商人に比べると優位に進めることができた。こうしたイラン商人の劣勢を跳ね返し、オスマン帝国の非ムスリム商人に伍して独自の交易ネットワークを張りめぐらしていこうとしたのが、イスファハーン出身の両替商で、テヘランに出て国際的な大商人となったアミーノッザルブであった。彼はテヘランに支店を出していたギリシア系の非ムスリム商人ラッリ商会の下で貿易の実務を学び、それを踏まえてイスタンブルに進出、さらにそこからヨーロッパにも支店を出してオスマン帝国の非ムスリム商人が張りめぐらす交易ネットワーク網に対抗していこうとした。これをアミーノッザルブは、絹、絨毯、

タバコ、アヘンといったイラン特産の商品の輸出貿易を通じて行っていこうとしたが、絹については、第3章で論じられるように微粒子病による衰退後、1890年代初頭から復興してくる輸出貿易においてイランの商人はオスマン帝国のギリシア系の非ムスリム商人に主導権を握られ、また綿製品の輸入貿易においてもオスマン帝国のアルメニア系非ムスリム商人の優位を覆すことができず、その後塵を拝することを余儀なくされた。

1830年代以降、イランはイギリスを中心としたヨーロッパで生産される綿製品の浸透にさらされ、その海外市場の環のなかに組み込まれていくが、その流通にかんするかぎり、直接、オスマン帝国、イランの市場に進出しようとしたヨーロッパの商人に対抗して、イランの商人は、イスタンブルに拠るオスマン帝国の非ムスリム商人と共に広域的、重層的な交易ネットワークをつくり上げ、これによって辛うじてその自立性を維持することができた。しかし、このイスタンブルを中継地とする強固な交易ネットワークも、1880年代末頃から帝政ロシア産の綿製品がイラン市場に急増してくることによって大きな変容を迫られる。

帝政ロシアから綿製品が入ってくるということは、たんに商品が流入してくるにとどまらず、イギリス商務省の通商参事官ロウがいみじくも指摘するように、その流通に携わる現地の商人の流れをも変えるものであった。それまでイスタンブルに引き寄せられて綿製品の貿易に携わってきたイラン商人のなかには帝政ロシアの商人と結びついてその綿製品を販売する者も多く出てくるようになり、これによって綿製品をめぐる交易ネットワークの流れが変わり、従来のイスタンブルを中継地とする綿製品の交易ネットワークは、次第に廃れていった。

こうした傾向は、イランにおいては1890年代初頭に起きたタバコ・ボイコット運動、それに続く1905年末からのイラン立憲革命の混乱のなかでさらに加速していくが、一方、オスマン帝国の方でも1890年代前半からアナトリア東部地方においてアルメニア系住民とトルコ・クルド系のムスリムとの間で民族間衝突が頻発し、これによってイスタンブルからイランに延びる広域的な交易ネットワークが寸断されていった。この民族間衝突は、首都のイスタンブルに飛び火する一方、20世紀に入って青年トルコ人革命から第

一次世界大戦にかけての時期に国境を越えてザカフカス、イラン西北部地方にも波及した。さらにトルコ革命後の 1923 年に断行された住民交換によって黒海東南部地方のトラブゾン等の港市に住んでいたギリシア系の人びとがアナトリアからギリシアに強制的に移住させられたことによって、イスタンブルからイランに延びる広域的な交易ネットワークは、アルメニア系商人とともにそれを支える流通の担い手であったギリシア系の商人を失い、衰退していった。

　このようにイスタンブルからイランに向かって延びる綿製品の広域的な交易ネットワークは、1880 年代末を境にして急速に解体に向かっていくが、少なくとも 1830 年代から 1880 年代までの時期において、ヨーロッパの商人が中東イスラーム世界の市場へ直接、進出してくるのを阻む強固な広域的な交易圏として機能していた。これまでの経済史研究においては、ヨーロッパの側からの一方的な中東イスラーム世界への進出、ヨーロッパの資本主義経済に包摂されて中東イスラーム世界が従属化、周縁化されていく面が強調されてきたように思われる。しかし、流通という面に目をやると、中東イスラーム世界は、全体としては世界経済の網の目のなかに一体化されつつも、独自の交易圏を維持することができた。その一つがイスタンブルからイランに延びる綿製品の交易ネットワークであったといえる。イスタンブルを結節点とするオスマン帝国の非ムスリム商人とイラン商人とがつくる広域的な交易圏の問題については、近代世界システム論とは違った観点から検討していくことが重要である。

第 2 章　イランのアルメニア系商人の
　　　　　交易ネットワークとイスタンブル

はじめに

　モハンマド・アリー・マハッラーティー Moḥammad ʿAlī Maḥallātī（1836-1924）、通称ハージ・サイヤーフ Ḥājj Sayyāḥ といえば、世界を股にかけて遍歴したイラン人としてよく知られる。その足跡はヨーロッパ、アメリカから日本、中国、東南アジア、インドにまで及び、近代のイスラーム世界を生きた人のなかでも群を抜いている。諸国を遍歴したその旅のうち、ヨーロッパにかんする部分は『ハージ・サイヤーフのヨーロッパ旅行記』と題してアリー・デフバーシー ʿAlī Dehbāshī によってペルシア語校訂版が出版され、またサイヤーフの孫にあたるメフルバーヌー・ナーセル・デイヒム Mehrbanoo Nasser Deyhim の手になる英訳も出されている[1]。
　サイヤーフという人は、もともとはウラマーを志した人である。テヘランでイスラーム諸学を学び、その後、裕福なおじの援助を得てカルバラー、ナジャフに留学した。しかし、それを終え故郷に戻ってみると、父からソルターナーバード（アラーク）近郊の村に住むおじの娘と結婚するよう命じられる。これに逡巡したサイヤーフは、1860 年 5 月 13 日、23 歳のときに親の意に逆らって秘かに故郷を出奔、当てのない放浪の旅に出る。以後、18 年もの長きにわたって広く外国を歴遊、この間マルコム・ハーン、アフガーニー等の改革思想の影響をうけ、1877 年 6 月 25 日、40 歳のときに開明的な近代主義者へと自己変革をとげてイランに帰国した[2]。
　このような軌跡をたどるサイヤーフの旅は、故郷を出てイラン・アゼルバ

付図1　ハージ・サイヤーフの写真
出所：Hājj Sayyāḥ, Moḥammad ʿAlī (tr. by Mehrbanoo Nasser Deyhim), *An Iranian in Nineteenth Century Europe, The Travel Diaries of Hāj Sayyāḥ 1859–1877*, Bethesda, Maryland, 1999, p. 14.

イジャンに向かうところからはじまるが、そこで彼は次のような興味深い事実を指摘している。それは、タブリーズに着き、商人と知己となるうちにそれまで自分が使ってきたペルシア語が同じイランでもほとんど通じないという現実であった。これに愕然とした彼は、これから先、旅を続けていくのにアゼルバイジャン・トルコ語とアルメニア語の知識が絶対に必要だということを痛感させられる。このため彼は一念発起し、このあとしばらく滞在するティフリス（トビリシ）とイスタンブルにおいてこれらの言葉の習得に必死になって励んだ[3]。

　サイヤーフの以上のような体験、思いは、イランからイスタンブルに向かう街道を往還する旅人にとってこれらの言葉がコミュニケーション言語としていかに重要な役割を果たしていたか、さらにイランとオスマン帝国とのあいだの国を越えた地域間交易、国際的な交易ネットワークを動かす商人とし

てアゼリーとアルメニア系の人たちがいかに重要な位置をしめていたかを如実に示しているように思われる。

　第1章において筆者はペルシア語で書かれた旅行記に主として拠りながらイランとイスタンブルを結ぶルートに沿った諸都市にコミュニティをつくり、国際的な交易活動に従事していたイランの商人について論じたが、そこで明らかにし、強調した点は、一口にイラン商人といっても言語、民族という点からみるとアミーノッザルブのようにペルシア語を使う国際的な商人もいなかったわけではないが、アゼルバイジャン・トルコ語を日常言語とするアゼリー商人が圧倒的多数を占めていたということである。彼らはイランのなかでは人口の面でマイノリティであったが、オスマン帝国との言語的、地理的な近さ、またすぐれた商才を武器にイスタンブルに連なる広域的な交易圏のなかで他を寄せつけぬネットワークをはりめぐらしていた[4]。

　ただ、第1章においてはアゼリー商人とともにイランとオスマン帝国双方にまたがる広域的な交易圏において同じように強固なネットワークをはりめぐらし、国際的な商業活動をおこなっていたイランのアルメニア系の商人についてはまったく触れることができなかった。アルメニア系の商人は、序章において触れたように16世紀前半、サファヴィー朝のアッバース1世が絹の専売制を導入すると、それを国外に輸出する独占権を獲得し、イランからオスマン帝国の対ヨーロッパ貿易の窓口であるアレッポ、イズミルへとその交易ネットワークを広げていった。これによってアルメニア系の商人は、すでに多くの研究者が指摘するように絹貿易における自己の優位を不動のものとし、アゼリー商人をはるかに凌駕するまでになっていた[5]。

　アルメニア系の商人が構築したこの交易ネットワークは、19世紀に入りイスタンブルがイズミルと並ぶ対ヨーロッパ貿易の交易の中心、中継地としての重要性を増すと、前者にその拠点が移されていくようになるが、以下においては筆者がイギリスのイギリス国立文書館（ナショナル・アーカイブ、旧パブリック・レコード・オフィス）で見つけた史料を紹介しながら、19世紀半ばにイランからイスタンブルに進出し、そこを中継地としてイラン＝ヨーロッパ間の交易に従事していたアルメニア系商人の活動の一端を見ていくことにしたい。

1．アルメニア系商人アルセニアン家の相続争い

ロンドン郊外キュー・ガーデンの近くにあるイギリス国立文書舘には、FO881/ 5653 （confidential）Papaers relating to the Case of Mr. A.O. Arsenian（以下、本文では『アルセニアン一件文書』と略記）というイギリス外務省文書が所蔵されている。これが印刷に付されたのは 1888 年 8 月であるが、文書の内容自体は 1850 年代半ばすぎにイスタンブルに店と倉庫を構え、イギリスのマンチェスターにも支店を出していたイラン出身のアルメニア系商人オスキハン・アルセニアン Oskihan Arsenian とその家族をめぐる係争事件の記録である[6]。

当主のオスキハンは 1875 年頃から精神に異常を来し、思うように仕事ができない状態に陥った。こうしたなか、彼がそれまで営々と築いてきた商売の経営権、相続権をめぐって家族のなかで争いが生じる。長男のアルセン Arsen は自分に父親の仕事をすべて継承する権利があると主張し、これを不服とする妻のソゴメ Sogome、次男のオカンネス Okannes、長女のイスコウフ Iskouh は、イスタンブルのベイオウル地区にあるオスマン帝国警察裁判所、次いでイラン総領事館にオスキハンの禁治産請求を出してそれに対抗した。この争いはさらにイスタンブルにあるイラン総領事館付属の商業裁判所に本裁判として持ちこまれ、第一審は 1881 年 5 月 4 日、第二審（上告審）は 1881 年 12 月 28 日にそれぞれ判決が出された。イギリス外務省文書は、これら二つの裁判の詳細な過程を伝える史料と判決文、それらに関係する他の諸々の文書を集めたものからなっている[7]。

イスタンブルに本拠を置く一介のイラン出身のアルメニア系商人についての情報がこれほど詳しくイギリスによって収集されたひとつの理由は、争いを起こしたアルセニアン家の一方の当事者である長男アルセンが 1868 年以来、イギリスのプロテジェ（庇護民）になっていたことが関係している。彼は争いを自分に有利なかたちで解決しようと 1879 年 1 月 22 日、アルメニア系の弁護士のクリコル・アルヤナキン Krikor Alyanakin を通じて駐イスタンブル・イギリス領事フォーチェット Fawcett に助力を依頼する[8]。このように

アルセンがイギリスのプロテジェであったことが、結果としてイギリスの側に多くの史料を残すことになったのである。

イギリスの方にもこの係争事件を看過できない理由が存在していた。それは、マンチェスターに支店をおくアルセニアン商会と取引関係にある国内の生産業者、商人のなかに債権を有する者が多く、裁判の結果次第では甚大な被害を彼らにもたらす可能性があったからである。このためイギリス側は駐イスタンブルの総領事館および大使館、ロンドンの外務省というラインで情報の収集につとめ、またマンチェスターの商業会議所とも連携をとりながらこのアルメニア系商人の家族の内部で起こされた争いに迅速に対処しようとした。

『アルセニアン一件文書』は基本的には裁判の記録である。しかし、これを仔細に検討し、さらにそのなかに収められている商業関係の記事を拾い出していくと、イスタンブルに本店を置き、そこから西はイギリス、東はイラン方面へとのびるアルメニア系商人の交易ネットワークが浮かびあがってくる。この商会がどのような活動をおこなっていたのか、以下、裁判の過程を追いながら見ていくことにしよう。

オスキハンがいつイランからイスタンブルに来たのかは不明であるが、1855 年から 17 年間にわたって同じアルメニア系のエアリク・アスワゼドウェリヤン Earik Aswazedweriyan という名の商人とパートナーシップを結んで一緒に商売をおこなっていたことが分っている[9]。次いで 1872 年になると、新たにオスキハンの長男アルセンがこのパートナーシップに加わり、商会のメンバーは全部で 3 人になった。それまでアルセンは父のもとで修業に励み、父から手当、生活費をもらう身であったが、パートナーシップの仲間に加わったことをきっかけに、単身イギリスのマンチェスターに渡り、そこにある支店の経営をまかされ、それに専心した[10]。

しかし、この 3 人が組んだパートナーシップは長くは続かず、2 年後の 1874 年末、エアリクの引退によって解消された[11]。このあとオスキハンとアルセンの父子は 1875 年 1 月 1 日に改めて二人だけで契約を結び直し、Oskihan & Son という商会を立ち上げたが、これは 1877 年 12 月 31 日をもって解消したとされる[12]。

この最後の父子の間におけるパートナーシップについてあえて断定的に書かなかったのは、それが本当にあったかどうか疑わしい点があるからである。後に起こされる裁判の審問においてアルセンはパートナーシップはあったと一方的に主張している。しかし、これに対して彼とオスキハンの財産・経営権をめぐって争う妻のソゴメ、次男オカンネス、長女イスコウフの側は、1874年までのパートナーシップは確かに存在したが、それ以降のものは捏造だと主張して激しく対立した[13]。この1875年から1877年までの3年間にわたるパートナーシップが存在していたかどうか、その事実認定が実は裁判におけるもっとも重要な争点のひとつを成していたのである。
　しかしながら、長男のアルセンは、裁判が始まる前からあくまでもこれがあったと強く主張し、それを既定の事実として世間に周知させようと行動を起こしていく。このように彼が1875-77年のパートナーシップの存在に強く執着するのは、それによって父オスキハンの財産・経営権を自分に有利なように引き継ぐことができるという思惑が働いていたからである。アルセンは父親の事業・商売の継承を血縁関係による相続というやり方ではなく、父子の関係を離れた、法的に対等な関係で結ばれたパートナーシップの解消という方法でやるのが得策と判断していた。その場合、父親が出資した資本の持分を彼自身が補償する必要があるが、相手側、つまり父オスキハンから解消の同意を得ることができさえすれば、他の家族を排除してすべての父親の財産を自分一人のものにできると彼は考えた。このため、アルセンはパートナーシップの存在とその解消という手続きにこだわり、1875年以降もパートナーシップは結ばれており、1877年末にそれは合意のうえで解消されたという線で押しとおしていこうとしたのである。
　ただ、これを実現させていくのを妨げる、ひとつの懸念すべきことがアルセンの前には立ちはだかっていた。それは1875年頃から目立つようになったといわれる父オスキハンの異常な振る舞いである。アルセン自身はマンチェスターの支店を切り盛りしていてイスタンブルにおける父親のおかしな行動を実際に目にすることはなかった。しかし、彼の元に届く情報を総合してみると、父親の精神状態が尋常でないことは疑いようがなかった。
　一般的にパートナーシップを結んだり、それを解消する場合、当事者は正

常な判断能力とそれにもとづく法的な責任能力を有することが求められる。これを欠く契約、清算は無効とされるが、父親のオスキハンの精神状態はまさにこれに該当した。その異常さが世間に知れると、アルセンの目論見は水泡に帰してしまう。これはどうしても避けなければならなかった。このためアルセンは、1877年末、先手を打って父オスキハンをイスタンブルから国外に連れ出し、父親は正気の状態であり、彼とパートナーシップの解消に合意したという話を作りあげようとした。

イスタンブルでこの動きを察知した妻のソゴメ、次男オカンネス、長女イスコウフはオスキハンの異常を理由にアルセンのやり方を阻止する行動に出るが、アルセンはこれを出し抜き、父親のオスキハンをイスタンブルからヨーロッパに呼び寄せ、次のような段取りでかねてから考えていた自分の計画を実行に移していった。すなわち、彼のねらいは、父親をしかるべき権威のある精神科医に見せ、正常であるとの診断書を手に入れた後、正式にパートナーシップの解消手続きに入り、それを公示して自らの正当性を示していこうとするところにあったのである。

このようなアルセンの思惑にしたがって、1878年10月、父親のオスキハンはイスタンブルのイラン総領事館からパスポートを取得、息子から落ち合うべき場所として指定されたウィーンに向かった[14]。そこに到着すると、彼は息子のアルセンに高名な精神科医として知られるライデルスドルフ Leidersdorf のところに連れて行かれ、診察をうけた[15]。しかし、通訳がいないためまったく言葉が通じず、正常かどうかの診断を得ることはできなかった。

ウィーンでの診察が不首尾に終わった父子は、次にロンドンに赴き、ここでアルセンは、父親を5人の医者にみせた。今度はウィーンでの轍を踏まないよう通訳を雇い、慎重に事を進めた。結果は、一人の医者を除いてすべて正常という判断であった[16]。これに自信を深めたアルセンは、1879年はじめ、当時駐イギリス・イラン大使をつとめていたマルコム・ハーン Malkom Khān を訪ね、ロンドンの精神科医の診断書にもとづいてイラン大使館が自分の父親が精神的には何ら異常ないことを公に証明する書類を出してくれるよう依頼した。

この申請は首尾よく聞き届けられ、1879年2月23日、大使館から証明書

が発行された。そしてこれにロンドンの公証人の印が押され、イスタンブルにあるイラン総領事館に送付された[17]。これにはパートナーシップの解消と相続が父親の正常な状態のなかでおこなわれ、自分こそ正当な相続権者だということを母親をはじめとする他の家族、さらにイスタンブルのイラン人コミュニティに周知徹底させていこうとするねらいがこめられていた。

　こうした布石が打たれる一方、保留のままになっていた父とのパートナーシップ解消の正式な法的手続きも進められた。1877年末に解消されたとされる契約は1878年秋、父親のオスキハンがウィーンにやって来たとき、改めて二人のあいだで話し合いがもたれた。この結果、アルセンの主張にしたがうと、パートナーシップの合意がされ、勘定、帳簿も閉められてすべての資産がアルセンの名で登記された[18]。しかし、これは私的なかたちでなされたにすぎず、パートナーシップの解消と資産の譲渡がおこなわれたことを公に証するものではなかった。

　このためアルセンはウィーンからイギリスに戻ると、1878年12月12日、マンチェスターの新聞に父親のオスキハンがすべての商売から手をひき、引退した旨の公告を出した。次いで1879年1月22日、パートナーシップの解消を正式に公示した[19]。そしてこれはさらにイスタンブルのイギリス総領事館を通じてイラン総領事館に通告された[20]。これによってアルセンは、晴れて父親の出資した資本を自分のものとし、イスタンブルにある父親名義の店舗と倉庫、そこに保管されている商品、帳簿、現金などを手にいれることになったのである。

　しかし、これは形の上だけの手続きが進められたにすぎなかった。イスタンブルにはこれを無効とする母親と弟妹がおり、彼らはイギリスにいるアルセンに対抗してイスタンブルにある資産を差し押さえ、裁判を起こそうとしていた。アルセンが法的な手続きをいかに整えたとしても、イスタンブルにいないため、そこにある店舗、倉庫をはじめとする資産を力づくで押さえることは実際上、不可能であった。むしろこれを阻止しようとする動きが、イスタンブルでは進んでいた。

2．訴訟・裁判の過程からみえるアルメニア系商人の交易ネットワーク

　パートナーシップを盾に父オスキハンの財産を単独で自分のものにしようとするアルセンの動きを早くから警戒していた他の家族は、すでに述べたように、そもそも1875年に結ばれたとされる二人のパートナーシップは父親の財産を一人占めしようとするアルセンによる作為だとし、その虚構を暴こうとした。また、オスキハンの精神異常はまぎれもない事実であり、ヨーロッパ在住の医師から虚偽の診断書を書いてもらい、パートナーシップの解消を合法的にみせようとするアルセンのやり方は真実にもとると強く非難した。

　彼らはアルセンの行動を阻止するため、まずイスタンブルにいる複数の医師にオスキハンの精神鑑定を依頼、心神喪失の証明書を得た。そしてこれにもとづいてイスタンブルの新市街ベイオウル地区にあるオスマン帝国警察裁判所にオスキハンの禁治産を請求する申立をおこなった。1878年7月2日、これは認められ、11月にはオスマン当局によって店舗と倉庫が差し押さえられた[21]。

　しかし、イスタンブルのイラン人コミュニティに影響力をもつイラン総領事館の対応は、当初、必ずしもアルセン以外の家族に好意的ではなかった。この頃、アルセンはすでに述べたように自分に有利なかたちで問題を解決しようと、1879年初頭から駐ロンドンのイラン大使館と接触し、そこを味方につけようと働きかけを強めていた。これは首尾よく成功し、オスキハンを正常だと認める大使館発行の証明書が出され、パートナーシップ解消の公示がロンドンからイスタンブルのイラン総領事館に回覧された。これにもとづいて総領事館は、オスマン帝国総理府にイラン臣民のあいだで起きている争いに禁治産、差し押さえの手段を使って介入しないよう要請した。

　しかしながら、1880年2月25日、アルセン以外の家族が連名でオスマン帝国警察裁判所に出したのと同じ禁治産請求の申立を改めてイラン総領事館にすると、流れが変わってくる。イラン総領事館付属の領事裁判所は、申し立てを受理すると駐ロンドンのイラン大使館とは別に独自の調査、審理を開

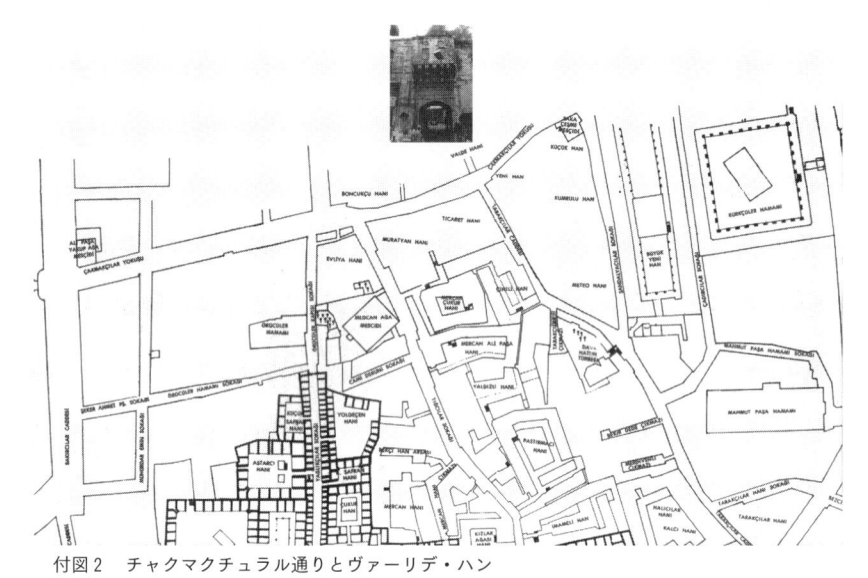

付図 2　チャクマクチュラル通りとヴァーリデ・ハン
出所：Önder, Küçükerman ve Kenan Mortan, *Kapalıçarşı*, İstanbul, 2007, ss. 342-343 と Nursel Gülenaz, *Batıllaşma Dönemi İstanbul'unda Hanları ve Pasajlar*, İstanbul, 2011, s. 56 から合成.

始し、4 月 12 日、家族の申立を全面的に認めて禁治産の措置が適当であるとの判決を下した。オスキハンはイスタンブルの医師たちの診断のとおり心神喪失の状態であることは間違いなく、通常の業務は遂行できない。それゆえオスキハンと同じアルメニア系のトマシヤン Tomasiyan を全資産の管財人に任命するというのが、判決の内容であった。この結果、旧市街のエミノニュの波止場からカパルチャルシュに向かう坂道の途中にあるチャクマクチュヨクシュ 85 番地の店舗とシェリフ・パシャ・ハン 10 番地にある倉庫はイラン総領事館の指示によって差し押さえられ、封印された[22]。

　これによってマンチェスターにいたアルセンは手も足も出せない状況に追いこまれ、自身の劣勢を挽回するため自分の息のかかったアルメニア系のイスタンブルの代理人カラゲンジアン Karaghenzian と同じくアルメニア系の弁護士アルヤナキアン Alyanakin に 1880 年 3 月から 6 月にかけて以下のような 7 通の手紙と 1 通の送り状をイスタンブルに送った。これは、いずれもマンチェスターからイスタンブルに発送される商品をどう処理するかについて事務的に指示したものである。短いものだが当時のイランのアルメニア系

商人の交易ネットワークを考えていくうえで重要な史料だと思われるので以下、これを訳出しておくことにしよう。

1）1880年3月24日　アルセン・アルセニアンから弁護士アルヤナキアンへ

今週〔出航する〕船に積む梱は、A. N. A.の商標がつけられています。これから先、私はD.とT. K.の商標をつけて梱を送るようにしたいと思います。しかし、大きさについては今までと変わりがありません。〔イスタンブルの私の代理人〕カラゲンジアンが手紙を読めるよう、また私のやったことが分かるようにD.とT. K.の宛先に手紙を送ることにします[23]。

2）マンチェスター　1880年4月1日　アルセン・アルセニアンから弁護士アルヤナキアンへ

イスタンブルにある私の倉庫にある商品が、私のイギリス人の債権者たちのものだと言う者がいます。しかし、このような話は現在においても、将来においても受け入れられず、それには承服できません[24]。

3）1880年4月5日　イスタンブルの代理人カラゲンジアンから弁護士アルヤナキアンへ

税関にある商品をわれわれの敵が没収しようとしています。それゆえ、われわれの梱をできるだけ早く引き取って、倉庫に運び入れるよう必要な指示をして下さるようお願いいたします[25]。

4）1880年4月12日　アルセン・オスキハン・アルセニアン A. O. Arsenian、マンチェスターからイスタンブルのA. O. A. 〔アルセン・オスキハン・アルセニアンの意〕への送り状[26]。

5）1880年4月18日　イスタンブルの代理人カラゲンジアンから弁護士アルヤナキアンへ

われわれの倉庫にある商品のサイズと商標を間違いなく、今われわれの

ところに送っていただくようお願いいたします[27]。

6）1880年4月19日　イスタンブルの代理人カラゲンジアンから弁護士アルヤナキアンへ
　われわれの梱のリストを送ってくれるようお願いしましたが、いまだ届いておりません。至急、お送りいただければ幸いです[28]。

7）マンチェスター、1880年5月6日　アルセン・アルセニアンから弁護士アルヤナキアンへ
　今問題になっていることをしっかりと片づけたあと、ロンドンを出発するつもりです。あなたが処理しようとしているイラン人の件は、彼らの行動を正当化する手がかりを与えぬよう〔イスタンブルにおける代理人〕カラゲンジアンと協力しておこなうようお願いいたします。商品を発送しますが、それらはあなたがかの地イスタンブルで売るよう私が準備したものです。これらの商品はここマンチェスターでは売ることができません。なお、引き続き私のところに送金下さい。3ポンドを私は必要としております。債権者に少しでも手付け金を支払えば、商品をさほど時間をおかずに送ることが可能かと思われます[29]。

8）1880年6月4日　イスタンブルの代理人カラゲンジアンからトラブゾンのマホウキアン Mahoukian, マカリアン Macarian へ
　同封いたしました指示書にしたがって全部で1,770梱からなる商品をわれわれの名義で、また私たちのものとして保管し、私たちがその商品の唯一の所有主とみなしていただくようお願いいたします[30]。

　以上、7通の書簡、1通の送り状に登場するマンチェスターのアルセン、イスタンブルにおける彼の代理人カラゲンジアン、弁護士アルヤナキアン、そしてトラブゾンの商人マホウキアンとマカリアンは、その名前から判断していずれもアルメニア系の人たちである。このようなアルメニア系の人たちが形づくる堅固な人的つながりこそ、イスタンブル、トラブゾンを中継地と

してイギリスとイランを結ぶ広域的な交易ネットワークを成りたたせるものにほかならなかった。アルセンはこれを最大限に活用して自分の劣勢を立て直していこうとしたのである。

　彼にとって気がかりだったのは、自己の資金を投じてマンチェスターで買いつけた商品がイスタンブルに到着した際、対立する母、弟妹によってイスタンブルにある店舗、倉庫と同様、差し押さえられてしまうのではないかということであった。これを避けるため、書簡に示されているように従来の商標 A. N. A に代えて、新たに D. ないしは T. N. という商標を梱につけるようにした。これによって税関での没収を防ぐというのがアルセンの考えであった。

　また、管財人のもとでイスタンブルの倉庫は差し押さえられ、倉庫にすでに搬入されている商品はイギリスの債権者のものだと主張する者もいたが、これに対してそれは不当であり、アルセン自身に所有権があると重ねて反論した。これに加えてマンチェスターからイスタンブルに送り、税関に一時的に保管されている商品と商標をチェックし、梱のリストを念入りに作成するようイスタンブルにおける代理人であるカラゲンジアンを通じて弁護士アルヤナキアンに依頼した。これにはマンチェスターで仕入れた商品の所有権がアルセン自身にあるとする彼の堅い意思がよくあらわれている。

　さらにアルセンは、イスタンブルから先、黒海を船で運ばれるイラン向けの商品がトラブゾンに到着する際、それらを自分の名義で保管するよう現地の二人の商人に要請した。その中身については記載がなく不明だが、マンチェスターからイスタンブルを経由してトラブゾンに送られる商品の数は梱にして 1,770 個にものぼり、これは当時のイランのアルメニア系商人の交易ネットワークが取り扱う商品の多さをよく示しているように思われる。

　イスタンブルにある店舗と倉庫が差し押さえられて窮地に立たされたアルセンは、1880 年 6 月 25 日、それを不当としてイギリスからイスタンブルのイラン総領事館に異議申し立てをおこない、7 月にはマンチェスターを発ってイスタンブルに入り、正式に訴訟手続きをはじめた[31]。この結果、8 月 8 日、訴訟を求める請求書がイラン総領事館付属の商業裁判所に回され、10 月 14 日から審判が開始された[32]。

この裁判では、主としてオスキハンが精神的に異常であるかどうか、またオスマン帝国警察裁判所とイラン総領事館が以前に下した禁治産の決定が妥当かどうかをめぐってその是非が争われたが、1875-77年のパートナーシップが果たして存在したのかどうか、その解消が法的に妥当であるのかどうかまでは踏みこんで議論されなかった。アルセンの側はロンドンの複数の医師たちによる、オスキハンを正気だとする診断書を証拠として提出したが、1881年5月4日の結審ではアルセン以外の家族が示したイスタンブルの医師たちが書いたオスキハンは心神喪失であるとの診断書が採用され、アルセンの敗訴に終わった[33]。

この判決を不服とするアルセンは、ただちに上告した。これを受けてイラン総領事館付属商業裁判所は1881年11月10日、控訴審を開始する。この裁判においてアルセンは手元にある手紙、帳簿、貸借対照表、契約書などの証拠書類を裁判所に提出し、争点を1875年1月1日から1877年12月31日までのパートナーシップは確かに存在し、その解消手続きも法的に有効であるという点に置いて自分の正当性を訴えていった。しかし、提出された書類のうち、帳簿に大きな不備があり、また契約書、とくにイスタンブルの店の賃貸契約書とされるものに虚偽の記載があることが判明し、1882年1月9日の最終判決においてその主張は却けられた[34]。

ここに父親のオスキハンがイランからイスタンブルに出てきて築き上げた店舗、倉庫などの全資産を自分一人のものにしようとするアルセンの野望は完全に潰えた。すでにオスキハン自身は、第一審が決着する数ヶ月前、1881年1月に転地療養先のイギリスにおいて亡くなっていた[35]。その遺産を相続する権利からアルセンが排除されることはなかったが、虚偽のパートナーシップを盾に父親のすべての商売、事業、それによってはりめぐらされた交易ネットワークをすべて継承しようとする彼の企図はその望み通りにかなうことはなかった。

おわりに

『アルセニアン一件文書』は、イランからイスタンブルにやって来てそこ

に本拠をおきながら交易活動をおこなっていたイランのアルメニア系商人の家族のなかで起こされた相続争いについて詳細に記す裁判の記録である。しかし、そこから浮かびあがってくるのは、交易活動を通じてイランからイスタンブルに向けてはりめぐらされた交易ネットワークが、イスタンブルという都市で終わらず、イギリスのマンチェスターにまで延ばされ、たくましく交易活動をおこなっている姿である。

　かつてイギリスの経済史家チャップマンは、イギリスの資本主義経済が他の地域をその自由貿易システムのなかに取りこんでいく過程でそれまで常識とされてきた、商品とともイギリスの商人もそれを売りこむために世界の隅々に出かけていったという説を再検討し、実態としてはイギリス商人はなかなか容易に海外の市場に入りこむことができず、むしろイギリスの懐のなかに深く飛びこんできたイギリス商人以外の人たちの役割の大きさ、その交易ネットワークの強靱さに注目すべきだということを提唱している[36]。

　チャップマンが中東イスラーム世界とイギリスとの貿易関係のなかでとくに評価するのは、オスマン帝国のなかで長年、その交易ネットワークを培ってきた非ムスリム商人、なかでもギリシア系の非ムスリム商人である。彼らはナポレオン戦争の時代に、大陸封鎖政策によって小麦供給の道を絶たれたヨーロッパに黒海沿岸地方からエーゲ海・地中海を使ってそれを秘かに運びこんで巨大な利益をあげたが、これをきっかけにイスタンブルに本拠をおくラッリ商会をはじめとするギリシア系の非ムスリム商人のイギリスへの進出が加速した。

　このようにチャップマンはイギリスから出て行く商人の活躍を追うことも重要だが、それとは逆にイギリスの世界市場に取りこまれようとする地域から入りこんできた商人の交易ネットワークに着目すべきことを強調する。ここで論じたイスタンブルに本拠を置きつつ、マンチェスターに支店を出して交易活動をおこなっていたアルセニアン家の事例は、以上のようなギリシア系非ムスリム商人と性格を同じくするイランのアルメニア系商人の活動とその強靱な交易ネットワークをよく示すものだと言うことができよう。

第3章　イランの絹貿易とオスマン帝国の
　　　　ギリシア系非ムスリム商人

はじめに

　近代以前、ギーラーンを中心とするカスピ海南岸諸地方でつくられる生糸はヨーロッパ、中東世界の絹織物業者にとって垂涎の的であった。古くはジェノヴァ商人、近世以降はマルセイユを中心とするフランス商人、さらにオランダの東インド会社、イギリスのレヴァント会社、東インド会社、モスクワ会社といった特権会社の商人たちも生糸を求めて頻繁にイランを訪れた[1]。また、ブルサ、ダマスクス、アレッポといった中東の都市もイランから生糸を輸入し、その絹織物業を発展させていた[2]。

　近代を迎えてもこのような事情に変わりはなかった。1841年、イランは通商条約をヨーロッパ諸国と締結し、ヨーロッパ資本主義諸国の自由貿易システムのなかに包摂されていくが、その後においても生糸は長い間、常に輸出貿易の首座を占めつづけた。輸出貿易の総額に占める生糸輸出額の割合は、最高を記録した1864年度において83.7％を占めていた。しかし、同年、微粒子病（ペブリン）がイランの蚕を直撃すると、生糸の生産と貿易は桎梏と試練の時を経験することになる。

　この養蚕と生糸貿易の衰退という深刻な事態に直面したイランは、三つの方策を立てて経済を建て直していこうとした。第一は、養蚕に依存してきたギーラーンの生産基盤を改め、生糸に代わる新しい商品作物を導入して地域経済を活性化していこうとするというものである。第二は、イラン全体の貿易構造を生糸依存のそれから脱却させ、新しい輸出商品を開発していこうと

する努力である。第三は、微粒子病によって壊滅的な被害を蒙った養蚕業を回復させ、生糸ないしは繭の輸出貿易を従前の水準に戻そうとする種々の試みである。

　60年代後半から80年代まで長く続く、これら三つの方策にもとづく模索のあとに生まれてくるそれぞれの経済状況に関しては、第一の点についてはすでに岡崎正孝によって1880年代以降のギーラーンにおける米作への転換過程が論じられている[3]。また、第二の点については筆者自身によって次章で生糸貿易に代わる絨毯貿易の発展が論じられることになっているので、ここではそれとは別に従来、あまり扱われることがなかった第三の点について、生糸貿易が衰えた後に新しい絹貿易の形態として登場してくる繭貿易を取り上げ、1890年代以降イラン産の絹が再びイスタンブルを中継地としてヨーロッパに輸出されていく状況をその交易の担い手として重要な役割を果たすことになるオスマン帝国のギリシア系非ムスリム商人に焦点をあてながら考えていくことにしたい。既にアフマド・セイフ Ahmad Seyh によって19世紀における生糸と繭の生産と貿易をめぐる諸問題が概括的に扱われているが、史料の使い方と分析に甘さが目立ち、物足りなさを感じる。また、流通、貿易を扱うにしてもイランを取り巻く諸地域との国際的な関係を視野にいれた踏み込んだ議論に欠けている[4]。

　繭貿易は、生糸貿易ほどにはイランの輸出貿易のなかで大きな比重を占めることはなかった。しかし、生糸から繭へという絹貿易における商品変化は、交易の担い手である商人、ルート、生産と流通のプロセス、世界経済のなかでのイランの役割を変えるものであった。この意味で繭貿易は、イラン経済がイスタンブル交易圏を通じてグローバルな世界経済に巻きこまれていくなかでどのように再編成されていったのか、その過程を理解していくうえで重要な指標を与えるものとして重要である。

1．微粒子病と生糸貿易の衰退

　19世紀半ば以降、フランス、イタリアで猛威をふるった微粒子病は、1857年、オスマン帝国に達し、1864年になるとイランを襲った[5]。これに

よってイラン最大の産地であるギーラーンの養蚕は甚大な被害を蒙り、生糸の輸出量においても、また輸出額においてもかつて経験したことのない辛酸を嘗めることになる。微粒子病によって蒙った被害がどの程度であったのかについては 1867 年 7 月 10 日付のラシュトのイギリス領事代理オングリーが作成した付表 1 からうかがうことができる。これは微粒子病が発生し

付表 1　微粒子病発生直後の生糸輸出

年度	輸　出　量 （常用ポンド）	輸 出 価 額 （ポ ン ド）
1864	1,230,450	937,481
1865	688,564	554,727
1866	291,213	259,275

出所：Report by Mr. Acting Consul Henry H. Ongley on the Trade and Commerce of Ghilan for the Year 1866, LXVIII, *AP*, *HCPP*, 1867-68, p. 295.

た直後の 3 年間の生糸輸出にかんする統計にすぎず、数値もそのまま鵜呑みにできないないところもあるが、これによるかぎり 1864 年にピークを示した輸出量、輸出額は激減し、1866 年には量において最盛時の 23.7％、額において 27.7％にまで落ち込んだことが分かる[6]。

　他方、生糸の輸出貿易の主要な交易都市であったタブリーズにかんしては、これとは別系統の統計が残されている。タブリーズのイギリス領事ジョーンズが 1872 年の報告に載せている付表 2 がそれにあたる。この表には惜しいことに輸出量についての統計が欠けている。

　しかし、前の表に比べると、統計年数が長いこと、情報の出所が、当時、タブリーズに支店を構え、ギーラーンとの生糸貿易を手広く行なっていたオスマン帝国のギリシア系非ムスリム商人であるラッリ商会であることから信頼度はきわめて高いと思われる。

　これによると、タブリーズを中継地とする生糸貿易の推移は、1864 年を頂点とするものの、その後の 2 年間は思ったほど額は下がらず、1867 年になって漸く最盛時の 12％にまで激減したことが読み取れる[7]。これは生糸の量が減っても、品薄の分、しばらくは価格が上がって全体の額の減少にすぐにはつながらなかったからだと思われる。しかし、これら二つの統計から、遅くとも 1867 年までにはラシュトとタブリーズの二都市において生糸貿易が危機的な状況に陥ったことは明らかである。これに驚いた関係者は、間をおかず 1867 年から生糸貿易を回復させるために奔走していくようになる。その先頭に立ったのが第 1 章でも触れたように、1837 年以降イギリス綿製品の売り込みのためにイスタンブルからイランに進出し、タブリーズ、テヘ

付表2　生糸の輸出統計

単位：ポンド

年	輸入総額	イギリス製品	輸出総額	生糸輸出	生糸総額/輸入総額	生糸輸出/輸出総額
1837	985,000	600,000	105,000		10.7%	
1839	591,825	450,000	464,219	214,180	78.4	46.1
1844	703,204	562,000	369,057	131,418	52.5	35.6
1848	830,773	771,943	343,738	144,030	1.4	41.9
1850	882,175	762,003	607,128	236,434	68.8	38.9
1858	1,639,225	1,368,300	974,942	389,300	59.5	39.9
1859	1,786,488	1,518,207	965,140	409,582	54.0	42.4
1863	1,460,000	815,000	534,000	351,000	36.6	65.7
1864	1,800,000	1,575,000	600,000	502,000	33.3	83.7
1865	1,669,231	1,242,516	886,883	499,322	53.1	56.3
1866	1,699,712	1,107,441	516,626	374,400	30.4	72.5
1867	1,432,069	946,672	643,093	65,000	44.9	10.1
1868	1,351,005	1,017,285	683,885	80,000	50.6	11.7
1869	1,575,776	1,123,211	901,218	136,400	57.2	15.1
1870	1,094,717	864,000	422,632	116,000	38.6	27.4
1871	789,559	611,280	340,790	119,440	43.2	35.0

出所：Tabreez. Report by Consul General Jones, in Reports by Her Majesty's Consuls on British Abroad, Part II, LXVII. 351, *HCPP*, 1873（C. 799), p. 365.

ランに支店を開設して絹貿易にも携わるようになっていたラッリ商会をはじめとするオスマン帝国のギリシア系非ムスリム商人たちであった。彼らは、微粒子病に罹っていない外国産の健全な蚕種（孵化していない蚕の卵）をイランに輸入し、これをもとに蚕を育て絹貿易の回復をはかっていこうとしたのである[8]。

　1867年に始まる蚕種の輸入の相手国として選ばれたのは、明治国家誕生間もない日本であった。イランに接する近隣諸国、地中海周辺の国々の蚕種は多くが微粒子病に冒されており、唯一、信頼がおけると思われる蚕種は極東の日本をおいて他にないと考えられたからである。この頃、日本に対する蚕種需要は、イランのみならず微粒子病に悩む世界の蚕業諸国から殺到していた。『横浜市史』や石井孝の研究によると、1859年、横浜を開港した江戸幕府はそれまで輸出が禁止されていた生糸の海外輸出を認めるようになるが、蚕種については禁制を解こうとしなかった。しかし、横浜に支店を構える英一番館と呼ばれていたジャーディン・マセソン商会を急先鋒とする外国商社、

外国領事の門戸開放を求める声に押されて幕府は、1864年、蚕種の輸出を渋々認めた。これによって生糸を輸出する最大の港であった横浜の後背地にある蚕糸業地帯の商人も蚕種の輸出に参入していった。なかでも甲州出身の甲州屋忠右衛門はこれによって急成長した商人の一人として知られる。日本から輸出される蚕種は、その90％以上が横浜から送り出され、貿易開始から3年経った1867年、輸出貿易品のなかで生糸に次で第2位を占めるまでに増大した[9]。

日本から輸出された蚕種の大半はまずインド洋海域からスエズ運河を通って地中海のマルセイユに送られ、次いで荷を積みかえてそこからイスタンブルに向けて運ばれ、そこを中継地としてイランにもたらされるのが普通であったと思われるが、ケンブリッジ大学所蔵のジャーディン・マセソン商会文書を精査した石井寛治によると、ただ一件だけマルセイユを経由しないでイスタンブルに直接、日本から送られた例も見いだせるという。それは1872年9月から10月にかけて1枚3ドルないし3ドル50セントで200枚の蚕種をジャーディン・マセソン商会が買い入れ、フランスの帝国郵船会社の汽船でイスタンブルに送った事例がそれにあたる[10]。

日本からイランへの蚕種輸出は1867年から1869年までの3年間にもっとも活発に行われた。イランへの輸入額はそれぞれ、600ポンド、1,600ポンド、7,200ポンドであった。これによって1869年におけるイランの生糸生産の3分の2は、日本種によって行なわれたといわれる。しかし、日本からの蚕種はイランの風土に合わなかったようで、期待された収益率、質を得ることができなかった。日本の蚕種からつくられる繭は一般的に力に欠け、色がぼやけているというのがその評価であった[11]。

このため日本の蚕種に対する期待は急速に薄れていき、代替の蚕種の開発がイラン国内で進められ、ホラーサーン地方のサブザヴァール産の蚕種、カズヴィーンとテヘランの間にある村々で産する蚕種に期待が集まった[12]。しかし、それらも産地の要求を満足させるものではなく、日本種と国内蚕種が並行して使い続けられた。このあたりの事情をラシュト駐在のイギリス領事チャーチル Churchill は1875年12月12日付の報告で以下のように記している。

1867 年、蚕の病気はギーラーン、マーザンダラーン、アスタラーバードにおいてさらに広がったので日本の蚕種を輸入しなければならなくなった。これは一時的に成功をおさめ被害を食いとめることができた。しかし、この卵粒からできる生糸の質は劣悪であったばかりでなく、蚕種そのものも悪化したので、ホラーサーンの蚕種に頼ることを余儀なくされた。それらも同様のあんばいで偽物が出回っている。現在、ギーラーンでつくられる生糸は大部分が 1867 年以来導入された日本種によるものであるが、質が劣っているので今年の出荷は 10 年前の 3 分の 1 にも達していない。ホラーサーンの蚕種が悪くなった原因は、地元の人たちの考えによると、金を儲けることだけを目的として多量の悪い卵を汚染地域からホラーサーンに送り、それで過大な需要をまかなおうとしたからである。日本種によってつくられていた生糸は前に地元産の蚕によってつくられていたものと比べると良くないし、量も多くない。経験上知りえることは、ギーラーンでつくられるこの種のものが在来種より大きいということである。これは、この湿気のある気候で育った桑の葉にふくまれる汁の多さによるのかもしれない[13]。

　同じチャーチルの言によると、日本の蚕種からできる繭は、ホラーサーンのそれに比べ、生糸にするのに生産効率が悪く、売価も安かったという。日本種だと 1 マンの生糸をつくるのに黄繭の場合は 13 マン、白繭の場合は 16-30 マンを必要とした。これに対してホラーサーンのそれだと 12 マンで済み、価格もはるかに安く後者の方が次第に重宝がられるようになっていった[14]。

　かくして、日本から蚕種を輸入してギーラーンの養蚕を回復させ、生糸貿易の停滞を打破しようという試みは期待された成果を挙げることができなかった。これによってもっとも手痛い影響を蒙ったのは、日本からの蚕種輸入において中心的な役割を果たしてきたオスマン帝国のギリシア系非ムスリム商人のラッリ商会であった。生糸の生産と貿易が思うように伸びないのを見たこの商会は 1871 年、生糸貿易に見切りをつけてイランから撤退した。

　ラッリ商会は、もともとはイスタンブルに本拠を置くギリシア系の非ムス

リム商人である。生糸貿易から得られる利益の大きさに早くから注目していたこの商会は、1837年、イスタンブルからタブリーズに進出して支店を開設、イランへイギリスの綿製品を再輸出する一方、ギーラーンからオスマン帝国、ヨーロッパ方面への生糸輸出を手がけるようになった。ヨーロッパ諸国がイランを資本主義的な自由貿易システムのなかに取りこむべく新しい通商条約を締結したのが1841年のことであるから、ラッリ商会はそれに先んずる5年も前からイランで交易活動をはじめた先駆的なオスマン帝国のギリシア系非ムスリム商人であったということができる。

　タブリーズにはその後、ラッリ商会とは別な二つのギリシア商会も進出し、さらにイギリスのマンチェスターに本拠を置くツィーグラー商会等のヨーロッパ系商会も店を構えるようになるが、これらの外国商会のなかにあって先頭に立って生糸貿易を取り仕切っていたのが、ラッリ商会であった。1860年、この商会は帝政ロシアの庇護権に加えてイギリスのプロテジェも獲得し、さらに大規模なかたちでイギリスからイスタンブルを中継地として綿製品をイランに再輸出する一方、イランから生糸の輸出を続けた[15]。

　タブリーズは、ギーラーンの生糸の輸出取り扱い量において最大の都市であった。このことは微粒子病がまだ発生していなかった、1861-62年におけるギーラーン生糸の移出・輸出先の内訳について記すタブリーズのイギリス領事報告を見てみるとはっきりする。この年度にギーラーンから外に送られた生糸の総梱数は16,992個であった。このうち62％にあたる10,535個が、タブリーズを中継地としてトルコ、ヨーロッパ方面に輸出され、残りの18.8％＝3,194個がギーラーンからロシアへ、15.1％＝2,570個がカーシャーンをはじめとする国内の絹織物業の産地へ、そして4.1％＝693個がバグダードにそれぞれ送られたという[16]。このようにタブリーズは、ギーラーンで産する6割以上の生糸を国外に輸出するイランきっての交易都市であったのである。

　このことは、生糸の輸出貿易とルートとの関係を述べた1866年5月31日付けのラシュト駐在のイギリス領事アボット Abbott の報告からも明らかである。それによると、1860年代以降、カスピ海で蒸気船が就航するようになり、また帝政ロシア政府によってエンゼリーからバクー、ティフリス、ポ

チへと抜けるザカフカス・ルートにフリー・トランジット政策が導入され、これによってイスタンブルを中継地とするイランの対ヨーロッパ貿易のルートとしてザカフカス経由のそれがさかんになる状況が生まれていたが、商人は、生糸貿易にかぎって従来通りのタブリーズからトラブゾンへと抜けるルートを使って絹の輸出貿易を行っていたという[17]。

　このように生糸貿易においてなお枢要な位置を占め続けるタブリーズにおいてラッリ商会が単独で、どの程度の生糸取引を行なっていたのか、具体的な数量、価額については社史等が残されていないため残念ながら不明である。しかしながら、オスマン帝国およびヨーロッパの商人を含む外国商人とイラン商人の生糸輸出をめぐる双方のシェアについては単年ではあるが1865年のタブリーズの貿易について記すイギリスの領事報告から明らかにすることができる。それによると、ギーラーンからタブリーズにもたらされた1,810個の梱、額にして458,000ポンドの生糸のうち、40％にあたる720個が外国商人によって商われ、60％にあたる1,090個の梱がタブリーズ商人を中心とするイラン商人の手で輸出されたという。これによるかぎり、生糸の輸出貿易では地元のイラン商人の方がオスマン帝国およびヨーロッパ系の外国商人よりもシェアにおいて優勢だったことが明らかである[18]。

　1865年という年は、微粒子病発生直後であるにもかかわらず、既に述べたように生糸の輸出額にはまださほど影響は出ていなかった。しかし、ヨーロッパ市場におけるイラン産生糸のシェアは、微粒子病発生を契機としてその比重を確実に落としていく。付表3：マルセイユ港入荷生糸量によると、1859年には37.4％のシェアを誇っていたイラン産の生糸は病気発生直後の1865年、15.3％に減じ、1872年にはベンガル産の生糸にも抜かれて3.4％にまで下がり、ヨーロッパ市場を席捲する中国・日本産の生糸（84.4％）に完全に敗北した[19]。

　このような経緯のなかで、1866年8月30日付けのタブリーズのイギリス領事報告によると、先行きに不安を覚えたラッリ商会を除くオスマン帝国のギリシア系非ムスリム商人と、チーグラー商会を除くイギリス系の商会は1865年までには店を畳んでタブリーズから撤退するに至る[20]。しかしながら、このラッリ商会も日本から輸入した蚕種が思うような効果を挙げることがで

1．微粒子病と生糸貿易の衰退　103

付表3　マルセイユ港入荷生糸量　　　　　　　　　　　　　　（単位：梱）

年	イ ラ ン	ベンガル	中　　国	日　　本	その他	計
1859	6,010 (37.4%)	1,250 (7.8%)	7,600 (47.3%)	—	1,200	16,060
1860	7,100 (44.8　)	308 (1.9　)	7,200 (45.4　)	—	1,250	15,858
1861	—	—	—	—	—	13,088
1862	4,950 (31.2　)	520 (3.3　)		9,120 (57.5%)	1,261	15,851
1863	6,830 (27.8　)	1,710 (7.0　)		13,921 (56.8　)	2,066	24,527
1864	5,870 (38.3　)	880 (5.7　)		7,120 (46.5　)	1,450	15,320
1865	5,944 (15.3　)	3,741 (9.6　)		27,134 (69.8　)	2,063	38,882
1870	1,750 (5.7　)	2,184 (7.1　)		24,951 (81.1　)	1,864	30,749
1871	910 (3.9　)	429 (1.8　)		18,987 (81.6　)	2,946	23,272
1872	898 (3.4　)	987 (3.7　)		22,622 (84.4　)	2,291	26,798

出所：杉山伸也「幕末、明治初期における生糸輸出の数量的再検討―ロンドン・リヨン市場の動向と外商」（『社会経済史学』第45巻3号）37頁。

きず、ついに1871年、タブリーズからの撤退に踏みきった。この後、イランの生糸貿易はタブリーズ商人を中心として細々と続けられ、イランの養蚕と生糸貿易は1890年代初頭まで回復の曙光を見いだしえないまま、約20年にわたって低迷を続けていくことになる。

　1880年代に入ると、養蚕と生糸の輸出貿易の回復に見通しが立たないことに業を煮やしたギーラーンの地主のなかには、生産の基盤を養蚕から米作に思い切って転換する者が続出した[21]。また、次の第4章で論じられるように、貿易面では1878年になると不振を極める生糸に代わって絨毯が、少なくともタブリーズ＝トラブゾン・ルートにおいてイランの輸出貿易の首位に躍り出てくるようになるが、それにもかかわらず1888年にイランの経済状況を調査したイギリスの通商参事官ロウによると、落ち目とはいえ生糸はタブリーズ＝トラブゾン・ルートを通って輸出される貿易品のなかで第四位の位置を占めていた[22]。

　しかしながら、微粒子病発生後における生糸の生産量の絶対的減少、ヨーロッパ市場におけるイラン生糸のシェア低下、さらにはイラン生糸の質と規格がヨーロッパの絹市場において需要低下を引き起こすようになっていた厳しい現実を前にしてイランは、需要の増加が見込めない生糸に代わってイランと同様、養蚕の復興に試行錯誤を続けるオスマン帝国から蚕種を輸入し、それを蚕として育て、繭のかたちで輸出していくことに新たな活路を見出していくことになる。

2．オスマン帝国からの蚕種輸入

　1891年、養蚕業の回復に試行錯誤を重ねてきたギーラーン地方に転機が訪れる。この年、オスマン帝国の蚕業の中心であるブルサからまったく新しい蚕種がもたらされ、これ以降、イランにおける養蚕業は年を逐ってさかんになっていった。このあたりの事情を当時、ラシュトに駐在していた英国領事チャーチルは1893年11月15日付の報告で以下のように書き記している。

　　ギーラーンの養蚕は、地元の蚕種を使ったものでも、あるいは当地でベザノス Bezanos という名で知られている商会が持ち込んだ蚕種を使ったものでも、いずれもよい方に向かっている。地元の蚕種は、日本種とサブザヴァールないしはホラーサーン種とを交配させたものである。交配は今から15-20年ほど前に行われた。それ以来、それなりの成果を挙げ、格別によいというわけではないが、それによって養蚕家は出費に見合う十分な収入を手にし、僅かではあるけれども利益を出している。（中略）3年前〔1891年〕、〔オスマン帝国臣民で〕ギリシア系蚕種商人のベザノスがオスマン帝国のブルサにある自分の商会の監督下でつくられた蚕種の包みをもってラシュトに現われた。この蚕種はパストゥール法、すなわち〔顕微鏡による〕細胞検査法によって選り分けられたもので、その時までギーラーンではまったく知られていなかったものである。（中略）ブルサのパスカリディ Pascalidi 兄弟商会と一緒に仕事をしているベザノスには、対処すべき困難がたくさんあったが、3年間の辛抱と、東方および現地の人びとの習慣についての該博な知識、さらには彼の語学の才とに助けられて仕事の方は順調にいっている。これらの有利な条件がなければ、商会であろうと個人であろうと、同じように経験を積んでいてもラシュトにおいて今、ベザノスに太刀打ちできる者はいないと思う。この〔蚕種を売り込むという〕仕事の主たる目的は、現地の人びとの心に信頼感を生み出すことであった。しかし、3年間にわたって試行錯誤を続けたベザノスでさえ、目的は一部しか達成できていない。ベザノス

の挑戦から分かることは、もし蚕がヨーロッパと同じように適当な施設で飼われ、手塩にかけて育てる過程で無駄に蚕が死ぬことがなければ、養蚕業は利益を挙げるものになるはずだということである。1893年は養蚕業にとってよい年であった。養蚕期間中、ほとんど雨が降らず、桑の葉もたくさんあった。養蚕業はこの地方において米やタバコに押されてほとんど顧みられなくなったが、新たな活力で息を吹き返すであろう、と言うことができる[23]。

　この報告は、1871年にラッリ商会が撤退した後、約20年近くイランとの絹貿易から遠ざかっていたオスマン帝国のギリシア系非ムスリム商人が、再びイランへの蚕種の輸出を通じて絹貿易を再開したことを記す貴重な証言である。以下、他の史料にもあたりながら、その後におけるギリシア系非ムスリム商人による蚕種のイランへの輸入について考えていくことにしよう。

　1891年以降、イランに輸入される蚕種は、ギリシア、フランス、日本からのものに代わって、その大半がオスマン帝国における最大の養蚕地帯であり、絹織物の産地としても知られるブルサとギュムリク産の蚕種が大半を占めるようになる。この点について、1900年7月28日付の『イスタンブル商業会議所新聞 *Journal de la chambre de commerce de Constantinople, Dersaadet Ticaret Odası Gazetesi*』は、当時ラシュトにおいてオスマン帝国から来ていた商人のコミュニティの長を務めていたパニディ・エフェンディ Panidi Efendi がテヘラン駐在のオスマン帝国大使に宛てた書簡を転載し、イランへの蚕種の輸入の状況について面白い記事を紹介している。

　それによると、外国から輸入される蚕種のうち、3分の1は従来から輸入されていた日本とフランス産が占め、10分の1は当時オスマン帝国領であったシリア産、残りの多くがオスマン帝国のブルサからもたらされたものであったという。オスマン帝国からイランへの蚕種の輸出が始まるのは、10年ほど前の1890年代初頭からであり、1900年にはギーラーン、マーザンダラーンに21万箱もの蚕種がオスマン帝国から輸入され、前年の1899年には同じギーラーン、マーザンダラーンに18万箱、ホラーサーンに6千箱、カーシャーン・サナンダジに3-5千箱が輸入されたという[24]。

これらの蚕種をイランにもたらすオスマン帝国商人の多くは、当初は上述のギリシア系の非ムスリム商人たるパスカリディ商会、その共同経営者のひとりであるベザノスに代表される大手商会の者たちであった。しかし、この貿易が儲けの多い商売であることが知られるようになると、1894 年頃から僅かな資本しかもたぬ投機的な小商人たちも陸続とこの蚕種貿易に参入してくるようになり、競争が激化した[25]。1896 年 12 月 4 日付のチャーチルの報告は、これに伴っておきた悲喜劇について多少、揶揄しながら次のように書いている。

> 1895 年は、ギーラーンの養蚕業に多大の損害が生じた年であった。多数のオスマン帝国のギリシア系商人が、蚕種をブルサ、ギリシア、フランスから輸入した。供給量は需要を上回っていた。しかし、この年の春の陽気は例年になく暖かったので、多くの蚕種が途中で、あるいはまだ桑の葉がまだ芽吹いていないラシュトにおいて孵化してしまい売り物にならなくなってしまった。オスマン帝国のギリシア系非ムスリム商人は有り金全部をはたいて仕入れた 200 から 300 オンスの蚕種の箱をもってやって来ていた。国を出た時期が迂闊にも遅すぎたので、カスピ海をエンゼリーへ向かって航行する蒸気船の上で箱を開けてみると、卵が孵化して無数の蚕がうようよしているのに気がついた。蚕の餌が手に入らなかったので、これらの蚕は船外に投棄しなければならなかった。僅かな割合の蚕種だけが孵化をまぬがれた。しかし、オスマン帝国のギリシア系の小商人はギーラーンにおいて以前、商売をしたことがなかったので、彼らの持ち込んだ蚕種は店ざらしのまま放っておかれるばかりであった。聞くところによると 1 オンスの良質の蚕種が 2 ディーナールで売られているとのことである。何人かの哀れな小商人は、イスタンブルに帰る旅費にも事欠き、八方手を尽くして金を工面して帰国しなければならぬ始末であった。ラシュトに送られる蚕種は、2 月末－3 月中旬では季節的に暑すぎるので、2 月初旬までにもって来るのが適当である[26]。

　以上の記事は、1895 年、出国する時期の判断を誤ったため、仕入れた蚕

の卵が途中で孵化し、痛手をこうむったオスマン帝国の蚕種商人のエピソードである。しかし、これはたまたま起きた一事件といっていいもので、むしろ逆にこのことから一般的には大小を問わぬギリシア系の蚕種商人が毎年、多数、ギーラーンにやって来ていたことを推測することができる。

これを裏づける統計的データが不十分ながら二つある。第一は、1903年にラシュトで活躍していたオスマン帝国籍の主たる蚕種および買い付け商人18人の名前と輸入量を示した付表4である。これはイスタンブルの商業会議所が出していた新聞の1903年9月5日付の記事から拾ったものである。記事の出所はラシュト駐在オスマン帝国領事である[27]。

これによると、小商人についての状況は記されていないが、大商人のうち名前から判断してアルメニア系であることが分かるディルジャン・ザリフィアン Dircan Zarifian とエスニシティ不明のアントニオ・サリバラッシ Antonio Saribalassi を除いて、いずれもギリシア系であることが判明する。しかも、第1位の取引高を誇るのが1891年にはじめて蚕種貿易に進出したパスカリデイ商会であることは興味深い。

第二のデータは、イラン立憲革命が始まる少し前の時期から革命が佳境を迎える1908年までの3年間にわたる時期にイランに輸入された蚕種の価額の国別の割合を示す付表5である。蚕種の輸入価額、数量についてのデータは箱単位[28]、重量単位（オンス、バトマン）[29]、価額（ポンド、ケラーン）[30]で記されることが多いが、いずれも断片的で信頼するに足りない。しかし、ここに挙げたラフォンとラビノが作成した統計表は期間が短いとはいえ、比較に耐えうるものになっている。これによって20世紀初頭に入ってからますます盛んになったイランへの最大の蚕種輸出国が他の国を圧倒してオスマン帝国であったことが読み取れるとともに、その担い手がギリシア系の非ムスリ

付表4　ラシュトのオスマン帝国の蚕種商人と輸入数量
（単位：箱）

Pascalidi frères	40,000
Harilaos Papadopoulo	35,000
Anastase Lazaridès	28,000
Pavlo Baboudis	16,000
Anastase Pinatzi	13,000
Démosthène Pinatzi	13,000
Dircan Zarifian	8,000
Alexandre Christodoulo	5,000
Kypriano Eftidis	5,000
Georges Papadopoulo	4,000
Sotirios Constantinidis	4,000
Thémistoclis Tsaconas	4,000
Alexandre Papadopoulo	3,500
Antonio Saribalassi	3,500
Elisseos Yossifidis	3,000
Constantin Diafonidès	2,000
Démètere Tchallis	2,000
Nicolas Yavvasoğlu	2,000
	191,000

出所："Resht'te osmanlı tohumcı-lar,"*DTOG* No. 974, 1321 Kh. Cemaziyel-ahir 13, 1319 M. Ağustos 23), s. 281

付表5　輸入蚕種の国別統計

原　産　国	1905-1906		1906-1907		1907-1908	
	量 バトマン	価　　額 ケラーン	量 バトマン	価　　額 ケラーン	量 バトマン	価　　額 ケラーン
フランス	3	4,000			1	1,300
イタリア					16	20,000
ロシア	258	215,000	846	802,162	214	187,000
オスマン朝	1,778	1,842,938	2,066	1,986,447	3,118	3,099,985
計	2,039	2,061,938	2,912	2,788,609	3,349	3,308,285

出所：Lafont & Rabino, *L'industrie Sericicole en Perse*. Montpellier, 1910, p. 184.

ム商人であったことが分る。

　上述の同じ時期におけるオスマン帝国からイランへの蚕種輸出にかんして、1907年7月27日付の『イスタンブル商業会議所新聞』は、1905年の輸出量を777,154箱、翌1906年のそれは大幅に減少して352,484箱と報じるが、注意すべきはこの頃になると蚕種がブルサ種ではなくパストゥール法の検査に合格したバグダード種に変わっていることである。ただ、オスマン帝国産の蚕種がイランにおいて絶対的に優位を占めていたことは、いささかも揺いでおらず、同じ日付の『イスタンブル商業会議所新聞』は次のように記している。文脈としては関税の賦課によって優位が崩れることを憂慮したものであるが、以下、引用してみよう。

　　現在、イランにおいてオスマン帝国の蚕種に対抗すべきものがないのは喜ばしいことだが、この評判と特別な地位を維持していくためにはしかるべき措置を怠らず、対応が遅きに失することがないよう心がけるべきである。というのは、テヘランのオスマン帝国大使館から総理府への報告によると、イランの税関がフランスから到着する蚕種に対して1箱当たり1シャーヒーの関税を徴収しはじめるという噂があるからである。オスマン帝国の蚕種業者にとって考えられることは、フランス政府がこれを呑んだ場合、既に述べたようなイランで受けてきた恵まれた状況がなくなるということになり、いずれにしろ目を離さず見守らなければならない。（中略）オスマン帝国から輸出される蚕種に対して関税賦課の可能性を前もって予測し、わが邦の輸出を阻害する関税がオスマン帝国の輸出貿易品に対していかなる形であれ課税されぬようイスタンブル商

付図1　ブルサの養蚕業
出所：Osman, Köker (ed.). *Armenians in Turkey 100 Years Ago*, İstanbul, 2005, p. 38.

業会議所は必要措置を取るよう商業・公共事業省に対して申し入れを行った[31]。

　ギーラーンにおける養蚕業は、以上から分かるようにオスマン帝国から輸入された新来の蚕種によって甦ったが、ここで当時のオスマン帝国における蚕種の状況について振り返っておくことにしたい。カージャール朝イランの養蚕業の復興は、イラン国内だけの問題にとどまらず蚕種の輸入、養蚕、繭

の輸出等、絹をめぐる生産と流通、貿易においてオスマン帝国と密接不可分なかたちで連動していたと考えられるからである。

　オスマン帝国の養蚕業、製糸業、絹織物工業は、イランと同様、微粒子病の蔓延によって手痛い打撃を受けた。19世紀半ば、フランス、イタリアで猛威をふるった微粒子病は、1857年にはオスマン帝国に達したが、本格的な流行はイランと時を同じくする1864年のことである[32]。1897年7月24日付の『イスタンブル商業会議所新聞』の統計に拠ると、微粒子病がいまだ発生していなかった1864年以前における生糸生産の中心地であったブルサにおける生糸の年間の平均収量は350,000オッカ＝450,000キログラムあったが、発生直後の1864年の収量は150,000オッカ＝193,000キログラムにまで落ち込み、盛時の57％にまで減少した。1880年まで生糸の収量の平均は1864年のそれを下回っていた[33]。

　こうした事態を打開するため早くも1869年にブルサの農政局長の通達が出され、微粒子病対策が講じられた[34]。また1860-70年代にはパストゥール法で選別された無菌の蚕種がフランスから輸入され、オスマン帝国によって十分の一税が免除され、養蚕の復興がはかられた[35]。しかし、このような努力にもかかわらず実効はあがらなかった。むしろ、一般の養蚕農家は、国内の蚕種業者が売り歩く、質の劣る罹病している可能性の高い蚕種を安く買い求めることに熱心であった。蚕種業者の方も心得たもので、蚕種一箱につき1リラを養蚕農家に貸し付け、これによって多くの購買者を獲得しようとしていたことが、後になって1901年11月17日付の『イスタンブル商業会議所新聞』に報じられている[36]。

　オスマン帝国において蚕種対策に決定的な変化が生じるのは、1888年のことである。この年、ブルサで農業技師をしていたアルメニア系のケヴロク・トルコムヤン Kevrok Torkomyan によって蚕種の改良事業が本格的に着手され、これ以降、良質な蚕種がオスマン帝国でもつくられていくようになる。トルコムヤンの活動を裏で支援していたのはオスマン債務管理局であった。1881年以来、ヨーロッパの債権国によって組織されたこの債務管理局は借款で財政的に破綻したオスマン帝国の各種の税収を担保として押さえ、その運用にあたっていたが、それらの税の中に絹税も含まれていた[37]。

債務管理局が徴収できる権利は、オスマン帝国における全体の税収入のうち 15％を占めていた。しかし、絹税は担保として押さえていた税収入のうち 6％を占めるにすぎず、それほど大きな比重を占めていなかった。しかし、それでも債務管理局にとって債権の担保としての絹税を正常に徴収できるかどうかは死活問題であり、ブルサ駐在のドイツ副領事で債務管理局の委員の一人でもあったヘルマン・ショラーの調査・勧告にもとづき、1886 年後半ないし 1887 年の初めからそのための蚕種の改良、養蚕の振興に積極的に取り組むようになった。この改良と実験の場として選ばれたのがブルサであった。ブルサ州とイズミト県の絹税は全体の 10 分の 9 を占め、最重要地と考えられていたからである[38]。

付図2　養蚕の改良家トルコムヤン
出所：Osman Köker（ed.）. *Armenians in Turkey 100 Years Ago*, p. 39.

　このような債務管理局の思惑によって改良事業の推進者として白羽の矢が立てられたのが、前述のトルコムヤンであった。彼は、1880 年 9 月 27 日、オスマン帝国政府によって留学生としてフランスに派遣され、モンペリエの農学校で 2 年半ばかり研修を積んだ。1883 年 3 月に帰国後、イスタンブル郊外の農政局で役人生活を送っていたが、恩師マヨの推挽と留学時代の経験を買われて 1888 年 1 月、蚕種改良事業の任を与えられ、1894 年、蚕業研究所を開き、自前で微粒子病に罹っていない蚕種をつくっていこうとした[39]。

　彼が精力的に取り組んだのはパストゥール法による蚕種検査の普及と、養蚕家に対する徹底的な実地教育であった。後者の実現のため彼は蚕業研究所に付属させて当初は 2 年制、後に 1 年制に短縮される訓練所を開設した。この実務専門学校は 4 月から 10 月にかけて開講される季節学校で、実際の養蚕家も含む多数の学生がここで訓練をうけたという[40]。彼らは帰村すると、

付表6　オスマン帝国の蚕種の輸出入
（単位：1,000オンス）

	輸　入	国産蚕種	輸　出
1888—1890	70	31	0
1891—1895	9	106	59
1896—1900	3	144	289
1901—1905	1	192	423

出所：*Hüdavendigar Vilaet Salanamesi*, 1325 Kh.（1907), ss. 267-78, ただし、実際の引用は D. Quataert, "The silk industry of Bursa, 1880-1914, " p. 289.

それぞれ情熱を傾けてパストゥール法の普及をめざして活動した。この結果、ブルサで興った新しい蚕種改良の動きは、他の蚕業地域であるイズミル、アイドゥン、イズミト、キュタフヤ、黒海沿岸地方、バルカンのサロニカ、エディルネ、マナストゥル、トゥルナヴァ、シリアのアレッポ、ダマスクスにまで広がっていった[41]。

『ブルサにおける絹工業 *Türk Sanayi re Ticaret Tarihinde Bursa'da İpekçilik*』を著したダルサルの統計によると、この実務専門学校を卒業ないしそれに準じる資格を得た者の数は、1890年から1900年までの間に2,032名にのぼったという。面白いのはその内訳で、トルコ系458名、アルメニア系895名、ギリシア系658名、ブルガリア系19名、ユダヤ系2名であった[42]。これから言えることは、その76％が非ムスリムであるアルメニア系とギリシア系の人たちによって占められ、蚕種改良の担い手が実はこれらの人たちであったということである。このことがイランへの蚕種輸出においてギリシア系商人をギーラーンに進出させ、後述する繭の買い付け、輸出において活躍することにつながっていったと思われる。

アメリカのトルコ経済史家カータルトが『ブルサ州年報 *Hüdavendigar Vilaet Salanamesi*』にもとづき作成した付表6からも分かるように、1888年以降におけるオスマン債務管理局、トルコムヤンに主導された蚕種改良事業によってそれまでフランスから主として輸入されていた蚕種の量が1891年以降激減し、逆にオスマン帝国は蚕種の輸出国に転じた。輸入が減ったのは、債務管理局による輸入蚕種に対する重関税賦課も影響したといわれる[43]。

こうした流れのなかで1891年になって蚕種の売込商人の先陣を切って前述したパスカリディ商会のベザノスがイランのギーラーンに姿を現わすことになる。これによってイランの養蚕業は回復の手がかりを得、20世紀初めにはジャマールザーデ Seyyed Moḥammad 'Alī Jamālzade が指摘するように微粒子病発生前における最盛時を量的には凌ぐまでになった[44]。

3．繭貿易の進展

　蚕種は、養蚕家によって孵化され、蚕となり蛹となって繭になっていくが、この養蚕の過程を通じて見られる蚕種業者と養蚕家との関係を次に考えていくことにしたい。蚕種業者がいかなる条件で、蚕種を養蚕家に売却していたのか、その類型について詳細な調査記録を残したのはラフォン F. Lafont とラビノ H. Rabino の二人である。彼らはイラン立憲革命期の 1909 年、ギーラーンにおいて調査を行い、蚕種の売却法について以下のような三つのタイプを挙げている。

　第一は、蚕種の輸入業者が養蚕家に現金で売る場合である。価格（フラン表示）は、報告によると 1 箱につき 7. 5-9 フラン（1894 年）、4. 5-5. 25 フラン（1899 年）、3-4 フラン（1900 年）というように下落傾向で推移したが、これは蚕種が供給過剰のためであった。このため 1906 年になって価格の安定をはかるべく、業者間で 4. 5-5 フラン以下では売らないとの申し合わせがされ、30,000 箱の蚕種が廃棄処分にされた。この現金取引の形態は次第に普及しつつあったとはいえ、三つのなかでは行われることがもっとも少なかったといわれる[45]。

　第二は、蚕種業者が養蚕家に対して蚕種とともに前貸し金を貸与し、収穫後に現物の繭で代金を清算する方法である。たとえば、蚕種一箱につき 5 フランを利息なしで前貸しし、蚕種一箱の価格を通常では考えられない格安の 1 フランに設定し、収穫後、1 キログラムにつき約 10 サンチームの値で前貸し金とともに蚕種の代金に相当する繭を返してもらうというやり方である。この方法は 1899-1906/07 年の間にさかんに行われ、新参の蚕種業者、販売の拡張を狙う業者、資金力豊富な者に好まれた。オスマン帝国から来たギリシア系、アルメニア系の非ムスリム商人はこれに慣れていたが、ヨーロッパの商人はこれに頼ることを極力、避けたという。この方法の欠点は、前貸し金が回収不能になる危険があること、養蚕家の転売操作によって質の悪い繭を掴まされる恐れがあることであったといわれる[46]。

　第三は、もっともポピュラーなもので、養蚕家に蚕種だけを預け、収穫後

に現物の繭で返してもらうという方法である。蚕種業者が収穫された繭の何分の一を受け取るかは時によって違いがあった。普通は3分の1、ないしは四分の一が蚕種の売買契約を結ぶ際の内容であった。このため前者はモサーレセ契約、後者はモラッベ契約と呼ばれ、1894-99年の間にとくによく行なわれるようになったといわれる。しかし、蚕種が業者間の競争で供給過剰になるにつれて、取り分の率も5分の1、6分の1、8分の1、10分の1に減っていった[47]。

　総じて言えることは、現金決済の場合、蚕種業者は養蚕という生産の過程に関わることがほとんどなく、これに対して現物の繭で決済をする場合は蚕種業者がしばしば生産過程にまで関与することが多かったことである。これを既に紹介したオスマン帝国のギリシア系非ムスリム商人であるパスカリデイ商会のベザノスの例から具体的に見ていくと次のようになる。

　1891年、ベザノスがオスマン帝国のブルサからギーラーンに初めてやって来た時、彼は収穫後に繭の全収量の3分の1を返してもらうという、いわゆるモサーレセ契約で蚕種をテレンバールの所有者に渡した。テレンバールとは、当時のギーラーン地方で普及していた藁葺きの養蚕小屋のことで、広さは平均して10坪ほどであった[48]。

　初年度にどれだけの蚕種を渡したのかは不明だが、3年目の記事によると、全部で4,000のテレンバールに対してそれぞれ2オンスずつ蚕種が渡された。しかし、この2オンスという量に養蚕家から少なすぎるという苦情が出た。というのは、テレンバールには、5オンスの蚕種が使われることが普通であったからである。これに対してベザノスは、従来のイラン産の繭は小さく、色もまちまちで質が悪いのは、狭い空間に多くの蚕種を置きすぎるからだと反論して養蚕家の不平を封じたという[49]。

　このように蚕種売込みのパイオニアとして獅子奮迅の働きをしたベザノスの初年度における結果は、しかしながら失敗に終った。イギリス領事チャーチルによると、蚕種の量が少なく、財政的に見合わなかったことが原因であったという。2年目の1892年には収穫後に受け取った繭を、すでに第1章で述べたイランを代表する商人でラシュトで紡績会社を経営していたアミーノッザルブに売り渡した。ベザノス自身は、繭を自らの手で乾燥し輸出

するつもりであったが、繭を加工する機械と設備がなかったため、止むなくアミーノッザルブに売却せざるを得なかったのである。

　しかし、この時はアミーノッザルブに足元を見透かされ、1 バトマンにつき 16 ケラーンで安く買い叩かれた。これに懲りたベザノスは 3 年目の 1893 年になると、自ら蛹を殺し、繭を乾燥させるための建物を仮設ながら建設する。これを使って彼は繭を乾燥させた後、それを梱に詰め、ヨーロッパでも最上の繭市場といわれていたマルセイユに直接、繭を輸出するようになった[50]。ベザノスという人物は、本来、オスマン帝国からギーラーンにやって来た蚕種業者にすぎなかった。しかし、モサーレセという繭の現物受け取りの契約を通じて、養蚕という生産の過程にも深く関わり、繭を乾燥加工し、その輸出にも携わっていったのである。

　ところで、1891 年以降に復興したギーラーンの養蚕業は、生糸にすることを目的とするよりも、むしろその前の商品段階である繭をつくることに重心を移すようになっていた。生産全体に占める両者の割合を知ることのできる史料が、1904 年 1 月 23 日付の『イスタンブル商業会議所新聞』に見いだされる。この情報提供者は、当時、ラシュトで繭の買い付けにあたっていたギリシア系の商人 デメトリウス・パパドポウロス Demetrius Papadopoulos である。それによると、1903 年度における繭の全収量は、900,000 バトマンであったが、このうち 140,000 バトマンだけが糸に紡がれ、生糸にされたが、残りの 84.4%、760,000 バトマンの繭は乾燥して輸出に回されたという。これから明らかなように 1890 年代以降におけるイランの絹貿易は圧倒的に繭の輸出というかたちをとるように変わったということがでる[51]。

　繭の生産、輸出が生糸に代わって主流になった理由は、イラン産の生糸が、ヨーロッパ絹織物業の要求する規格、質に合わなかったことが原因している。これに対してイランは、生糸輸出の不振を挽回するため種々の対策を講じる。たとえば、すでに述べたようにアミーノッザルブによって蒸気機関を使って動かす紡績工場がラシュトにつくられ[52]、関税の優遇措置を受けて生糸輸出の増産をはかった。イラン政府は、1 バトマン当たりの輸出関税を生糸は 3 ケラーン、乾燥繭は 1.5 ケラーンに改正した。普通、4 バトマンの繭から 1 バトマンの生糸が出来ると言われているから[53]、繭の関税は生糸のそれに比

付表7　繭の輸出量
（単位：キログラム）

年	輸出量
1893	34,796
1894	76,556
1895	107,721
1896	104,780
1897	158,131
1898	280,950
1899	538,567
1900	838,151
1901	698,100
1902	1,280,000
1903	1,606,000
1904	893,700
1905	701,230
1906	1,141,100
1907	1,343,000
1908	857,000

出所：Lafont & Rabino, *L'industrie Sericicole en Perse*. Montpellier, 1910, p. 152.

較換算すると、実質、6ケラーンとなり、2倍の高さに設定されたことになる。しかし、イランからの生糸輸出は期待したように伸びず、イラン国内で消費されるか、バグダードに輸出されるにとどまった[54]。

次に、イランからどれくらいの繭が輸出されていたのかを見てみることにしよう。これについては輸出量、輸出額の両面から考えていかなければならないが、後者については統計そのものが不備であり、また価額に対する考察は絶対的な数値の把握にとどまらず、国際市況の複雑なメカニズムもおさえていかなければならず、今はそれに立ち入る余裕がない。それ故、ここでは取りあえず、輸出量にのみ限定し、繭貿易の動向を考えていくことにする[55]。

繭貿易の輸出量を示す統計資料は現在、四つ知られている。いずれも始期は、1893年である。符節を合わせるかのように同じなのは、この年以降、パスカリディ商会代表のベザノスがオスマン帝国のブルサから持ってきた蚕種によって繭貿易が軌道に乗り、以後、ある時期までこの商会の提供する情報が統計資料の源になっているからだと思われる。

第一の資料は、1901年5月28日付のラシュト駐在英領事チャーチルの報告によるもので、1900年まで掲載されている。パスカリディ商会の代表ドラコスとフランスの商会テライユ・ペヤン Terrail Payen and Co. 商会の代表ギャルニエ Garnier から情報の提供をうけていた[56]。第二のものは、『イスタンブル商業会議所新聞』である。1902年までのデータを掲載し、とくに情報源を記していないが、それまでの経緯からギリシア系商会が提供する情報に依存していたことは間違いない[57]。第三の資料は、イギリス商務省によってイラン経済調査を命ぜられたマクリーンが作成したもので、1902年までのデータを掲載する。出所は1902年のラシュトの領事報告 No. 3109 である[58]。第四は、立憲革命期にギーラーンを中心に蚕業調査を行なったラフォンとラビノの統計で、もっとも長い1908年までをカバーしている。

四つの統計資料の内容を相互に仔細に検討すると、最後のものが前の三つ

の資料に依拠しつつ、調査時点までの輸出量を全体的にカバーしていると思われるので、これを付表7として掲げることにする。これを見て分かることは、繭貿易が軌道に乗った1893年から11年間は年を逐って輸出量が増え続け、1903年には46倍にもなっていることである[59]。しかし、立憲革命直前の1904、1905年になって急に落ち込むが、1906年からは前の水準に戻し、1908年に再び減少したことが読み取れる。

繭貿易を考えるにあたって無視することができないのは、蚕種から育てられた蚕が繭をつくった後、これがいかなる形で養蚕家の手元から集荷され、国外に輸出されていったのか、その流通のプロセスである。この点についてラフォンとラビノがきわめて貴重な調査報告と統計とを残しているので、これに拠りながら再現を試みることにしたい。

ギーラーンを中心とする養蚕地帯を回って生繭を集めるのはタッヴァーフ ṭavvāf と呼ばれる現地の行商人であった。買い付けは年間を通じて行なわれていたが、収穫時の6月末から9、10月が最盛期であった。彼らは買い付けを確実にするため予め農民に生繭10キロにつき50フランを手渡していた。その後、10日から15日が過ぎると、再びやって来て約束した生繭の引渡しを受けた。その時の引き取り価格は、ラシュトの値段を2ケラーン下回るものであった。ここまでが第一の流通段階にあたる。

これが済むと彼らより手広く商売をやっている別の一ランク上の行商人に生繭を売り、さらにラシュトのような都市に事務所を構えている買い付け商人に売り渡された。決済の仕方は行商人による6ヶ月の掛け売りが普通で、最初の3ヶ月は無利子、それを過ぎると価格の12%の利子が加算されたという[60]。

2段階にわたる行商人の活動についてはこれ以上のことしか分からないが、流通の第三段階を担う買い付け商人にかんしては1906年から1908年までの3年間、ギーラーンで活動していた61人の商人の名前、取引量、エスニシティについての詳しい事実が判明する。それが付表8である。これを手がかりに買い付け商人をめぐるいくつかの問題について考えてみることにしよう。

まず、エスニシティ構成である。名前から判断して各商人のエスニシティをギリシア系（G）、アルメニア系（A）、イラン系（P）、トルコ系（T）、帝政

付表8　ギーラーンにおける生繭の買い付け商人

（単位：マン＝5.94kg.）

買附け業者の名前	1906	1907	1908	三年間の合計	順位	E
A. Lascaridis	53,000	81,000	43,000	177,000	1	G
Harilaos Papadopoulos	18,000	63,000	40,000	121,000	2	G
Pascaridis frères	22,000	32,000	30,000	84,000	3	G
Toumaniantz frères	25,000	24,000	16,000	65,000	4	A
D. Pilidis	22,000	18,000	22,500	62,500	5	G
G. Papadopoulos	15,000	26,000	12,000	53,000	6	G
Mo'in al-Mamalek	24,000	17,000	10,500	51,500	7	P
B. Cosséry	9,000	32,000	8,000	49,000	8	F
Terrail-Payen et Cie	17,000	24,000	5,500	46,500	9	F
Rassouloff	15,000	16,000	15,000	46,000	10	R
Alioff frères	15,000	17,000	12,000	44,000	11	R
'Asef al-Tojjar	16,000	17,000	6,000	39,000	12	P
Filature（製糸工場）de Rescht	24,000	9,000	4,000	37,000	13	?
Pedroni frères	11,000	16,000	9,000	36,000	14	I
Canghelari	14,000	19,000	2,000	35,000	15	?
Kritico Georgiadès	11,000	15,500	6,000	32,500	16	G
Rémazanoff frères et Cie	10,000	11,000	8,000	29,000	17	R
Candilis	9,000	9,000	8,000	26,000	18	G
Hoseyin Aqa	8,000	10,000	8,000	26,000	18	P
Hoseyin	8,000	11,000	6,000	25,000	20	P
Rizaieff	11,000	7,000	7,000	25,000	20	R
H. Ahmad	9,000	14,000		23,000	22	P
Asianiantz	10,000	8,000	5,000	23,000	22	A
Société Tévélouki	8,000	8,000	5,000	21,000	24	?
D. Zarifian	7,000	11,000	3,000	21,000	24	A
C. J. Bonnet	12,000	7,000		19,000	26	F
Alichbegh	11,000	7,000		18,000	27	P
Avak	9,000	6,000	3,000	18,000	27	?
Avetis Hordananiantz	7,000	8,000	3,000	18,000	27	A
Koussis	6,000	10,000	1,000	17,000	30	G
Hoseyin Milani	3,000	4,000	8,000	15,000	31	P
Papadopoulos frères	6,000	4,000	5,000	15,000	31	G
Davoniantz	4,000	7,000	3,500	14,500	33	A
Gataroff	6,000	6,000	1,000	13,000	34	R
G. Dimitriadis	6,000	6,000		12,000	35	G
Hattay		6,000	6,000	12,000	35	?
Aqa Reza		6,000	5,000	11,000	37	P
Terserkissiantz	11,000			11,000	37	A
Saranti Papadopoulos		6,000	4,500	10,500	39	G
種々の買附け業者	5,000	3,000	2,000	10,000	40	?
Yusuf 'Ali		5,000	5,000	10,000	40	P
Kaloustian	5,000	3,000	1,500	9,500	42	A
D. Tchallis	3,000	5,000	1,500	9,500	42	G
Seyyid Mahmud Mojtehed	8,000			8,000	44	P
Tchaconas	3,000	5,000		8,000	44	G
Yavachoğlu	4,000	4,000		8,000	44	T
C. Diafonides		5,000	2,000	7,000	47	G
Hajji Assatur	6,000			6,000	48	P
Hajji Rostam			6,000	6,000	48	P
Haliloff			6,000	6,000	48	R
Javadtojjar			6,000	6,000	48	P
A. Mavropoulos	6,000			6,000	48	G
M. Mendeli			6,000	6,000	48	P
A. Saribalassi	3,000	3,000		6,000	48	I
Seyyid 'Ali	6,000			6,000	48	P
Mashhadi Abulkasem			5,000	5,000	56	P
Mahmed Kachein			4,500	4,500	57	P
'Ali Khan	3,000			3,000	58	P
D. Pétroniantz		2,500		2,500	59	A
Ossepiantz		2,000		2,000	60	A
A. Pipiridés	2,000			2,000	60	G
	526,000	636,000	377,000	1,539,000		

出所：Lafont & Rabino, *L'industrie Sericicole en Perse*. Montpellier, 1910, p. 196.

ロシア臣民（R）、フランス系（F）イタリア系（I）というように表の右端の欄（E）に割り振ってみたが、不明の所も多く残されている。しかし、判明するかぎりにおいて特徴的なことは、オスマン帝国の国籍をもつ商人が半数近くの26名を数えることである。内訳はギリシア系16名、アルメニア系9名、トルコ系1名である。ただし、アルメニア系のなかには帝政ロシア臣民も、紛れ込んでいる可能性があることにも留意する必要がある。ちなみにイラン系は18名を数え、ヨーロッパ系の商人は、買い付け商人のレベルでは少なく、フランス系は3名、イタリア系は2名を確認できるにすぎない[61]。

　オスマン帝国の商人が多かったことはその取引量にも反映している。上位六位までが彼らによって占められていた。全取引量のなかで、彼らがどれだけの量を扱っていたのか、その割合を付表8にもとづいて見ていくことも可能であるが、エスニシティが不明な商人もいて正確さを欠くことになりかねないと思うので、既に引用した1904年1月23日付の『イスタンブル商業会議所新聞』に拠って見ていくことにしよう。

　これによると、1903年度においてイランから輸出された乾燥繭の輸出量は、総額で760,000バトマンであった。買い付けに携わった商人の国籍別の取り扱い量の内訳はバトマン単位で、オスマン帝国17万、フランス30万、イタリア4.6万、ギリシア2万、ドイツ1.4万、ロシア4万、ブルガリア1.4万、イラン15.6万である。このうちオスマン帝国の商会が扱った量は22％にすぎない。しかし、注目すべきは他の国の商人が買い付けた繭のうちの20％にあたる部分については、最初にオスマン帝国の商人がその仕入れを代行し、その後で他国の商人に渡され、生繭が乾燥に回されたという点である。これを扱い量のなかに含めると、オスマン帝国の商人は全部で42％にも上る繭を買い付けていたということになり、他を圧倒して第1位を占める[62]。

　ところで、買い付け商人のもとに集められた生繭が、さらに最終的にイランからどのように輸出されていったのか、その流通のプロセスを正確に知るのはむずかしい。不明な点が多々あるが、分かるかぎりを述べれば以下のようになろう。すなわち、生繭は買い付け商人、あるいはそれとは別の卸売り商人によって乾燥された後、輸出商人のところに回された。これは第四段階

付表9　1906年における繭の輸出商人と代理商人

商　館　名	本店所在地	貿易形態	％
① Société coloniale italienne	ミラノ	直接輸出	31
② Société Petis importateurs	ゲムリク	直接輸出	1.50
③ Terrail-Payen et Cie	リヨン	直接輸出	21.60
④ Terrail-Payen et Cie	マルセイユ	直接輸出	2.80
⑤ C. J. Bonnet et Cie	リヨン	直接輸出	2.50
⑥ Pedroni frères	ミラノ	直接輸出	2.10
⑦ Simon Mizayantz	マルセイユ	H. Papadopoulos	25
⑧ Chabrières-Morel et Cie	マルセイユ	Banque russe	6.30
⑨ Mme Garnier-Créange	マルセイユ	L' Eplattenier	6.30
⑩ Moḥammad Eṣfahānī	マルセイユ	Amīn al-ẓarb	0.90

出所：Lafont & Rabino, *L'industrie Sericicole en Perse.* Montpellier, 1910, p. 196.

の流通過程に当たる。これについて手がかりを与えてくれるのが付表9である。

この表は1906年において繭の輸出貿易に携わっていた商会名、本店所在地、貿易の形態、輸出量のシェアを示している。買い付け商人と違ってその数はわずか10商会と少なく、オスマン帝国のマルマラ海沿岸にあるギュムリュクを除き、いずれもヨーロッパのマルセイユ、リヨン、ミラノに本店を置いていることが特徴である。

貿易形態で直接輸出とあるのは、代理商人を通さず、ギーラーンに自らやって来て前述の買い付け商人から仕入れ、ヨーロッパ市場に繭を直接送っていたことを示す。この直接輸出の形をとって貿易を行っていた商会は、二つのタイプに分かれる。第一は、①-②のように買い付け商人を兼ねず、もっぱら輸出貿易に専念する商会である。第二は、③-⑥のように買い付け商人であるとともに輸出貿易商も兼ねる商会である。この直接貿易の二つの形態が占めるシェアは、それぞれ32.5％、29％であり、合わせると61.5％にも上る。これを見るかぎり、繭貿易の最終の流通段階においてはイタリア、フランス商人が他を引離して優勢であったということができる。

しかし、直接輸出の形態とは別にそれに対抗するかたちで現地の商人たちが中心となって代理商人になるという形態もそれなりに大きな比重を占めていたことを見落とすべきではないように思われる。これは全部で38.5％にのぼる。とりわけオスマン帝国から来ていたギリシア系の非ムスリム商人パパドポウロスH. Papadopoulos商会が25％もの繭を取り扱っていたことは注目に値する。この商会はオスマン帝国からイランに進出して流通の第三段階を担う買い付け商人として繭を買い集めるとともに、流通の第四、最終段階を担うマルセイユに本店を置く、おそらくはオスマン帝国籍のアルメニア系

の商人シモン・ミザヤンツ Simon Mizayanz と契約を結んでその代理商人として乾燥させた繭をイランからフランスのマルセイユ市場に送るということをやっていた。これと同じことを取り扱い量の割合（0.9％）はパパドポウロスと比べるとはるかに少ないが、イランの有名な商人アミーノッザルブも行っている。その送り先は、マルセイユに本店を置くイランの商人モハンマド・エスファハーニー Moḥammad Eṣfahānīであった。

　イランにおいて繭貿易というかたちで絹貿易を蘇らせたのは、オスマン帝国から無菌の蚕種を持って売り込みにやって来たギリシア系の非ムスリム商人を中心とする商人たちであった。彼らは蚕種をイランの産地で売って歩く一方、繭の流通段階では現地のイランの行商人から生繭を買いつける商人としても活躍した[63]。こうした蚕種の売り込み商人であるとともに繭の買い付け商人をも兼ねるパパドポウロスのような商人は、流通の最終段階にあたるイランから対ヨーロッパ向けの輸出貿易を行う商人の代理商人として繭を買い付け、それをヨーロッパの市場に送るというかたちを取りながら、繭の広域的な交易ネットワークの一翼を担っていた。

　しかし、繭の輸出貿易にかんしていうと、ミラノ、リヨン、マルセイユといったヨーロッパの都市に本店を構えるイタリアおよびフランス系の商会が直接、産地のカスピ海南岸地方にやって来て繭を買い付け、オスマン帝国の商人やイラン商人の手を通さずに輸出するというかたちの方が優勢であり、そのシェアはすでに指摘したように60％以上を占めていた。これに対してパパドポウロスのようなオスマン帝国のギリシア系の非ムスリム商人は、輸出の前段階にあたる現地の行商人からの繭の買い付けと輸出貿易に従事する大商人に代理商人として繭を売り渡すという行為を通じて直接貿易を行うヨーロッパの商人に対抗していこうとしたのである。

4．タブリーズ経済の地盤沈下

　ギーラーンの養蚕業は、オスマン帝国から輸入した蚕種によって1891年以降、乾燥繭の生産と輸出貿易の伸張というかたちで回復した。しかし、これに対して生糸の方はかつての水準を取り戻すことができなかった。すでに

述べたようにイランの生糸が、主要な消費市場であるヨーロッパの絹織物業の求める品質と規格に合わなかったことがその一因であった。この事態に危機感をもった一部のイラン商人は、機械制による製糸工業を興し、輸出の挽回をはかろうとした。この先頭に立ったのが、既述のアミーノッザルブである。彼は蒸気機関で稼働する紡績機を備えた製糸工場をラシュトにつくり、輸出に堪えうる均質の生糸の生産を試みた。

しかし、こうした努力にかかわらず、生糸の輸出は期待したようには伸びなかった。生糸は従来どおりマルセイユに輸出されたり、ロシア絹織物業の中心地であるモスクワに新たに送られたりしたが、繭貿易の急伸とくらべると、生糸貿易の不振は蔽うべくもなかった。この結果、こうした状況を打開するため、生糸は1890年代以降、販路を国外に代わって国内に積極的に求めていくようになる[64]。

1891年8月22日付の『イスタンブル商業会議所新聞』によると、この年、活況を呈したイラン生糸の生産量は55-60万常用ポンドであったが、このうち3分の1が国内消費用として各地に送られたという[65]。しかし、この見積もりは実際よりも少ないように思える。1903年のマクリーン報告を見ると、イランにおける生糸の国内消費は、例年、全生産量の半分であると記されており[66]、1893年度のラシュトのイギリス領事報告も同じような数値を出していてこれを裏づけている。

それによると、移出および輸出された生糸の梱の総数3,411個のうち、タブリーズ向けの1,400個、バグダード向けの864個はいずれも国外に輸出されたと思われるが、ハマダーン、カーシャーン、イスファハーンに送られた合計1,826個、全体の54%に当たる梱は、これらの地で織られていた伝統的な絹織物の原料糸として使われたと考えられる[67]。これから生糸の国外輸出が不振な分、国内消費に活路を求めたことは疑いないように思われる。

生糸輸出の不振は、1894年に起きた世界的な生糸相場の下落によっても追い打ちをかけられた。1894年度におけるタブリーズのイギリス領事報告によれば、この年、生糸価格は1ポンド当たり12シリングから9シリング9ペンスに落ち込み、約30%下がったという[68]。これは中国、日本からの生糸輸出増加による暴落によっていた[69]。

4．タブリーズ経済の地盤沈下　123

　以上のごとく国外における生糸需要の減少、価格の下落によってもっとも手痛い打撃をうけたのは、タブリーズを拠点に生糸貿易を行なっていたアゼリーを中核とするイランの商人であった。彼らは既に微粒子病の発生以来、輸出貿易の重点を絨毯、タバコに移していたが、それでもタブリーズとギーラーンとの間の生糸貿易のネットワークを放棄せず、細々ながら生糸貿易を続けていた。

　タブリーズの商人がギーラーンとの間で行なっていた取引の方法は、1893年11月15日付のラシュトのイギリス領事チャーチルの報告によると、イギリスから輸入された綿製品をギーラーンにもって行き、それを現金決済ではなく、現地の生糸、屑糸、米とバーターで売るというものであった[70]。

　しかし、このタブリーズとギーラーンとの間で行われていた綿製品と生糸の輸出入貿易は、生糸貿易の低迷を契機として崩れ、タブリーズ商人の中には破産する者が続出した。この憂うべき状況を前述の1893年のチャーチル報告は、次のように慨嘆している。

　　タブリーズに支店を置くイギリス商会から2-3年の期間で綿製品を掛け買いで仕入れるタブリーズ土着の商人は、まだ支払いの終っていない商品をもってラシュトにやって来るが、損をしてそれらを売り、代わりに生糸、屑糸を高い値段で買っていくのが常である。その結果、かなりの数の商人が、掛け買いの支払い猶予期間がまだ来ないうちに破産法廷〔ないしは、それに代わるものに〕駆け込むということがしばしば起きているということを認めざるをえない[71]。

　上の引用文でなぜタブリーズ商人が生糸を割高な値段で買わざるを得なかったのか、その理由は詳らかでないが、彼らの行っていた生糸貿易が行き詰まったことだけは確かだと思われる。タブリーズ商人をこのような状況に追い込んだそもそもの原因は、ギーラーンの絹貿易が生糸から繭に移行した段階で繭貿易への思い切った転換をはかれなかったことである。別な言い方をすると、タブリーズ商人は、繭貿易に新たに参入する途が閉ざされていたということができるかもしれない。

繭貿易の多くはタブリーズ＝トラブゾン・ルートでなく、ザカフカス・ルートを使って行なわれたが、このルートはエンゼリーを主たる輸出港とし、バクー、バツーミ経由でイスタンブルからフランスのマルセイユ、イタリアのミラノに繋がっていた[72]。このルートでの繭貿易を支配していたのはオスマン帝国籍のギリシア系、アルメニア系の商人であり、ヨーロッパ＝ギーラーン間の直接貿易に従事する少数のヨーロッパ系商会であった。タブリーズ商人の交易ネットワークは、それらに到底、太刀打ちできなかった。このことは以下の1900年度のラシュトのイギリス領事報告によく示されている。

> 1900年まで土地の人びとは繭を地方的な範囲でヨーロッパ、アルメニア系の買い付け商人に売り渡すことで満足していた。しかるに今年は在地の多数の商人が、直接繭をミラノや、マルセイユに輸出した。ところが、繭があまりに多く輸入され、1899年のリヨン、ミラノにおける生糸の過剰生産、そのほかのことも重なって市況が悪化したため、かれらの経験は残念な結果に終ってしまった[73]。

おわりに

微粒子病によって衰退したイランの絹貿易を生糸から繭へと商品の種類を転換させ復興させたのは、オスマン帝国の商人、とりわけギリシア系の非ムスリム商人であった。繭貿易に関わる生産と流通のプロセスで彼らが示した活動は、多方面に及んでいる。それは、生糸貿易の場合と比べると、生産への関与の仕方がより深く、蚕種の供給を通じてギーラーンの養蚕に決定的な影響力を及ぼし、商品のかたちとしては生糸でなく、繭にしていくことを強く推進したのもオスマン帝国の商人であった。

このように隣国イランにおいて彼らを養蚕の生産過程に積極的に関与していくよう駆り立てたのは、ヨーロッパの市場における生糸、繭に対する嗜好と需要の変化を誰よりもよく知悉していたからであった。イランの生糸はヨーロッパの絹織物業者が要求する規格に合わず、繭という形態に代えることによってヨーロッパ市場での需要を掘り起こそうとしたのである。

この先見性は、生糸貿易を主として担ってきたタブリーズのアゼリーを中核とするイラン商人と好対照をなしている。タブリーズ商人は、市場の動向を読み切れず、あくまでも生糸にこだわりつづけた。この守旧的な姿勢が、結果として彼らを絹貿易の新しい流れに乗り遅らせ、微粒子病後も細々とながら続く生糸貿易とそのメインルートであるタブリーズ＝トラブゾン・ルートを衰退させたということができる。

これに対してギリシア系を中心とするオスマン帝国の非ムスリム商人は、自国領内のブルサ等の産地での養蚕業復興の経験を生かしてイランの繭の産地であるギーラーンをヨーロッパ市場に直結させるべく、輸送の距離、時間、輸送手段等、いずれの点から見ても有利な条件を備えていたザカフカス・ルートを再開拓し、これを繭貿易のメイン・ルートに代えていった。彼らに拮抗しうる商人としては、一方においてマルセイユ、ミラノ等に本店を構えるヨーロッパ系の商人がおり、他方においてアミーノッザルブをはじめとするイランの在地商人がいた。しかし、イランにおける蚕種の供給から養蚕、繭の買い付け、輸出までの生産と流通のプロセスを一貫して掌握できる立場にあったのは、外国商人であるにもかかわらずオスマン帝国の商人をおいて他になく、繭貿易における彼らの絶対的優位は揺らぐことがなかった。

かくして、生糸貿易から繭貿易への変化は、イランの経済がイスタンブルを交易の中心とする広域的なネットワークのなかにオスマン帝国のギリシア系非ムスリム商人の手を通じて取りこまれるというかたちをとって進んだ。しかしながら、この過程を一方的にイランとオスマン帝国との間の経済の緊密化、両国にまたがる広域的な交易圏のさらなる進捗とだけ捉えることはできない。なんとなれば、イランの絹貿易の形態を生糸から繭へと代えるのに主導的な役割を果たしたのはオスマン帝国のギリシア系の非ムスリム商人であったが、その背後には国家財政が破綻したオスマン帝国に対して1881年以降管財人として振る舞う、ヨーロッパの債権国が運営するオスマン債務管理局の影があり、その役割も無視できないと考えられるからである。

債務管理局がマイノリティである非ムスリムのギリシア系、アルメニア系の人びとに依存しながら、蚕種の改良と繭の増産、製糸を通じてブルサにおける絹貿易の復興を図ろうとしたことはカータルトの述べるとおりである[74]。

これらの政策は、オスマン帝国から担保として与えられた絹税を確実に徴収していこうとする債務管理局の思惑から発するものであった。この経済戦略がオスマン帝国領内のみならず、隣接するイランにも波及し、これがオスマン帝国のギリシア系を中心とする非ムスリム商人たちのイランへの進出、その交易ネットワークの伸長につながっていったと考えられる。

　このかぎりにおいて、1890年代以降の繭を中心とする絹貿易の復興は、オスマン帝国の養蚕業の中心であるブルサのみならず、ギーラーンというイランの絹の産地をもヨーロッパの自由貿易システムの分業の環のなかに引き入れていこうとする債務管理局の意向にも注意していかなければいけない面をもっている。

第4章　イランにおけるカーペット・ブームと
　　　　　イスタンブルの中継貿易

はじめに

　ペルシア絨毯のなかで美術史的にみて燦然と輝き、最高傑作であると衆目の認める絨毯がある。現在、ロンドンのヴィクトリア・アンド・アルバート博物館に所蔵されている「アルダビール絨毯」がそれである。
　正面入口からつづく広い展示室に足を踏みいれると、いきなり巨大な絨毯が目に飛びこんでくる。そのあまりの大きさにまず驚かされるが、しばらくすると深遠な宇宙を象徴的に模しているかのような繊細、優美な図柄と色づかいに誘われて、いつの間にか幽遠、夢幻の世界へと引きずりこまれていく。このようにアルダビール絨毯には、見る者を虜にして離さない不可思議な力が秘められている。
　この絨毯は、サファヴィー朝の第2代シャー＝タフマスプ1世 shāh Taḥmāsp の時代にイラン中央部の風雅なオアシス都市カーシャーンに生まれたマクスードという名で知られるデザイナーないし工房の長によって 1539/40 年に織られたものであるといわれる。経糸、緯糸に絹、3本目の糸としてのパイル糸（結び糸）に羊毛を使ったこの絨毯は、完成したあと、イラン西北部アゼルバイジャン地方の都市アルダビールにあるサファヴィー王家ゆかりのシェイフ・サフィー廟に寄進された。このため「アルダビール絨毯」の名でもって呼ばれるが、そのサイズは正確にいうと、10.52 × 5.54 メートル、58 平方メートル（38 畳相当）にも達する大きなものである[1]。
　アルダビール絨毯をみていると、このように大きく、豪華絢爛たる絨毯が

昔からイランで普通に使われ、外国にも輸出されていたという思いにかられる。しかし、実際には19世紀後半をむかえるまで絨毯は、宮廷やモスクなどで使用される他は、一般的にはさほど大きくないサイズのものが、ごく少数の経済的に富裕な層によって使われるにすぎず、またイランを代表する商品として国外に輸出されることも少なかった。

　このことは、カージャール朝に代々、財務官僚として仕える家に生まれたアブドッラー・モストウフィー ‘Abd Allāh Mostowfī が著した『回想録 sharḥ -e Zendegānī-ye Man』から確かめられる。この書物はペルシア語史料のなかでも19世紀後半から20世紀前半にかけてのイランの日常生活にかかわる社会史的な情報が多いことで知られるが、これによるとナーセロッディーン・シャー（在位1848-96）の頃までイランでは一枚の大きな絨毯を部屋いっぱいに敷くという習慣はさほど普及していなかったという。多くの場合、ミヤーンファルシュ miyānfarsh と呼ばれるさほど大きくない絨毯を部屋の真ん中に敷き、その脇にケナーレ kenāre という細長い絨毯とサルアンダーズ sarandāz と呼ばれる小さな絨毯を部屋の片隅などに部分敷きとして使うのが普通であった。どの家でも絨毯の埃を払ったり、洗ったりするのは、子供の仕事とされていた。絨毯が大きすぎると子供の手に負えず、むしろ小さい方が好都合だと考えられていたのである[2]。

　しかしながら、当時のイランではこのような絨毯ですら、それを使えるのは都市に住む一部の人びとにかぎられていた。多くの人たちにとって高価な絨毯は手が届かぬ存在であり、敷物といえばフェルトかキリムがほとんどであった。こうした傾向は、都市を離れて農村、遊牧民の社会に行くとさらに顕著になる。イランを旅した欧米人の紀行文には、しばしば、族長クラスの遊牧民のテントに招かれ、目にも鮮やかな絨毯に座らされて歓待されたことが多く出てくる。しかし、これは異国からはるばるやって来る客をもてなすために特別に用意されたもので、ふだんは絨毯と比べるとはるかに安く、織るのも簡単なフェルトを地べたに敷くのが一般的であった。19世紀後半まで遊牧民のなかには絨毯を織ることも、使わない者も少なくなかった。ましてや絨毯を商品として生産し、それを国内および国外の市場に向けて流通させていくということは、少なかったと言わなければならない[3]。

はじめに 129

付図 1 アルダビール絨毯
出所：Ian Bennet (ed.), *Rugs & Carpets of the World*,
　　　Wellfleetpress, Edison, 1996, p. 46

　19 世紀以前においてペルシア絨毯がヨーロッパの人々に渇望され、それが輸入された例もなかったわけではない。とくに 16 世紀以降、絨毯はそれなりにヨーロッパに浸透し、文化的に高い評価を得るようになる[4]。しかし、その美術的な価値、室内装飾品としての素晴らしさに対する認識が深まり、商品として絨毯の生産、流通がさかんになってカーペット・ブームといって

もいい状況が出てくるのは、ようやく19世紀後半になってからのことである。冒頭で紹介したアルダビール絨毯の製作年代は16世紀である。しかし、それが海を渡ってイギリスにもたらされるのは1877年、最終的にヴィクトリア・アンド・アルバート博物館の所蔵に帰するのは1892年のことであった[5]。このことは、ペルシア絨毯とヨーロッパとの出会いの時期、需要と消費、貿易の拡大が19世紀後半になってからようやく本格的に始まったことを象徴的に示しているように思われる。

これまでペルシア絨毯についての研究は、紋様、デザイン等の様式、染色、製織技術などの美術的、技術的な観点からされることが多かった。しかし、ここでは絨毯が商品としての価値を見直され、前章で扱った絹貿易が衰退していくのにともなってヨーロッパに輸出されるイランの代表的な商品になっていく状況を社会経済史の視点から考えていくことにしたい。近年、イランにおいて絨毯貿易に実際に携わったヨーロッパ商人たちが残した貴重な私文書がイッティグ Annette Ittig、ヘルフゴット Leonard M. Helfgott によってそれぞれ発掘され、それを使った社会経済史的研究も進んでいる[6]。これらの成果を取り入れながら、絨毯の生産と流通をめぐってヨーロッパの商人とイランの商人がどのように競合していたのか、また、イランからイスタンブルに延びる広域的な交易ネットワークを使ってペルシア絨毯がヨーロッパ市場にどのように輸出され、当時の世界経済といかなるかたちでつながっていたのか、「イスタンブル交易圏」という枠組みのなかで考えていくことにしたい。

1. 絹から絨毯へ

イランは古くから絹の国として知られる。中国が原産地とされる絹は、紀元前の時代から中央アジアを経てイランにもたらされ、そこからさらにアナトリア、シリアを通って遠く地中海方面、ローマ帝国の首都ローマにまで輸出されていた。このユーラシアを東西に貫らぬくシルクロードを舞台にイラン系のソグド商人、パルティア商人が中継貿易の利を得ていたが、ある時期から中央アジア、イランの人びとは絹の生産自体にも手を染めるようになる。

1. 絹から絨毯へ　131

付表1　生糸の輸出統計　　　　　　　　　　　　　　　　　単位：ポンド

年	輸入総額	イギリス製品	輸出総額	生糸輸出	生糸総額/輸入総額	生糸輸出/輸出総額
1837	985,000	600,000	105,000		10.7%	
1839	591,825	450,000	464,219	214,180	78.4	46.1
1844	703,204	562,000	369,057	131,418	52.5	35.6
1848	830,773	771,943	343,738	144,030	1.4	41.9
1850	882,175	762,003	607,128	236,434	68.8	38.9
1858	1,639,225	1,368,300	974,942	389,300	59.5	39.9
1859	1,786,488	1,518,207	965,140	409,582	54.0	42.4
1863	1,460,000	815,000	534,000	351,000	36.6	65.7
1864	1,800,000	1,575,000	600,000	502,000	33.3	83.7
1865	1,669,231	1,242,516	886,883	499,322	53.1	56.3
1866	1,699,712	1,107,441	516,626	374,400	30.4	72.5
1867	1,432,069	946,672	643,093	65,000	44.9	10.1
1868	1,351,005	1,017,285	683,885	80,000	50.6	11.7
1869	1,575,776	1,123,211	901,218	136,400	57.2	15.1
1870	1,094,717	864,000	422,632	116,000	38.6	27.4
1871	789,559	611,280	340,790	119,440	43.2	35.0

出所：Tabreez. Report by Consul General Jones, in Reports by Her Majesty's Consuls on British Abroad, Part II, LXVII. 351, *AP*, *HCPP*, 1873(C.799), p. 365.

　イランでは7世紀頃に中国から門外不出の秘伝とされる養蚕技術が伝播し、気候的に蚕、桑を育てるのに適したギーラーンを中心とするカスピ海南岸地方がイランにおける繭、生糸の主産地になっていった。

　16世紀を過ぎてサファヴィー朝の時代になると、序章でも述べたように、イランは中東イスラーム世界随一の絹大国に成長し、中国、インドと絹の国際的な市場において肩をならべる存在になる。サファヴィー朝は、国内に住む東方キリスト教徒のアルメニア系商人に絹貿易の独占権を与えてオスマン帝国の都市アレッポ、イズミルなどをヨーロッパ向けの輸出貿易の中継地としながら、イタリアのミラノ、フランスのリヨンといったヨーロッパにおける二大絹織物産地に原材料としての繭、生糸を供給した。また、自国でもあでやかな錦織に代表されるすぐれた絹織物を生産し、それをさかんに外国に輸出していた。

　サファヴィー朝の時代からさかんになる絹の輸出貿易は、18世紀末に成立したカージャール朝の時代にも引き継がれる。付表1は、1837-71年にイラン西北部の交易都市タブリーズから輸出されていた生糸の輸出額にかんす

るイギリスのタブリーズ駐在総領事ジョーンズの 1872 年 11 月 25 日付の報告からとった統計である。イラン全体の生糸の輸出額を出したものではないが、この時期にカスピ海南岸地方でつくられた生糸の多くがタブリーズからイスタンブルへとつながるルートを中継地として国外に輸出されていたことを考えると、この表はイランにおける生糸貿易のおおよその趨勢を示しているということができる[7]。

　これによると、19 世紀における生糸の輸出貿易の頂点は、1864 年であった。その輸出額は 502,000 ポンドにも達する。さらに注目しなければならないのは、輸出額において生糸が絶対的に多かったのみならず、輸出総額の割合においても 83.7％ もの多くを占めていたことである。この数字は、イランの輸出貿易が生糸にいかに多くを依存していたのかをよく示している。

　しかし、イラン経済の屋台骨を支えるこの生糸の輸出貿易も、すでに第 3 章で詳しく論じたように 3 年後の 1867 年になると、一転して 15 年間の統計のなかで最低に落ち込み、輸出額は 65,000 ポンド、輸出総額に占める生糸の割合も 10.1％ に激減し、壊滅的な打撃をこうむる。このように急激に生糸貿易が衰退した原因は、すでに述べたように、1850 年代にフランス、イタリアの養蚕地域で発生した微粒子病（ペブリン）という蚕の病気が西から東に広がり、1864 年になると、ついにオスマン帝国からイランを襲ったからである。これによってイランの絹貿易は 1860 年代の後半以降、衰退の一途をたどるようになる。

　このような経済的危機に直面したイランは、それを打開するために必死の努力を重ねる。まず微粒子病菌に冒されていない蚕種をわざわざ極東の端に位置する日本から輸入して、養蚕と生糸生産の復興を試みた[8]。また、農業生産の面では養蚕に見切りをつけ、米やアヘン、タバコといった換金性の高い商品作物への作付けの転換をはかっていった[9]。しかし、こうした生産と流通、両面における改善への努力にもかかわらず、すぐには絹に代わる有望な輸出品は現れず、イランの貿易構造は、輸入が輸出を極端に上回る不均衡な状態が 1860 年代後半から 70 年代前半まで続いた。このような危機的状況をタブリーズ駐在のイギリス領事アボットは、1878 年 6 月 29 日付の報告で次のように記している。

1．絹から絨毯へ　133

正貨の国外への連続した流出を含む、輸出にたいする輸入の超過はもっとも深刻な結果をひきおこす脅威になっている。ギーラーンの生糸の生産は、この事態を改善するのに何ら寄与していない。カスピ海地方は毎年、さほど生糸を産出していないようにみえる。1876年において産額は以前よりさらに悪化していると報告されている。この国の外国貿易の繁栄が生糸貿易のそれに依存していたのを思うと、毎年ヨーロッパから輸入している商品の半分の額を補填するイランから輸出するにふさわしい生産物はこのカージャール朝にはない。このため結論としてイランは破産に向っているとしか言いようがない[10]。

　こうしたなか、イランの海外貿易全体をにらんで危機を乗り切っていくための方策も積極的にはかられていく。その先頭に立ったのが、それまでヨーロッパからイランに進出して絹の輸出貿易を行っていたヨーロッパの商人、貿易商社であった。また、アミーノッザルブをはじめとするイラン現地の商人たちもヨーロッパ商人の活動に刺激され、それと競うかたちで輸出の振興に積極的に取り組んでいった。これらの商人たちは、生糸を中心とする絹貿易が手痛い打撃をうけてイランが輸入超過に陥り、貿易収支のバランスを崩してしまった状況を打開すべく生糸に代わる輸出品を掘りおこす活動を続けていった。
　このような模索のなか、新たにその価値が再発見され、イランから海外に輸出されるもっとも重要な商品として登場してくるのが、絨毯である。絨毯は、イランならどこでも昔から織られてきたものである。しかし、その生産と消費は、19世紀以前においてはすでに述べたように総じて国外の交易のネットワークに乗ることが少なかった。サファヴィー朝の首都イスファハーンにある宮廷に附属する工房などで織られた絨毯が、海外に輸出されることもなかったわけではない。しかし、その量は貿易統計に出てくるほど多くなく、イランでつくられる絨毯の大半は身の回りの生活用品として使う自家消費のために織るか、さもなくば生産地に近い地方の小さなバーザールで取引される流通の段階にとどまっていた。カージャール朝の時代になって1850-75年に輸出奨励策がとられたにもかかわらず、ペルシア絨毯の輸出は

さほど伸びることがなかったのである[11]。

　しかし、19世紀も70年代の後半になると、それまでのイランにおける絨毯の生産と流通のあり方を見直し、それに新たな商品価値を付加して地方の農村、小都市にある小バーザールから局地的な交易圏の中心である都市の大バーザールへ、さらにイラン国内から対ヨーロッパ向けの輸出貿易の中継地、境域市場になっていたオスマン帝国のイスタンブルに重層的につながる広域的な交易ネットワークに絨毯を商品として流通させる商人が多く出現してくるようになる[12]。これによって生糸を中心とする絹貿易が衰退することによって経済的に出口の見えない暗闇のなかに放りこまれていたイランは、1873年頃から絨毯輸出に一筋の光明を見出し、それをさかんに行っていくようになる。このあたりの事情をタブリーズに駐在していたイギリス総領事ジョーンズは、1875年に書いた報告で次のように記している。

　　ペルシャ絨毯に対する需要は最近の2年間でかなり増加している。輸出はその間、2倍になった。タブリーズでは普通の品質の絨毯に対して支払われる値は1平方メートルあたり約20フランである。しかし、羊の群が多数斃死したことによって羊毛価格が高騰し、またウィーン博覧会で予想される購買を見越して1873年の春、価格が約40％値上がりした。この貿易はだんだんと重要性を増してきている[13]。

　絨毯がタブリーズからトラブゾン、イスタンブルを中継地としてヨーロッパ方面に輸出される貿易のなかで首位を占めるようになるのは、第1章ですでに指摘したように1898年以降のことである。付表2のトラブゾンの中継貿易統計によると、1885年において絨毯は、まだタバコ、絹織物、繭に次いで第四位の位置を占めるにすぎない。しかし、1898年に首位に躍り出てから絨毯は1908年まで常に第一位を占め続けるようになる。

　このように絨毯の輸出が著しく伸びた裏には、生糸を中心とする絹貿易の落ち込みによって打撃をうけた商人たちによるたゆまぬ努力もあったが、他方においてペルシア絨毯の美的および商品的な価値に気づき、それを積極的に輸入するようになったヨーロッパの側の需要の増大という事情もあったこ

1．絹から絨毯へ　135

付表2　トラブゾンの中継貿易—イランから輸出される主要商品の動向　1885-1908年

	タバコ		絹織物		繭		絨毯		乾燥果実	
	価格 £	量 Cwts.	価格	量	価格	量	価格	量	価格	量
1885	87,290	21,820	45,400	450	40,800	680	34,060	3,410	6,280	3,010
1886	98,140	24,535	53,550	595	44,820	850	44,230	4,425	8,115	3,655
1887	100,360	25,090	90,720	1,010	35,060	585	60,850	6,085	5,305	2,165
1888	102,600	25,650	35,200	400	18,720	312	57,000	5,700	3,720	2,360
1889	103,505	25,875	63,680	795	6,040	135	79,415	6,620	11,610	9,025
1890	91,480	22,870	67,360	840	2,240	90	107,880	8,990	33,200	20,405
1891	92,440	23,110	65,360	815	3,580	160	80,615	6,720	17,455	20,545
1892	38,000	9,500	116,480	1,455	890	25	61,465	5,120	8,540	12,830
1893	13,880	2,775	141,120	1,760	4,320	230	76,130	7,130	2,200	1,370
1894	10,600	1,770	108,000	1,350	4,000	225	84,240	7,920	2,200	1,385
1895	2,550	415	97,720	1,235	6,670	250	96,400	8,555	1,500	1,855
1896	26,560	3,830	58,720	735	7,900	160	91,790	8,230	750	735
1897	17,600	2,515	104,160	1,300	2,300	45	86,575	7,775	2,205	2,430
1898	29,280	3,660	66,640	1,165	960	25	98,080	8,820	10,465	10,670
1899	19,280	2,410	37,310	670	1,000	25	68,080	6,590	22,650	20,300
1900	——	——	43,790	785	4,400	110	143,210	11,935	7,530	3,135
1901	140	20	44,560	890	2,880	70	80,200	7,680	2,790	1,160
1902			17,200	345	1,600	45	118,370	9,865	2,600	1,070
1903			22,200	440	2,800	70	115,270	9,610	210	90
1904			29,200	580	2,000	50	111,190	9,270	1,240	480
1905			35,400	710	——	——	186,700	15,560	——	——
1906			32,610	660			354,590	29,550		
1907			5,500	110			58,800	4,780		
1908			2,946	80			7,908	870		

出所：1886年度から1909年度までのTrebizond（Trabuzon）に駐在したイギリス領事のConsular Reportsから作成。

とを見落としてはならない。以下、ペルシア絨毯がヨーロッパにおいていかなるかたちで認識され、受容されていったのかを振り返りながら、イランにおいて絨毯の生産と流通が発展してくる背景を探っておくことにしよう。

　ヨーロッパのなかで産業革命の先頭を走っていたイギリスは、すでに1840年代の末までにその変革の時期を終え、19世紀後半に入ると生産力の向上に裏づけられた高度な大衆消費社会へと突入していた。フランス、ドイツ、オーストリア＝ハンガリー帝国ではなお産業革命が続き、工業化の進展によって生活水準が格段に向上した。こうしたなか、ペルシア絨毯の美しさに魅せられ、それを家に敷き、住空間を充実させて余裕ある生活を楽しもうとする人びとの数も増えていった。

このような状況のなか、ペルシア絨毯が広くヨーロッパの人びとのあいだに浸透していくのに弾みをつけたのが、1873年にウィーンで開かれた博覧会であった。1851年にロンドンの水晶宮で開催された博覧会以来、ヨーロッパの各都市で開かれた博覧会には産業革命によって自信を深めた国々が、その成果であるさまざまな工業製品を競って出品するようになっていた。それにまじって非ヨーロッパ諸国からの展示品も博覧会に出展されるようになった。

博覧会とは、基本的にはヨーロッパ諸国がそれまでに達成した工業化の成果を外に向けて経済的、文化的に知らしめ、発信するという意味合いをもつ。しかし、博覧会はそれだけにとどまらず、ヨーロッパ以外の地域でつくられるすぐれた工芸品を展示、紹介することによって異文化認識を深めていくという役割も担っていた。こうした博覧会を通じてヨーロッパにペルシア絨毯に対する認識が深かまっていった。また、イランの方でも博覧会を絨毯をヨーロッパに知らしめ、売り込んでいく絶好のチャンスととらえ、それに積極的に出品していこうとした。

1873年にウィーンで開かれた博覧会は、ペルシア絨毯がヨーロッパに広く普及していく契機となるものであった。イランはこれに力を入れ、わざわざ、時のカージャール朝の王ナーセロッディーン・シャーがウィーンにまで赴き、また絨毯貿易を振興するために輸出関税を免除する措置をとるほどであった[14]。この時展示された絨毯は、ウィーン市民にも大きな感銘を呼びおこしたようで、それは後年、この地で独創的な精神分析療法を確立することになる、有名な心理学者フロイトにも影響を与えたといわれる。彼は患者を診察・治療するにあたってイラン南部地方で遊牧するカシュガーイー族が織った絨毯を治療台の上に懸けて精神療法を行うことに心がけたといわれる。これは患者の自我を解き放つのに絨毯に勝るものはないというフロイトの確信によっていた[15]。

一方、同じ時期のイギリスでは、博覧会以外に博物館や美術館、あるいは高級家具の専門店を通じてペルシア絨毯の価値が見直され、社会に浸透しはじめていた。ロンドンにあるヴィクトリア・アンド・アルバート博物館は、大英博物館が古代オリエント時代の美術品の収蔵に力を入れるのに対し、イ

スラーム時代の西アジア・北アフリカの人びとの日常生活にかかわる陶器、織物、絨毯などの工芸品を多く収集、所蔵することで知られる。そこでの展示、講演会の開催等を通じてペルシア絨毯は、広くイギリスの人びとに受け入れられるようになっていたのである[16]。

すでに述べたアルダビール絨毯がイギリスに将来されるのは 1877 年、そしてこれが博物館によって購入されるのは、1892 年のことである。その鑑定に名を連ね、収蔵に尽力したのは、ヴィクトリア朝後期に装飾芸術家として活躍していたウィリアム・モリス

付図2　ウィリアム・モリス
出所：M. Haslam, *Arts & Crafts Carpets*, London, 1991, p. 41.

(1834-96) である[17]。彼は、ペルシア絨毯をたんなる芸術至上主義の立場だけからとらえず、彼自身が主唱するアーツ・アンド・クラフト運動のなかで絨毯を住空間を飾り、精神的にも安らぎを与える重要な生活調度品のひとつとして位置づけ、これを普及させることで行き過ぎた物質文明に毒されたイギリス社会を文化的に変革していこうとした。このウィリアム・モリスの独特な民芸復興運動に触発されてイギリスではペルシア絨毯の価値が見直され、これが絨毯の需要を喚起し、イランからの輸出増大につながったのである。

モリスが旗手となって進められたアーツ・アンド・クラフト運動の根底には、表面的にはモノが溢れ、豊かに見えるイギリス社会に対する厳しい批判がこめられていた。イギリスは、産業革命によって確かに著しく経済的に発展した。しかし、経済を成り立たさせている生産、流通、消費、それぞれの面を見てみると、多くの問題が山積している。たとえば、機械化、分業化が進むことによって生産に従事する人たちは、歯車のように働くことを余儀なくされて自らの労働に充足感をもつことができず、疎外されるという現象が目立ってきた。また、流通面に目を向けると、経営者は、商品を大量にでき

るかぎり低価格で売り捌くことにエネルギーを費やす余り、肝心の品質をおろそかにし、画一的で粗悪な品が氾濫するという結果を引き起こしていた。このように使用価値を軽んじ、交換価値を優先させる姿勢は、結果として消費生活をぬくもりのない味気ないものにし、人間社会を潤いと安らぎのない殺伐なものにしている、というのがモリスが強く抱く危惧であったのである[18]。

このように高度な物質文明の発展によって精神的には人間らしさが失われているイギリス社会を変えていくために、モリスは、1870年代以降、政治的には社会主義運動に積極的に関与していった[19]。また、それと並行して文化的には美術を工芸と融合させたアーツ・アンド・クラフト運動を熱心に推し進めていくようになる。彼は、まず何よりも人間にとってもっとも基本的な生活単位である家庭とその住居を改めていくことが必要だと考えた。そこで使われる生活調度品には、使う人の立場に立ってつくられるものが驚くほど少なく、芸術性のかけらさえ感じられないものが蔓延している。こうした身の回りの生活における貧弱さは、人の精神をむしばみ、家庭をだめにする。こうした傾向に陥らないためにも、住まいを美しい室内装飾品で飾って美的に優れたものにし、それによって潤いのある社会を実現していくべきだとモリスは提唱したのである[20]。

装飾芸術家、デザイナーとしてモリスの名を巷間で高らしめ、有名にしたのは、一般的にはアカンサス模様に代表される壁紙である。しかし、彼がもっとも好んで取り上げ、彼がもつ平面模様に対する並外れたデザイン力、感性が存分に発揮されるのは、テキスタイルであった。これには壁に掛ける刺繍の布やタペストリ、天井や壁に張る木版でプリントされた更紗のクロス、窓を飾るカーテン、テーブルクロス、椅子のクッションカバー、ベッドカバー等を挙げることができるが、こうしたものに混じってペルシア絨毯は、アーツ・アンド・クラフト運動の理念に合致する重要な生活調度品の一つと考えられたのである[21]。

イギリスでは伝統的な国内産の絨毯として18世紀半ばにベルギーのブリュッセルから伝わった技術による手織りの絨毯が南西部のウィルトシャー州ウィルトンで織られていた。また中央部のヨークシャー州キッドミンス

ターの手織絨毯もよく知られていた。しかし、これらの絨毯は、19世紀になるとジャガード織機を使って工場で大量生産されるようになり、質を落していた。デザインもヴィクトリア朝時代の人びとが好む歴史に題材をとった平凡なものに変わってしまい、これに対する不満が、モリスの目を手織りのペルシア絨毯の方に向かわせたのである[22]。

1877年にモリスは、イランからイギリスにもたらされた2枚の巨大な絨毯と出会う機会に恵まれる。1枚は、すでに挙げたイラン西北部の都市アルダビールにあるシェイフ・サフィー廟に敷かれていた絨毯である。あとの一枚は、どこで織られ、どこにあったのか不明であるが、ロンドンのチェルシーに店を構える商会が輸入を仲介したので現在、その名前をとって「チェルシー絨毯」と呼ばれるものである。いずれも16世紀のサファヴィー朝時代の作と推定されるアンティーク絨毯である。この2枚の絨毯に霊感を受けてモリスはペルシア絨毯の魅力に取り憑かれ、ついに自らの手で絨毯を織りはじめるようになる[23]。

付図3 絨毯製作を実演するウィリアム・モリス（バーン＝ジョウンズのスケッチによる）
出所：ヘンダーソン、フィリップ（川端康雄・志田均・永江敦訳）『ウィリアム・モリス伝』（晶文社、1990年）52頁。

1878年にモリスは、イラン西北部の中心都市タブリーズからロンドンにやって来ていたアルメニア系の絨毯職人と知り合い、その教えを受けて翌1879年からクィーン・スクウェアにある自らの工房に織機を据え付け、最初の絨毯製作に着手した[24]。しかし、この時は織機の置かれた場所が工房とはいっても狭い屋根裏部屋にすぎなかったので、正方形の小さなラグ程度のものしか織ることができなかった。真に絨毯と呼べるものをモリスが織ることに成功するのは、ロンドン西部のハマースミスに馬車小屋を改造してつくった二番目の工房においてであった[25]。そして、さらに本格的な絨毯製作に取りかかるのは、1881年にテームズ河畔のマートン・アビィに工房を移転させてからで、ここに拠点を置きながらモリスは多くの顧客から注文を受

けながら絨毯製作に着手していくことになる[26]。

　以上のようなヨーロッパにおけるペルシア絨毯に対する認識の深まり、需要の増加に応じて1873年頃からイランからの絨毯輸出が増加し、1890年代に入るとイランにおいてカーペット・ブームと言ってもいい状況が生まれてくる。こうしたなか、絨毯の商品としての価値にいち早く気づき、その生産と流通に先鞭を付けたのが、イランに綿製品や絹などの輸出入貿易を行うためにやって来ていたヨーロッパの商人たちであった。そして、これに続いて地元のイラン商人たちも、それに刺激されて絨毯の商品生産に積極的に取り組みはじめるようになり、内外の交易ネットワークにそれを乗せていった。これらの商人たちがどのようなかたちで絨毯の生産と流通を行っていたのか、またその輸出、交易ネットワークをめぐってどのように競合していたのか、その実態を次に見ていくことにしよう。

2．カーペット・ブームを牽引する外国商会

　商人たちは、ペルシア絨毯に対するヨーロッパの需要の高まりをいち早く察知し、その輸出貿易に果敢に挑戦していった。彼らはサファヴィー朝滅亡後、低迷をつづけていたイラン各地における絨毯の伝統技術を復興させながら、またそれとは別に新たに近代的な絨毯産業を興しつつ、絨毯の生産に深く関与し、それを国際的な交易ネットワークに乗せてイランをカーペット・ブームの渦のなかに巻きこんでいった。

　このブームを最初に先導したのは、イランの地元の商人ではなくツィーグラー商会 Ziegler and Company というイランとイギリスとの間を往き来しながら輸出入貿易をおこなっていた外国の商社である。この商会は、1881年、イラン西南部の地方都市ソルターナーバード（現アラーク）に絨毯工場をつくり、大規模な絨毯生産を開始した。これに触発されてイランの商人たち、とりわけ西北部の交易都市タブリーズに拠点を置く商人たちが絨毯の生産と流通に参入していくようになる。

　ブームの火付け役になったツィーグラー商会は、イギリスのマンチェスターに本店をおく商社であった。しかし、もともとは生粋のイギリス系では

なく、スイスに本拠を置き、綿織物などを手広く扱う商社であった。その商圏は、東地中海沿岸のオスマン帝国領、ロシア、南北アメリカ、極東にまで広がっていたが、イギリスを中心に交易活動をおこなっていたため、1855年、イギリスの庇護臣民（プロテジェ）の資格を取得、それ以降、スイスからイギリスに本拠を移して商業活動をはじめていった[27]。

このツィーグラー商会が対イラン貿易に進出するのは、1867年のことである。マンチェスター周辺地域でつくられたイギリス製の綿製品をリバプールからオスマン帝国の首都イスタンブルまで持っていき、そこを中継地としてイランへの輸出を始めた。そして、これと同時に、イランで生糸をはじめとするさまざまな商品を買い付け、ヨーロッパ市場で販売するというのが、ツィーグラー商会の輸出入貿易のやり方だった[28]。

しかし、商会がイランに進出した1867年は、すでに述べたように微粒子病によって生糸貿易が手痛い打撃をうけ、輸出額が激減した時にあたる。こうしたなか、前章でも指摘したように、イランでもっとも精力的に綿製品と生糸の輸出入貿易を行っていたオスマン帝国のギリシア系の非ムスリム商人であるラッリ商会は、1871年に生糸貿易に見切りをつけてイランから撤退した。これに代わってイランに進出するのがツィーグラー商会であった。この商会は、ラッリ商会とは違って生糸の輸出貿易を続ける一方、輸出品としては手詰まりな状態にある生糸に代えてアヘン、タバコなどさまざまな商品を取り扱い品目のなかに加えて多様化をはかり、活路を見出していこうとした[29]。

ツィーグラー商会がこのように絨毯を絹に代わるイランからの有望な輸出商品として着目し、その貿易に大々的に乗り出していくのは、1881年になってからのことである。1873年におけるウィーン博覧会の開催、それに続くイギリスにおけるモリスを旗手とするアーツ・アンド・クラフト運動によってヨーロッパにおけるペルシア絨毯に対する関心は急激に高まり、需要も増大していた。これを受けてツィーグラー商会は、イランにおいて絨毯を買い付け、それを対ヨーロッパ貿易の目玉商品にしていった。

1877年にアルダビール絨毯を購入し、それをイギリスに将来したのもこの商会であった。しかし、ツィーグラー商会の活動は、たんにイランで絨毯

を買い付け、輸出するだけにとどまらず、次第に自らの手で絨毯工場を設立し、流通と生産という二つの輪を有機的に結びつけて絨毯貿易を発展させていくようになる[30]。

　ツィーグラー商会が絨毯の生産、流通の拠点として注目したのは、首都テヘランの西南にあるソルターナーバードである。現在アラークと称するこの都市にはテヘランからバスで宗教都市コムを経由して4時間ほどで行くことができる。このあたり一帯はファラーハーン地方といわれ、そこにある村々で織られる絨毯は昔からその地方の中心都市であるソルターナーバードに集められ、バーザールで取引されていた。ツィーグラー商会は、このような家内手工業のかたちで伝統的な絨毯の製織技術を残すファラーハーン地方とその局地的な交易圏の中心都市としてのソルターナーバードに着目し、そこでの絨毯の生産過程を自らの広域的な交易ネットワークのなかに組みこんでいった。また、それとは別に大規模な工場とも言っていい工房を建設し、そこをそれまでとはまったく異なる絨毯の生産地に変えていったのである。

　ヘルフゴットの研究によると、ツィーグラー商会が進出する以前、1860年代半ば頃からソルターナーバードではライヘルト Reichert という名のドイツ人がファラーハーン地方で織られていた絨毯を買い付け、さらに自らつくった小さな工房で絨毯の生産を行っていた。彼のソルターナーバードでの生活は約15年に及んだといわれるが、ツィーグラー商会はこのライハルトが先鞭をつけた工房を買い取り、それを絨毯工場に拡張し、本格的な絨毯生産をはじめていった[31]。これを実際に行ったのは、1859年から1896年までイランに長く滞在し、貿易活動を続けていたアルピガー Alpiger（1841-1905）という人物である。彼は、イッティグによって発見された香港上海銀行所蔵のツィーグラー商会関係文書のなかに貴重な商業日誌を残した人として知られるが、ツィーグラー商会はこのアルピガーを総支配人に据えて1881年からソルターナーバードにおける絨毯工場の経営を開始したのである[32]。

　ツィーグラー商会がソルターナーバードを絨毯の生産、流通の拠点として重視したひとつの理由は、そこが絨毯をイラン国外に輸出していくにあたって好都合な位置を占めていたからである。それまでイランからヨーロッパに

向かう交易の幹線ルートは、序章付図2が示すようにタブリーズからイスタンブルに抜けるそれであった。これを使って商会は、ヨーロッパへの絨毯輸出を行っていこうとした。しかし、他方、ソルターナーバードでつくられた絨毯を西のハマダーン、ケルマンシャー方面から当時、オスマン帝国領であったイラクのバグダード経由でバスラまで運び、そこからペルシア湾、スエズ運河を使ってヨーロッパに輸送することも試みられた。このルートを使った方が輸送費が安く、時間も早いというのが、ツィーグラー商会のねらいであった。こうした点からソルターナーバードがペルシア絨毯の生産地として格好の所と考えられたのである[33]。

　ソルターナーバードにおけるツィーグラー商会の絨毯工場は、1886年から染色の専門家であるフランツ・テオドール・シュトラウス Franz Theodor Straus が総支配人のアルピガーを補佐することによってさらに発展し、1890年代に入って本格化するイランにおけるカーペット・ブームの先頭に立って牽引していくようになる[34]。

　1893年10月24日から12月8日までヤズド、ケルマーン、シーラーズ、カーシャーン等を広く旅行したイスファハーン駐在のイギリス領事プリース Preece は、絨毯産業で賑わうソルターナーバードにも立ち寄り、町の様子を次のように書き留めている。

　　約20年ほど前〔＝1874年頃〕、タブリーズ、テヘラン、イスファハーンに支店を出しているマンチェスターのツィーグラー商会は、イランからの輸出品が彼らの投資した資本をマンチェスターに還流させるのに十分な手段にならないと気がつき、彼らの資本を使う別な方法を探した結果、この絨毯貿易を発展させることを考えつくにいたった。タブリーズにいる社員の一人アルピガー Alpiger 氏はこれを任され、難題に取り組んだ。彼の静かななかに秘められた不撓不屈の精神、決して挫けることのない勇気によって絨毯貿易は重要なものとなった。政府から何の援助もうけず、またいかなる特権もなかった。多大の困難、地元商人、取引業者から多くの反対があったにもかかわらず、ひたすら真摯な仕事ぶりと勤勉さで少しづつ事業を軌道にのせていき、今やイランでこれに匹敵するも

のはない[35]。

　この記事につづけてプリースはさらに詳しい報告を載せている。以下、これに拠りながらソルターナーバードで発展した絨毯産業について見ておくことにしよう。
　ソルターナーバードは、古くから絨毯の産地として知られるファラーハーンの南20マイル（32.18キロメートル）ほどに位置する町である。プリースが訪れた当時、この町の戸数は8,000、人口は35,000人であった。40のマハッレに分かれ、16のカナート、11のモスク、1つのマドラサ、30のハンマーム、21のキャラバンサライのある町であった。カージャール朝には毎年、現地通貨で35,000トマーンの税を納めていた。
　この町の郊外にツィーグラー商会は、6,000ポンドの資本を投じて40,000平方ヤード（36,576平方メートル）に及ぶ広大な敷地を買収し、そこに絨毯生産のための建物群を建設した。それは工房の他に社員の住居、事務所、倉庫、染色室からなるもので、あまりに大きかったために地元のソルターナーバードの住民は、これを「カルエ（城砦）」と呼ぶほどであった。倉庫にはありとあらゆる、鮮やかに染色した羊毛が保管されていたという。
　ツィーグラー商会の総支配人を務めるアルピガーが、絨毯工場視察のために訪れたプリースに語ったところによると、20年前に彼がタブリーズからソルターナーバードに来た頃は、町には40台の織機があるにすぎなかった。しかし、1893年になると、ツィーグラー商会が経営する工場の機の台数を入れると、町全体で少なく見積もって1,200台、近郊の村の織機まで数に入れると1,500台、ファラーハーン地方全体ではかれこれ3,000台の織機があったと言っている。これらの機(はた)によって織られる絨毯の年間の生産額は、5,000,000ケラーンに達し、なかでもこの町の絨毯産業の中核をなしていたのが、ツィーグラー商会が経営する絨毯工場であった。
　この工場の絨毯の生産工程の特徴は、多数の婦女子を雇い、統一した規格のマニュアルにしたがって絨毯を機で織るという工場制的な仕組みにあった。織り子である婦女子は、主として羊毛の紡糸を渡され、幅21インチ（53.34センチ）ほどの間隔を取って機の前に坐り、専属の図案師の描いた、サイズ

の指定された下絵にしたがって作業を進めた[36]。

　材料のなかでもっとも重要な緯糸(よこいと)として使われる羊毛糸は、ソルターナーバードの南にある中都市ゴルパーイガーン産のものが使われた。プリースは、イスファハーンからソルターナーバードに来る途中にこの地方最大の羊毛の集荷地として知られるこのゴルパーイガーンの町に立ち寄っているが、それによると羊毛はそこで縒り糸にされたあと、ソルターナーバードに送られたという。他方、経糸(たていと)に使われる綿の縒(よ)り糸の方は、ソルターナーバードの東にある都市カーシャーンからもって来られていた[37]。

　工場で働く婦女子の仕事のスピードの具合は、腕のいい者で1日にディエムにつき約5インチ（12.7センチ）ほど織ることができ、長さ20フィート（6.096メートル）の絨毯を完成するのに約2ヶ月を要した。織り上がると、渡された図柄にしたがって忠実に織られているかどうか、マニュアル通りであるかどうかが検査され、よくできていれば織り手である婦女子に報奨金を与え、下絵の通りでない場合はペナルティーが課された。賃金は織り手の熟練の程度によって異なるが、週給で2-3ケラーンが支給されたという[38]。

　ソルターナーバードにおいて絨毯工場を経営していたのは、ツィーグラー商会だけではなかった。この商会に遅れること10年、1884年頃になると、オランダに本社を置き、ロンドン、ブーシェル、イスファハーンに支店を開設してイランとの輸出入貿易に従事していたホッツ商会 Hotz and Sons もペルシア絨毯製造会社 Persian Carpet Manufacturing Company をこの町に設立し、絨毯の生産に乗り出すようになる。この会社は、染色のための自前の作業場をもち、絨毯貿易に熟知する若い社員を配して後発ながらツィーグラー商会に伍して絨毯の生産を行う有力な会社に成長していった[39]。こうした激しい競争が繰り広げられるなか、ツィーグラー商会は、毎年、平均して4,000枚にのぼる絨毯をソルターナーバードから輸出し、その取扱量は、1902年においてイランから輸出される絨毯の量の半分を超える57％にも達していた[40]。

　以上のように大小さまざまの絨毯工場ができたことによって、ソルターナーバードはイランにおける最大の絨毯の生産地になっていった。これによってこの町は、プリースが以下のごとく記すような空前の繁栄を謳歌するまでになる。

イランの町でソルターナーバードほど豊かな町を見たことがない。人びとの立ち居振る舞いはすばらしく、みな良いみなりをして満足し、幸福そうに見える。みな絨毯を織ることで生活している。ソルターナーバードほど私に良い印象を残した町はない[41]。

　ソルターナーバードの絨毯産業は、市部とその郊外だけでなく、キャラバンで2日行程ほどの距離にある近隣の村々にも広がっていた。プリースによると、全部で800戸に達するソルターナーバード近郊の村々にあわせて1,200台の織機があった。ツィーグラー商会は直営工場での絨毯製造に力を入れる一方、ソルターナーバードの周辺に点在するこれらの村で自らの織機を使って個別に絨毯を織る人たちに染色された羊毛糸と図案、前渡し金を渡して契約を結び、絨毯を織らせるということも並行して行っていた。これは、問屋制家内工業ということのできるものであるが、このように工場制手工業と問屋制家内工業を組み合わせ、それをみずからの広域的な交易ネットワークに乗せてヨーロッパに向けて輸出していくというやり方をツィーグラー商会はとっていたのである[42]。

　ツィーグラー商会が絨毯の生産にかかわるようになって変わった点として、絨毯の大きさ、サイズの変化を挙げることができる。1890年代初頭にはじまるカーペット・ブーム到来以前においてイランの絨毯は、すでに述べたように、概して細長く、小さなものが多かった。しかし、ツィーグラー商会は、ヨーロッパの需要、要望にあわせて大きめのサイズの絨毯の生産を増やしていった。絨毯のサイズは、しばしばフィートで示されることが多い。それにしたがうと9×12フィートのものがヨーロッパでもっとも人気が高く、これに対する需要が多かった。メートルに直すと、2.74×3.66メートル、広さにすると約10平方メートル、畳の大きさに換算すると約6.6畳の大きさである。この程度のサイズの絨毯がヨーロッパの住宅には収まりの具合がよく、こうした需要を考慮してサイズが変えられていったのである[43]。

　デザインもヨーロッパの人たちの好みにあわせて変えられた。トルコマーン（トルクメン）の絨毯、クルディスターンのセンナの敷物に代表される、遊牧民が好んで織る伝統的な東洋風のデザインの絨毯は需要が少なく、ヨー

ロッパ的なデザインを部分的に取り入れた絨毯の生産が増えていった。もっとも引き合いが多かったのは、中央に花のメダリオンを配する図柄である。これはマンチェスターの綿織物のプリント地にヒントを得てつくられたといわれるが、華美で人目をひくものの、商業主義に堕した醜悪な絨毯だという厳しい評価があるにもかかわらず人気があり、これにしたがって織られた絨毯がソルターナーバードからヨーロッパに向けて多く輸出されていった[44]。

　染色においても大きな変化が生じた。化学染料であるアニリンが輸入されるようになると、色そのものがけばけばしくなり、色の定着も悪くなってすぐに褪せてしまう絨毯が増えた[45]。化学染料としてはアニリンの他、ドイツでつくられる「プロシャ・ブルー」と呼ばれるインディゴのまがいの染料が輸入され、これがソルターナーバードで織られる絨毯の染色にも使われた[46]。こうした化学染料の使用は、絨毯の質を下げるという弊害を生み、これを避けるため、カージャール朝政府はアニリン染料の輸入を禁止したが、安価で大量の絨毯を生産していくために欠かせず、その使用を止めることはできなかった[47]。

3．絨毯産業に進出するイランの民族商人

　ツィーグラー商会によって始められたソルターナーバードの絨毯産業は、ペルシア絨毯に対するヨーロッパ市場の需要の増大、それにもなう取引の活況によって発展した。1890年代に入ると、それは需要に生産が追いつかないほどの活気を呈するまでになり、ソルターナーバード以外の地にも絨毯産業を拡大させていく必要性が叫ばれるようになった。このあたりの事情をイスファハーン駐在のイギリス領事プリースは1896年度の報告で次のように記している。

　　絨毯の取引はイラン国内においても、フランス、アメリカにおいても非常な活気を呈している。ペルシア絨毯の需要は高いので、この絨毯貿易がさらに一層、発展することを期待する。しかし、今や実際にはソルターナーバードの機(はた)は目いっぱい稼働していて、その生産は限度ぎりぎ

付図4　イランの絨毯産地
出所：坂本勉『ペルシア絨毯の道』（山川出版社、2003年）47頁。

りに近い。ソルターナーバード以外にも開発は可能で、貿易を行なえばソルターナーバードの水準に達すると思われる絨毯の産地がある。たとえば、ソルターナーバードの近くにあるボルージェルドや、〔東南部の都市〕ケルマーンがそれにあたる。前に提出した報告のなかで後者の可能性について詳しく触れておいた。最近、ロンドンで「イラン絨毯製造会社」が営業を開始した。この会社がその力の一部をソルターナーバード以外の絨毯の産地に振り向け、ソルターナーバードとだけ取引を集中せぬよう望むものである。集中すると、結局、価格が高騰するか、さもなければ絨毯の製造において質が低下し、生産全体がじり貧になるかのいずれかである[48]。

　以上のようなソルターナーバードの成功、発展に刺激されて、他の地域でもツィーグラー商会に倣って絨毯を商品として生産しようとする動きが出てくる。この1890年代に入ってからのカーペット・ブームといってもいい状

況は、付図4に示されるようにタブリーズ、イスファハーン、ケルマーン、マシュハドなどのよく知られた交易都市とその周辺に広がる農村、遊牧民が住む地域にも及んだ。西北部のアゼルバイジャン地方と東北部のホラーサーン地方にはそれぞれトルコ系のシャーセヴァン族、トルコマーン（トルクメン）族が遊牧生活を送っていたが、これら遊牧民が織る絨毯はその素朴な風合いが好まれ、ヨーロッパで評判を呼んだ。またイラン西部を走るザグロス山脈の中腹部から山麓にかけての地域を遊牧地とするイラン系のクルド族、ロル族、バフティヤーリー族、さらには南部地方に広く分布するトルコ系のカシュガーイー族によって織られる絨毯も、ヨーロッパの市場で好感をもって迎えられた。これらの絨毯は、都市や農村に住む定住民によって織られるものにくらべて幾何学模様を中心とする抽象的なデザインに特徴があった。これが珍重され、多くの引き合いを生んだのである[49]。

　こうした新しい産地のなかでもっとも精力的に絨毯の商品生産に取り組むようになるのが、西北部にあるイラン最大の交易都市タブリーズである。この都市はもともとイラン国内で織られる絨毯を集荷し、それをトラブゾンからイスタンブルへ、さらにヨーロッパ方面に輸出する流通の拠点であった。しかし、絨毯の需要が高まり、カーペット・ブームが起きてくると、タブリーズは絨毯の有力な生産地としても重きをなしてくるようになる。この町に駐在したイギリス領事の次の報告は、1895年頃から盛んになってくるタブリーズにおける絨毯産業の活況を次のように伝える。

> 最近までペルシャ絨毯と敷物に対する需要は強く、高い値がつけられていたが、これによってタブリーズの住民は、3年ほど前から機でもって絨毯を織りはじめるようになった。現金収入をもたらすこの新しい仕事は大きな割合を占めるようになり、昨年の初めまでこれにすべてかかりっきりという状態であった。どの家でも店でも1台や2台の機を備えていない所はなかった。その理由は、絨毯を織る職人たちが現金を手にし、貧しい階層の人びと、主として少年たちが仕事にありつけるようになったからである。一方、ずっと長い間、この都市を覆いつくしていた生活が逼迫する状況は、親が子供に助けられ、不景気をしのぐことがで

きるということによっていくらか好転した。タブリーズの絨毯の質は、絹であろうと羊毛であろうと確かによい。しかし、織り手が十分に経験をつんでいないため、ソルターナーバード、ケルマーン、ホラーサーン、クルディスタンの同業の職人が織るのと同じような正確さで仕事をすることはできない。タブリーズの絨毯のスタイルと質は、評価の高いケルマーンでつくられるものによく似ている。タブリーズ地方でつくられる絨毯の主たる欠点を挙げるならば、わずかながらシンメトリーに欠けることである。これは時がたてば改善される欠点にすぎない。経験さえ積めば、タブリーズがイランにおいて重要な絨毯産地の一つになることは、ほとんど疑いがない[50]。

　タブリーズでもソルターナーバードに倣って商人たちによって絨毯工場がつくられた。しかし、それらの工場に据え付けられた機の数は、ツィーグラー商会のそれにはとても及ぶものではなかった。そうした絨毯工場の例をいくつか挙げると、まず帝政ロシアのプロテジェを得ている商人によって200台の機を備え、2,000人に上る成年男子、少年を雇って経営される絨毯工場がつくられた。これはタブリーズにおけるもっとも規模の大きい工場であった。これに次いでタブリーズに支店を置くイギリスの商会も、20台の機を有する絨毯工場を設立した。ここで織られる絨毯は、羊毛を本国のイギリスから直接、イランに輸入して使うことに特徴があった。こうするとイランの羊毛より質のよいものを使用するため、絨毯の品質が良くなり、収益も上がった[51]。しかし、羊毛の輸入価格が高いため、結果として生産価格もそれにともなって上昇し、売れ行きも落ちたためこうしたやり方は次第にされなくなっていった[52]。多くの場合、タブリーズの絨毯に使われる羊毛は、アゼルバイジャン地方のホイー、オルミーイェ、サーヴォジボラーグから仕入れられていた。ただ、これらの地からもたらされる羊毛は概して堅く、このため出来上がってくる絨毯は、柔らかさに欠け、折り曲げにくいという特徴があった[53]。

　タブリーズ出身の著名な歴史家、思想家であるアフマド・キャスラヴィーの父親もタブリーズで絨毯工場を設立した商人の一人として知られる。キャ

スラヴィーが著した自伝によると、彼の父親は市内西北部にあるホクム・アーバード街区に生まれた。家は代々、ウラマーを出す宗教者の家柄であったが、本人はウラマーになることを嫌い、若くしてバーザールに出て、商人としての修業をつんだ。キャスラヴィーの父が絨毯工場をつくった頃のタブリーズは、時あたかも町全体がカーペット・ブームで沸きかえっている頃であった。こうした絨毯景気を目の当たりにしてキャスラヴィーの父親は、ついに意を決して従兄弟のハージー・ミール・アーカーといっしょに折半で資本を出し合って絨毯工場をつくり、その経営に乗り出していくようになる[54]。

　タブリーズにおいて相次いでつくられた絨毯工場は、労働力という点でソルターナーバードのそれとは大きく違っていた。ツィーグラー商会が自らの工場で雇っていたのは、すべて婦女子であった。これに対してタブリーズの工場で働く絨毯の織り手は、女性ではなく、その多くが年の頃、8歳から12歳までの少年であった。彼らを監督し、指導する者も職長という職位が与えられてはいるものの、12歳から14歳までの少年であった[55]。すでに述べたキャスラヴィーの父親の工場でも孤児の少年が多く雇われていた。ただ、彼の工場は利益だけを追求する経営方針はとらず、『自伝』によると、イスラームの慈善精神にもとづいて少年たちに絨毯を織らせていたという。たとえば、労働条件は他の絨毯工場に比べると、かなり緩く、仕事は日没の1時間から2時間前には終わらせ、さらに賃金のほかに昼食をつけるなどの配慮をして働かせていたという[56]。

　このようにタブリーズの絨毯工場において少年の労働力が好んで雇用されたのには、絨毯を織る際の生産性の問題が強く関係していたと思われる。タブリーズは、アゼルバイジャン地方の中心都市である。そこに住む人たちの多くは、ペルシア語でなくイランのなかでは少数言語であるアゼルバイジャン・トルコ語を日常的には使い、それにもとづく文化のなかでずっと育ってきた。そこでつくられる絨毯も他の地域と違ってペルシア結びでなく、トルコ結びで織られることが多い。これは、2本の経糸の間にパイル糸を挟み込んで左右均等に絡めて結んでいく織り方で、手鉤を使って作業をすると、パイル糸を1本の経糸に非均等に絡める織り方であるペルシア結びに比べると

はるかに簡単で、時間的に早く織り上げることができる。ただ、このトルコ結びの絨毯を織るには瞬発力とともに体力も必要とする。こうした力において男性の方が女性よりも優れていることはいうまでもなく、このことが短時間にできるだけ多くの絨毯を織り、それを輸出に振り向けることをめざすタブリーズの方針と合致していた。この結果、安く、かつ生産性の高い労働力としての少年が好んで雇用されたのだと思われる。

ちなみに、このような少年の労働力を使うと、どれくらいの時間で絨毯を織ることができるのかについて、1904年にイランの経済実態調査のためにイギリス商務省から派遣されたマクリーンが次のような報告を残している。それによると、絨毯の柄模様にもよるが、9×15フィート（123平方メートル）、平方インチあたり15×15の編み目のある平均的な絨毯を織るのに5人の少年と一人の監督者が組になって月に18平方フィート（5.5平方メートル）織るのが普通のスピードであったという[57]。

タブリーズの商人は、以上のように市内および近郊に絨毯の工房、工場をつくる一方、問屋制家内工業というやり方でも絨毯の生産拡大に努めていった。こうした形態はとくにタブリーズ近郊の農村で目立つ現象であった。商人たちは原料としての染色した羊毛の糸と方眼紙に描かれた絨毯のパターン・デザインをもってアゼルバイジャン一帯の村をまわり、いくばくかの前貸し金を織り手に渡して絨毯を織らせ、完成した後にそれを集めて自らの交易ネットワークに乗せいった。

このやり方は直接、絨毯を織る現場に経営者である商人がいないため、いくつかの弊害も出てくる。マクリーンによると、狡猾な織り手の場合、商人から原材料として渡された質のよい羊毛を転売し、代わりに質の劣る羊毛を使って絨毯を織り、少しでも利益を上げようとする者がいたという[58]。

以上のような都市とその近郊の農村および遊牧社会にまたがるタブリーズという局地的な交易圏において地元の商人たちによって興された絨毯産業は、そこからイラン各地に延びるネットワークを通じてアゼルバイジャン以外の他の地方にも広がっていった。そうしたなか、タブリーズ以上に質がよく、美術的な評価も高い絨毯を織る産地として台頭してくるのが、イラン東南部にあるケルマーンである。1892年頃、この町には市内、郊外にあわせて150

3．絨毯産業に進出するイランの民族商人　153

付図5　ヨーロッパ向けにデザインされたケルマーン絨毯（19世紀後半）
出所：山崎秀司『ペルシア絨毯　古典美の世界』（河出書房新社、2002年）27頁。

台ほどの機があるにすぎなかった。絨毯の生産を商業ベースに乗せていく力をもつ者もそれまでのケルマーンにはいなかった。このためケルマーンは、ブームから取り残されていた。しかし、タブリーズ商人の資本が入ってくると、この町はにわかに活気づき、質においてタブリーズを凌ぐ絨毯の産地として一躍、注目を浴びるようになっていった[59]。

　ツィーグラー商会文書を研究したイッティグによると、ケルマーンに進出し、資本を投じて絨毯産業を興したのは、デルマガーニー Delmagānī という名のタブリーズの商人であった。彼の経営する商会はロシア、オスマン帝国にむけて乾燥果実などを輸出する一方、手形割引などの金融業も手広く行っていた。1890 年代後半になるとケルマーンにやって来て、問屋制家内工業のかたちで絨毯の生産と流通の網の目を広げ、1911 年には少なく見積もっても 2,000 人の織り手をその傘下に入れるほどの力をつけ、ケルマーンの絨毯産業をそのネットワークのなかに組みこんだといわれる[60]。

　タブリーズの商人たちが絨毯の生産に関わるようになるのは、ソルターナーバードを拠点とするツィーグラー商会よりもかなり遅れた。しかし、彼らはアゼルバイジャン以外の地域にも精力的に進出し、その生産と流通のネットワークを広げていくことによってツィーグラー商会に対抗していく十分な力をつけるまでになっていったのである。

4．イスタンブルにおける絨毯の中継貿易

　イランで織られ、生産された絨毯は、19 世紀末に本格化するカーペット・ブームの波に乗って順調に輸出を増やしていった。イラン全体の絨毯の輸出額・量を統計を踏まえて正確に把握していくことは史料的に難しいが、時期と輸出ルートを限ってその流れを部分的に見ていくことは可能である。すでに掲げた付表 2 は、タブリーズからトラブゾンを中継地としてイスタンブルに抜けるルートを使って 1885 年から 1908 年にかけて輸出された絨毯貿易の流れを示している。この表から絨毯が 1898 年以降、タバコ、絹織物、繭を抜いて首位に躍り出て、このルートを使った中継貿易において押しも押されぬイランを代表する輸出品に成長したことを見てとることができる。

付表3　イランの絨毯輸出額（単位：ケラーン）

年　　度	全輸出額	オスマン帝国	帝政ロシア	イギリス	アメリカ
1907-08 (1325-26 Kh.)	29,283,911	19,893,913 (67.9%)	6,948,632 (23.7%)	360,410 (1.2%)	— —
1908-09 (1326-27 Kh.)	39,498,837	19,463,826 (49.3%)	8,502,910 (46.8%)	674,394 (1.7%)	493,690 (1.2%)
1909-10 (1327-28 Kh.)	48,416,559	22,360,623 (46.2%)	20,901,980 (43.4%)	4,633,346 (9.6%)	2,136,022 (4.4%)
1910-11 (1328-29 Kh.)	45,138,356	18,027,765 (39.9%)	19,128,276 (42.4%)	2,081,470 (4.6%)	4,633,346 (10.3%)

出所：　Moḥammad 'Alī Jamālzāde, *Ganj-e Shāygān*, Tehrān, 1362 Sh., p. 20.

　ただし、この付表2には1909年以降の統計が欠落している。また、1907、1908の両年度における額と量が極端に減少していることも気にかかる。これには1905年末以降、イランで立憲革命が起こされ、それによって政治的、経済的な混乱が生じ、統計が十分に取れなかったという事情が絡んでいると思われるが、この欠を補うものとしてジャマールザーデが作成した統計を付表3として掲げ、1907年から1911年にかけての時期における絨毯の輸出貿易の動向をみていくことにしたい。なお、表中の単位は、イランの通貨ケラーンである。また、括弧でくくった百分比は、筆者自身が算出したものである。

　この表からイランの絨毯輸出は、1907年以降増加の傾向にあったことが分かる。また、絨毯の主要な需要・消費国であるイギリスとアメリカに直接輸出される割合は少なく、絨毯の輸出が中継貿易に多くを依存していたことも読みとれる。直接輸出の比率がもっとも高い1910-1911年においてもあわせて14.9％にしかすぎず、絨毯の多くは、まずイランに隣接するオスマン帝国ないしは帝政ロシアに輸出され、最終的にイスタンブルを中継地としてイギリス、アメリカに再輸出されていたと見ることができる。

　オスマン帝国に向けて輸出される絨毯は、イランの西境ケルマンシャーから当時、オスマン帝国領であったイラクのバグダード方面に送られるものもあった。しかし、その多くはタブリーズ＝トラブゾン・ルートを使ってイスタンブルに向けて輸出され、そこを中継地として欧米市場に再輸出されるのが一般的であった。また、帝政ロシアに輸出される絨毯は、ザカフカス・ルートからイスタンブルに送られるものが多かったと思われる。エントナー

が指摘するように、帝政ロシアにおける絨毯貿易のシェアは、1905年以降、イランのカーペット・ブームを受けて飛躍的に増加した。とくに目立つのは、マシュハドを中心とするイラン東北部のホラーサーン地方で織られる絨毯が帝政ロシア領内のザフカス・ルートを経由してイスタンブルに送られるケースが増えたことである。これらの絨毯は、まず1886年に開通したトランスカスピ鉄道を使ってカスピ海東部の港町クラスノヴォドスクまで運ばれ、そこからカスピ海航路、ザフカス鉄道、黒海航路を使ってイスタンブルに送られた。このようなルートが、イスタンブルに通じる新たなカーペット・ロードとして台頭してきたのである[61]。

イスタンブルは、イランで生産される絨毯のみならず、ザフカス、中央アジアでつくられる絨毯がタブリーズ＝トラブゾン・ルート、ザフカス・ルートという二つの交易ルートを通じて集まって来るところであった。そこで絨毯は卸売りの取引にかけられ、欧米市場に向けて再輸出されていった。ジャマールザーデは、このような絨毯の国際的な取引においてイスタンブルが果たす役割をその著『莫大な富 *Ganj-e Shāygān*』のなかで「イスタンブルにはイランの絨毯を多量に取引する市場があり、毎年、ここからたくさんの絨毯がヨーロッパ、アメリカに送られる」と言っている[62]。これにはイスタンブルという都市が、絨毯の卸売り取引が行われる境域市場、中継貿易の市場空間としていかに重要であったのかがよく示されている。とくにイランの民族系商人にとってイスタンブルは、絨毯を取引する場として欠かせないところであった。

しかし、イランで絨毯の生産を手がけるツィーグラー商会のようなヨーロッパ系の商人にとってはイスタンブルは、出来上がった絨毯を欧米市場に送るために輸送の中継地とすることはあっても、卸売りの取引にかける市場空間として必ずしも使われなかった。ヨーロッパ系の商人、商社は、イランで生産した絨毯を売り捌くための自前の流通回路、交易ネットワークをもっており、イスタンブルを介して絨毯を欧米市場に流通させていく必要性は小さかった。

これに対してイランの商人は、自らの工房・工場で生産し、また問屋制家内工業のかたちで織らせた絨毯を国外の市場で売り捌いていくための十分な

交易ネットワークをヨーロッパ系の商人、商社のようには持っていなかった。第3章で論じたイギリス綿製品のイランへの輸入貿易に従事するイランのアルメニア系商人アルセニアンのように、イスタンブルからマンチェスターに進出し、ヨーロッパに深くその交易ネットワークを延ばすイランの商人もいなかったわけではない。しかし、その数は限られており、多くのイラン商人は欧米市場と直接的な関係を築けないでいた。このような状況のなかでイスタンブルは、イランの商人とヨーロッパ、アメリカからやって来る商人とが出会い、絨毯の売買、取引が行われる中継貿易の境域市場として重要な役割を果たしていたのである。

　すでに触れたジャマールザーデは、イスタンブルには多くの絨毯を取引する市場があると言っている。しかし、彼はそれがいかなる市場であったのか、具体的には述べてない。第1章で触れたようにアゼリーを中心とするイランの商人がイスタンブルにやって来て取引の場として利用したのは、カパル・チャルシュ（グランド・バザール）の近くにあるキャラバンサライのヴァーリデ・ハンであった。ここを彼らは商業活動の拠点にしていた。しかし、絨毯についていうと、イラン立憲革命と青年トルコ人革命が起きた頃からこれとは別な場所が中継貿易の取引が行われる市場空間として重要性を増してきたことに注意しておかなければならない。それは、イスタンブルの金角湾沿いにあった税関、より正確に言うと保税倉庫 bonded warehouse である。最後にここがイラン方面からもたらされる絨毯の中継貿易の境域市場、市場空間として使われ、発展してくる事情について見ていくことにしよう。

　税関は、基本的にはイスタンブルに輸入、輸出される商品から税の徴収を行うところである。しかし、それとともに中継貿易品については、税関は再輸出されるまでの期間に限って売買、取引される市場空間としても利用された。絨毯も含めてイランからイスタンブルに中継貿易のために運び込まれる商品は、税関に附属する倉庫に一定期間保管することが許され、その間にそこで買い手を見つけるために取引をすることが認められていた。中継関税の最終的な徴収を保留したままの状態で保管、売買取引が許される期間は、時期によって異なるが、1888年3月30日までは1年間、それ以降は6ヶ月とされた。イランの絨毯商人は、この制度を活用してイスタンブルにおいて税

関の保税倉庫を絨毯の卸売り取引を行う市場空間にしていったのである[63]。

ただ、税関で行われるこのような取引は、絨毯の中継貿易がさかんになりはじめる1885年頃には、税関が手狭だということもあって円滑に行えない状態になっていた。このため、これに代わるより広い、専用の新しい保税倉庫を建設することが求められた。こうした要望はイラン商人だけでなく、イスタンブルを拠点に中継貿易に従事していたヨーロッパの商人からも出されていた。スペースに余裕のある保税倉庫を税関とは別につくることによってイスタンブルの中継貿易をさらに盛んにしたいというのが彼らの思いであった。しかし、当時のオスマン帝国政府には資金的な余裕がないため建設には至らず、1890年になってフランス資本の埠頭会社French Quay Companyが金角湾に沿ったガラタとエミノニュの両地区に大型船舶の停泊が可能な埠頭と港湾施設を建設する利権をオスマン帝国から獲得すると、それに合わせて保税倉庫も建設する許可が与えられた[64]。

しかし、このような利権協定が結ばれたにもかかわらず、保税倉庫の建設はすぐには着工されなかった。それが竣工するのは、ようやく1905年7月になってのことで、金角湾の北、新市街側にあるガラタ埠頭に最初の保税倉庫がつくられた。ただ、この建物はイスタンブルにあった『イギリス商業会議所々報 The British Chamber of Commerce of Turkey』に載せられた記事によると、商品を留め置いて卸売りの売買・取引をするにはスペース、照明、設備の点で不十分であり、イスタンブルが従来通り、絨毯の主要な集荷・集散地、流通の拠点であり続けようとするならば、さらに大きな保税倉庫を建設する必要があった[65]。

この結果、青年トルコ人革命後の1909年夏に面積4,000平方ヤード（約3,344平方メートル）に及ぶ二番目のより広い保税倉庫が金角湾の南、旧市街のエミノニュ埠頭につくられた。絨毯を扱うイラン商人が、その中継貿易の流通の拠点、卸売取引の市場空間として主として使うようになるのは、この二番目につくられた保税倉庫である。ここでイラン商人は、ヨーロッパ、アメリカから来る商人と絨毯の中継貿易の取引をし、それを欧米市場に送り出していくようになる[66]。

青年トルコ人革命期にエミノニュ埠頭に建てられたこの巨大な保税倉庫は、

現在は取り壊されて残っていない。その跡地は、現在、ボスフォラス海峡を往き来するフェリーの波止場になっていて、この保税倉庫が市場空間としていかなる建築物であったのか、実際に目で確かめることはできない。しかし、幸いなことにトルコ共和国初期にジャック・ペルティヴィッチによって作成された詳細なイスタンブルの市街図にこの保税倉庫が描かれていて、これによってその位置と規模を確認することができる。この地図は、イスタンブルに進出していた欧米系の保険会社の依頼をうけて作成されたもので、その目的はイスタンブルで経済活動を行う商会、企業等の信用調査をすることにあった。こうした観点からイスタンブルにある商業施設、不動産が逐一、詳細に実測され、地図におこされたのである[67]。

これによると、保税倉庫は、次頁に掲げる2葉の地図に描かれている。第一は、エミノニュ地区の全体を示す付図6、第二は埠頭周辺の様子を詳細に記す付図7である。まず最初の全体図の方から見ると、エミノニュの保税倉庫は、【74】の①＋②として描かれている。この地図にはそれとは別にイスタンブル在留のイラン商人が使っていたキャラバンサライであるヴァーリデ・ハン【67】の（136）と、対イラン向けの綿製品の中継貿易で活躍していたオスマン帝国を代表するギリシア系の非ムスリム商人たるラッリ商会が拠点としていたラッリ・ハン【74】の⑧＋⑨が描かれていることも確認することができる[68]。

次いで2枚目の埠頭周辺の拡大された詳細図の方に目を移すと、保税倉庫は、建物内部の構造まで分かる平面図のかたちで描かれていることが分かる。これによると、保税倉庫が南にあるラッリ商会の事務所と比べて、いかに大きなものであったのかを見てとることができよう[69]。

1909年に竣工したこのエミノニュの保税倉庫は、当初はイスタンブルにもたらされるすべての商品の中継取引が行われる市場空間として使われるはずであった。しかし、この保税倉庫は、オスマン帝国が第一次世界大戦に参戦する直前の時期になると、イスタンブルに駐在するイギリス領事の報告が記すように、建物のすべてがイラン商人によって借り上げられ、次第にイラン商人によって独占的に絨毯を取引する中継貿易の市場空間へと変えられていった[70]。

160　第 4 章　イランにおけるカーペット・ブームとイスタンブルの中継貿易

付図 6　エミノニュ地区の全体図
出所：Jacques Pervititch, *Sigorta Haritalarında İstanbul*, s. 134.

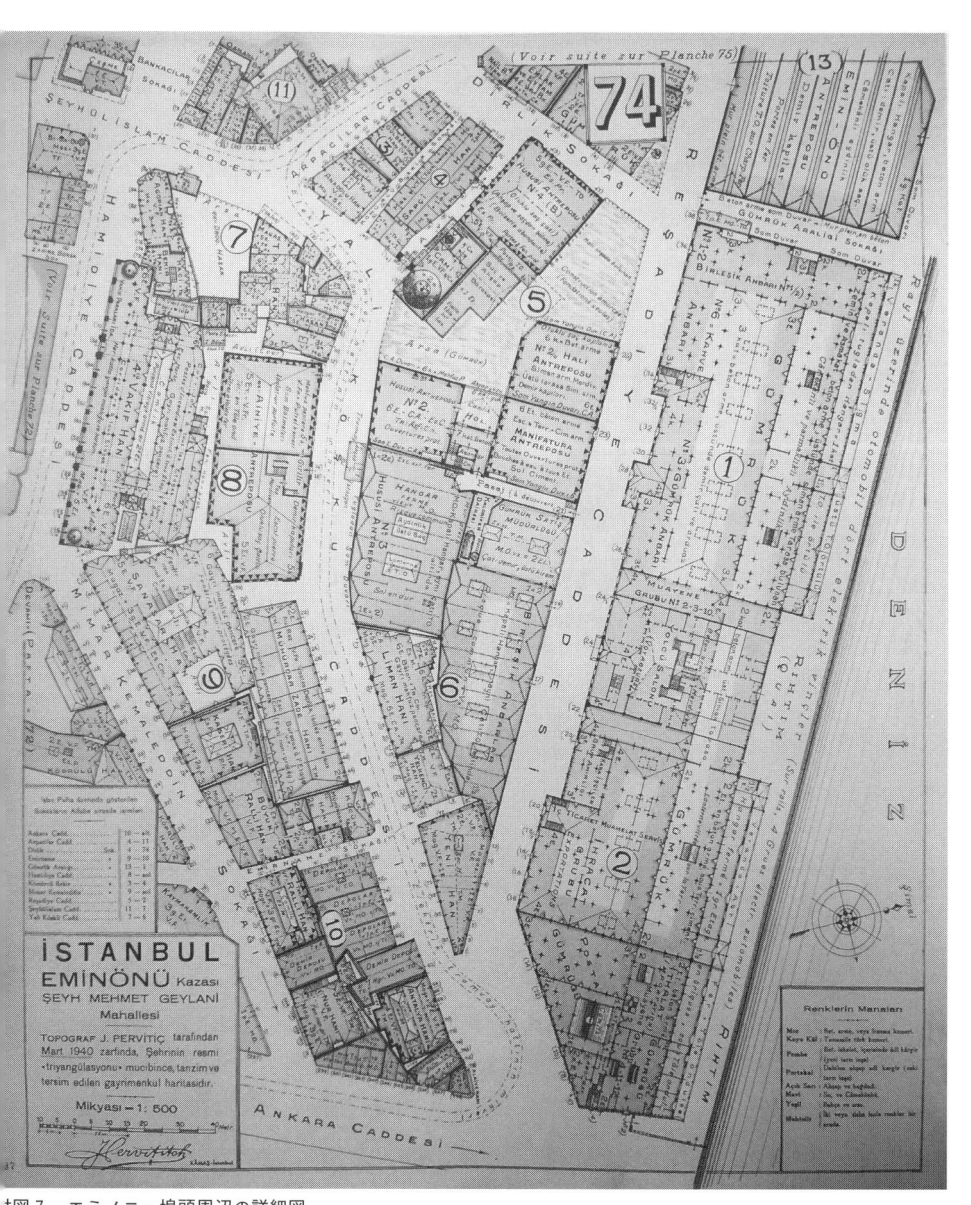

4. イスタンブルにおける絨毯の中継貿易 161

図7 エミノニュ埠頭周辺の詳細図
出所：Jacques Pervititch, *Sigorta Haritalarında İstanbul*, s. 145.

また、この保税倉庫は、中継貿易でヨーロッパ、アメリカ方面に再輸出される絨毯の保管場所、売買、取引が行われる市場空間として利用されたのみならず、それと並行して絨毯を洗滌・修繕する作業場所としても使われていくようになる。トルコ共和国建国の翌年、1924年にイスタンブル商業会議所が実施した経済調査報告によると、オスマン帝国末期にイスタンブルに運び込まれた絨毯は、この町で洗滌が施され、さらに表面に残る毛羽を焼き、整えてから再輸出されるのが普通であったという。これをしないと絨毯の商品としての価値が下がり、これを避けるため、イランの絨毯商人は上記の作業をイスタンブルにある保税倉庫でしながら、中継貿易を精力的に行っていたのである[71]。

おわりに

　イスタンブルの保税倉庫を市場空間、境域市場として行われた絨毯の中継貿易は、綿製品や絹のそれと比べると、地元のオスマン帝国の商人、とりわけイスタンブルで有力であったギリシア系、アルメニア系の非ムスリム商人を介さずにイランの商人が独自の交易ネットワークを使って行うことのできる数少ない交易のひとつであった。このことは、第一次世界大戦期の1914/15(1330 M.)年にイスタンブル市庁が業種別、民族別の卸売り商会数を調査した統計を示す付表4からもうかがうことができる。
　これによると、調査が行われた15の業種のなかで唯一、絨毯業だけにイランの商人が経営する卸売商会が登場する。その数は、イスタンブルで絨毯の卸売取引に従事する商会の総数147軒のうちの約3分の1、49軒もの多くを数える。これは、アルメニア系商会の39、トルコ系商会の35、ユダヤ系商会の11、ギリシア系商会の6、外国人商会の4をはるかに引き離していて首位を占める。これにイランの絨毯商人が、イスタンブルにおいて他の商人たちを押さえていかに優勢に中継貿易を行っていたのかが示されているように思われる[72]。
　しかし、イランの商人と彼らが取り扱うペルシア絨毯は、確かにイスタンブルの中継貿易において他を圧倒していたが、この時期における世界の絨毯

付表4　イスタンブルの卸売り商会数

業　種（トルコ語）	業　種（日本語）	トルコ	ギリシア	アルメニア	ユダヤ	イラン	外国人	合計
elbise magazeleri	衣服商	18	54	23	19	0	5	111
moda ve mensucat	ファッション・織物商	78	46	30	27	0	11	192
Tuhafiye	アクセサリー商	60	114	144	72	0	8	398
kristal-I cam ve ayna	ガラス器・鏡商	11	12	1	28	0	6	58
mobilya ve mefurusat	家具・敷物商	155	19	8	3	0	3	188
kereste ve malzeme-I insaniye	木材・建材商	36	48	24	0	0	0	108
attariye, drugist ve mawad-I kimiviye	薬種商・薬屋・化学薬品商	112	53	18	8	0	6	197
yag ve zeitun yagi ticarethaneleri	油・オリーブ商	29	131	1	2	0	0	164
Hali	絨毯商	38	6	39	11	49	4	147
Deri	毛皮商	16	40	31	2	0	3	92
Hububat	穀物商	13	34	3	0	0	1	51
kurk ve kurkci	毛皮商	21	12	22	3	0	4	62
gemi techizati	配船業者	3	11	3	0	0	1	18
tuzli balik	塩魚商	2	31	0	0	0	1	34
Afyon	アヘン商	2	1	0	0	0	5	8
合　　計		594	622	347	175	49	581	845

出所：　*1330 senesi Istanbul Belediyesi Ihsiaiyat Mecmuasi*, Dersaadet, 1331 M. s. 298.

　市場の中心であるイギリスのロンドンに目を向けてみると、ペルシア絨毯は取引高、取引の量においてトルコ絨毯に大きく差をつけられていたことも指摘しておかなければならない。アメリカのトルコ経済史家カータルトの研究が明らかにするように、オスマン帝国ではイランよりも早く、すでに1860年代から対欧米向けの絨毯の商業的な生産が始まり、カーペット・ブームが起きていた。当初、その産地は、次頁の付図8に示されるようにイズミルの後背地であるウシャクが中心であったが、1890年代に入るとそこからイスパルタ、ブルドゥル、コンヤ、ニーデ、カッパドキア、シヴァス、カルスといったアナトリアの内陸各地に広がり、さらにイスタンブル近郊のヘレケでも1890年以降、ブルサにおける養蚕の復興に合わせて官営工場でのシルク絨毯の製作が始まっていた[73]。

　オスマン帝国でつくられるこれらヘレケの絹絨毯を除くトルコ絨毯の多くは、ペルシア絨毯と違ってイスタンブルを中継地とせず、エーゲ海に沿った海港都市イズミルからロンドンに向けて輸出されていた。第一次世界大戦直前の時期にオスマン帝国からアメリカに移住したギリシア系非ムスリム商人の子で、有名な舞台演出家、映画監督としても知られるエリア・カザンの父親のように故郷のカイセリからイスタンブルに出て、そこを拠点に絨毯の輸出貿易に従事する商人もいなかったわけでなく、トルコ絨毯にとってイスタンブルは海外に輸出される絨毯の境域市場として重要な位置を占めていたこ

付図8 トルコの主要都市と絨毯の産地
出所：坂本勉『ペルシア絨毯の道』(山川出版社、2003年)109頁。

とは間違いないところである[74]。

　しかし、カータルトも指摘するように、オスマン帝国領内で織られる絨毯の約90％はイズミルに集められ、そこからロンドンをはじめとする欧米市場に向けて輸出されるのが普通であった。この意味でイスタンブルは国外のイラン方面からもたらされる中継貿易の境域市場として重要であったが、オスマン帝国で生産されるトルコ絨毯の集荷・集散地としては大きな役割を果たすことはなく、ペルシア絨毯とトルコ絨毯はイスタンブルにおいて競合することはなかったということができよう[75]。

　ヨーロッパでの絨毯の需要増加にともなってイランよりも早く起きたオスマン帝国のカーペット・ブームのなかで絨毯の生産と流通を絶対的に支配していたのは、オスマン帝国の地元商人ではなくイズミルに拠点を置くイギリス、フランス、イタリアの六つの外国商会であった。これらヨーロッパ系の商会は、当初はそれぞれ別個に直営の絨毯工場をつくり、ギリシア系、アルメニア系の非ムスリム商人を自らの傘下に入れながら絨毯の生産と流通を行っていた。しかし、青年トルコ人革命が起きた1908年になると、これら六つのヨーロッパ系商会は、いたずらに競争することは利益を損なうとの思惑から共同で出資して独占的な「オリエンタル・カーペット製造会社 Oriental Carpet Manufacturers Ltd.」というトラスト会社を立ち上げる。これによって第一次世界大戦直前の1913年までにアナトリア全体で生産される絨毯の4

分の3がこの会社によって押さえられ、輸出される体制ができあがっていった[76]。

　このオリエンタル・カーペット製造会社によるオスマン帝国の絨毯の生産と流通に対する独占に近い体制は、オスマン帝国に少し遅れてカーペット・ブームの渦のなかに巻き込まれていくことになるイランの追随を許さぬ強さを有し、ロンドン市場においてトルコ絨毯が占めるシェアは、ペルシア絨毯を寄せつけないものがあった。その正確な割合については今後の研究を待たなければならないが、おおよその目安としてトルコ絨毯は取引高においてペルシア絨毯の約8倍、輸入量において4倍とペルシア絨毯を大きく引き離していた[77]。

　1890年代以降、イランにおけるカーペット・ブームの一翼を担ったイランの民族系商人は、イスタンブルにおいてオスマン帝国の商人を凌ぐかたちで絨毯の中継貿易を行うことができた。しかし、ペルシア絨毯とその交易ネットワークの優勢は、イランからオスマン帝国のイスタンブルに延びる広域的な交易圏のなかに限られるものであり、世界市場全体のなかでみると、ペルシア絨毯のシェアはトルコ絨毯にはるかに及ばなかった。

　ペルシア絨毯が世界市場でトルコ絨毯を追い抜き、イランの商人が優位に立つのは、20世紀も後半、1960年代入ってドイツのハンブルグが世界の絨毯市場の中心として急成長し、そこにイランから商人が大挙して進出してからのことである。イランの絨毯商人は、ハンブルグがフリー・ポートであることを活用して保税倉庫に絨毯を持ち込み、かってイスタンブルでやっていたのと同じようにヨーロッパ諸国、アメリカへの中継貿易を行うようになっていった。これによって1974年以降、ペルシア絨毯とイラン商人の交易ネットワークは、トルコ絨毯をはるかに凌駕して世界の絨毯市場において圧倒的な支配力をもつようになるが、その源流はこれまで論じてきた1890年代以降のカーペット・ブームにまで遡ることができるのである。

第5章　イランのタバコ・ボイコット運動とイスタンブル

はじめに

1891-92年に起きたタバコ・ボイコット運動は、多くの歴史家によって近代イランにおける民族運動の先駆けという評価、位置づけがされている。たとえば古くは立憲革命と同時代に生きたケルマーニー Nāẓem al-Eslām Kermānī、キャスラヴィー Aḥmad Kasravī、そしてブラウン Edward G. Browne を挙げることができる。これら三人の歴史家は自らの体験を踏まえてそれぞれ浩瀚な立憲革命史を著し、そのなかでタバコ・ボイコット運動を立憲革命の序曲としてとらえ、それがイランの人々に民族的覚醒をもたらす最初の大衆的な運動であったと指摘している[1]。

タバコ・ボイコット運動をこのように近代イランの民族運動の先駆けとしてとらえる歴史観は、現代イランの研究者にも脈々と受け継がれ、それはティームーリー Ebrāhīm Tīmūrī、ザンジャーニー Moḥammad Reẓā Zanjānī、アーダミーヤト Ferīdūn Ādamīyat などによって著された史料集、研究書となって結実している[2]。またブラウンが道筋をつけたボイコット運動を立憲革命の前史をなす民族運動としてとらえる見方は、欧米の史学界ではラムトン A. K. S. Lambton、ケディ Nikkie R. Keddie、そして近年ではボナクダーリアーン Mansour Bonakdarian などによって引き継がれている[3]。日本においては加賀谷寛、岡崎正孝、鈴木均、佐藤規子によって発表されたタバコ・ボイコット運動にかんする論考にそれをうかがうことができる[4]。

タバコ・ボイコット運動は、確かに政治的にイランの民衆を広汎に結集さ

せることができたという点で画期的な民族運動であった。イギリス資本に対するタバコ利権の付与、専売会社の設立によってタバコの流通から排除されるようになったイランの商人たちの不満をすくい上げ、それを民族的、国民的な抗議運動へと組織し、ついに利権を廃棄させるに至ったウラマーの思想と行動は、まぎれもなく近代イランの民族運動を牽引する原動力の一つであったといわなければならない。

　ただ、タバコ・ボイコット運動をイランの国内で起こされた政治的な民族運動という枠組みを越えて国外のオスマン帝国を視野に入れ、同国との関係で経済的な観点から見直してみると、これまで強調されてきた政治的成果とは異なる限界、挫折がこの運動にはあったことも指摘しておかなければならない。ボイコット運動によってイランは、1892年4月、国内におけるタバコの生産と流通を独占するイギリス資本を中心に設立された外国の専売会社を廃止に追い込むことができた。しかし、この利権廃棄へ向けての交渉がまさに進行している過程で、それと並行してイランの隣国、オスマン帝国においてフランス資本を中心に新たに設立された別の会社にイランからタバコを輸入し、オスマン帝国領内で売買する独占権を付与する交渉が行われていた。この新たなタバコ利権は、イランにおけるそれが廃棄されたのと時を同じくしてオスマン帝国によって認可され、別の専売会社として営業をはじめていった。

　イランのタバコ商人は、国内の各都市で起こされたボイコット運動の結果、確かにイギリス系専売会社のタバコ利権を廃棄に追いこみ、自分たちの手でタバコを自由に流通させることができるようになった。しかし、イランにとってもっとも重要なタバコの輸出先であるオスマン帝国にそれを輸入する独占権を獲得したフランス系の専売会社が設立されたことよって、イランの商人はオスマン帝国領内のタバコ市場から締め出されていくことになる。このようにイランからイスタンブルにつながる広域的な交易圏という枠組みのなかでタバコ・ボイコット運動を経済的にとらえ直してみると、イランの商人は完全にタバコの流通ネットワークを自分たちの手に取り戻すことができたとはいえず、限界があったといわなければならない。

　タバコ・ボイコット運動の研究は、これまでほとんどイランという一国だ

けに焦点をあてて政治的な見地から進められてきた。しかし、経済的な観点からすると、タバコという商品は、イランだけにとどまらず、国境をまたいでオスマン帝国にも流通し、消費されるものである。それを一国史の枠だけに閉じこめて見ていくのは、不十分だといわなければならない。ここでは以上のような問題意識からタバコ・ボイコット運動をたんに政治的な民族運動としてとらえるのではなく、イランからオスマン帝国にまたがる広域的な交易圏という枠組みのなかにタバコの流通を位置づけ、ボイコット運動の経済的意味について考えていくことにしたい。

イランのタバコは、これまでの章で扱ってきた綿製品、絹、絨毯などとは違ってヨーロッパとの貿易関係のなかで流通した商品ではない。イラン国内での消費を別にすると、その主たる輸出先はオスマン帝国であった。テヘランで行われたカージャール朝政府と専売会社との間の利権廃棄をめぐる交渉において大きな争点になったのは、イランからオスマン帝国に向けて行われるタバコ輸出に絡む補償問題であった。これを経済的な観点から再検討し、イランでタバコ利権が廃棄された後、オスマン帝国で設立された新しい専売会社に抗議してイスタンブルで起こされたボイコット運動、それがさらにイラン国内にも還流して起こされるイスファハーンのボイコット運動を比較関係史の視点から見ていくのがここでの目的である。

1. 二つのタバコ利権の共通点と違い

1） オスマン帝国におけるタバコの主力品種＝トゥトゥン

イランにおいてタバコ利権がイギリス人のタルボット G.F.Talbot に対して付与されるのは、1890 年 3 月 8 日、これにもとづいてペルシア帝国タバコ専売会社 Imperial Tobacco Corporation of Persia が営業を開始するのは、翌年の 1891 年 4 月のことである[5]。これに対してオスマン帝国ではすでに 7 年前の 1883 年 3 月にフランス人のドゥベイ M.Devey に 30 年を期限とするタバコ利権が与えられ、翌 84 年 4 月からオスマン帝国タバコ専売会社 Société de la Régie cointéressée des tabacs de l'empire ottoman、オスマン・トルコ語で Memalik-i Şahane Duhanları Müstereküʼl Menfaa Reji İdaresi が実際に業務を開

始していた[6]。

　オスマン帝国とイランにおいて相次いで認可されたこれらのタバコ利権は、ヨーロッパからの資本輸出による利権獲得、その結果設立された専売会社によるタバコの生産と流通の独占という点では共通している。しかし、それぞれの会社が扱うタバコの種類についていうと、二つの専売会社の間で大きな違いがあったことに注意しておく必要がある。オスマン帝国タバコ専売会社が扱っていたのは、シガレット（紙巻きタバコ）の原材料となるトルコ語でトゥトゥン tütün、ペルシア語ではトゥートゥーン tūtūn、学名でニコチアーナ・タバクム Nicotiana tabacum として知られる品種である[7]。一方、ペルシア帝国タバコ専売会社が主として扱ったのは、シガレットの原材料となるトゥトゥンではなく、イランも含めて中東イスラーム世界全域で古くから嗜まれてきた水タバコ用のタンバークー tanbākū、トルコ語でトンベキ tömbeki と呼ばれるものであった。学名でニコチアーナ・ペルシカ Nicotiana persica、もしくはニコチアーナ・ルスチカ Nicotiana rustica といわれる品種がそれにあたる[8]。

　これら二つの種類のタバコに実際、どのような違いがあるのかを知るために、ここで簡単にタバコの歴史を振り返っておくと、19世紀に至るまでタバコは、大きく分けて① 噛む、② 粉末にして吸い込む（スナッフ）、③ シガー（葉巻タバコ）ないしパイプ・タバコとして喫煙する（スモーキング）という三つの仕方で嗜まれていた。しかし、19世紀半ばをすぎると、新たにシガレットによる喫煙法がはじまり、これが次第に社会に深く浸透し、他を圧倒していくようになる。とくに産業革命によって工業化が進み、大衆消費社会が到来したヨーロッパ、アメリカにおいてこの傾向が強かった。それまでのタバコの嗜み方は、いずれも高価で一般庶民にはなかなか手が届かなかった。このため、より安く手軽に楽しめるタバコの喫煙法が求められたが、この結果、流行してくるのが安価で簡便なシガレットによる喫煙法だったのである[9]。

　シガレットは、19世紀半ば以降、工場での大量生産の体制が整っていくにつれてヨーロッパ社会で広く普及していった。フランスではすでに1840年代にその生産がはじまり、イギリスではクリミア戦争に従軍したスコット

ランド出身の士官ロバート・グローグ Robert Gloag によって 1856 年から製造が始められ、それに少し遅れてフィリップ・モリス Philip Morris もシガレットをつくる会社をロンドンで興した[10]。そしてアメリカでは、後にタバコ王の異名でもって知られるようになるジェームズ・ブキャナン・デュークJames Buchanan Duke が 1881 年からシガレットの製造をはじめ、それを大規模な機械生産に乗せて 1890 年、アメリカン・タバコ会社を設立し、世界のタバコ市場に大きな影響力を及ぼしていくようになる[11]。

このようにシガレットが世界的に普及していくなか、オスマン帝国で栽培されるタバコ、すなわちトゥトゥンと呼ばれる葉の需要が高まってくる。シガレットの原材料として使われるタバコの品種としては、南北アメリカでつくられるバーレー種と黄色種、さらに日本の在来種がよく知られるが、オスマン帝国で栽培されるトゥトゥン、すなわち「オリエント葉」という名で一般的にはよく知られるタバコの品種は、葉が小さく、芳香性に富むという特徴をもつ。礫質の土壌と乾燥した気候によって生みだされる独特の香りは、ライスペーパーがまだつくられていなかった時代において、シガレットを喫う際に質のよくない巻紙から発する嫌な臭いを消す効果があり、この点からオスマン帝国産のトゥトゥンはとくに好まれたのである[12]。

産地としては、アナトリアでは黒海沿岸のサムスン、トラブゾンの両地方、イズミルとその後背地がよく知られる。バルカン半島ではトラキア、マケドニア、アルバニア、ブルガリア、さらにアラブ地域ではラタキアを中心とするシリア、そしてエーゲ海諸島なども良質のトゥトゥンの栽培地であった。これらの産地でつくられるタバコが、1884 年以降操業を開始するオスマン帝国タバコ専売会社によって独占的に買い付けられて加工され、ヨーロッパに輸出されていったのである[13]。

2) イラン特産の水タバコ用の品種＝タンバークー

これに対してイランでタバコが嗜まれるようになるのは、『イラン立憲革命史』の著者でユニークなタバコの文化史研究でも知られるアゼリー系のイランの歴史家キャスラヴィーによると、17 世紀前半のサファヴィー朝期にオスマン帝国からイランにタバコが伝播してからのことだといわれている。

172　第5章　イランのタバコ・ボイコット運動とイスタンブル

付図1　チュブクでタバコを喫う老人
出所：Bayram Nazır, *Dersaadet'te Ticaret*, İstanbul, 2011, s. 193.

付図2　水タバコを喫うイスファハーンのシェイホルエスラーム
出所：Ernst Höltzer (Mohammad Assemi ed. & tr.), *Persien vor 113 Jahren*, Text und Bilder 1. Teil: Eṣfahān, Tehrān, n.d., p. 239.

オスマン帝国では地中海方面、ヨーロッパからタバコが入ってくると、葉巻タバコによる喫煙法ではなく、パイプ・タバコの流れをひく喫煙法を発展させて、チュブク çubuk と呼ばれる長めのキセルを考案してタバコを喫うようになった。イランでもオスマン帝国からタバコが伝わってからしばらくの間は、このチュブクという長いキセルを使ってタバコを喫うことが一般的であった[14]。

しかし、17世紀中頃、シャー・アッバース2世 shāh 'Abbās II の時代になると、チュブクに代わってガルヤーン ghalyān と呼ばれるイラン独特の水ギセルが考案され、これを使った喫煙法が普及していくようになる。これは、煙を水に通すことによってニコチンの刺激を和らげる効果があり、次第にイラン社会に広く浸透していった。そして、この水ギセルの普及にともなって、それに使う刻みタバコの種類もトゥトゥンから独特な芳香があるタンバークーに代えられ、その栽培がイランでさかんに行われるようになっていった[15]。

この水ギセルを使った喫煙の風は、時が経つにつれてイランから周辺の地域にも広がっていったが、もっともよくそれを取り入れたのはオスマン帝国であった。イランから逆に伝播するかたちでオスマン帝国に入っていったこの水ギセルを使う新しい喫煙法は、チュブクを使ったそれと拮抗しつつ、確実にオスマン社会に根づいていった。これにともなってイランから水ギセル用のタンバークー輸出も増加したが、この品種のタバコは、土壌の関係からオスマン帝国領内では良質のものが栽培できず、常にイランからの輸入に頼らなければならなかった。

こうした状況は、19世紀になっても変わりがなかった。オスマン帝国におけるタバコ生産の主力は、チュブクを使って喫うトゥトゥンの栽培にあり、またヨーロッパにおいてシガレットが喫煙の主たる形態になってくると、オスマン帝国はその原料供給地として位置づけられ、トゥトゥンの生産はさらに増加した。しかし、そうしたなかにあってもオスマン帝国における水タバコの喫煙人口は依然として多く、その需要を賄うためイランから毎年、莫大な量のタンバークーがオスマン帝国に輸出されていたのである[16]。

イランからオスマン帝国に輸出されたタバコの量と額について、長期間に

わたって流れを押さえることのできる統計史料を見つけることは難しいが、幸いなことにフランス語とオスマン・トルコ語、二つの言語で週刊で出されていた『イスタンブル商業会議所新聞』(*Journal de la chambre de commerce de Constantinople, Dersaadet Ticaret Odası Gazetesi*) にはタバコ・ボイコット運動が起こされた1891-92年を挟む1889年から1901年までの14年間における統計を見出すことができる。これを付表1として掲げ、イランからオスマン帝国向けに輸出されたタンバークーの動向について押さえておくことにしたい。

この表からオスマン帝国向けのタンバークー輸出は、1887年から1892年に至る5年間に量において400万キログラム前後で推移していたが、ボイコット運動が起きると、その影響を受けて急激に量を減らしていることが分かる。ただ、イランにおけるタンバークーの全生産量を年度ごとに追うことのできる統計が欠けるため、表に示された輸出量・額が全体のどれだけの割合を占めるのかは不明である。しかし、1891年7月18日付の『イスタンブル商業会議所新聞』に、イランにおけるタンバークーの年間の全生産量が推定で550万キログラムで、その大部分がオスマン帝国に向けて輸出されていたという記事があることと、付表1の1891年度におけるイランからのタン

付表1　イランからオスマン帝国へ輸出された
タンバークー
(1889年3月31日～1901年2月28日)

オスマン帝国財務暦	量 (kg.)	額 (piastres)
1303 (1887. 3. 31-88. 2. 29)	3,581,953	11,156,514
1304 (1888-1889)	4,402,570	12,769,637
1305 (1889-1890)	3,919,608	11,381,899
1306 (1890-1891)	3,882,472	11,470,147
1307 (1891-1892)	3,825,720	15,148,409
1308 (1892-1893)	2,007,246	7,751,192
1309 (1893-1894)	780,538	3,132,215
1310 (1894-1895)	1,129,254	4,528,643
1311 (1895-1896)	1,090,389	4,316,333
1312 (1896-1897)	1,086,902	4,337,974
1313 (1897-1898)	727,429	2,909,707
1314 (1898-1899)	1,608,810	5,816,663
1315 (1899-1900)	1,352,525	4,617,974
1316 (1900-1901)	1,916,768	―

出所：1887年度から1900年度までの *JCCC* に拠って作成。

バークーの輸出量が約380万キログラムであることをあわせて考えると、イランで生産されるタンバークーのうち、約70％近くがオスマン帝国に輸出されていたとみることも可能である。この推定を踏まえると、イランのタンバークー生産は、国内での消費よりも、むしろそれに倍するオスマン帝国の需要と輸出に多く依存するという構造をとっていたと考えることができる[17]。

　タンバークーについては、オスマン帝国にとってそれがきわめて重要なイランからの輸入品であるということもあって、『イスタンブル商業会議所新聞』には多くの有益な情報が載せられている。たとえば、1889年3月2日付のそれには、タンバークーの産地と等級、播種と摘み取りの時期、葉の乾燥と保存法などについて、ペルシア語史料よりも内容的にはむしろ豊かだと思われる記事を見出すことができる。これにもとづいて以下、イランで生産され、オスマン帝国に輸出されていたタンバークーにかんする基本的な情報を押さえておくことにしたい。

　これによると、イランを代表するタンバークーの産地は、次の三つであった。第一は、南部のシーラーズである。ここで栽培されるタンバークーは、葉こそ小さいものの、質的には最上と見なされていた。しかし、生産量はきわめて少なく、そのほとんどがカージャール朝の皇族によって消費され、市場に出回ることはほとんどなかった。第二は、これに次ぐ評価を与えられていた中央部のカーシャーン産のタンバークーである。ただ、ここでつくられるものも、シーラーズ産のそれと同様、葉が小さく、生産量は多くなかった。そして、第三等にランクされるのが、中央部のイスファハーンとその周辺地域で生産されるタンバークーである。これは、上記二つの産地のものと比べて葉も大きく、生産量も多かった。このため、イラン国内での消費分を除いたものの多くがオスマン帝国、とりわけその最大の消費地たるイスタンブルに輸出されていた。タンバークーの流通を通してこのようにイスファハーンとイスタンブルは相互に密接につながっていたが、このことが後述するようにタンバークーの輸出問題をめぐって二つの都市で相次いでボイコット運動が連動して起こされていくことにつながっていくことになる。

　タンバークーの農業技術的な特徴について述べると、それが播種されるのは、毎年5月のことである。15-20センチほどの高さに生育すると、2週間

に1度の割合で撒水され、9月から12月にかけての時期に摘み取りが行われる。集められた葉は、48時間屋外で露にさらされた後、倉庫に運び込まれて一枚一枚重ねて褐色になるまで煙で燻される。その後、2週間かけて乾燥させて葉が選り分けられ、量にして40から42オッカほどの卵状のトルバと呼ばれる梱にして綿布で包み、最後に羊の皮で縫いつけられた。以上が、『イスタンブル商業会議所新聞』が伝えるイランにおけるタンバークーの栽培と出荷されるまでの状況である[18]。

3）ペルシア帝国タバコ専売会社の設立過程

ペルシア帝国タバコ専売会社が正式に設立され、イランで営業を開始するようになるのは、1891年4月のことである。イギリス人のタルボットが利権を獲得したのが前年の1890年3月8日であるので、イランのタバコ専売は一年余りの準備期間を経てようやく動きはじめたことになる。このように会社設立までにかなりの時間を要したのは、イギリスがイランにおいてタバコの生産と流通を独占することに帝政ロシアが強く反対したことが影響している。帝政ロシアは、イギリス資本の専売会社がイランにできると、自国のイランにおける経済的な権益が脅かされると警戒感を強め、タルボットが計画する会社の設立を牽制してイギリスのイランへの経済的進出を阻止しようとした。

このような帝政ロシアの強硬姿勢を前にしてタバコ利権をカージャール朝から獲得したタルボットは、1890年3月18日になってイギリスの資本だけで会社を立ち上げていくことは不可能と判断し、当時、駐テヘラン・イギリス公使を務めていたウルフ Henry Drummond Wolff の助言もあってヨーロッパ各国から広く資本を募って会社を立ち上げ、多国籍企業のかたちにしてイギリス色を薄めていくよう計画を変更した[19]。これにもとづいてタルボットは、1890年3月20日、テヘランにおいて50年間を期限とするタバコの生産、販売、輸出の独占権を内容とする協定をカージャール朝政府と正式に締結した[20]。そして、これから約一年後の翌1891年2月28日にタルボットから新たに設立されたペルシア帝国タバコ専売会社にタバコ利権が譲渡され、イランにおけるタバコ専売事業が実際に開始されていくことになる[21]。

ペルシア帝国タバコ専売会社は、本社をロンドンに、実際の活動拠点となる事業本部をテヘランに置いて活動を開始していった。4月20日にはエジプトで税関長をしていたオルンスタイン M. Ornstein がイランにおけるタバコ専売事業全体を統轄する総支配人として着任、彼の下でシーラーズ、イスファハーン、タブリーズ、マシュハド等の地方都市に支店、営業所、工場、倉庫がつくられていった[22]。

このタバコ利権獲得から専売会社設立までの一連の過程を見て気がつくことは、ペルシア帝国タバコ専売会社がイランより7年も前からタバコの専売事業を始めていたオスマン帝国タバコ専売会社の協力を仰いで会社を軌道に乗せていこうとしていたという点である。イスタンブル在住のイラン人たちが発行していた1891年1月6日と1月27日付のペルシア語新聞『アフタル Akhtar』紙によると、タルボットは、まだ会社が発足していない1月はじめにイギリスからイスタンブルに行き、オスマン帝国タバコ専売会社に熟練したタバコ職人のイランへの派遣を要請している。これにペルシア帝国タバコ専売会社が、労働力の調達という点でオスマン帝国タバコ専売会社から助力を得ようとしていたことがよく示されている[23]。

ペルシア帝国タバコ専売会社の当初の予定では、職人と事務職員、合わせて18,000人余を雇う計画であった。その手始めとして行われたのが、イスタンブルにおける職人の募集であった。ただ、こうした意気込みにもかかわらず、実際には計画通り人が集まらず、会社が営業を開始してから約5ヶ月経った1891年9月になっても社員の数は、イスタンブルで募った職人も含めて全体で僅か266人にとどまり、本格的な操業にはほど遠いのが実状であった[24]。

経営面ではオスマン帝国銀行の支援を受けていた。イラン西北部アゼルバイジャン地方における交易の中心都市タブリーズに駐在していたイギリス総領事代理パトン Paton からテヘランのイギリス公使館員ケネディー R. J. Kennedy に宛てた至急公文書によると、ペルシア帝国タバコ専売会社が営業を開始してから間もない5月上旬、タブリーズに住む地元のアルメニア系の商人たちが専売会社の独占的なタバコ売買を不当として異議申し立ての声を挙げた。自分たちは帝政ロシアの庇護（プロテジェ）を受けている。専売会

社のタバコ利権が適用されるのは不当であり、従来通りタバコを自由に売買したいというのが彼らの言い分であった。このような抗議に対してタブリーズに出向き、アルメニア系の商人と実際に接触し折衝に当たったのは、ペルシア帝国タバコ専売会社の職員ではなく、当時、オスマン帝国銀行から会社支援のためにイランに派遣されていたエヴァンズ Evans という行員であった。彼は不満をぶつけるアルメニア系の商人たちと粘り強く交渉を続け、最終的に彼らを庇護する立場にある帝政ロシアを刺激しないという政治的配慮から、アルメニア系の商人に限って 1828 年に締結された帝政ロシアとイランとの間の通商条約トルコマンチャーイ条約にしたがって特例として専売制を適用せず、タバコ 1 オッカにつきイラン通貨で 1 ケラーンを支払うという条件で従来通り、タバコの売買を続けることを認めた[25]。

　ペルシア帝国タバコ専売会社と現地商人との間で起きた以上のような係争にオスマン帝国銀行の行員が出てくるというのも奇妙な感じがするが、これにはそれまでオスマン帝国のなかで銀行が行ってきたタバコ専売事業に対する深い関与と経験が深く関係していたからだと思われる。アメリカのトルコ経済史家カータルト Donald Quataert によると、オスマン帝国銀行は、オスマン帝国タバコ専売会社を支える主要銀行の一つであった。また、この銀行は、1875 年に国家財政が破綻したオスマン帝国に代わって 1881 年以降、タバコ税以下の主要六税を徴収する権限をもつようになるオスマン債務管理局を構成する有力メンバーでもあった。こうした経済的立場からオスマン帝国銀行はタバコ専売事業に深く関わり、そのノウハウに通じていた。これらの蓄積された経験に設立間もないペルシア帝国タバコ専売会社は期待し、タブリーズにおけるアルメニア系商人の異議申し立てに対する折衝をオスマン帝国銀行に委ねたのではないかと思われる[26]。

　ペルシア帝国タバコ専売会社は、当初の予定ではイギリスの資本だけで設立されるはずであった。しかし、すでに述べたように、帝政ロシアの牽制によってフランス、ドイツ、その他のヨーロッパ諸国、さらに帝政ロシアからも資本を募って会社を立ち上げていくことに計画が変更された。このようなかたちで設立された会社の形態を 1891 年 3 月 18 日付のタルボットからカージャール朝の宰相アミーノッソルターン Amīn al-Solṭān 宛のペルシア語書翰

は「多国籍企業 kompānī-ye aghlab-e melal」と表現するが、これにペルシア帝国タバコ専売会社がもはやイギリス一国の資本だけからなる会社ではないことがよく示されているように思われる。このように多国籍企業へと性格を変えて設立されたペルシア帝国タバコ専売会社の株主のなかにオスマン帝国銀行が入っていたかどうか、史料的に確かめることはできない。しかし、タブリーズのアルメニア系商人たちによって起こされた抗議の声に対してオスマン帝国銀行が調停のために出てきた裏には、ペルシア帝国タバコ専売会社に対する出資という問題が絡んでいた可能性が大きいように思われる[27]。

2．利権廃棄をめぐる攻防

1）ボイコット運動の高揚と内国専売の廃止

ペルシア帝国タバコ専売会社は、1891年4月から営業を開始した。しかし、早くもタバコが播種される直前の時期にあたる4月下旬、最高品質のタバコの産地として知られる南部のシーラーズにおいて、この地を代表するシーア派ウラマーであり、モジュタヘド Mojtahed でもあったセイイェド・アリー・アクバル Seyyed 'Alī Akbar によって専売制に対する異義申し立てがモスクにおいて説教のかたちで行われた。これをきっかけに反対運動がバーザールの商人を中心に起こされ、イラン各地にそれが波及していくことになる[28]。

このシーラーズでのボイコット運動は、5月17日に指導者のセイイェド・アリー・アクバルの逮捕、イラクのシーア派聖地への追放によって6月までには沈静化した[29]。しかし、これに代わって7月から9月の時期にかけて西北部の中心都市でオスマン帝国へのタバコ輸出のもっとも重要な中継地でもあるタブリーズにおいて、ボイコット運動が激化する。7月下旬、この都市にペルシア帝国タバコ専売会社から操業開始の旨が伝えられると、会社に協力する者を脅迫するプラカードが市内に掲げられた。さらに8月に入ると、シーラーズと同じように、モジュタヘドの地位にあった4人のシーア派ウラマーによってタバコ利権反対の説教が行われ、首都テヘランのカージャール朝のシャーのもとに嘆願書、電報が送られた。これによって市内は騒然とし、

9月に入るとボイコット運動は、武装蜂起にまで発展しかねない様相を呈するまでになる[30]。

これをうけて9月から11月になると、ボイコット運動は、タバコの質においてシーラーズ産のそれには劣るものの、生産量、輸出量においてイラン随一を誇るイスファハーンに飛び火した。ここでの反対運動の先頭に立ったのは、栽培農民、商人の間で人気が高かったモジュタヘドのアーカー・ナジャフィー Āqā Najafī である。彼は、専売会社の営業開始後も倉庫に残るタバコに限って売買が許されていた6ヶ月の猶予期間が終了する11月を前に反対姿勢を強め、11月21日、タバコ利権が廃棄されるまでの間、喫煙を自発的に絶ち、その売買を禁止するホクム（裁定）を発令した。これをきっかけにバーザールで水ギセルを壊すかたちでの抗議行動が始まり、さらに外国からイランに輸入される商品の不買運動にまでエスカレートしていった[31]。

12月はじめを迎えると、国外のイラクにあるシーア派の聖地サーマッラーに住むマルジャア・アッ＝タクリード Marjaʿ al-taqlīd（「模倣の源泉」の意）の地位にあったウラマーの最高権威モハンマド・ハサン・シーラーズィー Moḥammad Ḥasan Shīrāzī によってタバコの売買・喫煙の禁止を呼びかけるホクム（裁定）が出された。これに勢いを得てボイコット運動は燎原の火のごとくイラン全土に広がっていくが、このような抗議運動が盛り上がるなか、それまでほとんど目立った動きが見られなかった首都テヘランにもボイコット運動は波及し、大きな山場を迎えることになる[32]。

イラン国内における以上のようなタバコ・ボイコット運動の具体的な動きについては、すでにケディ、ラムトン等の研究者によって詳細に論じられている。また、この小論での目的が政治史の観点からタバコ・ボイコット運動について検討していくことにはないので、以下においては地域をテヘランに絞り、そこでの抗議運動を受けて開始される利権廃棄へ向けての交渉、その過程で顕在化してくるタバコ輸出をめぐる補償問題を経済的な観点にしぼって見ていくことにしたい。

ボイコット運動が激しさを増すなか、テヘランでは12月12日頃からタバコ利権の廃棄へ向けて慌ただしい動きが見られるようになる。宰相アミーノッソルターンは、抗議運動の高揚を目の当たりにしてそれを一方的に上か

ら押さえつけることはもはや不可能と判断、利権を部分的に廃棄するという便宜的な策を講じて商人、ウラマーたちの怒りを鎮静化していこうとした。彼は、駐テヘラン・イギリス公使ラッセル F. Lascelles を通じて専売会社にタバコ利権のうち、国外へ輸出する独占的な権利は従来通り認めるが、国内における生産と流通に対する独占権、すなわち内国専売権は廃棄したいとの提案を行った。これに対する補償は、タバコ税を新設し、それを財源にして充てるというのがアミーノッソルターンの考えであった。会社側はこれを了承し、12月17日、カージャール朝政府は、専売会社に対して内国専売権の取り消しを通告した[33]。これにしたがって翌12月18日、アミーノッソルターンは、各州の知事に対してタバコ利権の廃棄交渉が内外二つに分けて行われたということにはまったく触れずに、一般的なかたちで利権が廃棄された旨を次のように通達した。

> 〔ナーセルオッディーン・シャー〕陛下は、この独占（enḥeṣār va monopūl）をイラン全土において本日以降、廃止するようお命じになった。会社の損害は別なやり方で査定され、時を置いて会社に補償されるであろう。この電報が発信された日付を知悉し、すべての人たち、ウラマー、アーヤーン〔名士たち〕、商人、その他の人たちにタンバークー、トゥトゥーン、それらから作られるすべてのタバコ加工品を、望む人々には誰でも、また欲する価格、方法で売買できるということを知らしめよ。タバコ専売会社の従業員には彼らの総支配人が確実に通告するはずであるが、貴殿たちも（同じように）知らしめよ[34]。

アミーノッソルターンは、これとは別にテヘランの主だったウラマーにもタバコ利権が廃棄された旨を伝え、喫煙禁止令を解くよう求めた。これに対してウラマーたちは、廃棄されることになっている利権のなかに輸出専売権が含まれているかどうかを質し、禁止令を解除するにはイラクの聖地サーマッラーに住むシーア派の最高権威シーラーズィーの許可を仰ぐ必要があると回答した。これにしたがってモハンマド・ハサン・アーシュティヤーニー Moḥammad Ḥasan Āshtiyānī、セイイェド・アリー・アクバル・タフレシー

Seyyed ʿAlī Akbar Tafreshī、モハンマド・レザー・タバータバーイー Moḥammad Reẓā Ṭabāṭabāʾī、ファズロオッラー・ヌーリー Faẓl Allāh Nūrī、エマーメ・ジョムエ Emām-e Jomʿe の 5 人のテヘランを代表するウラマーたちは、連名でシーラーズィーに対して書翰を送り、喫煙禁止令を解除すべきかどうかの裁断を仰いだ。内容的にはアミーノッソルターンの州知事宛の布告とさほど変わりがないが、以下、引用しておくことにしよう。

> タバコ問題にかんしてカージャール朝によってヨーロッパ人たちに譲渡された利権（emeyāz va ekhteṣāṣ）は、ナーセロッディーン・シャーの勅令（ホクム）によってイラン全土から廃棄され、農民、職人、商人、タンバークーの所有者、タンバークー商人、その他からなるすべてのイラン人は、今後、タンバークー、トゥートゥーン、タバコにまつわるすべての商品を誰にも望む価格、やり方でイラン領内において売買することを例外なく行える権利を安んじて有する。このため詳細をシーラーズィー猊下に報告することが必要になった次第である[35]。

シーラーズィーに対する同様の問い合わせは、テヘラン以外の各地方都市に住むウラマーによってもなされたが、以上のような報告、照会に対してイラク在住のシーア派指導者シーラーズィーは、12 月 21 日（1309 年ジュマーダー第 1 月 19 日）、テヘランのウラマーのうち、アーシュティヤーニー、タバータバーイー、ヌーリーの 3 人に宛てて電報で返事を送り、さらにイスファハーン、シーラーズ、ヤズド、サブザヴァールのウラマーにもほぼ同様の内容の電報を送った[36]。残された電報から読みとれるシーラーズィーの考えは、次のイスファハーンのハージ・シェイフ・モハンマド・タキー Ḥājj Sheykh Moḥammad Taqī(＝アーカー・ナジャフィー) に宛てた電報に端的に示されている。

> ヨーロッパ人による国内、国外の〔タバコ利権支配の〕手が除去されることが調査によって明らかにならないかぎり、また除去にかんして私自身が確かめられないかぎり禁止の命令（ホクム）はそのままであり、回

避は必然で許可することはありえない[37]。

シーラーズィーの回答は、国内のみならず国外の専売利権も廃棄されないかぎり、喫煙禁止令はこれまで通りイスラーム法にしたがって「ハラーム（禁止）」であり、タバコの喫煙は認められず、ボイコット運動は継続すべきだという意見であったのである[38]。

2）　テヘランの騒擾事件

テヘランにおけるボイコット運動は、12月末から翌1892年1月初頭にかけて急展開を遂げる。宮廷のハーレムの女性たちまでもがシーラーズィーのホクム（裁定）を忠実に守って禁煙を続けることに苛立ちを募らせたナーセロッディーン・シャーは、ウラマーの指導者であるアーシュティヤーニーに覚書を送り、喫煙禁止令を解くよう強く迫った[39]。これに対する返答は、禁止令を解除するにはタバコ利権を国内と国外の二つに分けずに全廃することが絶対的な条件であり、それができなければ抗議の動きを止めるわけにはいかないという以下のようなものであった。

> この抗議行動を止めることは、国内外のタバコ利権を完全に廃止することを除いてはあり得ません。〔国内外二つの〕利権を区別することは良策ではない。小生からこの問題を招集された会議で出すことは、恐らく堕落した動機から発しているとみなされ、拒否されましょう[40]。

ケルマーニーの『イラン人覚醒の歴史 *Tārīkh-e Bīdārī-ye Īrāniyān*』によると、1892年1月4日、喫煙禁止令を続ける姿勢を崩そうとしないウラマーのアーシュティヤーニーに対して、テヘラン州知事ナーイェボッサルタネ Nā'eb al-Saltane は、強硬策に出て喫煙を復活するか、さもなくばテヘランから退去するか、どちらかを選択するよう迫った。これに対してアーシュティヤーニーは、後者の道をとると言明した。しかし、これを良しとしない支持者たちが彼の屋敷に集まり、気勢を上げた。バーザールの店舗、キャラバンサライが抗議のために閉鎖され、さらにアーシュティヤーニーと並ぶテヘラ

付図3　水タバコを喫うイスファハーンの女性
出所：Ernst Höltzer（Mohammad Assemi ed. & tr.）. *Persien vor 113 Jahren*, Text und Bilder 1. Teil: Eṣfahān, Tehrān, n.d., p. 306.

ンの有力なウラマーとして知られるタバータバーイー、タフレシーも応援のために駆けつけ、アーシュティヤーニーが住む屋敷周辺は騒然たる雰囲気に包まれた。

　こうしたなか、カージャール朝政府はマジドッドウレ Majd al-Dowle を使いとして派遣し、内国専売権が破棄された旨を記すナーセロッディーン・シャーの勅令を示して抗議行動を速やかに止めるよう求めた。これに対してアーシュティヤーニーと行動を共にするタバータバーイーは、輸出専売権の廃止問題が不明確のままだとしてその要請を拒否した。これに同調する民衆は、マジドッドウレを取り囲み、彼を拘束した。しかし、マジドッドウレは辛うじて難を逃れ、アーシュティヤーニーの屋敷からカージャール朝の宮廷があるアルグに戻っていった。これを追って多くの民衆が城内に雪崩れ込んだ。知事のナーイェブッサルタネは門を閉じて人々が城内に侵入するのを阻止しようとしたが、一部の者はこれを振りきってアルグの内に入っていった。これに驚いた知事は、アルグの守備司令官と兵士に発砲を命じ、これによってかなりの者が銃撃され、死亡するに至った[41]。

　以上がケルマーニーの伝える1月4日に起きた事件の顛末である。この死傷事件をきっかけに政府は、内国専売権を廃棄するだけでは商人、ウラマー

たちの抗議行動を止めることはもはやできないと覚り、利権を国内と国外に分けず、全面的に廃棄することに方針を転換して事態の収拾を図っていこうとした。これにもとづいてカージャール朝政府は、アゾドルモルク ʻAẓod al-Molk とテヘランの行政長官ミールザー・イーサー Mīrzā ʻĪsā を改めてアーシュティヤーニーのもとに派遣し、テヘランからの退去に翻意を促すとともに、主だったウラマーを集めて話し合いの場を設け、事後の協議を行うことを約束した。これに対してウラマーたちは、1月4日に殺された犠牲者の家族への補償と抗議運動の指導者が罰せられないことを求める一方、従来通りタバコ利権の完全廃棄を主張した[42]。

この交渉にはテヘランの有力なウラマーのほとんどが出席した。しかし、後の立憲革命においてテヘランを代表するウラマーとして活躍するセイイェド・アブドッラー・ベフバハーニー Seyyed ʻAbd Allāh Behbahānī だけは、この協議に加わらなかった。彼は自らがモジュタヘドであるという矜持を全面に押し出し、これを盾にシーラーズィーの喫煙禁止のホクムとそれに従うアーシュティヤーニーを筆頭とするウラマーたちの動きと収拾案に同調しようとしなかった。彼は、シーラーズィーの喫煙禁止令がホクムなのかファトワーなのかという法としての性格に疑義を投げかけ、前者であるならばそれは原告と被告との間の訴訟レベルの問題にとどめるべきものであり、社会的拘束力はない。しかし、後者のファトワーならばあまねく受け入れなければならないが、その場合でも法を自由に解釈する権限のないモカッリドに対しては拘束力があるものの、自分のようなコーランやハディースといった法源にもとづいてシャリーアを導き出すことのできる力と資格をもつモジュタヘドを縛ることはできないと言ってシーラーズィーの喫煙禁止令に従おうとしなかった[43]。

このようにウラマーの足並みはすべて揃っていたわけではなかった。しかし、タバコ利権を完全に廃棄すべきであるという大多数のウラマーの主張を政府は受け入れ、1月5日、これに則って宰相アミーノッソルターンは、専売会社に対して内国専売権のみならず輸出専売権もいっしょに廃棄する旨を通告した[44]。これに続いてナーセロッディーン・シャーの二つの勅令が出された。それにはタバコ利権が内外ともに恒久的に取り消されることが明記さ

れ、テヘラン州知事のナーイェボッサルタネ、宰相アミーノッソルターン、その他の大臣たちにそれについてタバコ商人たちに読んで聞かせるよう指示されていた。この勅令は、マレコルトッジャール（Malekal-tojjār「商人の長」）に手渡され、政府の公告として張り出すよう命じられた[45]。

　さらに、最後まで輸出専売権を手放すことを渋っていたペルシア帝国タバコ専売会社も、同じように以下のごとき公告を出した。

　　ナーセロッディーン・シャーは、タバコの独占権を内外を問わず完全に取り消す旨を私（オルンスタイン）宛に公式に書いてきた。このため専売会社（Edāre-ye Rejī）にタンバークーとトゥートゥーンを売ったすべての商人たちに公告する。自らのタンバークーとトゥートゥーンを買い戻したいと欲する者は、すべてタバコ専売会社（Edāre-ye Dohāniyāt）のところに出むき、（売却して）得た額を返して自分の売ったタバコを受け取るように[46]。

　総支配人のオルンスタインは、当初、公告のなかで輸出専売権の廃棄について明記することをなかなか承知しようとしなかった。しかし、それがないと輸出専売権を含むすべての利権を廃棄することが抗議運動の矛を収める絶対的な条件だとするアーシュティヤーニー等のテヘランのウラマーたちを納得させることは難しいとイギリス公使ラッセルに説得され、最終的にそれを盛り込み、明記することに同意した。これによってこの後の争点は、喫煙禁止令をどのようなかたちで解除していくのか、そして専売会社に対してどのような条件で補償していくのかに移っていくことになる[47]。

3）喫煙禁止令の解除をめぐるやりとり

　ナーセロッディーン・シャーは、公告が出された後、アーシュティヤーニーに対してモスク、マドラサにおいて利権廃棄についてテヘランの民衆に対して説明するよう求める次のような書翰を送った。

　　イランでペルシア帝国タバコ専売会社に与えた協定は、すべて取り消さ

れた。これ以上、このことを追求すべきでない。貴殿はモスクのミンバル〔説教壇〕やマドラサの講筵においてしっかりとすべての人びとにこの問題は解決し、済んだと説明しなければならない。できるだけ早くガルヤーンを使って喫煙することを自重してきた人びとすべてに事情を説明するのが貴殿の義務である[48]。

　この要請に対してアーシュティヤーニーは、アミーノッソルターン宛の書翰において「ここ2日ばかりエマームたちはモスクに行かなかったが、ミンバルに登ってナーセロッディーン・シャーのために祈ることをはじめた」と答え、利権廃棄にかんする情報は順調に浸透していると伝えた[49]。一方、ナーセロッディーン・シャーから別のかたちで求められた喫煙禁止令の解除については慎重に回答を留保し、タバコを喫うか喫わないか、その是非はシーラーズィーのホクム（裁定）次第であり、問い合わせることが必要である、と従来通りの発言を繰り返した[50]。

　1月9日、テヘランの5人の指導的なウラマー、すなわちアーシュティヤーニー、タフレシー、ヌーリー、タバータバーイー、エマーメ・ジョムエは、この問題に決着をつけるべく、イラクの聖地サーマッラーにいるシーラーズィーのもとに喫煙禁止令の解除を求める電報を打った。今回は12月中旬に打電した時とは違い連名で行わず、それぞれのウラマーが別々に電報を送るというかたちをとった。最後のエマーメ・ジョムエだけはアスタラーバードの商人ハージ・アブドルハーディー Ḥāji ‘Abd al-Hādī を通じてバグダードの電信局留めで打電したが、他の4名はケルマンシャー知事ハージ・アブドルラヒーム・ヴァキーロッドウレ Ḥāji ‘Abd al-Raḥīm Vakīl al-Dowle を通じてケルマンシャーハーンからバグダードの電信局に宛てて送った[51]。

　これら電報のなかで注目しなければならないのは、タフレシーの電報である。これを読むと、手続きの面でシーア派ウラマーのヒエラルキーを逸脱した行為があったことが認められる。タフレシーは、シーラーズィーに宛てて打ったこの電報のなかでアーシュティヤーニーがテヘランにおいてすでにタバコを喫う許可を出した、と述べているが、これをそのまま受け取るならば、

アーシュティヤーニーはシーラーズィーの裁可を仰ぐことなく、独自の判断で喫煙禁止令を解除する裁定を出したことになる。シーラーズィーからの許可がなければ禁止令を停止できないという従来からの主張をアーシュティヤーニー自身が破ったことをこのタフレシーの電報は示している[52]。

これに対するシーラーズィーからの返事は、1月23日になってようやくテヘランに届いた。このように大幅に返事が遅れたのは、電信局の不手際か、故意なのか不明だが、テヘランの商人を介して送られたシーラーズィーの電報が、この日まで宛先人に配達されなかったからである。このように遅延して届いた電報のなかでシーラーズィーは以下のようにアーシュティヤーニーに喫煙禁止令の問題について回答している。

> タバコ利権廃棄と喫煙許可の布告にかんする貴殿（アーシュティヤーニー）の電報が届いたことで私（シーラーズィー）が電報を差し上げる次第です。（中略）貴殿がふさわしいと判断されたことは、まさにその通りだと存じます。これから以降、貴殿が通告されたように喫煙が禁止されることはありません[53]。

これによると、シーラーズィーは、アーシュティヤーニーが独断で喫煙禁止令を解いたことに対してとくに咎めることなく、彼の判断をそのまま追認したことが分かる。イランのシーア派ウラマーにとってイラクの聖地サーマッラーにいるシーラーズィーは、最終的な判断を仰ぐ拠り所であるマルジャ・アッ＝タクリードに他ならなかった。しかし、アーシュティヤーニーはそれを承知の上で敢えてシーラーズィーに伺いを立てるという手続きを省き、自らの判断にもとづいてテヘランでの喫煙禁止令を解き、タバコを喫うことを許す裁定を下したと考えられる。

シーラーズィーからの遅れた回答がテヘランに届いたことを知った宰相のアミーノッソルターンは、1月25日、正式にアーシュティヤーニーに禁止を解くよう要請し、翌26日、喫煙禁止令は解除された。また、これとは別にシーラーズィーからナーセロッディーン・シャーに宛てたタバコ利権が内外ともにすべて廃棄されたことを感謝する電報も届き、ここにボイコット運

動は次の段階としてカージャール朝政府と専売会社との間でアミーノッソルターンとオルンスタインをそれぞれ代表とする具体的な利権廃棄の交渉に局面が移っていくことになる[54]。

4） 補償交渉と輸出問題

　1月26日に喫煙禁止令が解除されたにもかかわらず、カージャール朝政府と専売会社との間の交渉は、会社がロンドンの本社と連絡をとったり、英国政府に仲介を依頼するのに手間取ったことなどもあって大幅に遅れ、それが動き出すのは、ようやく2月末以降になってからのことであった。2月28日、専売会社は駐イラン・イギリス公使ラッセルを通じてイギリス政府に対して正式に支援を要請、3月3日にはその保証を取り付けた。こうした動きに対して3月6日頃、カージャール朝政府は、利権廃棄にともなう賠償金と会社が所有する資産を引き取るにあたって支払わなければならない補償金のそれぞれの額を専売会社に対して提示、以後、約1ヶ月にわたって両者の間で交渉と修正が重ねられ、最終的に1892年4月3日、利権廃止の協定が結ばれた[55]。

　この交渉の過程では大きく整理すると、二つの問題が議論された。第一は、利権協定の取り消しにともない、カージャール朝政府が専売会社に対して賠償金をどれだけ支払うかという問題である。第二は、専売会社がイランにおいて所有する資産の多くは、カージャール朝政府に有償で引き渡されることになるが、会社に所有権のある資産のうち、何を譲渡し、どのように資産評価をして補償額を決めていくかという問題である。

　前者の賠償金については、比較的円滑に決着がついた。額については最初、350,000ポンドをカージャール朝政府が会社に対して支払う案が提示された。しかし、会社側はこれに難色を示し、最終的に500,000ポンドに増額されて決着がつけられた。その支払い方法については当初、10年間の年賦で5％の利子をつけて払っていく案が出された。しかし、会社側が一括払いを強く要求したため、財源が不足するカージャール朝政府は、急遽、ペルシア帝国銀行に融資を依頼、利権廃止協定第1条に記されているように、4月1日から4週間以内に合意された賠償金の額を会社に支払うことになった。この多額の賠償金の支払いをきっかけにイランにおいてはじめて借款が行われ、イラ

ンはヨーロッパ資本に金融的に従属する道を歩んでいくことになる[56]。

　これに対して専売会社が所有する資産の補償問題の方は交渉が難航した。資産として一括されるものには、①専売会社がタバコを生産・加工する際に使った工場施設、機械設備、梱包用の資材、そしてテヘランの事業本部、地方の営業所などでそれぞれ使用されていた社屋、それに附属する設備備品、倉庫といった固定資産と、②銀行、サッラーフのところに預けてあったり、あるいは手元に保有する手形、債券、為替、現金などの流動資産の二つに大別できる。このうち、前者の固定資産については、しかるべき補償金をカージャール朝政府が支払って会社から引き取ることで合意が成立した。一方、もう一つの流動資産については、所有権は会社にあるとされ、イランから撤退する際に自由に国外に持ち出すことが認められた[57]。

　ただし、会社がイランで買い付け、倉庫に保管してあるタンバークーを主とするタバコを固定資産と流動資産のどちらの扱いにするかをめぐっては、激しいやりとりが行われた。専売会社の方は、タバコを会社にすべての所有権がある流動資産の扱いにするよう強く求めた。倉庫に保管されているタバコについては、会社に所有権があることを根拠に利権が廃棄された後でもイラン国内で販売することができ、また、オスマン帝国などの国外へ向けて輸出できると会社は主張した。しかし、こうした会社の要求にカージャール朝政府は激しく反発し、倉庫に保管されているタバコをすべてカージャール朝政府に引き渡すよう求めた。タバコ利権の廃棄後は、それをイラン国内で販売し、また国外へ輸出することはいっさい認められず、それを許すとウラマーや商人・農民から政府が厳しく非難されるというのがカージャール朝の危惧するところであり、反発の理由でもあった。

　この在庫分のタバコの扱いをめぐっては、専売会社の総支配人オルンスタインと宰相アミーノッソルターンとの間で幾度か交渉が重ねられ、結果的にはタバコを国内での流通・消費分と輸出用との二つに分け、前者については会社が有償でカージャール朝政府に引き渡し、後者については会社の留保分とすることで合意がなされた。ただ、その量と額をそれぞれどれくらいに見積もるかについては、双方にそれぞれ思惑があり、その後も駆け引きが続いた[58]。

会社は、テヘラン、カズヴィーン、ハマダーン、タブリーズ、ラシュト、マシュハド、カーシャーン、イスファハーン、シーラーズ、ヤズド、ケルマーンにある倉庫に保管されているタバコの種類、質、量を調査し、それを国内消費用と輸出用に分けて明細帳に書き出す作業をはじめたが、このうちシーラーズ、イスファハーン、カーシャーン、タブリーズの倉庫にあるタンバークーは、もともとすべて輸出用であり、会社に所有権があると主張した。要するに、会社はタブリーズを中継地としてオスマン帝国に向けて輸出される三大産地のタンバークーにかんしては、すべて流動資産の扱いにし、自分たちのものであると主張し、それを確保していこうとしたのである[59]。

しかし、カージャール朝政府はこうした会社の主張を認めず、会社が留保できる輸出用のタンバークーの量と額を極力、少なくしていこうとした。喫煙禁止令が解除された頃に総支配人のオルンスタインが出したタンバークーの輸出額の試算は、71,182 ポンドであった。この額に相当する分を会社はカージャール朝政府に認めさせようとしたが、これは到底受け入れられず、交渉のなかで 71,182 ポンドから 48,000 ポンドへ、さらに 45,000 ポンドへとその額が下げられ、最終的に 40,000 ポンド相当分のタンバークーを輸出用として認めるということで合意が成立した。後の残りはすべて国内消費用とみなされ、カージャール朝政府が有償で会社から買い取ることになった。その補償額は、工場施設、機械設備、梱包用の資材、社屋、設備備品、倉庫といった固定資産に対するそれとあわせて総額で 139,000 ポンドとされた。カージャール朝政府は、賠償金の 500,000 ポンドに加えてこの額を会社に支払うという条件で最終的に会社とタバコ利権を廃棄する協定を結んでいくことになる[60]。

この他、利権廃棄協定の交渉では、会社に認められた 40,000 ポンド相当分のタンバークーを輸出していくにあたって、期間を定めてそれをおこなっていくかどうか、またどのようなやり方で輸出をしていくかという点についても交渉が進められた。会社側は、イランの倉庫に残っているタンバークーの量 40,000 ポンド相当分は、量としては決して少ないものではなく、あらかじめ期間を設けず、時間的に余裕をもって会社の裁量がきくかたちで自由に輸出することを認めて欲しいとカージャール朝政府に対して申し出た。し

かし、カージャール朝側は、利権廃棄後はできるだけ速やかに輸出を済ませ、可能なかぎり早くイランから会社が撤退することを望んだ。このため期間を決めてカージャール朝政府が定めたやり方で輸出貿易の後始末をするよう会社に求めた。このように専売会社とカージャール朝政府との間で多くの食い違いがあったが、結局、この期間とやり方の問題は結論を出すことができず、草案の段階で第7条として規定された部分は4月3日に正式に利権廃止協定が結ばれた段階では削除され、曖昧なままにされた[61]。

　ペルシア帝国タバコ専売会社は、ボイコット運動が首都のテヘランに飛び火し、それに抗することが難しいと思われる状況に追いこまれても、なお輸出専売権だけは最後まで自分たちのところに残そうとした。しかし、商人とウラマーの反対を受けてそれが不可能なことを覚ると、利権廃棄の交渉の過程でイラン各地の倉庫に保管されているタバコをできるかぎり自社の留保分としてカージャール朝政府に認めさせ、輸出貿易をなおしばらく続けていこうとした。このように輸出にこだわったのは、専売会社にとってそれがイラン国内のタバコの生産と流通を独占する以上にオスマン帝国向けのタバコの輸出量が多く、重要だったからである。このため、会社は輸出問題に最後まで執着したのである。

3．オスマン帝国におけるタバコ利権問題

1）トンベキ輸入専売会社設立へ向けての動き

　ペルシア帝国タバコ専売会社は、イラン産のタバコを国外に輸出する専売権を独占的に保持し、タンバークーをオスマン帝国領内の市場に向けて輸出していた。しかしながら、この輸出専売権はあくまでもイラン国内に限られ、オスマン帝国を含む国外の市場においてはタンバークーの販売、流通をめぐって他の商人たちとの激しい競争にさらされていた。会社にとってとくに脅威だったのは、専売会社設立前からオスマン帝国へタンバークーを輸出し、イスタンブルに収斂する交易ネットワークを押さえていたイランの商人や帝政ロシアのプロテジェを受けているアルメニア系の商人たちであった。

　こうした商人たちとの鎬を削る競争において優位に立つため、ペルシア帝

国タバコ専売会社は、早い時期からタンバークーをオスマン帝国領内で排他的に販売していくためのネットワークをつくり上げていこうとした。オスマン帝国領内にイランからタンバークーを輸入する独占的な専売権をもつ別の会社を設立し、これと連携しながらイランとオスマン帝国との間のタバコ貿易を独占することによってイラン商人やアルメニア系の商人、さらにはオスマン帝国の商人をタンバークーの流通から排除しようというのが、ペルシア帝国タバコ専売会社の構想する戦略であった。こうした思惑のなか、設立されていくのがフランス語で Société du Tombac、史料によっては La Société de la Régie des tumbekis persans、あるいはトルコ語で Tömbeki İnhisarı といわれる会社である。

以下においてはこの会社が設立される事情を追いながら、その過程でイラン国内ではなく、国外のイスタンブルで起こされる別のタバコ・ボイコット運動について見ていくことにしたい。なお、これから先、新たにつくられる会社について言及する場合はすべて「トンベキ専売会社」という略称で表記することをあらかじめ断っておくことにする。ペルシア語のタンバークーはトルコ語でトンベキと呼ばれるが、この章で扱われる問題がオスマン帝国、イスタンブルにおけるそれであることからペルシア語のタンバークーではなく、トンベキというトルコ語を専売会社に対して被せて呼んでいくのが妥当と考えるからである。

さて、トンベキ専売会社立ち上げの構想は、まだペルシア帝国タバコ専売会社がイランにおいて法的につくられず、会社としてのかたちをとっていなかった 1891 年 2 月 17 日の時点ですでに出されていた。イランからタバコ利権を獲得したタルボトは、この時、ジョルジュ・ドゥ・ゾゲブ Georges de Zogheb というフランス人にペルシア帝国タバコ専売会社が設立される段階で 25 年を期限としてイランから輸出されるトンベキ（タンバークー）の国外での販売権をすべて与えると約束していた[62]。ただし、この利権がタルボトからゾゲブに譲渡された時点ですぐに会社が立ち上げられたわけでなく、実際に会社設立に向けて動き出すのは、それから 4 ヶ月後の 1891 年 6 月 16 日のことである。イランではすでに 2 ヶ月余り前の 4 月はじめからペルシア帝国タバコ専売会社が営業を開始し、それにともなってシーラーズ、タブリー

ズ等の都市ではタバコの流通から排除された商人たちによってボイコット運動が起こされていた。このように異議申し立ての動きが激しさを増す時期にトンベキをイランから独占的に輸入し、それを国外、とりわけ最大の消費地たるオスマン帝国領内で流通させることを目的とするトンベキ専売会社が設立に向けて動き出していたのである[63]。

『イスタンブル商業会議所新聞』によると、ペルシア帝国タバコ専売会社からイラン産トンベキの国外での独占的な販売権を約束されたゾゲブは、次の手続きとしてまず、オスマン帝国政府に申請を出す前にカージャール朝政府にイラン国外でトンベキを専売できる権利を申請した。これについては1891年7月に50年を期限とする利権をカージャール朝から認められ[64]、これをふまえて1891年7月18日、ヨーロッパ各国、オスマン帝国から資本を募り、額面22万リラ、1万株でもってパリのrue Meyerbeer, No. 7に本社を置く「トンベキ専売会社 Société du Tombac」が正式に設立された。ただし、ゾゲブはこの会社の取締役には名を連ねたものの、会長職はオスマン帝国銀行のエドガー・ヴィンセント Edgar Vincent に譲り、彼自身はオスマン帝国への利権申請、認可が終わった後、イスタンブルに開設されるはずの事業本部の総支配人に就任した。ゾゲブは、すでに触れたペルシア帝国タバコ専売会社の総支配人オルンスタインと同じような役回りをオスマン帝国のなかで担っていくことになる[65]。

トンベキ専売会社は、ゾゲブが主導的な役割を果たしたこと、またパリの銀行家、フランス系のオスマン帝国タバコ専売会社が資本を出していることに示されるように、基本的にはフランス系の会社であるということができる[66]。しかし、オスマン帝国銀行、さらにはペルシア帝国タバコ専売会社も資本を出していることから、その実態は多国籍企業という性格を当初はもっていた。とくにペルシア帝国タバコ専売会社の影響力が大きかったことは注目に値する。駐イスタンブル・イギリス領事の報告によると、この会社は発行株式のうち5分の1を保有し、トンベキ専売会社のなかで最大の株主であった[67]。こうした点をとらえてペルシア語の外交文書は、トンベキ専売会社を「ペルシア帝国タバコ専売会社の子会社（farʿ va shoʿbe）」とすら表現している[68]。このようにペルシア帝国タバコ専売会社は持ち株において他を圧

し、これを通じてイラン国内のみならず、国外のオスマン帝国におけるトンベキの流通、市場までをもその支配下に入れようとしていたのである。

2）利権申請の手続き

　1891年8月下旬、トンベキ専売会社はペルシア帝国タバコ専売会社およびカージャール朝からそれぞれイラン国外でトンベキを販売する独占権を得たことをふまえて、最終的にオスマン帝国の商業・公共省に対してイランから輸入されるトンベキをオスマン帝国領内で専売できるための利権申請の手続きを正式に行い、イスタンブルに事業本部を開設する準備に入った[69]。これを受けて10月以降、オスマン帝国政府は関係省庁の大臣を構成メンバーとする特別委員会 Komisyonu Mahsus を組織し、この利権を認めるかどうか、その是非について協議を重ねていった。そこで議論された内容は、現在、オスマン帝国総理府文書局に① Başbakanlık Arşivi Yıldız Tasnifi Sadaret Resmi Maruzat Evrakı 56/64（以下、Y. A. Res.56/64 と略記）、② Başbakanlık Arşivi Irade Tasnifi Irade 1309 / MM5449（Arz Tezkeresi）（以下、Irade 1309 / MM5449 と略記）と分類される文書として残されている。これらの具体的な内容を紹介する前にあらかじめトンベキ専売会社によってなされた利権申請がどのような順序でオスマン帝国の諸官庁、政府部内で協議され、最終的にアブデュルハミト2世の勅令（Irade）が出されて専売協定のかたちをとっていったのか、これら二つの文書に拠りながらその流れをあらかじめ整理をしておくと次のようになる。

　トンベキ専売会社の利権問題を主管する官庁は、それが経済問題にかかわるということから財務省であった。このため、当時、財務大臣を務めていたアフメト・ナーズィフ Ahmet Nazif は、新しいタバコ利権問題に財務省としてどのように対処すべきか、10月13日から省内での協議を開始する。内国関税局長イッゼト・アリー İzzet Ali に上申書を提出させてイランからトンベキを輸入する際に徴収される関税の状況について把握し、それを踏まえて専売会社と取り交わす協定書の財務省案を作成した。このような実務的作業を重ねたあと、11月8日にトンベキ輸入専売会社の利権申請に対する財務省案をテズケレ tezkere のかたちにしてまとめ、総理府に送付した[70]。

これを受けて宰相のアフメト・ジェヴァート・パシャ Ahmet Cevat Paşa は、法務大臣のルザー・パシャ Rıza Paşa を座長とし、宰相、財務大臣、商業・公共大臣が加わる特別委員会を総理府のなかに設置し、トンベキ専売会社の利権申請問題について、テズケレとして提出された財務省案をたたき台にして省庁を横断する協議会を 11 月 12 日と 11 月 15 日の両日にわたって開催した。審議の結果はそれぞれマズバタ mazbata としてまとめられ、11 月 17 日に財務大臣の上申書、その他の嘆願書類とともにユルドゥズ宮内にある書記官局に提出された[71]。

　この後、これらの書類は書記官局長のシュレイヤー Süreyya を通じてアブデュルハミト 2 世の奏覧に付され、12 月 4 日、最終的にトンベキ専売会社に対してイランから輸入されるトンベキをオスマン帝国領内で専売する権利を認める勅令が発せられるという経過をたどることになる[72]。

　以上がオスマン帝国総理府文書局所蔵文書を通じてみたトンベキ専売会社による利権申請にかかわる審議から勅令発布に至るまでの流れである。トンベキ専売会社が利権を獲得した 12 月 4 日は、期せずしてイラクの聖地サーマッラー在住のシーア派ウラマーの最高権威シーラーズィーによってタバコの喫煙禁止令が出された日の翌日にあたる。ペルシア帝国タバコ専売会社は、イランにおいてボイコット運動の高揚を受けて利権を廃棄するかどうかの瀬戸際に立たされていた。しかし、それにもかかわらずこの段階ではまだ会社にとって利益の大きいイランからオスマン帝国へのトンベキ輸出になお強く固執し、オスマン帝国領内につくられるトンベキ専売会社と連携してさらなるタバコの広域的交易のネットワークを独占していく道を執拗に探っていたということができる。

　アブデュルハミト 2 世の勅令が出されたのを受けてオスマン帝国政府とトンベキ専売会社との間で全 17 条と補則からなる協定書が締結された。この協定書の正文は、現在、総理府文書局の関係ファイルのなかに見つけることができない。しかし、幸いなことにイスタンブルで発行されていたペルシア語新聞『アフタル』にその訳が転載されているのでこれによって協定の概要を紹介すると、最初の序にあたる部分に「オスマン帝国政府は、1892 年 10 月 4 日から 1917 年 10 月 3 日までの 25 年間、外国産のタンバークー（トン

ベキ）をオスマン帝国領内に輸入し、それを販売することを独占（エンヘサール enḥeṣār、トルコ語でインヒサール inhisar）のかたちで株式会社として資本金22万オスマン・リラで設立されたトンベキ（専売）会社に与える」と記されている。このことから明らかなように、実際に会社が事業を開始するのは、認可の勅令が出されてから10ヶ月後の1892年10月4日からと予定されていた[73]。

また、この勅令と協定が適用される地域はオスマン帝国全域ではなく、ヒジャーズ、イェメン、バグダード、バスラ、トラーブルスガルブ、スクタリ、コソヴォの各州は除外されている。すなわち、オスマン帝国の直接支配が必ずしも及ばなくなっていたアラビア半島、イラク、リビア、アルバニア、マケドニアは除かれていたのである[74]。

さらに、トンベキ専売会社が扱うタバコは、イランから輸入されるものだけに限られ、オスマン帝国領内で栽培、生産されるトンベキは対象外とされた[75]。もっとも、すでに触れたようにオスマン帝国産のトンベキは、生産量においても品質においてもイラン産のそれにとても及ばず、それがトンベキ専売会社の専売、流通から除外されたとしても会社の利益に影響を与えることはほとんどなかったと考えられる。

また、トンベキ専売会社が認可された時、オスマン帝国にはシガレット用のトゥトゥンの生産と流通に独占権をもつオスマン帝国タバコ専売会社がすでに営業を行っていた。こうした事情からトンベキ専売会社が認可を受けた利権の内容は、ペルシア帝国タバコ専売会社がオスマン帝国に向けて輸出する水タバコ用のトンベキを独占的に輸入し、それをオスマン帝国の市場で販売することに限られ、業務において二つの専売会社が競合することもなかったということができる。

3）　オスマン帝国にとってのメリット

トンベキ専売会社への利権付与は、オスマン帝国にとって税収と歳入の増加が期待できるという点でメリットのあるものであった。タバコ利権認可にかんする政府部内の協議の過程を伝える総理府文書局所蔵文書とトンベキの輸入専売利権にかんする協定書には次の三つが増収につながる財源として挙

げられている。以下、これらについて個々に見ていきながら、トンベキ専売会社に対して付与された輸入専売利権が具体的にいかなるものなのか、その内容について整理しておくことにしよう。

　第一に挙げられるのは、毎年会社がオスマン帝国政府に対して支払う30,000 リラの利権料である。これは 1875 年の国家財政の破綻、それに続く1881 年のオスマン債務管理局の設立によって財政が恒常的に逼迫していたオスマン帝国にとって新たに公債を発行する際の財源に充てることができるという点で財務省サイドとしては歓迎すべきことであった[76]。第二は、イランから輸入されるトンベキに対して新たに課せられることになる独占税である。原則としてこれは、輸入されるトンベキ 1 キログラムにつき 1 クルシュ（＝ 40 パラ）が徴収されることが決められた。ただし、トンベキの輸入量が4,000,000 キログラムを越える場合は 1.25 クルシュ（＝ 50 パラ）に増額されることになっていた。11 月 12 日に開かれた特別委員会のマズバタと 11 月 17 日付の財務大臣の上申書では、輸入量が 3,600,000 キログラム以下の場合でも、会社はオスマン帝国政府に対して独占税の最低保障額として36,000 リラを支払うことが案として出されていた。しかし、最終的な協定書第 3 条においてそれは削られ、独占税は輸入量が 4,000,000 キログラムまでは 1 クルシュ、それ以上の場合は 1.25 クルシュと決められ、とくに最低補償額は設定されなかった[77]。

　独占税の課税額が変わる目安が 4,000,000 キログラムとされたのは、イランからオスマン帝国へのトンベキの年間輸入量の平均が概算でこの程度だったからである。すでに 1889 年から 1901 年までの 14 年間の輸入量を示す統計を付表 1 のかたちで挙げておいたが、このうち 1887 年から 1892 年に至る5 年間の輸入量が 4,000,000 キログラム前後で推移していることはこれを裏づけているといえる。

　最後に第三の財源として挙げられるのが関税である。これはトンベキの輸入専売権の許認可にかかわりなく、それ以前から常にイランからオスマン帝国に輸入されるトンベキに対して課税されていたものであり、独占税のように新たに徴収される税とはいえない。しかし、利権料、独占税と比べるとその額ははるかに大きく、オスマン帝国にとってもっとも重要な財源の一つで

あった。
　この関税については、トンベキ専売会社が設立される少し前にイランからオスマン帝国に輸入されるトンベキの関税協定が改定の時期を迎えており、両国間で交渉が進められていた。トンベキ専売会社の営業開始後、イランからオスマン帝国に輸入されるトンベキに対して課せられる関税は、この交渉の結果合意された改定税率にしたがって徴収されていくことになるが、以下、この関税問題をめぐるオスマン帝国、イラン両国間の改定交渉の経過を簡単に振り返りながら、輸入専売会社が設立された後、どのような基準でイランからオスマン帝国に輸入されるトンベキに対して関税が徴収され、それがオスマン帝国の重要な財源となっていったのかを見ておくことにしたい。
　トンベキにかかわるオスマン帝国とイランとの間の関税協定は、ペルシア帝国タバコ専売会社が設立される以前の1890年12月はじめからすでに改定のための交渉が開始されていた。改定の対象とされたのは、1862年に締結され、その後1865、1875、1878、1881年にそれぞれ若干の変更が加えられた関税協定である[78]。この交渉の結果、1890年12月13日に合意が成立し、これ以降、イランからオスマン帝国に輸入されるトンベキに対して課されていたそれまでの関税は11月30日をもって廃止され、1890年12月（財務暦1月13日）から新しい輸入関税がトンベキに対して課されることになった。これは1891年4月以降営業を開始するペルシア帝国タバコ専売会社がイランからオスマン帝国向けに輸出するトンベキに対しても、また1891年12月4日に利権を付与されたオスマン帝国トンベキ輸入専売会社が輸入するトンベキに対しても同様に適用された[79]。
　1890年12月中旬に結ばれた新しい関税協定と1881年に締結された旧関税協定とを比べて大きく異なる点は、それまでトンベキに対しては従価で75％の輸入関税が課せられていたのが、新関税協定においては100％に変えられたことである[80]。この新しい改定税率にもとづいてトンベキの関税は1890年12月以降、徴収されていくことになるが、ただ、日々刻々、変動するトンベキの価格にしたがって国境の税関が関税を徴収することは煩雑であるため、実際にはトンベキの梱の重量を量り、それを現金に換算して関税を徴収する、従価制に従量制を折衷させる方法で徴収された。こうしたやり方

は、旧関税協定でも同様に行われていた。

このため、新しい関税協定が結ばれてから4ヶ月半ほど経った1891年4月1日に従価税率を従量税率に換算した新しい関税表が両国間で取り交わされ、これにもとづいてイランからオスマン帝国に輸入されるトンベキに対して100％の関税が徴収されていった。時期的にみると、ペルシア帝国タバコ専売会社がイランにおいて営業を開始するまさに直前の頃にあたる。これによると、旧関税表で1キログラムあたり2クルシュ30パラであった関税は、新関税表では3クルシュに増額された。この税額は9年間有効とされ、期限が来て改定される場合、その次の9年間は4クルシュ、さらにそれに続く7年間は4.5クルシュにさらに増額されることになっていた[81]。

以上のように独占税が新設され、関税率が改定された状況を踏まえて内国関税局長のイッゼト・アリーは、1891年10月13日付の財務大臣アフメト・ナーズィフに対する復命書cevapnameのなかで、トンベキ専売会社が設立された暁にオスマン帝国の国庫に入ってくると見込まれる関税と独占税の税収を次のように簡単な表のかたちにして報告している（付表2）。

これによると、イランからオスマン帝国に輸入される年間のトンベキ輸入量は、4,300,000キログラムと見積もられている。すでに挙げた1887年から1892年に至る5年間の輸入量の目安となる4,000,000キログラムという数字よりかなり多めに設定されているが、これはトンベキ専売会社が設立されることによって密輸の取り締まりが強化され、それによって税関を通る正規のトンベキの輸入量がさらに増えるという見通しがあったからだと思われ

付表2　トンベキ輸入量と税収見込

年間のトンベキ輸入量	関税とインヒサル
4,000,000　キログラム	16,000,000　クルシュ 関　税　　　キロあたり　3.0 サンチム 独占税　　　　　　　　　　　　1.0 合　計　　　　　　　　　　　　4.0
300,000　キログラム	1,275,000　クルシュ 関　税　　　キロあたり　3.0 サンチム 独占税　　　　　　　　　　　　1.25 合　計　　　　　　　　　　　　4.25
総　計 4,300,000　キログラム	17,275,000　クルシュ

出所：1891年10月13日付の内国関税局長イッゼト・アリーの復命書

る。いずれにしろ、この表にはトンベキ専売会社が設立されることによって期待される税収の増加をオスマン帝国の財政当局がどのように予測していたのかがよく示されている[82]。

トンベキ専売会社が設立されることによってオスマン帝国が享受できると期待される、あと一つのメリットとして密輸の減少が挙げられる。1884年に設立されたオスマン帝国タバコ専売会社の下でトゥトゥンの生産と流通の自由を奪われた農民、商人が会社に対してどのような抵抗を試みたのかを研究したカータルトは、オスマン帝国ではイランのように農民、商人の力が強くなく、またウラマーにも組織力がなかったため、ボイコット運動と呼べるような目立った動きは見られなかったと指摘している。

しかし、それに代わってオスマン帝国では専売会社、オスマン帝国の監視の目をくぐり抜けてトゥトゥンの闇取引、密輸がさかんに行われ、これがボイコット運動に代わる民衆の抵抗運動のかたちをとったと言っているが、これはトゥトゥンだけでなくイランからオスマン帝国に輸入されるトンベキについても同じようにあてはまることであった[83]。オスマン帝国とイランを距てる国境線は山岳地帯に沿って長大であり、比較的容易にトンベキを密輸することができる。これをできるだけ防ぎ、国の税収を増やすというのが、当時のオスマン帝国の財務当局が期待するところであり、こうした思いがトンベキ専売会社への利権付与につながっていったのである。

会社にとっても専売制を行っていく以上、トンベキの密輸は何としても阻止しなければならない最重要の課題であった。このためオスマン帝国と交渉を重ね、最終的に結ばれた協定書のなかで密輸に対処するいくつかの策を盛り込んだ。以下、これに拠りながらオスマン帝国との協議の過程で議論された問題である、密輸に対するトンベキ専売会社の対処策を見ていくことにする。

第一に、イランから国境を越えてオスマン帝国に輸入されるトンベキの梱には必ず鉛で封印し、通関する際にはそれを証する特別の書状を税関の役人から取得することが義務づけられた。これがない場合、密輸品と見なされ、トンベキは没収されることになった[84]。

第二に、トンベキ専売会社は、密輸を防止するために自らの責任で護衛隊

（ジャンダルマ）を組織することが義務づけられた。これに雇われるのは、イランとオスマン帝国との国境地帯ということもあってアナトリア東部地方に居住するアルメニア系の人たちが多かった。この護衛隊はどの程度、武器をもつことが許されるかが議論されたが、協定書では都市部においては武器を携行することは厳しく禁じられた。しかしながら、山岳地帯、沙漠においては危険が高いということもあって武器の携行を認められた。密輸の取締は、本来、オスマン帝国という国が責任をもってやるべきことであったが、トンベキの密輸問題にかんしては専売会社にそれを委ね、取り締まっていくというのがオスマン帝国の基本方針であったのである[85]。

4．利権撤回を求めるイスタンブルのイラン商人たち

1）ヴァーリデ・ハンにおける抗議集会

　1892年1月5日、『アフタル』紙は、イスタンブルで出されていたトルコ語新聞『サバフ *Sabah*』紙の報道を引いてイランからオスマン帝国に輸入されるすべてのトンベキは、新たに設立されるトンベキ専売会社の独占下に置かれることになると報じ、イスタンブル在住のイラン商人に注意を促した。図らずもこれが報じられた日は、テヘランにおいてペルシア帝国タバコ専売会社に対して利権廃棄の通告がされた日にあたる。すでにイスタンブル在住のイランの商人は、トンベキ専売会社が獲得することになる利権の内容について1891年12月22日、29日の二度にわたって『アフタル』紙に掲載された協定書のペルシア語訳を通して知っていたが、1892年1月5日、改めて『アフタル』紙の警告記事に接し、トンベキ専売会社に対する警戒感をさらに強めていった[86]。

　イランの商人にとって「オスマン帝国領内へのトンベキの輸入、販売は、トンベキ専売会社もしくはそれに許可を得た者だけが行うことができる。その他の者が行うことは禁止する。」という協定書第15条の条項は、それまで営々と築いてきたタバコの交易ネットワークを根こそぎ奪われてしまうことに他ならなかった[87]。これに焦燥感を募らすイラン商人たちによって利権の撤回を求める異議申し立ての行動が以下のようにイスタンブルで起こされて

いった。

　最初の抗議集会は、1892年1月10日金曜日にイスタンブル在住イラン人コミュニティの中心になっていた旧市街、カパルチャルシュ近くにある隊商宿ヴァーリデ・ハンのモスクにおいて開かれた。これについて事前に察知した総理府および大宰相ジェヴァートは、ユルドゥズ・サライ書記官局に次のように報告し、アブデュルハミト2世にイスタンブル在住のイラン商人の間に不穏な動きがあると奏上している。

> トンベキ商人のエスナーフ〔同職組合〕が来る金曜日（1月10日）、ヴァーリデ・ハンにあるモスクにおいて集会を催し、イラン大使館に嘆願を行うことが予想されます。大使館によって回答が拒否された場合、オスマン帝国政府とカージャール朝政府に対して請願がおこなわれるものと思われます[88]。

　こうした動きに強い懸念を抱くオスマン帝国政府は、公安警察に集会、デモが開催されないよう予防措置を講じ、また、イラン大使館と連絡をとって情報収集に努め、イランのトンベキ商人が大使館に対して嘆願を行うことを極力、阻止するよう命じた。しかし、このような動きを未然に防止しようとする公安警察の活動にもかかわらず、抗議集会は1月10日予定通り開かれ、ヴァーリデ・ハンのモスクに集まった商人たちはトンベキの専売利権撤回を求めて駐イスタンブル・イラン大使館に嘆願書を提出した。しかしながら、これに対して大使館は回答を拒否し、抗議集会を開いた人々は次の方策としてオスマン帝国政府にトンベキ専売会社の利権を撤回するよう求める嘆願書を総理府に提出する挙に出る。このあたりの事情を集会が終わった後に書かれた1月12日付の総理府がまとめたテズケレは以下のように記す。

> トンベキ商人のエスナーフは、嘆願書をイラン大使によって回答を拒否された。このため彼らの声がスルタン＝カリフ猊下〔アブデュルハミト2世〕に届くようにと嘆願書を作成し、商人のうちの一人が代表して総理府にもっていった[89]。

この嘆願書の件について総理府および大宰相ジェヴァートから報告を受けたユルドゥズ・サライの書記官局長ソライヤーは、アブデュルハミト2世にこれまでの経緯について奏上、スルタン＝カリフの勅令を起草し、これ以上不穏な事態が広がらないよう大宰相のジェヴァートおよび総理府、公安警察にさらなる監視の強化を命じ、状況を上申書のかたちで報告するよう指示した。しかし、このような周到な警戒体制にもかかわらず、1月17日金曜日になってイランのトンベキ商人たちは、再びヴァーリデ・ハンにおいて一週間前よりさらに大きな抗議集会を催し、気勢を上げた[90]。

　警察の許可なく集会を開くことは、オスマン帝国政府によって禁止されていた。しかし、公安警察がヴァーリデ・ハン周辺に張り込ませていた密偵の報告によると、集会禁止の警告が警察から出されていたにもかかわらず、トンベキ商人のエスナーフの長であるケトヒュダーによって集会の開催が呼びかけられ、これに応じて80人ほどの商人がヴァーリデ・ハンに集まった。オスマン当局は、参加する人数がさらに膨らむことによって抗議集会が街頭デモに拡大し、ヴァーリデ・ハンという閉ざされた商業空間からイスタンブルの市内に騒ぎが広がることを危惧したが、1892年1月の段階においてはまだそこまでトンベキ利権に反対する運動は先鋭化するに至らなかった。しかし、こうした不穏な情勢に警戒感を強めるトンベキ専売会社は、4月はじめの営業開始をめざして準備を進めてきた会社の体制を部分的に見直しただけで、当初の予定通りオスマン帝国領内においてイランから輸入されるトンベキの専売制をスタートさせていこうとした[91]。

2） トンベキ専売会社の改組

　そもそもトンベキ専売会社が設立された趣旨は、筆頭株主であるペルシア帝国タバコ専売会社がイランにおいて有するトンベキの輸出専売の独占的、排他的な交易ネットワークを国外のオスマン帝国にも広げ、それを輸入専売権というかたちで確保していくところにあった。しかし、イランにおいて1892年1月5日にナーセロッディーン・シャーによってタバコ利権廃棄の勅令が出されると、ペルシア帝国タバコ専売会社がそれまでのようにトンベキの輸出を独占的に行っていくことは不可能になった。こうした事態の変化

を目の当たりにしたトンベキ専売会社は、ペルシア帝国タバコ専売会社との関係を断ち、輸入専売権を梃子に独自のトンベキの交易ネットワーク網をつくりあげていこうとするようになる。

　こうした動きの端緒になったのが、2月になされたトンベキ専売会社の増資である。すでに述べたように、会社が設立された当初における資本金は、総理府文書局所蔵文書、『イスタンブル商業会議所新聞』、『アフタル』紙によると 22 万リラ、駐イスタンブル・イギリス領事の報告によると 20 万ポンドであった。しかし、これから先、事業を拡大していくにあたってこの額では不十分であるとの声が上がり、1892 年 3 月 3 日付の『近東報知新聞 Le Moniteur Oriental』紙にしたがうと資本金の額をそれまでの 2 倍、すなわち 40 万ポンドに増資することが取締役会によって提案された。これを受けて 2 月 12 日にパリで開かれた株主総会は、増資を正式に承認した[92]。

　ただし、これは、単に資本金が増えたという問題にとどまらず、それによって会社の株主構成にも大きな変化が生じたことにも注意する必要がある。駐イスタンブル・イギリス総領事の報告は、このあたりの事情について「（トンベキ専売会社の当初の）20 万ポンドの資本金のうち、5 分の 1 はペルシア帝国タバコ専売会社によって保有されていた。しかし、今やその大部分はフランス人の手に渡っている。若干はトルコ人も保有し、残りはイギリス人である」と記すが、これから、増資にともなってトンベキ専売会社がペルシア帝国タバコ専売会社の傘下から脱し、フランス系資本の企業に全面的に改組されたと見てとることができる[93]。

　すでに引用した 1892 年 3 月 3 日付のフランス語新聞『近東報知新聞』紙は、トンベキ専売会社について「最近解散し、まったく異なった管理の下にあったペルシア帝国タバコ専売会社とはいかなる関係も持っていない」と記すが、これから明らかなように、トンベキ専売会社はイランにおいてペルシア帝国タバコ専売会社の廃止が決まっていくなか、それとは一線を画する組織に会社を改組してイランからトンベキを輸入し、それをオスマン帝国内で専売していく体制をつくりあげていこうとしたのである[94]。

　トンベキ専売会社が実際に営業を開始する時期は、ペルシア語の新聞『アフタル』紙に転載されたトンベキの輸入専売に関わる協定書によると、1892

年 10 月 4 日からとされていた。しかし、1892 年 3 月からはじまるイランでのペルシア帝国タバコ専売会社とカージャール朝政府との間のタバコ利権廃棄交渉が進む過程で、オスマン帝国におけるトンベキ専売会社の営業開始の時期は当初の予定より 6ヶ月早められ、4 月 4 日からに変えられることになった。この変更にかんする交渉は、トンベキ専売会社の総支配人であるゾゲブとオスマン帝国政府との間でなされ、3 月 3 日に協定書が交わされ、3 月 11 日にはアブデュルハミト 2 世の勅令が出され、4 月 4 日からの営業開始が正式に決められた[95]。

ペルシア帝国タバコ専売会社とカージャール朝との間のタバコ利権廃棄交渉では 4 月 3 日をもってイランにおけるタバコ利権を廃棄することが合意されていた。このイランにおける利権の失効に合わせて間をおかずに翌日の 4 月 4 日からトンベキをイランからオスマン帝国領内に輸入する体制をスタートさせ、独占的にイランのトンベキの専売ネットワークをオスマン帝国領内において確立していこうというのが、トンベキ輸入専売会社の意図だったのである。

5. トンベキ専売会社発足後のイスタンブルにおけるボイコット運動

1） 専売制の開始

トンベキ専売会社の発足は 4 月 4 日からとされたが、『イスタンブル商業会議所新聞』、『サバフ』紙、『近東報知新聞』によると、本格的な営業開始に向けての準備は、それ以前の 3 月 12 日頃に事業本部がバルタジュ・ハン Baltacı Han に開設されたことによってはじまっていた。正式な発足までの間に会社が急ぎやらなければいけないことは、すでにイランからオスマン帝国領内に輸入されていたトンベキにかんして、それが卸売り商人の手元にどれだけ残っているのかを正確に把握し、それを踏まえて商人たちからすべてのトンベキを買い取り、会社の一元的な管理下に置いて専売制を滞りなくスタートさせていくことであった[96]。

このため専売会社は、イランからの輸入に携わる卸売り商人たちにそれぞれ保有するトンベキの量を調べて 4 月 4 日までに会社に申告するよう命じた。

ただし、実際に調査し、会社にそれを引き渡すまでにはかなりの時間がかかることも考慮し、4ヶ月の猶予期間が設けられた。売却手続きが済んだトンベキは、専売会社に所有権が移転したことを示すため鉛でもって梱に封印されることが決められた[97]。4ヶ月を過ぎても専売会社への売却が終わらないトンベキは、密輸品とみなされ、会社によって強制的に没収されることが卸売り商人たちに通告された[98]。

こうした専売会社の懸命の努力もあって3月25日頃から卸売り商人の手元にあったトンベキの大量の売却が行われはじめ[99]、会社発足後の4月7日までにはその多くが専売会社に引き渡された[100]。イスタンブルのイラン人コミュニティの間で多くの読者を得ていた『アフタル』紙も、4月12日付の記事においてイランから輸入され、卸売り商人たちが保有するトンベキの大半が専売会社への売却を終わったと報じている[101]。

かくして、専売会社はそれまでイランからオスマン帝国への輸入貿易に従事していた卸売り商人たちからトンベキを一括して買い取ることによって4月4日以降、その流通を独占していく体制を整えた。さらに、これに次でオスマン帝国領内の町や村で店を構え、一般の消費者にトンベキを販売する小売商人たちに対して新たに許可証を発行し、それを持たない商人に対してはトンベキの売買を禁ずる旨が通達された。これによって専売会社は、オスマン帝国領内のトンベキの小売をめぐる交易ネットワークをその傘下に収めていこうとしたのである。

『サバフ』紙によると、会社が正式に発足した4月4日にイスタンブルの小売店主を呼んで専売会社の下でこれまで通りトンベキの販売を続けるかどうか意志を確認し、希望する者には会社に願いを出させ、これにもとづいて許可証が出された[102]。会社の傘下に入ってトンベキを販売していく小売店主に対しては、専売会社から小売価格の15％が売り上げ手数料として支払われることになった[103]。

ちなみに、トンベキの小売価格は、卸売価格と同様、原則としてその時々の変動する市場の状況に応じた価格で小売商から一般の消費者、すなわち水タバコを喫煙する者に販売されることになっていた。ただ、トンベキ専売会社とオスマン帝国との間で利権付与の交渉が行われている過程で政府部内で

トンベキの小売価格に上限を設けることが政策的に必要だとの声が上がり、最終的に専売協定にそれが盛り込まれた。すでに紹介した 1891 年 11 月に設置された特別委員会において小売の上限価格についての議論がなされ、12 月 4 日に結ばれた協定書第 12 条に以下の付表 3 のように産地、等級ごとに上限価格が定められた。下限価格についてはとくに定められなかったが、上限を設けることによってトンベキの消費者価格がむやみに高騰するのを防ごうとするオスマン帝国政府の価格政策がこれから読みとられる[104]。

　この表に示された上限価格が、どこまで実効性のあるものであったかは不明である。ただ、価格を示す数字はともかくとしてこの表は、オスマン帝国領内に輸入され、消費されるトンベキが産地、等級ごとにどれくらいのシェアを市場で占めていたのか、それを知ることができるという点で貴重である[105]。

　これによると、オスマン帝国の市場においてイスファハーン産トンベキのシェアは、カーシャーン、シーラーズ、ヒジャーズ産のそれを断然、引き離し、圧倒していたことが分かる。質においてシーラーズのトンベキに劣ると

付表 3　産地・等級ごとの価格と割合

		キロあたり	割合
イスファハーン	一等	28（27）	12％
	二等	26（25）	50
カーシャーン	一等	26（25）	2
	二等	24（23）	12
シーラーズ	一等	38（37）	1
	二等	28（23）	2
ヒジャーズ	一等	24（23）	1
	二等	22（21）	2
	三等	20（20）	15
合　　計			（100）
平　　均		25.17	

出所：*Y. A. Res. 56/64/ Irade1309 / MM5449*（*Arz Tezkeresi*）所収の内国関税局長イッゼト・アリーの 1891 年 10 月 13 日付の財務大臣宛の復命書。なお、表に示されている価格はキログラムあたりのもので単位はクルシュである。括弧で囲んだ数字は協定書が締結される以前に開かれた特別委員会において財務大臣が出した上限価格案である。総じて最終の上限価格よりも 1 クルシュほど低めに設定されていることに注意しておきたい。

はいえ、イスファハーンのそれがオスマン帝国の市場で占める割合は、等級の一等、二等を合わせると実に62％にも上る。これは、トンベキという商品をめぐってイスファハーンとオスマン帝国の市場、とくにその最大の消費市場であるイスタンブルがきわめて緊密な交易ネットワークによって結ばれていたことを示すものといえ、このことは以下において述べるボイコット運動においてイスタンブルおよびイスファハーンの両都市を相互に連動させていくことになる。

2）イスタンブルにおけるタバコ・ボイコット運動

すでに引用した4月12日付の『アフタル』紙によると、卸売り商人の手元に残されていたトンベキ専売会社に対する売却は滞りなく行われ、その大半は会社の所有に帰した。これによるかぎりオスマン帝国におけるトンベキの輸入専売制度は順調なスタートを切ったようにみえる。しかし、二週間後の4月26日付の同じ『アフタル』紙は、4月12日付の報道とは違ってイスタンブルでトンベキの卸売り、小売に従事するイラン商人たちが店を閉め、ヴァーリデ・ハンの中庭にあるモスクに集まってそこに寝泊まりしながら、輸入専売制に反対して抗議行動を起こしたと報じる[106]。

この動きが何時から始まったのか、4月26日付の『アフタル』紙には記されていない。しかし、総理府文書局所蔵文書によると、まだ専売会社が正式に営業を開始していない4月初頭からすでにそれは始まっていたとみるのが妥当である。店を閉めて抗議する、いわゆるバスト bast のかたちをとってトンベキの輸入専売利権の廃棄を求めたという点でこの抗議運動は、すでに述べた1月初旬のヴァーリデ・ハンにおける抗議集会にくらべると継続的、かつ組織的であった。またバストという、より先鋭的な抵抗のかたちをとったという意味でボイコット運動と呼ぶべきものであったということができる。こうした事態を深刻に受け止め、『アフタル』紙の報道によってさらに抗議行動が広がっていくことを恐れたオスマン帝国政府は、『アフタル』紙に15日間の停刊を命じ、抗議運動の鎮静化をはかっていこうとした。

しかしながら、こうしたオスマン帝国政府の強硬な措置にもかかわらず、イランの商人たちは、その後約3ヶ月半以上にわたってイスタンブルにおい

付図4　モスクでのロウゼハーニー
出所：MetinAnd, *Ritüelden Drama − Kerbelā − Muharrem − Ta'ziye*, İstanbul, 1999.

てボイコット運動を続けていった。ただし、この間の動きをペルシア語史料にもとづいて明らかにしていくことはできない。『アフタル』紙が停刊に追い込まれ、それが復刊される5月25日まで約1ヶ月にわたって報道を欠くからである[107]。

しかし、幸いなことに総理府文書局所蔵のオスマン語史料のなかに『アフタル』紙停刊中の5月に起きたボイコット運動に関して四件の文書史料を見出すことができる。以下、これを紹介しながらイスタンブルにおいてイランのタバコ商人たちが起こした抗議運動がいかなるものであったのかを見ていくことにしたい。

第一の史料は、ユルドゥズ・サライ書記官局の書記官テヴフィーク Tevfik の署名がある1892年5月7日付の公安警察に宛てたアブデュルハミト2世の勅令である。これにはヴァーリデ・ハンにおけるイラン商人たちの抗議集会の動きを大略、次のように記している。

トンベキ専売会社に反対するイラン出身の大アーホンドの一人で、ティフリスに住んでいるハージー・ミールザー・モハンマド・アリー Hājjī Mīrzā Moḥammad 'Alī という名の者がいた。ラマザーン月のはじめに怪しからんことを煽ろうとイスタンブルにやって来て、現在、ヴァーリデ・ハンの中にあるタブリーズ出身のハージー・モハンマド・タキーの部屋に身を寄せてい

る。彼は、今回、トンベキ専売会社が設立されたのを機にイスタンブルにいるイランの無知蒙昧の輩をトンベキ専売会社とオスマン帝国政府に反対してけしかけようと不穏な行為をはじめようとし、実際、人々を煽ろうとしている。今夜、十二イマーム・シーア派にもとづいて人々に誓いを立てさせ、イスタンブルで専売会社、オスマン帝国政府に対して暴動を起こすべく、数百人以上のイラン人に悲歌の朗吟をおこなわせ、説教、説諭をおこなうという口実のもとに人々をヴァーリデ・ハンのなかにあるモスクに集めている。このためこうした状態が続くとオスマン帝国とイランとの関係が損なわれかねず、これを回避するために公安警察は一刻も早く予防策を講じなければならない[108]。

　この記述から帝政ロシア領ザカフカス地方の首邑ティフリスに住み、そのイラン人コミュニティのなかで強い影響力をもつウラマーが、イスタンブルにやって来てヴァーリデ・ハンにあるモスクで説教を行い、商人たちをボイコット運動に駆りたてようとする動きを窺うことができる。イラン産のトンベキは、タブリーズ＝トラブゾン・ルートのみならずザカフカス・ルートを通じてもオスマン帝国領内、イスタンブルに向けて輸出されていた。しかし、トンベキ専売会社が輸入利権を獲得したことによってこのルートでトンベキ貿易に携わっていた商人は、オスマン帝国領内にそれを輸出することができなくなった。ティフリスに住むウラマーはこれによってトンベキの流通ネットワークを断たれることになった商人たちの不満を代弁してティフリスからイスタンブルに乗り込み、ヴァーリデ・ハンにおいてトンベキ専売会社の輸入独占が不当であるという説教を行い、商人たちを反対運動へと駆りたてたのである。

　第二の史料は、ユルドゥズ・サライ書記官局長シュレイヤーの署名がある5月10日付のアブデュルハミト2世の勅令にもとづく通達書を含むいくつかの文書である。これはトンベキ専売会社の設立によって仕事を奪われたイラン商人がその窮状をアブデュルハミト2世に訴える電報・請願書を含み、これからバストという実力行使に訴えてイラン商人がボイコット運動を起こしていく状況を押さえることができる。電報と請願書の差出人は、イスタンブルに在住するアブドゥルラフマーン 'Abd al-Raḥmān、ハーッジー・セイ

イェド Hājjī Seyyed、モハンマド・ハサン Moḥammad Ḥasan、ハージー・ホセインHājjī Ḥoseyn という名の四人の商人である。電報の発信地はイスタンブルのアジア側にあるカルタルである[109]。

これによると、トンベキ専売会社がつくられる以前においてイスタンブルには、妻子も含めると 20,000 人を越えるイラン商人たちがトンベキの輸入貿易、小売りに携わっていた。しかし、4 月 4 日にトンベキ専売会社が営業を開始すると、同じ仕事を続けたいと思う者は、新たに専売会社と契約を結んで会社の傘下に入り、商売をしていかざるをえなくなった。『アフタル』紙は、こうした商人の例としてイランのアゼルバイジャン地方の都市サルマース出身のハビーブ Ḥabīb という商人の名を挙げている。彼は専売会社の下で年間 100 万キログラムにも上るトンベキをイランから輸入し、それをイスタンブルとその近郊で売り捌いていたという。イランからオスマン帝国に輸入されるトンベキの総量はすでに述べたように、平均して年間 400 万キログラム程度で前後していたから、これから判断するとハビーブというイスタンブル在住のイラン商人は、専売会社の傘下にあるとはいえ、イランからオスマン帝国に輸入されるトンベキのうちの約 4 分の 1 を取り扱う大商人であったことが分かる[110]。

しかし、このハビーブという名の大商人もウラマーからの轟々たる批判にさらされて、ついにトンベキ専売会社との契約を破棄して輸入貿易から手を引いていった。また、これとは別に最初からトンベキ専売会社の傘下に入ることを潔しとせず、結果としてトンベキの売買、取引をすることができず、仕事を失うイラン商人の数も激増した。これによって生じた窮状をアブデュルハミト 2 世に上訴したのが、5 月 10 日付で発信された四人のイラン商人の連名による電報・請願書であった。

これによると、イスタンブルのイラン商人たちはトンベキ専売会社の輸入独占に抗議して 5 月 10 日から溯ること 40 日前、すなわち 4 月初頭から店を閉め、バストを続けた。すでに紹介したイスタンブルで発刊されていたオスマン・トルコ語の新聞『サバフ』紙や 4 月 12 日付の『アフタル』紙は、トンベキ専売会社が営業を開始する 4 月 4 日までに卸売り商人たちのもとにあったトンベキの大半の買い取りを済ませ、輸入専売制を順調にスタートさ

せたかのような書き方をしている。しかし、実際にはイスタンブルにおいて専売会社が営業を開始する以前の4月初頭からイランの商人たちによるボイコット運動はバストのかたちをとって始められていたのである[111]。

　第三の史料は、トンベキ専売会社の輸入独占を不当とする帝政ロシアのオスマン帝国に対する抗議について伝える5月26日付の総理府文書局所蔵史料である。ザカフカス・ルートを通じてイランからオスマン帝国に向けて輸出されるトンベキの中継貿易で利を得ていた帝政ロシアは、トンベキ専売会社の設立によってその交易ネットワークの一端がオスマン帝国領内において失われることに強い危機感をもった。このため、帝政ロシアは、キュチュク・カイナルジャ条約以来、オスマン帝国と結んだ通商条約には両国間のトンベキを含むタバコの輸出・輸入にかんしてとくに禁止条項が定められているわけではないことを根拠に、トンベキ専売会社の輸入独占にかんする協定は、帝政ロシアおよびその臣民には適用されず、これまで通りザカフカス等の帝政ロシア領内からオスマン帝国にトンベキを自由に輸出できると主張した。このような帝政ロシアの異議申し立てに力を得て、イランの商人、とくに帝政ロシアのプロテジェを受けている商人は、ザカフカス・ルートからオスマン帝国に向けてトンベキの輸出を続けたのみならず、オスマン帝国領内、イスタンブルでもその輸入を続け、トンベキ専売会社の輸入独占の交易ネットワークに風穴を開けていこうとしたのである[112]。

　5月26日付の史料には専売会社が営業を開始した後もイスタンブルにおいて手元にあるトンベキを専売会社に売却することを拒み、以前と同様、商売を続ける二人のイラン商人を自国のプロテジェを受けていることを理由に帝政ロシアが庇護し、専売会社、オスマン帝国の警告を無視してトンベキの売買を続けさせたことが伝えられている。トンベキの専売協定は、オスマン帝国とイランとの二国間だけに適用されるべきものであり、帝政ロシアはこれに縛られない。ザカフカス・ルートを中継地として帝政ロシア臣民ないしはそのプロテジェを受けているイランの商人がオスマン帝国領内に持ち込むトンベキは、専売会社の輸入専売の埒外にあり、自由にオスマン帝国領内に輸入できるというのが帝政ロシアの主張であった。

　これに対してオスマン帝国は、イラン産のトンベキは帝政ロシア領内から

中継貿易のかたちで持ち込まれたものでも原則、輸入は禁止するという方針で帝政ロシアと交渉し、合意を取り付けようとした。ただし、帝政ロシアが最後まで輸入に固執する場合は、高関税を課すことによって輸入をできるかぎり抑えていくという別の策もオスマン帝国は用意していた。従来の通商条約ではザカフカス等の帝政ロシア領内からオスマン帝国に入ってくるトンベキに対しては 8％の輸入関税だけしか課されていなかった。これに対して専売会社の発足後は、帝政ロシア領内から持ち込まれるトンベキに対しては新たに 100 キログラム当たり 224.5 クルシュ、税率にして 75％にも達する高い関税を課し、これによって可能な限り、輸入を抑えていくというのがオスマン帝国の考えであったのである[113]。

しかし、この交渉は結局、決着がつかず、7 月になってもなお帝政ロシアのプロテジェを受けているイラン商人のなかには専売会社を無視してトンベキをオスマン帝国領内に輸入し、それをイスタンブル在住のイラン商人に卸し続ける者が少なからずいた。これに業を煮やした専売会社は、強権を発動して不法に輸入、売買されるトンベキを押収しようとした。7 月 21 日付のユルドゥズ・サライ書記官局長シュレイヤーの署名があるアブデュルハミト 2 世の勅令のなかに見られる次の記述がそれにあたる。

> トンベキ専売会社に反対して公然とトンベキを売る帝政ロシア臣民のアリー・アクバル 'Alī Akbar からイラン人ハリール Ḥarīr が昨日買ったトンベキを専売会社の職員が押収し、それを戻そうとしないことに抗議して多くの人たちが集まるのが見られたが、群衆は追い払われた。しかし、帝政ロシア臣民たちは以上のように堂々とトンベキを売りつづけるということをやっている[114]。

以上四つの史料によるかぎり、トンベキ専売会社の輸入独占に抗議するイスタンブルにおけるイラン商人のボイコット運動は、4 月初頭から 7 月中旬頃まで 3 ヶ月半以上にわたって続いていたことになる。しかし、それはイランにおけるタバコ・ボイコット運動の時とは違って、利権廃棄という確たる成果を得ることもなく、終息に向かっていったと見なければならない。これ

5．トンベキ専売会社発足後のイスタンブルにおけるボイコット運動　215

には鈴木均が指摘するように、トンベキ専売会社の輸入専売利権に対して強い調子で反対の論陣を張ってきた『アフタル』紙の変節ともいえる論調の変化も大きく影響していた。次の6月21日付の記事がそれである。

　悲しむべきことは、イロハの区別もつかない何人かの粗野な人々が、彼らの根も葉もない言葉にだまされて3ヶ月間も自らの店を閉め、彼らの家屋を彼ら自身の手で破壊したということである。理性的な国民は彼らに忠告して欲しい。すなわち「同じ都に住む皆さん、このような扇動的な人士のごまかしを真に受けて、自らに対して無駄なことをなさるな」と。このことは国家の正式な事業なのであり、店を閉めたり隅の方に坐ることによってはどうにもなるものではない[115]。

　これから読み取れることは、イスタンブル在住イラン人コミュニティのなかでボイコット運動を続けることに疑問を呈する動きが出はじめてきたということである。ボイコット運動が起こされてから3ヶ月も経つと、専売会社に対していたずらに異議申し立てするのはイランの商人にとって必ずしも得策ではない。むしろトンベキの卸売り、小売りに従事する商人は、専売会社の独占的な流通ネットワークのなかに入りこみ、そのなかで生きていく途を探るべきだという考え方も出てきていた。こうした変化が現れることによってイスタンブルのボイコット運動は、次第に勢いを失っていったのである。

　抗議の動きがいつ終息したのか、その時期を明言することは難しいが、1892年9月26日、カージャール朝政府がトンベキの輸入独占問題をめぐってオスマン帝国に対して行っていた抗議を取り下げ、イランからの輸出を認可する協定をトンベキ専売会社と結んだ頃にはイスタンブルにおけるボイコット運動は、ほぼ沈静化していたと見ることができる。

　この協定は、専売会社が利権料を1892年4月4日にまでさかのぼって25年間カージャール朝に支払うことを内容とするものであった。ただし、専売会社がこの協定によってトンベキを輸出する独占権をカージャール朝政府から与えられたわけではないことにも留意しておかなければならない。協定の第1条には「会社（Société du Tombac）はトンベキをイランで買うために、同

じ価格であってもまずイランの商人を優先させる。会社の買い入れは、イランのムスリム国民によってなされる。しかし、会社は自身の安全のために、この仕事を調査すべく会社の方からよいと思われる人物を自由に決める」と規定されている。これによると、専売会社はイランにおいてトンベキを買い付け、オスマン帝国に輸出する際には、カージャール朝の国籍を有する、しかるべきムスリム商人を会社の代理人に立て行わなければならないという枷がはめられていたのである[116]。

　イランからのトンベキの輸出は、オスマン帝国への輸入と違って専売会社の独占的な権利では決してなかった。しかしながら、専売会社はカージャール朝政府からトンベキを輸出する権利を晴れて認められることによって、オスマン帝国領内へのトンベキの輸入を容易に行えるようになったということができる。

6．イスファハーンにおけるボイコット運動の余燼

1）商人による輸出会社の設立

　カージャール朝とオスマン帝国のトンベキ輸入専売会社との間で輸出協定が結ばれることによってイスタンブルにおけるボイコット運動は、9月下旬には沈静化した。しかし、それと入れ替わるかたちで、新たにイランにおけるトンベキの最大の産地であり、それをイスタンブルの市場に供給する流通の拠点でもあったイスファハーンで別な動きが出てくる。

　協定が発効すると、トンベキ輸入専売会社は、イランから輸入されるトンベキのオスマン帝国領内における流通を独占するだけにとどまらず、直接、イランに進出して現地の代理人を使いながらトンベキの買い付けを行い、イラン国内でのトンベキの流通においてイスファハーンの商人と激しく競合するようになった。これに危機感を抱く地元の商人は、トンベキの買い付け、輸出を行う会社を共同で立ち上げ、オスマン帝国のトンベキ輸入専売会社に対抗していこうとした。会社設立の目的は、イラン国内におけるトンベキの買い付けからオスマン帝国の輸入専売会社をできるかぎり排除していくことにあった。これを通じてイスファハーンの商人は、イラン国内における流通

を自分たちの手に取り戻し、オスマン帝国のトンベキ輸入専売会社に抵抗していこうとしたのである。

このような動きの引き金になったのは、トンベキを栽培する農民の地元の商人に対する不満であった。1892年9月15日付のイスファハーン駐在のイギリス領事プリースの報告によると、この年のトンベキの作柄は、平年の2倍にも上り、豊作であった。しかし、トンベキを農民が売却する段になると、商人たちはその買い取りを渋り、また、毎年恒例になっていた農民に対してなされる前貸し金の貸与を商人は拒んだ。これに困った農民は、事態の改善を求めて町の中心にある「王の広場」に面して建つイスファハーン最大のモスク、マスジェデ・シャー Masjed-e shāh に集まり、自分たちの窮状を町の有力なウラマーであるアーカー・ナジャフィーとその弟のシェイフ・モハンマド・アリー Sheyḫ Moḥammad 'Ali に訴え出た[117]。

この直訴は、カージャール朝の外交文書によると、上記二人のウラマーだけにとどまらず、当時、イスファハーン州の知事を務めていたゼッロルソルターン Ẓell al-Solṭān に対しても行われた。その訴えの内容とそれに対する商人の対応についてペルシア語文書は次のように記している。

> トンベキを栽培する農民が、ゼッロルソルターン猊下に「私どもが所有するトンベキの量はすべて合わせると山のようにだぶついています。買い手もつかない状況にあります。しかし、それにもかかわらず税を国庫に納めなければなりません」と訴え出た。猊下は商人たちを呼び出し、トンベキを農民から買い上げるよう命じた。これに対して商人は、オスマン帝国のトンベキ輸入専売会社がイスタンブルにおいてイスファハーン産のトンベキの卸売りを独占しております。私どもがタブリーズ、ポートサイド、ブーシェル、トラブゾンに送ったトンベキは残ったままで、在庫品を買おうとする者は誰もおりません。これ以上、トンベキを買うと、商人たちは皆、損失をこうむることになります」と言上した[118]。

これに示されるように、当初、イスファハーンの商人は前年度に収穫され、オスマン帝国に輸出される予定になっている分がいまだ売れずに残っている

ことを理由に、農民からトンベキを買い取ろうとしなかった。しかし、二人のウラマーと州知事ゼッロルソルターンの説得によって商人たちは次第に態度を軟化させ、最終的に今後2年間トンベキを農民が栽培しないということを条件に前年度の買い取り価格である1マンあたり60シャーヒーの約4割に相当する25シャーヒーで1892年に栽培されたトンベキを商人が買い上げることになった[119]。

　しかし、この件はこれで落着せず、商人たちは損失をできるだけ少なくし、可能なかぎり利益を上げるためにイスファハーン地方で栽培され、買い付けたトンベキを自らの手で輸出先であるオスマン帝国の国境まで独占的に搬送し、流通させるための会社を共同で設立していこうとした。オスマン帝国においてトンベキ輸入専売会社が営業を開始するようになってから、イランの商人はオスマン帝国領内でのトンベキの売買から締め出されたため、輸出用にすでに買い付けていたトンベキの多くが滞貨の状態で売れ残り、前述のように農民からトンベキを買い取ることを拒否するという事態も生じていた。これを改善していくためには、せめてイラン国内においてトンベキの流通からオスマン帝国のトンベキ輸入専売会社を排除し、地元の商人の手にトンベキ売買の主導権を取り戻すことが必要だと商人は考えたのである。

　こうした思いからトンベキを農民から独占的に買い上げ、それをオスマン帝国のトンベキ輸入専売会社に売り渡す、輸出の窓口となる会社が1年以上の準備期間を経てつくられていくことになる。新たに設立される会社がめざしたのは、栽培・収穫されたトンベキを農民がこの会社以外に売らないようにし、またオスマン帝国から輸入専売会社の職員がトンベキ買い付けのためにイランにやって来てもこの会社を通じてしか買えないようにして実質的にトンベキの国内での流通をイランの商人が独占していくことにあった。

　この会社は、カージャール朝の外交文書によると、ヒジュラ暦1311年ラジャブ月、すなわち1894年1月8日から2月6日の間に設立された。その代表には当時、イスファハーンの商人のなかでマレコルトッジャールの地位にあったハージー・アカー・モハンマド Ḥājj Āqā Moḥammad が選ばれた。また、出資者(シャリーク)のなかには商人だけでなく、ウラマーのアーカー・ナジャフィー、イスファハーン州知事のゼッロルソルターン等の有力

者も名を連ねていた。これから、新たにつくられた会社がイスファハーンという地域社会の総意を挙げてつくられた会社であったことが分かる[120]。

　この会社は、イラン国内におけるトンベキの買い付け、輸出の独占をめざしていたが、法的にはカージャール朝から利権のかたちで独占権を得ていたわけでなく、原則はイランに進出して商業活動を行う他の外国系の会社、商会、すなわちオスマン帝国のトンベキ輸入専売会社、イギリスのツィーグラー商会、オランダのホッツ商会などとまったく同じの条件の下でトンベキの売買、取引をする会社にすぎなかった。しかし、会社は、農民から買い上げたトンベキを商人たちが国外に向けて搬出する場合、それを行う商人に対して会社の経営責任者であるマレコルトッジャールに必ず申告するよう義務づけ、これを通じて輸出の窓口を会社に一本化し、実質的にトンベキ流通の独占をはかっていこうとした。このことは、イスファハーン州知事のゼッロルソルターンからイスファハーンの税関長ミールザー・ナスロッラー・ハーン Mīrzā Naṣr al-Allāh Khān に宛てた次の通達によく示されている。

　　イスファハーンから運ばれるトンベキ（タンバークー）は、会社に通知してから運ばなければならず、会社の経営責任者であるハージー・アカー・モハンマド・マレコルトッジャールにトンベキがイスファハーンから運ばれるということをあらかじめ言っておかなければいけないことになっている。ハージー・マレクに通知せず決して運んではならない[121]。

　また、会社は、商人だけでなく農民に対しても許可なくトンベキを栽培することができないようにし、さらに収穫したトンベキを会社以外のところに勝手に売ることも禁じてイスファハーンにおけるトンベキの生産と流通の独占をはかっていこうとした。このことは、岡崎正孝が紹介したイギリスの外務省文書からうかがうことができる。これによると、1894年1月13日にイスファハーン州知事のゼッロルソルターンと市長のロクノルモルク Rokn al-Molk は、連名でマールビーン地区のキャラン村でキャドホダー（村長）

を務めていたハーッジー・モハンマド・サーデク Ḥājji Moḥammad Ṣādeq なる人物にトンベキを会社以外の者に売らないこと、また会社の許可なく栽培しないよう命じている。これに対して村長は、知事と市長に宛ててそれに従う旨の誓約書を提出している。こうしたやり方に行政を後ろ楯にしてイラン国内におけるトンベキの生産と流通を厳しい統制下に置こうとする会社の強い決意を読み取ることができる[122]。

2） トンベキ輸入専売会社の抗議

　イスファハーンにおいて商人、ウラマー、州知事等の共同出資によって設立された会社は、法的にはカージャール朝政府から独占的なトンベキの輸出利権を付与された専売会社ではなかった。しかし、それにもかかわらず、この会社はイスタンブルからイスファハーンにやって来るトンベキ輸入専売会社とその下で働く現地代理人の買い付け、搬送をできるだけ阻止し、イラン国内におけるトンベキの流通を独占していこうとした。この結果、オスマン帝国の輸入専売会社はイスファハーンにおいてトンベキの買い付けとそれを持ち出すことが思うようにできず、多大の損害を蒙ることになる。これを不当とするオスマン帝国のトンベキ輸入専売会社は、総支配人ゾゲブの名で 1894 年 9 月 4 日、次のような抗議を駐イスタンブル・イラン大使ナーゼモッドウレ Nāẓem al-Dowle に対して行い、カージャール朝政府に対して善処を申し入れた。その内容は、イスファハーンからペルシア湾の港を使ってバグダード経由でオスマン帝国各地に送られるはずになっていたトンベキが、港の役人の邪魔立てによって到着が遅延していることを非難するものであった。

> 　入手した知らせによりますと、〔ペルシア湾の港である〕バンダレ・レンゲとバンダル・アッバースからのわが社のトンベキの積み出しが、その地を治める支配者、役人たちの思いもよらぬ妨害によって多くの厄介な問題に直面しております。先の 4 月 26 日に送りました通知によりますと、バグダードまで運び、7 月 27 日以前にオスマン帝国領内に到着しなければならない全部で 2,000 梱のトンベキは、わが社の職員に対して向

けられた引き延ばしと妨害によって前述の二つの港において時間通り運び出されておりません。今はカージャール朝政府と弊社が結んだ協定に違反する以上のようなトラブルがあるということを詳しく貴殿に申し上げるつもりはありませんが、貴殿にお願いしたいことは、この状態を一刻も早く解決すべくカージャール朝政府に対して必要な措置をとっていただきたいということであります[123]。

　同様の抗議は、イランに入り込んで地元の商人およびオスマン帝国の非ムスリム商人と競争しながら輸出入貿易を行っていた数少ないヨーロッパの商会であるイギリスのツィーグラー商会、オランダのホッツ商会によっても行われている。この二つの商社が扱う商品は、トンベキだけに特化していたわけではなかった。とくにツィーグラー商会が力を入れ、主要な輸出品として扱っていたのは第4章で論じたように絨毯である。しかし、イスファハーンの商人が共同でトンベキの輸出会社を立ち上げると、その搬出はしばしば妨害され、オスマン帝国のトンベキ輸入専売会社と同様にイランから商品を国外に持ち出すのに支障を来すようになっていた。このため、二つのヨーロッパ系商会は、1894年10月、イスファハーン州知事ゼッロルソルターンに次のような書状を送り、これまで通り商品の買い付けと搬送が保証されるよう申し入れを行った。

　　弊社は、いかなる時もイスファハーン、その他の地域からあらゆる商品、すなわちアヘン、トンベキ、絨毯、トラガカントゴム、アーモンドの種、その他の商品を運び出すことに努めてまいりましたが、これまでは誰も私どもを妨げることもなく搬出に支障はありませんでした。とくにホッツ兄弟商会の代理人は、少し前にトンベキを搬出いたしましたが、誰からも阻止されず、運ぶことができました。私どもの商業活動とすべての商品の売買が可能になるのは、偉大にして栄光あるイスファハーン州政庁のご支援とお力添えにかかっております[124]。

　このような抗議、申し入れがされたにもかかわらず、イスファハーンの商

人が共同で設立した会社は、あくまでもトンベキを独占的に買い付け、会社を唯一の窓口にして輸出用のトンベキをツィーグラー商会、ホッツ商会のみならず、オスマン帝国のトンベキ輸入専売会社に自分たちが設定する価格で独占的に売り渡す流通体制をつくり上げていこうとした。こうしたやり方は、すでに1892年9月26日にカージャール朝とオスマン帝国のトンベキ輸入専売会社との間で結ばれた、イランからオスマン帝国に輸出されるトンベキは自由に買い付け、輸出できるという趣旨の協定に違反するものであった。会社はこのことを詰問され、非難されたが、まったく意に介さず、むしろ自分たちの行為を正当化し、自分たちがやっていることは「政府の介入も、梃子入れもない専売であり、国が口を出すことは不可能である」と言って憚らなかった。これに法的には決してカージャール朝から認められた専売権ではないが、自らの手でそれに等しい体制をイラン国内につくり、これを通じてオスマン帝国のトンベキ輸入専売会社がはりめぐらす広域的な流通網を排除しようとするイスファハーン商人の断固たる抵抗心を見てとることができる[125]。

　イスファハーンの商人によって設立された会社は、オスマン帝国におけるトンベキ市場から閉め出されたことに焦燥感を募らす商人たちがオスマン帝国の輸入専売会社に対抗してイラン国内における市場を独占する目的でつくられたものであった。しかし、このような思いにもかかわらず、商人たちの足並みは必ずしも揃わず、オスマン帝国のトンベキ輸入専売会社にひそか会社を通さずにトンベキを売り渡す者も出てくるようになる。次のガッファール Ḥājjī ʻAbd al-Ghaffār という名の商人の例は、このあたりの事情をよく示している。

> その頃、会社に出資していたハージー・アブドルガッファールなる名の商人がイスファハーンにおいてトンベキの買い付けを行っていた。〔他の〕商人たちは、彼がオスマン帝国のトンベキ輸入専売会社のために買付を行っているとは露知らず、彼と取引の交渉を行っていた。しかし、商人たちとの取引が終わった後、アブドルガッファールは、自分はオスマン帝国のトンベキ輸入専売会社のために買い付けをおこなってい

るのだと打ち明けた。それを聞いた商人たちはすぐにイスタンブルに電報を打ち、トンベキの搬出を阻止しようとした[126]。

　このように一部の商人が会社を通さずに抜け駆けを行うことによって、会社は当初意図したようなトンベキの流通を独占していくことができなくなっていった。さらに、カージャール朝政府の方でも度重なるオスマン帝国のトンベキ輸入専売会社からの抗議を受けて、会社のトンベキ流通の独占化に歯止めをかけていった。この結果、1895年4月25日、カージャール朝政府は、イランからオスマン帝国に輸出されるトンベキの件について改めてオスマン帝国の輸入専売会社と協定を結び直すに至る。これは全部で九条からなるが、二年半ほど前の1892年9月26日に締結された輸出協定の補則という性格をもつものであった。

　新旧の協定で大きく異なる点は、輸入専売会社に代わってトンベキを買い付け、輸出するイラン側の代理人にかかわる部分である。旧協定では「イランのムスリム商人を優先的に代理人とする」と定めていた。しかし、新協定では「オスマン帝国のトンベキ輸入専売会社は、トンベキを自らの代理人を通して買いつける権利を有する」と改め、代理人はムスリム、非ムスリムを問わず、またイラン人であろうとオスマン帝国の臣民であろうと、国籍に関わりなく輸入専売会社が有利なかたちで独自の判断で選べるようになった。このように代理人の規定が緩和されることによって、オスマン帝国のトンベキ輸入専売会社は、以前とくらべ、はるかに自由にイランでトンベキを買い付け、それをオスマン帝国の領内に輸出することが可能になった。これによってイスファハーンの商人は、会社自体はその後も存続したものの、当初めざしたトンベキの買い付けと輸出を独占的に行うことができなくなっていったのである[127]。

おわりに

　1895年4月25日に新たにトンベキ輸出協定が結ばれたことによって、イランにおけるトンベキの買い付けからオスマン帝国の輸入専売会社を排除し、

イランからオスマン帝国へと延びるその交易ネットワークを遮断しようとするイスファハーン商人の試み、抵抗の動きは次第に勢いを失っていった。しかし、その後においても商人が設立した会社とオスマン帝国の輸入専売会社との間の競合、軋轢は、なおしばらくの間続いた。オスマン帝国の輸入専売会社は、新しい協定にもとづいてイランにおける会社の代理人としてイランのムスリム商人でなく、パートナーとして仕事がやりやすいエリアス Elias という名のユダヤ系の非ムスリム商人をオスマン帝国からイランに派遣してトンベキを買い付け、オスマン帝国に輸出していく体制を強化していった。エリアスが農民に対して提示する買い取り価格は、地元のイスファハーン商人のそれと比べると高く、このため農民は自分たちが栽培・収穫したトンベキを好んでエリアスに売却したのでイスファハーンの商人は苦戦を強いられた[128]。

　ただし、オスマン帝国の輸入専売会社によるトンベキの買い付けは、つねに順調に進んだわけではなかったことも指摘しておかなければならない。1897年になって農民のなかに収穫してから時間が経過し、古くなって商品価値の下がってしまったトンベキを強引にオスマン帝国の輸入専売会社に売却しようとする者が出てくる。これに対して代理人のエリアスは、断固、その買い取りを拒否した。これを不満とする農民は、アーカー・ナジャフィーの弟で兄と同様、イスファハーンでは有力なウラマーとして知られるシェイフ・モハンマド・アリーに直訴し、彼を通じて買い取るよう圧力をかけた。しかし、エリアスがこれを受け入れなかったのでオスマン帝国のトンベキ輸入専売会社がイスファハーンに所有する倉庫を農民が襲撃し、それに隣接するトンベキの加工場で働く職人がサボタージュを行うという事態も生じた[129]。

　オスマン帝国の輸入専売会社は、以上のように1895年以降もトンベキの流通をめぐってイランの商人、農民との間で小競り合いをたびたび起こしていた。しかし、19世紀末を迎えると、こうした問題もほとんど見られなくなるようになる。これに代わって顕著になってくるのが、トンベキをオスマン帝国の輸入専売会社を通さず、ひそかにオスマン帝国領内に持ち込んで売買する密輸の横行である。これは、オスマン帝国領内におけるトンベキの売買、取引から締め出され、また、イラン国内においてもオスマン帝国の輸入

専売会社の進出に晒されたイランの商人が止むにやまれぬ状況のなかで取った抵抗の一つのかたちであったと考えることができる[130]。

　1892年1月から9月にかけてイスタンブルで起こされたボイコット運動、これに続いて同年9月から1895年4月頃までイスファハーンで起こされた同様の動きは、いずれも1892年4月からオスマン帝国で営業を開始したトンベキ輸入専売会社に対するイランの商人による異議申し立てという点で共通し、相互に連関した動きとしてとらえることができる。イランにおけるトンベキの最大の生産地であるイスファハーン、そしてその最大の輸出先・消費地であるオスマン帝国の首都イスタンブルをそれぞれ活動の拠点とするイランの商人たちにとって、オスマン帝国内にトンベキ輸入専売会社が設立されたことは、長年にわたって培ってきた自らの交易ネットワークを奪われることに他ならなかった。これに焦燥感を募らす商人たちによって起こされたのが、イスタンブルおよびイスファハーンにおけるボイコット運動であったということができる。

　これまでタバコ・ボイコット運動については、1891年4月から翌年の3月にかけての時期にイラン国内で起こされたイギリス系のペルシア帝国タバコ専売会社に対するそれにもっぱら関心が向けられ、その結果として実現したタバコ利権の廃棄を肯定的にとらえ、それをイラン民族運動の政治的、経済的な勝利と位置づける見方が大勢を占めてきたように思われる。しかし、本章では、イランにおいてタバコ・ボイコット運動が終息した後の1892年4月にオスマン帝国で新たに設立されたフランス系のトンベキ輸入専売会社に着目し、これに対する異議申し立てとしてイスタンブルおよびイスファハーンの両都市で相次いで起こされたタバコ・ボイコット運動について論じてきた。

　イランの商人は、1892年4月はじめのイギリス系のペルシア帝国タバコ専売会社の廃止によって確かにイラン国内においてトンベキを自由に売買、取引することが再びできるようになった。タバコ・ボイコット運動は、これを実現させた原動力として高い評価を与えることができる。しかし、トンベキの流通をイラン一国だけに限定せず、イランからオスマン帝国のイスタン

ブルに延びる広域的、かつ国際的な交易ネットワークとしてのイスタンブル交易圏という枠のなかで改めて考え直してみると、イランのトンベキを扱う商人たちは、オスマン帝国にトンベキ輸入専売会社が設立されたことによってその市場から閉め出され、さらにイランの国内市場においてもオスマン帝国のトンベキ専売会社の進出に晒されるという状況に追い込まれた。

　これに危機感を募らすイランの商人がオスマン帝国のトンベキ輸入専売会社に対して起こしたのが、イスタンブルおよびイスファハーンにおけるボイコット運動であったということができる。しかし、この抵抗の動きをもってしてもイランの商人は、オスマン帝国におけるフランス系のトンベキ専売会社の独占・専売体制を跳ね返すことはできず、こうした体制は、それが廃止される1923年のトルコ共和国の成立まで続いた。

　イラン一国だけに限定せず、イランからイスタンブルにかけて延びる広域的なネットワーク、イスタンブル交易圏という枠のなかでタバコ・ボイコット運動について再考してみると、イランの商人は従来、主張されてきたようにその流通を完全に自分たちの手に取り戻すことができたとは言えない。アジア交易論的な立場からすると、イランにおけるタバコ利権の廃棄は民族運動の勝利と肯定的に評価することもできる。しかし、ヨーロッパ資本主義が主導する一体化された世界経済のなかでのタバコの生産と流通のあり方を考え直してみると、イランの商人には乗り越えることのできない弱さと限界があったことも見ていかなければならないのである。

終　章　変容するイスタンブル交易圏

1．コチュ最初のイスタンブル旅行

　ヴェフビ・コチュといえば、トルコにおいて一代で巨大な財閥企業を築きあげた立志伝中の人として知られる。オスマン帝国末期の1901年、小商人の子としてアンカラに生まれたが、トルコ共和国ができると折からの首都建設ブームに乗って建築資材の納入と設備工事、建設請負業に手を広げ、その商才を遺憾なく発揮して揺るぎない地位をかためた。第二次世界大戦後の1950年代になると、その本拠をアンカラからイスタンブルに移し、流通のみならず家電製品の製造、自動車組立など生産の分野にも事業を拡大、さらにミグロスの名で親しまれるスーパー・マーケット、銀行を全国的に展開しながら流通、金融をおさえ、トルコで一、二を争う多角的な財閥企業をつくりあげた。
　このコチュが父親に命じられ、商品を仕入れるためにはじめてイスタンブルを訪れるのは1916年、15歳の時である。後年著された『自叙伝 Hayat Hikayem』にはアンカラから鉄道でアジア側の終着駅ハイダルパシャに着き、そのあとフェリーで海峡を渡ってガラタからベイオウルにかけてのヨーロッパ側の新市街、その中心のイスティクラール通りに足を印したときの印象がみずみずしい筆致で書きしるされている。それによると、街中では第一次世界大戦中だったということもあってオスマン帝国と同盟関係にあるドイツ、オーストリア＝ハンガリー帝国の兵士が巡回する姿が目につき、ものものしい雰囲気につつまれていた。しかし、通りは街灯で煌々と照らされ、その下

付図1　16歳の頃のコチュ（1917年）
出所：Can Dündar, *Özel Arşivinden Belgeler ve Anılarıyla Vehbi Koç*, İstanbul, 2006, s. 27.

を往ったり来たりする人でごった返し、戦時下であることを忘れさせる明るさと活気、にぎやかさだったと回想している[1]。

滞在中、彼は仕入れのために市場、問屋を精力的にまわった。アンカラでの父親の商売は、19世紀末にアナトリア鉄道が開通したのにともなってイスタンブルへの穀物供給地として急成長していたポーラトルを中心とするアンカラ近郊の農村から小麦を買い付け、それを鉄道駅まで運んでイスタンブルとの卸売取引に従事するギリシア系の非ムスリム商人に売り渡すことであった。また、イスタンブルから仕入れた織物類を買い求めようと近くの村からやって来る農民に売るということもやっていた[2]。

コチュの父親はこれらの仕事をパートナーシップを結んだ数名のトルコ系の商人と共同でやっていたが、コチュがはじめてイスタンブルに行った頃、それとは別に自分だけで雑貨屋を開き、商売を広げようとしていた。これに必要な品を買い付け、準備するのが息子のコチュに命じられた仕事であった。ただ、彼はこれを一人でやるのではなく、イスライル・アナスタスヤン Israil Anastasyan という名のアルメニア系商人の手を借りておこなっていった。コチュのようなアンカラから来たばかりのまだ駆け出しの商人にとって、どこに安くていいものがあるのか、皆目、見当がつかない。ましてやコチュはまだ修業中の身である。イスタンブルの商品事情、価格の動向について知り尽くすイスタンブルの商人の助けを得なければ思うように仕入れることはできなかった。このため、彼は父親およびパートナーシップを結んで共同で商売をしていたトルコ系の商人と親しいアルメニア系商人の力を借りてそれをおこなっていったのである[3]。

アルメニア系の商人をはじめとするイスタンブルの非ムスリム商人は、これまでの章で論じてきたイスタンブルからイランに延びる交易ネットワークの例からも明らかなように、オスマン帝国の内外からそこに収斂・輻射する交易ネットワークを押さえ、他の商人たちの追随を許さない強い経済力をもっていた。しかし、こうした非ムスリム商人の優位も、オスマン帝国が第一次世界大戦に参戦し、敗戦後の祖国解放戦争を経てトルコ共和国が建国されていく過程で次第に失われていく。これに代わってトルコ民族主義にもとづく経済政策ミッリー・イクティサート milli iktisat の後押しを受けてトルコ系の商人が台頭してくるが、ここではその成長の軌跡を追いながら、広域的な交易圏としてのイスタンブル交易圏がどう変わっていったのか、それを担った商人の交替を中心にその変容の過程をみていくことにしたい。

2．弱体化する非ムスリム商人の経済力

　第一次世界大戦は、イランにつながるイスタンブル交易圏が衰退に向かう序曲となるものであった。帝政ロシアは、戦争がはじまると黒海およびその周辺海域に機雷を敷設・浮流させ、これによって黒海を航行する商船、貨物船の航行は危険にさらされ、オスマン帝国はやむなくボスフォラス海峡の閉鎖に踏みきった。この結果、黒海方面からイスタンブルに繋がる海上交通は激減し、対イラン向けの中継貿易の二つの幹線ルートであるトラブゾン＝タブリーズ・ルート、ザカフカス・ルートは賑わいを失い、イスタンブルの中継地、境域市場としての役割も低下した[4]。

　イスタンブルにやって来る商人についていうと、オスマン帝国と同盟関係にあるドイツ、オーストリア＝ハンガリー帝国の商人は増加したが、イギリス、フランスの商人はイスタンブルの市場から姿を消し、イランの商人の数も減った。商品ではイギリスから輸入される綿製品、フランス向けに輸出される繭の貿易量が激減し、イランからの主要な輸出品であった絨毯もイスタンブルを中継しなくなった。第一次世界大戦後の 1924 年にイスタンブル商業会議所によってまとめられた経済調査報告によると、第一次世界大戦が勃発し、ボスフォラス海峡が閉鎖されると、イランからイスタンブルに送られ

ていた絨毯は、ペルシア湾の諸港からヨーロッパ、アメリカ方面に直接輸出されるようになり、こうした状況は第一次世界大戦が終わった後も変わらず、イスタンブルを中継地とする絨毯貿易は戦前の状況に回復することはなかった[5]。

　第一次世界大戦による中継貿易の衰退は、それを牽引してきたイスタンブルの非ムスリム商人を取り巻く状況にも大きな変化をもたらし、それは戦局の悪化とともに強まっていくトルコ民族主義にもとづく経済政策ミッリー・イクティサートによってさらに追い打ちをかけられた。トルコの経済史家ザーフェル・トプラクによると、1908年の青年トルコ人革命は、当初、経済的には取引の自由 serbest-i ticaret と自由競争 serbest-i rekabet、私的な企業活動 teşebbüs-ü şahsi に対して寛容であり、非ムスリム商人はこの自由主義的な経済政策を歓迎した。しかし、バルカン戦争から第一次世界大戦に突入する時期になると、外との関係を断たれ、市場メカニズムが機能しなくなったオスマン帝国の経済は統制色を強め、それまでの自由主義的な経済政策を放棄するに至る。これによって非ムスリム商人の立場は厳しい状況に追い込まれていった[6]。

　青年トルコ人革命当初に掲げられた自由主義的な経済政策に代わって優勢になってくるのは、ドイツの歴史経済学者フリードリッヒ・リスト Friedrich List の国民経済論に強く影響された、トルコ語でミッリー・イクティサートと呼ばれる保護主義的な色彩の濃い経済政策である。1912年に成立した統一と進歩党政権の下でテキン・アルプ Tekin Alp とともに経済イデオローグとして活躍したアフメド・ムヒッティン Ahmed Muhittin によると、この政策がめざしたのは、戦争の勃発によっ国際的な経済関係を断たれたオスマン帝国の経済を自給自足的な経済システムに変えていくことであった。この実現のため、戦時物資と食料の輸出が厳しく制限され、また、カピチュレーションに縛られて自由に改定できなかった関税の大幅な引き上げが断行され、国内商工業の保護と強化がはかられた。さらにそれまでイスタンブルのみならずオスマン帝国全体の経済を圧倒的な力で支配してきた非ムスリム商人の力を削ぎ、それに代わってトルコ系の商人を優遇していく措置も講じられていった[7]。

トルコ系の商人に対しては、すでに18世紀末から19世紀初頭にかけての時期にヨーロッパ諸国のプロテジェを得て国際商人として活躍する非ムスリム商人に対抗して、ハイリーイェ・トゥッジャール Hayriye Tüccar と呼ばれる特権を付与された商人の保護・育成がはかられていた[8]。しかし、それから百年ほど経った1911年になっても、イスタンブル商業会議所に登録される有力なトルコ系商人の数は、割合にして非ムスリム商人の10%を占めるにすぎず、依然として非ムスリム商人との差は大きかった[9]。オスマン帝国には古くから軍人・官僚はトルコ系、商人は非ムスリムがそれぞれ担うという価値観があり、これもトルコ系の商人がなかなか現れてこない一因になっていた[10]。

　ミッリー・イクティサートに経済政策を転換したオスマン帝国は、このような悪しき分業論、しがらみを断ち切ってトルコ系の人たちが商工業に進出することを奨励し、彼らを中心に据えて国民経済をつくり出していこうとした。これにしたがって株式会社の設立が後押しされ、1914-18年には戦時中であるにもかかわらず、123にも上る会社がトルコ系の企業家によって設立され、一定の成果を挙げた[11]。

　こうしたミッリー・イクティサートの政策は、第一次世界大戦でオスマン帝国が敗れ、1918年11月から1922年11月まで英仏伊の戦勝国によってイスタンブルを含む帝国領土が占領されると、一時的に中断を余儀なくされる。しかし、祖国解放戦争に勝利し、トルコ共和国が建国されていく過程でそれは復活し、国の根幹を成す経済政策として採用されていった。その大綱を決めたのは、1923年2月17日から3月4日までイズミルで開催された経済会議である。千人を越える商人、手工業者、企業・銀行の代表、農業関係者を集めて開かれたこの会議において、生産と流通、商業と工業を非ムスリム商人の手から取り戻し、発展させていくための方策が議論され、トルコの国民経済を軌道に乗せていく道筋がつけられた[12]。

　このミッリー・イクティサート政策の進展によってイスタンブルの商業を担ってきた非ムスリム商人の力は次第に失われていく。なかでもギリシア系の商人は、1923年1月30日に結ばれた住民交換協定によってそれに追い打ちをかけられた。この協定ではイスタンブルに住むギリシア系住民は、西ト

付図2　ヨルゴ・ジョージ・ザリーフィ
出所：Yorgo L. Zarifi（Çeviren: Karin Skoti-niyadis）, *Hatıralarım, Kaybolan Bir Dünya İstanbul 1800-1920*, İstanbul, 2002, s. 197.

ラキアに居住するトルコ系住民とともに強制移住の対象からはずされ、イスタンブルに留まることを従来通り認められた。しかし、こうした規定にもかかわらず、協定が発効する前から危害が及ぶのを恐れるギリシア系商人のなかには、故郷のイスタンブルを去って国外への移住を選択する者が少なくなかった。これによって1922年11月から23年3月の間に110の重要なギリシャ系の商会が店を畳み、出国したといわれる[13]。

こうした離散者のなかにはイスタンブルのギリシア系コミュニティのなかですでに述べたラッリ商会と並ぶ有力な商人として知られるザリーフィ Zarifi の一族も交じっていた。マルマラ海に浮かぶパシャリマン島からイスタンブルに出て商人として成功したこの一族は、1877-78年の露土戦争時に財政苦境に陥ったオスマン帝国政府に対して当主ヨルゴ・ジョージ・ザリーフィ Yorgo George Zarifi が莫大な額の資金供与を行うなど国に多大の貢献をしていた。しかし、それにもかかわらず、1922年イギリス大使館に隣接してあったテペバシュの宏大な屋敷と90ヶ所に及ぶ所有地を没収され、イスタンブルからギリシアへの移住を余儀なくされた[14]。

ギリシア系の商人とともにイスタンブルの商業を支えてきたアルメニア系商人も、同じ時期にトルコ・クルド系のムスリム住民によって行われた度重なる商品のボイコット運動に堪えかねて店を閉め、イスタンブルから出ていく者が相次いだ[15]。アルメニア系商人の場合、離散はこれがはじめてのことではなかった。すでに第一次世界大戦中の1914-15年、アナトリア東部に住むアルメニア系住民をシリア、イラク方面に強制移住させた影響がイスタンブルにも及び、これによってアルメニア系商人の出国が続いた。そしてさら

に遡ると、こうした離散の例は1896年夏にイスタンブルの新市街ガラタ地区にあるオスマン帝国銀行本店がアルメニア民族主義者によって占拠されるという事件が起きた頃からすでに始まっていたといえる。

この事件は、1894年にアナトリア東部の町サスーンで起きたアルメニア系住民に対するトルコ・クルド系住民による襲撃事件に端を発し、ヴァン、ビトリス、エルズルムなど東部六州の諸都市に広がった民族間衝突が、トラブゾンを経てイスタンブルにも波及して起こされたものである。銀行を占拠した民族主義者に同調するアルメニア系住民とトルコ・クルド系住民との間で市内の各所、郊外の村で襲撃・衝突事件が相次いで起きるが、これを避けて多くの商人がイスタンブルから離れていった[16]。当時、イスタンブル商業会議所の会頭を務めていたアザルヤン Aristaki Azaryan もその一人であった。彼は船で難を逃れるが、『イスタンブル商業会議所新聞』の報じるところによると、金角湾からマルマラ海に出たところで不幸にも船中で急死した[17]。また、後に国際的な石油商人・ブローカーとして知られるようになる若き日のカルースト・グルベンキヤン Calouste Gulbenkian も故郷を去り、一時的にエジプトに避難した後、最終的にイギリスのロンドンに向かい、そこを商業活動の拠点にしていった[18]。

3．台頭するトルコ系の商人

以上のような19世紀末から第一次世界大戦直後にかけての時期に起きた非ムスリム商人の離散、移住によって、トルコ系の商人はイスタンブルにおいて自らの地歩を固め、存在感を高めていった。1922年末には非ムスリム商人が多数を占めるイスタンブル商業会議所に対抗して、トルコ系の商人をメンバーの中核とする民族トルコ商業連合会 Milli Türk Ticaret Birliği が組織され、イスタンブルのトルコ系商人の数は、年を追うにしたがって確実に増えていった。しかしながら、これをもってイスタンブルの経済・商業の担い手がギリシア・アルメニア系の非ムスリム商人からトルコ系の商人に移ったと速断することはできない[19]。

確かにトルコ系の商人は、ミッリー・イクティサート政策の後押しを受け

て力を伸ばしてきていた。しかし、トルコ共和国が成立してから10年ほど経つ1930年代前半の時期になっても非ムスリム商人は、資本が当時の通貨価値で20万トルコ・リラを越え、一等と分類される商人のなかに多く名を連ねており、なお無視できない経済力を保持していた[20]。第一次世界大戦が終わり、第二次世界大戦がはじまるまでの両大戦間期は、これらイスタンブルに残って商業活動を続ける非ムスリム商人の力を借りながら、トルコ系の商人が大きく成長し、イスタンブル交易圏を変容させていく過渡期としてとらえなければならない面をもっている。このことは、アンカラに生まれ、後にイスタンブルに本拠を移してトルコを代表する商人、企業家として成長していくコチュの経済人としての歩みによく出ているように思われる。以下、彼の書いた『自叙伝 Hayat Hikayem』に拠りながらこの点について見ていくことにしよう。

コチュがイスタンブルをはじめて訪れるのは、すでに述べたように、第一次世界大戦中の1916年のことである。それから10年を経た1926年、彼は父親からアンカラのカラオウラン通りにあった店を譲られ、名前を「コチュザーデ・アフメト・ヴェフビー商会 Koçzade Ahmet Vehbi Firması」と改めて独立する。この店は父親の代には野菜や果物、砂糖、チーズ、マカロニなどの食料品、石鹸、ゴムの靴底などの日用雑貨を商う小さな店にすぎなかったが、コチュはひとり立ちすると、生来の積極的な性格から金物、皮革類、建築資材等にも手を伸ばし、商売を広げていった[21]。

「アンカラの経済生活は、すべてイスタンブルにつながっている」という思いを早くから抱いていたコチュに対して、商品を仕入れ、イスタンブルからアンカラに送っていたのは、第一次世界大戦中以来の知己であるアルメニア系商人のアナスタスヤンであった[22]。彼との付き合いはこの後も途切れることなく続き、45年もの長きに亘ることになるが、このアナスタスヤンを通じてイスタンブルのガラタ地区で金物・工具類等を手広く商うアルメニア系のゲセルヤン兄弟商会 Vahram Geseryan ve Aram Geseryan を紹介され、アンカラにおけるその販売代理店になった。このようにコチュの初期の商業活動においてアルメニア系商人は無くてはならぬ協力者であったのである[23]。

1930年代に入ると、コチュの商売はさらに大きく拡大する。この頃、ア

ンカラでは首都にふさわしい街づくり、都市計画が立案され、これに沿って大規模な建設工事が市内の各所で行われ、さながら建設ラッシュの観を呈していた。コチュはこの動きを巧みにとらえて数多くの公共工事を受注し、それまで雑多な商品の小売りを中心にしてきた商会を設備工事、建築工事を請け負う会社へと脱皮させていった。この時期に彼が手がけた仕事としてはトルコ大国民議会の修繕工事、アンカラ・モデル病院 Ankara Numune Hastanesi をはじめとするいくつかの病院の設備・建設工事、エラズー＝ヴァン間の鉄道敷設工事等を挙げることができるが、このように仕事の内容が多岐にわたるようになったことを受けて、1937 年、コチュはもとからあった商会を株式会社に改組し、「コチュ商事株式会社 Koç Ticaret Anonim Şirketi」を設立した[24]。

そしてこれに合わせてイスタンブルのガラタ地区に支社として「ヴェフビー・コチュ合名会社 Vehbi Koç ve Ortakları Kolektif Şirketi」を開設し、その責任者として長年コチュを助けてきたアルメニア系商人のアナスタスヤンを充てた。コチュにとってそれまでのアナスタスヤンは、イスタンブルで商品を仕入れ、それをアンカラに送る仲介商人という存在にすぎなかった。しかし、合名会社が設立されると、彼は共同経営者の一人としてアンカラにいるコチュに代わってイスタンブルにおける仕事を実質的に委され、動かしていくようになる。これには会社設立にあたって資本の 70％ をコチュが出資したのに対し、アナスタスヤンがその 15％ を出資したことも関係していたが、この時期のコチュはアナスタスヤンのような非ムスリム商人が有する経験と人脈を頼ってイスタンブルでの商売をしていかなければならず、これが共同で会社を設立することにつながっていったのである[25]。

このことは、後になって渉外を担当する役員としてイスタンブルのカスムパシャ地区に生まれたユダヤ系のイサク・アルタベフ İsak Altabef を充てたことにも見てとることができる。彼はイスタンブルにあるユダヤ人学校を卒業した後、ドイツに渡って活躍していた語学に堪能な金融マンであった。当時の合名会社はヨーロッパから資材を輸入し、それを軍需工場に納めることで業績を伸ばしていたが、これを遂行していくため外国語に通じ、交渉に当たることのできる人材が求められていた。これに白羽の矢が立てられたのが、

イサク・アルタベフであった。彼はこれに応えてコチュから 15%の株式を譲られ、共同経営者の一人に加わった。これによって市場関係をアルメニア系のアナスタスヤン、渉外関係をユダヤ系のアルタベフがそれぞれ分担する体制ができあがり、これは 1944 年まで続いた。このようにコチュは、両大戦間期におけるイスタンブルでの仕事をこれら二人の非ムスリム商人に全面的に頼りながら行っていたのである[26]。

　コチュは、この時期における自らの商業活動を振り返って、ようやくエスナーフの段階から抜け出てトゥッジャール（卸売りを行う大商人）の仲間入りをすることができるようになった、と『自叙伝』のなかで述懐している。彼の意識のなかでは父親から店を引き継いだ 1926 年頃は、商人とはいっても雑多な食料品と日用雑貨を扱う小売商人にすぎず、社会的には職人、手工業者と同じエスナーフの階層に属する人間であるという思いを強く持っていた。しかし、1937 年以降、イスタンブルにおいてアナスタスヤンをはじめとする非ムスリム商人と共同経営のかたちで商業活動を続けていくなかで卸売りを行う大商人たるトゥッジャールとしての意識と自信を深めていったのである[27]。

　第二次大戦後の 1951 年、コチュは長らく務めていたアンカラ商業会議所の会頭職を辞して本拠を長年の夢であったイスタンブルに移し、これをきっかけに商業・流通のみならず工業・生産の分野にも活動の幅を広げ、事業を拡大していくようになる。50 年に共和人民党に代わってアドナン・メンデレス Adnan Menderes を首班とする民主党政権が成立すると、トルコの経済政策は、それまでのエタシズム（国家資本主義）による国営企業中心の産業育成策から民間資本の自由な起業活動に重きを置く工業振興策に大きく転換するが、この流れをコチュは敏感に受けとめ、多くの企業を次々と設立していった。その分野は、食品加工から電球、ラジオ、テレビ、冷蔵庫など家電関連製品の生産から自動車の組立・販売、タイヤ製造など多岐にわたり、60年代初頭までにコチュが設立した会社の数は 25 にも上った[28]。

　1963 年になると、これらの企業と戦前から続くコチュ商事等の諸会社を統合してコチュ持株会社 Koç Holding Şirketi という財閥企業を設立する。戦後になって彼がつくった会社は、生産した製品を独自のルートを使ってそれ

ぞれ勝手に小売り業者に卸すというシステムをとっており、流通という点では無駄が多かった。コチュはこうした弊害を改め、資本や技術面での連携を相互に深めながら、旧来の家族的な経営方式から脱却し、全体を統轄する持株会社をつくって管理体制を強化していこうとしたのである[29]。

　以上のようにアンカラからイスタンブルに進出し、商人から企業家へと変身を遂げながら、最終的に持株会社というかたちで財閥企業をつくっていったコチュの軌跡は、トルコ系の商人・企業家が非ムスリム商人に代わってイスタンブルの商業・経済を動かしていくようになったことをよく示すものであるといえるが、この後、コチュと同じように工業振興策に促されて地方で起業した他のトルコ系の商人・企業家も相次いでイスタンブルに進出し、これによってイスタンブル交易圏はさらに大きく変容していくことになる。

4．イスタンブルにおける綿紡績業の発展

　トルコ系の商人・企業家が非ムスリム商人に代わってイスタンブルの経済・商業の担い手になっていくのにともない、イスタンブルの都市としての性格も大きく変化する。1950年代までのイスタンブルは、基本的には商業都市であった。しかし、コチュの例からも明らかなように、工業化の進展によってトルコ系の商人が商業・流通のみならず近代的な工業・生産の分野にも事業を拡大し、もはや商人という範疇で括ることのできない企業家へと変わっていくと、1970年代以降、イスタンブルの町はトルコ全体の3分の1の生産を担う工業都市へと急成長を遂げていった。オスマン帝国とそれに続く両大戦間期のトルコ共和国の時代においてイスタンブルの国際交易は、中継貿易と輸入貿易を二つの柱としていた。しかし、イスタンブルが工業都市として発展すると、1980年以降、そこで生産された製品の輸出貿易に次第にシフトしていき、イスタンブルはこれに強く依存する都市へと変わっていったのである[30]。

　イスタンブルで興され、さかんになった近代工業としては、食品加工、金属・機械、繊維を挙げることができる。なかでも綿製品はイスタンブルから輸出される主要な貿易品になっていくという意味で重要であった。トルコの

経済史家シェヴケト・パムクが指摘するように、オスマン帝国で伝統的につくられてきた手織りの綿織物、綿糸の生産は、1820 年代以降マンチェスターを中心とするランカシャー産の綿製品がオスマン帝国に入ってくると、それに押されて壊滅的な打撃を蒙り、1870 年代までには衰退した。しかし、このような状況のなかで外国からの輸入に頼らず、綿糸・綿織物をかってのように自国で生産していく輸入代替工業化の努力も 19 世紀半ば頃から試みられ、それはトルコ共和国が成立した後も続けられた。これによって第二次世界大戦後、綿紡績業がトルコを代表する産業になっていくが、これに先鞭をつけ、中心になったのがイスタンブルであった[31]。

　イスタンブルではすでに 1850 年に西郊のバクルキョイにオスマン帝国政府によって官営の紡績工場 Bakırköy Bez Fabrikası が建てられ、さらに 1889 年にはオスマン帝国在住のイギリス商人によってイェディクレに綿糸工場 Yedikule İplik Fabrikası がつくられていた[32]。後者のような民間資本による紡績工場は、1879 年にサロニカ（現ギリシア領テッサロニキ）につくられたものを嚆矢とし、これに続いて 1914 年までにゲリボル、イズミル、マニサ、タルスス、アダナ、エラズー、トラブゾン、エディルネにも同じような工場がつくられていった。その大半は非ムスリム商人ないしオスマン帝国在住の英仏商人によって設立されたもので、トルコ系の商人が出資してつくられたものはほとんどなかった[33]。

　しかし、トルコ共和国が成立すると、国が打ち出すミッリー・イクティサート政策に押されてイスタンブル、イズミル、アダナなどで活動するトルコ系商人のなかには資本を投じて紡績工場をつくる者も出てくる。こうしたなか、後にトルコの綿紡績業を担う一人になっていくという意味で重要なのが、ハリル・アリ・ベズメン Halil Ali Bezmen である。バルカン戦争直前の 1912 年、サロニカからイスタンブルに移住したベズメンは、トルコ共和国が成立してから 5 年後の 1928 年、ヨーロッパ側の新市街フンドゥクル地区に二人のユダヤ系トルコ人と共同でメンスージャート・サントラル Mensucat Santral という名の染色工場を立ち上げた。しかし、この工場はパートナーとの関係がうまくいかず、間もなく閉鎖に追い込まれ、1934 年になって改めてベズメンは、息子のフアド・ベズメン Fuad Bezmen と共同でイスタ

ンブルの西郊カズルチェシュメ Kazılçeşme に同じメンスージャート・サントラルの名で紡績工場を設立し、それを稼働させていった[34]。

　ただ、ベズメン父子が設立したこの紡績会社がトルコの綿紡績業を牽引していくようになるのは、第二次世界大戦後の 1950 年代以降であることに注意しなければならない。メンスージャート・サントラルが設立された両大戦間期のトルコにおいては、まだ民間における資本の蓄積は十分でなく、紡績工場がつくられたといってもその規模は小さく、国内の需要・消費を賄うまでには至らなかった。この欠を補うため、国が資本を出して各地に国営の紡績工場を建設し、これによってそれまで外国からの輸入に頼っていた綿製品を国内で生産できるようにする輸入代替工業化政策が 1930 年代前半から積極的に推し進められていった。これが両大戦間期のトルコでは優勢であり、民間の紡績工場は存在感が薄かったのである。

　国の資本で生産を主導し、国民経済を創成していくこの経済政策は、一般的にはエタシズムと呼ばれるが、繊維・生活衣料品の分野においてその生産と流通を担う国営企業を統轄する役目を負ったのが、1933 年に設立されたシュメル・バンクである。この下で 1934 年以降、アイドゥン近郊のナージルリ、カイセリ、コンヤ、マラトヤに四つの国営の紡績工場が新設された。そしてこれに加えてオスマン帝国の時代に設立された官営のバクルキョイの紡績工場とギリシア系の非ムスリム商人によってつくられたアダナのそれが国に移管され、あわせて六つの国営の紡績工場が国内の綿糸・綿織物の需要の大半を賄っていく体制ができあがった[35]。

　しかし、戦後の 1950 年になって民主党のメンデレスが政権を握り、経済政策をエタシズムから民間主導の自由主義的な工業振興策に転換すると、こうした国営企業優位の状況に変化が生まれてくる。民間の起業意欲に溢れたトルコ系の商人・企業家は、融資、外貨の割り当て、機械の輸入割当、輸入関税、減税等において国から優遇措置を受け、これを梃子にしてイスタンブルをはじめとする各地で競うように紡績工場をつくっていった。こうしたなか、すでにイスタンブルに紡績工場を設立し、稼働させていたベズメンは、すでに第二次世界大戦中に政府から国営のバクルキョイの紡績工場の払い下げを受け、1950 年代に入るとイェディクレにあった綿糸工場をも買収して

会社の規模を拡大し、それをイスタンブルのみならずトルコでも有数の紡績会社に育てていった[36]。

5. サバンジュ財閥のイスタンブル進出

　民間資本による紡績工場が相次いでつくられていくなか、アナトリアの東南部チュクルオヴァ地方の中心都市アダナでも1953年にコチュと同世代の商人・企業家として知られるハッジュ・オメル・サバンジュ Hacı Ömer Sabancı によってボッサ BOSSA 紡績会社が設立された。創業者のサバンジュは、もとはアナトリア中央部の都市カイセリ近郊の村アクチャカヤに生まれた農民の子である。祖国解放戦争末期の1921年秋、14歳の時に仕事を求めて故郷からアダナに移り、そこで綿業関係の仕事に就いた。アダナを中心とするチュクルオヴァ地方は、1861-65年のアメリカ南北戦争によって世界的に綿花不足の状況が生じると、エジプトのナイル・デルタとともに綿花の栽培地として急速に台頭したところである。そこでサバンジュは、最初はギリシア系の非ムスリム商人が経営する綿繰り工場に綿花を運ぶ荷担ぎ人夫（ハマル）として働いた[37]。

　彼は次いでアダナ近郊の農民から綿花の買い付けをはじめたことで商人として頭角を現し、1939年頃までにアダナの綿花取引を支配する商人として知られるようになった。この間、1923年のギリシア＝トルコ間の住民交換協定によってアダナから離散を余儀なくされたギリシア系非ムスリム商人の所有する綿繰り工場と紡績工場を他のトルコ系商人と共同で買い取り、さらに綿実油の製油所を単独で立ち上げながら精力的に事業を拡大していった[38]。

　このサバンジュが本格的に商人から企業家へと変身を遂げるのは、1950年にメンデレスの民主党政権が成立し、民間企業育成の積極的な助成策が打ち出されてからのことである。彼はこの流れに乗って1953年、前述のボッサ紡績会社を設立した。すでに触れたコチュが、家電関連製品や自動車の組立・販売など耐久消費財の生産にシフトしていったのとは対照的に、サバンジュは綿花の産地チュクルオヴァ地方で起業したということもあって、この後も綿紡績業を中核に据えながら事業展開をはかっていくことになる。

サバンジュが設立した紡績工場は、両大戦間期にシュメル・バンクによって設立された国営の紡績工場をモデルにしていた。なかでも彼が範としたのは、国営の紡績工場のなかでもっとも規模が大きく、最新の設備を備えていたアイドゥン近郊のナージルリにある更紗・綿織物工場 Basma ve Bez Fabrikası であった。1950 年、彼はアダナを視察ために訪れた当時の共和国大統領ジェラール・バヤル Celal Bayar の知遇を得、大統領に同行してこの国営紡績工場を見学する機会に恵まれるが、この時の経験を生かしてヨーロッパから輸入した 13,000 本の紡錘と 360 台の織機を備える紡績工場を建設した[39]。

付図 3　大統領ジェラール・バヤル（右）とともにナージルリの国営紡績工場を訪れたハッジ・オメル・サバンジュ（中央）
出所：Sakıp Sabancı（tr. İştetayatim）. *This is My Lif*e, Avon, 2nd ed. 1988, p. 61.

これを軌道に乗せたサバンジュは、1956 年になると生産の拠点をアダナに置いたまま、イスタンブルへの進出をはかる。当時、価格の決定から末端の小売に至る国内の流通ルートを押さえ、支配していたのは、イスタンブルの卸売市場であった。旧市街のエミノニュ地区、イェニ・ジャーミーと中央郵便局を少し奥に入ったところに「アシール・エフェンディ通り Aşirefendi Caddesi」と呼ばれる道があるが、このあたりに密集する繊維・衣料品を扱う問屋こそ、イスタンブルのみならずトルコ全体で生産される綿製品が取引されるところであった。アダナの工場で生産された綿製品を地元の小売商人に卸す場合ですら、イスタンブルの問屋を通さなければならないほどその力は絶大であった。このため、サバンジュはイスタンブルに出先の事務所を開設し、自社製品の販路を拡大していこうとしたのである[40]。

このイスタンブルでの仕事を委されたのは、次男のサークプ・サバンジュ Sakıp Sabancı である。彼は、アシール・エフェンディ通りにあるギュリュン・ハン Gürün Han に一室を借りると、卸問屋を回って歩き、アダナの紡績

付図4　オザル首相（中央）と談笑するサークプ・サバンジ（左）とコチュ（右）
出所：Sabancı Sakıp（tr. İştetayatim）. *This is My Life*, p. 249.

付図5　現在のギュリュン・ハン
出所：坂本勉撮影

工場でつくられた自社製品の売り込みに奔走した。しかし、それに対する反応は必ずしも芳しいものでなかった。当時、イスタンブルの市場では、すでに述べたベズメン父子の紡績会社メンスージャート・サントラルの製品が圧倒的なシェアを誇り、その間に割って入るのは容易でなかった。卸問屋の多くは、「ハリール・アリ・ベズメンが聞いたら、何と言うだろうか？」、「メ

ンスージャート・サントラルは、我々に品物を卸してくれなくなるのでないか？」と言ってメンスージャート・サントラルの目を憚り、サークプ・サバンジュとの取引を渋った[41]。

これに困惑したサークプ・サバンジュは、窮状を打開すべくイスタンブルの市場事情に通暁する二人の非ムスリム商人の力を借りてみずからの販売網の拡大をはかっていった。その一人がメンスージャート・サントラルに雇われていたユダヤ系のネシム・カサド Nesim Kasado である。この商人は生地、織物をどのように染色し、どれくらいの量を生産すれば売れるのか熟知しており、それを決定する権限をメンスージャート・サントラルから与えられていた。サークプ・サバンジュはこの彼の能力を見込んで引き抜き、販路を広げていったのである[42]。

そしてあと一人がアヴァンディス・カザンジュヤン Avandis Kazancıyan という名のアルメニア系の商人であった。彼はネシム・カサドと違って、特定の紡績会社と関係をもたずに自由な立場で仲介商人として活動してきた商人であるが、ネシム・カサドの後任としてサークプ・サバンジュに招かれ、ボッサ紡績会社をメンスージャート・サントラルに代わるトルコ随一の紡績会社にしていくのに貢献をした。すでに指摘したように、トルコ共和国の時代になってからイスタンブルにおける非ムスリム商人の影響力は著しく後退していた。しかしながら、サバンジュの場合も、コチュと同様、第二次世界大戦以降も流通においてなお無視できない力をもっていた非ムスリム商人の協力を得ながら、その販路を拡大していかなければならない面をもっていたのである[43]。

1966年に創業者のハッジュ・オメル・サバンジュが亡くなると、サークプ・サバンジュをはじめとする6人の息子たちは、翌1967年コチュに倣って傘下の諸企業を統合してサバンジュ持株会社 Sabancı Holding Şirketi を設立し、本社をアダナからイスタンブルに移した。すでに父親の代にアクバンク Akbank を設立し、銀行等の金融業にも進出していたが、サバンジュ財閥は、紡績業以外の工業分野にも精力的に事業を拡大し、ゴム、タイヤコード、セメント、加熱・冷却用の機械、建設機械、自動車・バス等を生産する会社をそれぞれ立ち上げ、財閥企業としての多角化をはかっていった[44]。

しかし、サバンジュ財閥の中核を成す企業は、創業以来、綿製品を生産してきたボッサ紡績会社であった。その後、化学繊維を原材料とする布地、衣料品等に対する需要が高まってくると、別にポリエステルの紡績、ナイロンの製糸を行う会社を設立し、その生産体制を強化していった。これによってサバンジュ財閥は、綿製品のみならず化学繊維製品の生産も手がけるトルコを代表する繊維産業の会社に成長し、その輸出貿易の先頭に立っていくようになる[45]。

トルコの繊維製品は、1970年代に入って国際的に競争力をつけ、1980年の軍事クーデター後、オザル Turgut Özal 政権によって為替の自由化、税のリベート制、外貨割り当ての優遇等の輸出振興策が積極的に打ち出されると、輸出が拡大していった。70年代まではトルコの繊維製品は国内での流通が主であり、輸出される場合、そのほとんどは糸、布地のかたちをとっていた。しかし、80年代に入ると既製の衣服・衣料品の輸出が急伸し、90年代に入るとそれは糸、布地の2倍以上に増え、以後、その差はさらに広がり、トルコから輸出される繊維製品の主要な貿易品になっていった。トルコでつくられる既製の衣服、衣料品は、価格が安い割に質がよく、為替の自由化によってトルコ通貨の価値が下がったこともあって80年代以降、広く海外の市場に浸透していった[46]。

その最大の輸出先は、ドイツを筆頭とするフランス、イギリス、イタリア、スペイン、オランダなどのヨーロッパ諸国であった。1980年から88年にかけてトルコから海外に輸出された繊維製品のうち、対ヨーロッパ向けのそれは全体の輸出額の割合でみると50％前後を占め、他の国、地域を大きく引き離した。こうした傾向は1996年にトルコとEUの間で関税同盟が締結され、対EU向けに輸出されるトルコの繊維製品に税がかからなくなったことによってさらに弾みがついていった[47]。

6. イスタンブル交易圏の新たなる胎動

1980年代以降、イスタンブルは、綿紡績業を中心とする輸入代替工業化が実を結んだことによってトルコにおける工業生産の拠点となり、そこでつ

くられる工業製品の輸出にシフトする国際的な交易都市へと変わっていった。トルコ全体の輸出のなかで工業製品が占める割合は、1980年に36％、83年に64％、85年に75％、89年に78％と年を追うにしたがって増加していくが、イスタンブルはこれら工業製品を海外に輸出するトルコ最大の拠点になっていった。イスタンブル市庁が出した1997年から99年にかけての統計によると、イスタンブルの輸出貿易がトルコ全体のなかで占める割合は、43.4％から44.7％を占め、他の追随を許さぬ多さを誇っている[48]。

　この工業製品を柱とする輸出を牽引したのは、コチュやサバンジュに代表されるトルコ系の商人・企業家である。彼らはイスタンブルを拠点にさまざまな分野で起業し、その生産活動を主導しながら輸出を通じてその交易ネットワークを海外に着実に延ばしていった。その網の目は、最大の輸出先たるヨーロッパだけにとどまらず、中東イスラーム世界、バルカン諸国、旧ソ連圏のような東方の国々、諸地域にも広がっている。

　トルコから中東イスラーム世界への輸出が急激に上昇するのは、1980-88年のイラン＝イラク戦争がきっかけであった。戦争によって物資が不足する両国に対してトルコは、繊維製品のみならず食料品、日用雑貨、その他の工業製品を輸出し、これによってイラン、イラクはさながら「トルコの専用市場」といってもいい様相を呈し、トルコに特需景気をもたらした。これと並行して石油ショック後のオイル・ダラーで潤うサウディアラビア、クウェート、湾岸諸国といったアラブ諸国向けの輸出も伸長し、その額はイラン、イラクへのそれも合わせると一時的には対ヨーロッパ向けの輸出に肉薄するほどであった[49]。

　さらに1989年から1991年にかけてバルカンおよびソ連邦の社会主義体制が崩壊すると、それまで閉ざされていたこれらの地域、国が新たな市場として開かれ、トルコからの輸出が増大した。また、イスタンブルにブルガリア、ルーマニア、ウクライナ、ロシア、アゼルバイジャン、中央アジアの諸国などからバス、鉄道、船、飛行機を使って多数の旅行者が押し寄せ、これらの人たちが「にわか商人」に変じてさまざまな商品を買いつけ、国に帰って商売をする「手荷物貿易」もさかんに行われるようになった。これは、カパル・チャルシュ近くのラーレリ地区にある問屋街などで繊維製品、日用雑貨

等の商品を安く仕入れ、正式な輸出手続きをせずに国に持ち帰って利益を上げようとする素朴な商売のことをいうが、こうした草の根レベルでの貿易を含めて 90 年代以降、トルコとバルカンおよび旧ソ連圏の国々との間にはかって見られないような活発な経済関係が生まれている[50]。

　イスタンブルに拠点を置くトルコ系の商人・企業家が進める以上のような中東イスラーム世界、バルカン、旧ソ連圏の国々への交易ネットワークの拡大は、19 世紀以降イスタンブルを本拠とするオスマン帝国の非ムスリム商人がイラン等の東方の諸地域・国へネットワークを延ばし、広域的な交易圏を拡大していったことを彷彿とさせるものがある。この意味で第一次世界大戦以降衰退したイスタンブル交易圏は、今の時代において再び活気を取り戻し、新たなかたちで胎動しはじめている、ということができるかもしれない。

　しかしながら、トルコ系の商人・企業家が今の時代においてつくり出そうとしている広域的な交易圏と、かつて非ムスリム商人がつくっていたそれとの間には質的にかなり違った点があることにも注意を払わなければいけないように思われる。これまでの章で論じてきたオスマン帝国の非ムスリム商人による対イラン貿易を例にとるならば、その交易ネットワークを支えてきたのは、長い時間をかけて彼らが培ってきた強固な流通の力であった。これにもっぱら拠りながらオスマン帝国の非ムスリム商人は、綿製品や絹などの交易において競合するイランの商人、ヨーロッパの商人を圧倒し、イスタンブルを交易の中心とする広域的な交易圏において優位な状況を占めてきたということができる。

　これに対して今の時代におけるトルコ系の商人・企業家は、非ムスリム商人が育んできた強固な流通の伝統を受け継ぎつつも、それとは別に彼らが手がけることのなかった生産の分野に果敢に挑戦し、自ら起業した会社・工場で生産された工業製品を積極的に輸出することによってその交易ネットワークを拡大させている。綿紡績業、繊維産業を中心に進められてきた輸入代替工業化という生産の分野と、歴史的な伝統を有する流通のネットワークとを有機的に結びつけながら輸出主導の経済の拡大に努め、これによって生じるダイナミズムを原動力としてトルコ系の商人・企業家は、第一次世界大戦以降低迷が続いていたイスタンブルを交易の中心とする広域的な交易圏を改め

て拡大させてきたということができる。

　この生産と流通を結合させたイスタンブル交易圏は、トルコのEU加盟問題によく示されるようにヨーロッパとの結びつきをさらに深めようとする面をもっている。しかし、他方においてオスマン帝国以来の東方への交易ネットワークの広がり、強さ、伝統を生かして中東イスラーム世界、バルカン、旧ソ連圏の国々とのつながりを強め、それを再編して新しい地域経済圏の形成に向かう動きも無視できない潮流になってきている。

　イスタンブルは、歴史的に中東イスラーム世界とその周辺に広がる諸地域が形づくる広域的な交易圏の中心の位置を占めてきた。この意味でイスタンブルは「世界の全部」と形容されるにふさわしい国際都市といえる。こうしたイスタンブルがもつ国を越えた経済的な求心力に着目してグローバル化する世界経済のなかに必ずしも呑みこまれない、イスタンブルを交易の中心とする独自の広域的な経済圏の在り方を探っていくことが肝要である。

　21世紀に入ってからトルコにはコチュ、サバンジュに代表される財閥系企業に代わる新しい世代の経済人・企業家も台頭してきている。これらの人たちを担い手とするイスタンブル交易圏がこれから先どこに向かうのか、本書で論じてきたイスタンブルからイランにまたがる国を越えた広域圏の歴史的な在り方は、それを見通していく上で一つの重要な手がかりを与えてくれるはずである。

註

[略語表]

註および文献目録で引用する史料、雑誌、新聞、シリーズ名などの略語は以下の通りである。

AJAMES	Annals of Japan Association for Middle East Studies
Akhtar	Rūznāme-ye Akhtar
AP	Accounts and Papers
BSOAS	Bulletin of the School of Oriental and African Studies
DCR	Diplomatic and Consular Reports
DTOG	Dersaadet Ticaret Odası Gazetesi
EI^2	Encyclopedia of Islam, 2nd ed.
FO	Foreign Office, United Kingdom
GASIO	Gozīide-ye Asnād-e Siyasī-ye Īran va 'Othmānī, Dowre-ye Qājārīye
HCPP	House of Commons Parliamentary Papers
IA	International Affaires
IJMES	International Journal of Middle East Studies
Irade 1309	Başbakanlık Osmanlı Arşivi Irade Tasnifi Irade 1309
IS	Iranian Studies
JCCC	Journal de la chambre de commerce de Constantinople
JESHO	Journal of the Economic and Social History of the Orient
MS	Miscellaneous Series
SI	Studia Islamica
Y. A. Res. 56/64	Başbakanlık Osmanlı Arşivi Yıldız Tasnifi Sadaret Resmi Maruzat Evrakı 56/64
Y. A. Res. 58/36	Başbakanlık Osmanlı Arşivi Yıldız Tasnifi Sadaret Resmi Maruzat Evrakı 58/36
ZDMG	Zeitschrift der Deutchen Morgenländischen Gesellshaft

なお、イギリス議会資料については次の順序、原則にしたがって書誌情報を掲載する。
(1) 資料名
(2) 資料番号（番号が付せられてない資料もあるが、ある場合は［ ］で括って示す）
(3) 巻数（ローマ数字）
(4) 文書タイプ。本書で利用する資料の大部分は、Accounts and Papers（AP）と分類され

る史料である。かつては AP に付されている分類番号を Index を使って調べ、文書を探す必要があったが、今では国内の主要な図書館・大学でイギリス議会資料のデーターベース Web 版を閲覧できるようになっていて AP の分類番号が分からなくても資料に簡単にたどりつけるので、分類番号を付すのは省略する。ちなみに、NII-REO の検索ツールでも AP の分類番号は記載されていない。
（5）HCPP
（6）会期の年号

序　章

[1] カナートによる灌漑については、古典的名著といわれるアン・K. S. ラムトン（岡崎正孝訳）『ペルシアの地主と農民』（岩波書店、1976 年）が、216-35 頁で一章を割いてイランの農村におけるカナートについてイスラーム法、慣習法、パフラヴィー朝期の民法典を踏まえて水利慣行等にかんする包括的な研究を行っている。これを受けて岡崎正孝は『カナート　イランの地下水路』（論創社、1988 年）という専著を出版し、カナートの技術・文化面のみならず、ラムトンと同様、土地制度、イランの社会構造にまで立ち入って考察を加えた。大野盛雄『ペルシアの農村』（東京大学出版会、1971 年）、原隆一『イランの水と社会』（古今書院、1997 年）は、長年にわたって実施してきたイラン農村調査の貴重な成果で、カナート灌漑に依存するイラン農民の姿を生き生きと活写している。

[2] 大野盛雄『イスラム世界』（講談社、1971 年）24-38 頁は、啓蒙的な新書であるが、中東イスラーム世界の乾燥地域に住む人間が土地といかにかかわってきたのかという問題意識から遊牧と農耕という二つの生産・生活様式こそ、中東イスラーム世界の文化の原型をなすと指摘する。アラブ諸地域で多く見られる水平移動型の遊牧生活については、民族学的なルポルタージュとして評価の高い D. P. コウル（片倉もとこ訳）『遊牧の民ベドウィン』（社会思想社、1982 年）と本多勝一『アラビア遊牧民』（朝日文庫、1981 年）を参照。垂直移動の遊牧生活は、中央アジアからイラン、アナトリアにかけての山岳地域に住むトルコ系、イラン系の遊牧民に多く見られるが、トルコ南部の山岳地域に 11 世紀頃に流入したといわれるトルクメン族の子孫ユルックを民族誌の観点から追った松原正毅『遊牧の世界』上・下（中央公論社、1983 年）が優れた成果である。遊牧という生産および生活の様式を人と動物とのかかわりという文明論の立場から牧畜文化全般を視野に入れて論じた古典的著作としては今西錦司『遊牧論そのほか』（秋田屋、1948 年、新装版が 1995 年に平凡社から復刊）がある。これを引き継いで発展的に論じたのが梅棹忠夫『狩猟と遊牧の世界』（講談社学術文庫、1976 年）である。

[3] 梅棹忠夫『文明の生態史観』（中央公論社、1974 年初版、1998 年改版）は、世界を東洋と西洋とに類別して歴史を二分法的に理解することを批判し、新たに「中洋」なる地域

概念を提唱してその西に位置する乾燥地帯としてのイスラーム世界を東洋でも西洋でもない別の地域としてトータルにとらえていく必要性を強調する。この提案自体はきわめて斬新で蒙を啓かれるが、そこで暮らす遊牧民の歴史的役割について人間社会の生態学的な発展と近代化を重視するあまり、遊牧民を文明の破壊者としてみる面が強すぎるのが気にかかる。大野盛雄が『イスラム世界』で述べるように、遊牧民と農耕民との間の共生と分業という視点が必要と思われる。

4 佐藤次髙・岸本美緒編『市場の地域史』（山川出版社、1999 年）の序章「市場の地域史」3-4 頁では、「市場」という言葉・概念が「いちば」と「しじょう」という双方の意味を含むと注意を促した上で、前者は「人と人とが出会う場であり、物資の交換のみならず、茶を飲みながらの噂話や縁組みの相談など、濃密な人間関係が結ばれる結節点であった」と指摘する。これに対して後者は「商人たちが運び込む商品を通じ、相互に顔も知らない人々を結びつける……空間的範囲」という性格をもつと述べ、同じ言葉・概念でも区別して使い分けなければいけないと言う。筆者自身が「市の形成」という時に使う「市」の含意は、前者の意味合いにおいてであることを了とされたい。加藤博『文明としてのイスラム』（東京大学出版会、1995 年）38-40 頁は、遊牧民が住む空間を「砂漠」と表現し、それと定住民たる農民が居住する「オアシス」およびそれより集落としては規模の大きい商人、手工業者たちを主たる住民とする「都市」は、全体としてまとまりのある複合的な生活空間をつくり、農業、遊牧と牧畜、商工業による分業システムのなかで市場圏が形成されていったと論じるが、そこで使われる「市場圏」の語も「市（いち）」の意味で使われている。

5 佐藤次髙・岸本美緒編『市場の地域史』4 頁。

6 バグダード、カイロの常設化した店舗・市場の状況については、ハティーブ・バグダーディー（Khaṭīb al-Baghdādī）の『バグダード史』の第一巻、地誌の部分を英訳した J. Lassner, *The Topoghraphy of Baghdad in the Early Middle Ages:Text and Studies*, Detroit, 1970 とマムルーク朝を代表する歴史家マクリーズィー（Maqrīzī）が著したカイロの地誌の部分を仏訳した A. Raymond, *Les marchés de Caire:Traduction annotée du texte de Maqrīzī, Le Caire*, 1979 が当時の市場の風景を具体的に伝えてくれる。また、羽田正・三浦徹編『イスラム都市研究—歴史と展望』（東京大学出版会、1991 年）79-161 頁は、これら二書を含めたアラブ・マシュリク地域における都市研究を包括的に整理したものとして有用である。

7 山田雅彦「ヨーロッパの都市と市場」（佐藤次髙・岸本美緒編『市場の地域史』山川出版社、1999 年）56、67-69 頁は、北フランスからフランドルにかけての北西ヨーロッパの諸地域を例にとって、在地の領主、俗権支配者が拠点とする城砦の周囲に形成されてくる都市の市がほとんど週市のかたちをとっていたと指摘する。

8 キャラバンサライについては、イスファハーンのそれを地理学、建築史の観点から扱ったものであるが、H. Gaube & E. Wirth, *Der Bazar von Isfahan*, Wiesbaden, 1978 が現在のところもっとも信頼に値する包括的研究である。pp. 261-285 では British Library 所蔵の

Sloane 4094 写本にもとづいてサファヴィー朝時代に建設された 42 のキャラバンサライ便覧も紹介されていて有用である。筆者もかつて「19 世紀イスファハーンの都市構成とメイダーン（III）」（『史学』51 巻 3 号、1981 年）48-53 頁と「イスラーム都市の市場空間とイスファハーン」（佐藤次高・岸本美緒編『市場の地域史』所収）25-26、44-46 頁において、広域的な交易が行われる市場空間としてのキャラバンサライについて触れたことがあるので、これも参照されたい。

[9] 山田雅彦「ヨーロッパの都市と市場」70 頁、クルト・ハルダッハ、ユルゲン・シリング（石井和彦訳）『市場の書』（同文館、1998 年）94、129-130 頁、A. ブレシほか『交易のヨーロッパ史』67 頁。

[10] 山田雅彦「ヨーロッパの都市と市場」68-70 頁、A. ブレシ/ O. フェルターク（高橋清徳編訳）『図説 交易のヨーロッパ史』（東洋書林、2000 年）73-75 頁。ヴェネツィアにあった商館（fondaco）については、クルト・ハルダッハほか『市場の書』97 頁、ブリュージュの商館（kontor）については前掲『図説 交易のヨーロッパ史』81-83 頁に記述がある。

[11] 山田雅彦「ヨーロッパの都市と市場」55、85 頁、クルト・ハルダッハほか『市場の書』94、129-134、206 頁、A. ブレシほか『図説 交易のヨーロッパ史』77、88-95、102-103 頁。松井透は、「商人と市場」（松井透編『岩波講座世界歴史 15 商人と市場―ネットワークのなかの国家』岩波書店、1999 年）61 頁において 16 世紀以降、ヨーロッパの経済は生産においても消費においてもその発展のレベルを高めていくが、それは「伝統ある大定期市から常設の大卸売市場の繁栄へ」、「小定期市や行商のネットワークから常設小売店舗の普及へ」という市場の姿の史的変動のなかにも反映していると指摘している。

[12] 家島彦一『イスラム世界の成立と国際商業』（岩波書店、1991 年）、同『海が創る文明』（朝日新聞社、1993 年）、同『海域から見た歴史』（名古屋大学出版会、2006 年）は、いずれもモンスーンを利用してつくり出される交易ネットワークとそれによってできるインド洋海域という広域的な交易圏をめぐる諸問題について扱うが、11 世紀後半以降のエジプトから紅海・アラビア海・インド洋西海域にかけての海域おける国際商業について詳しく論じるのは、三冊目の大著に収められた第 IV 部「国際間に生きる海上商人の活動」393-479 頁の三論文「海域世界を股にかける海上商人たち」（第 1 章）、「カーリミー商人による海上交易」（第 2 章）、「イエメン・ラスール朝商人の一類型」（第 3 章）である。

[13] 家島彦一『イスラム世界の成立と国際商業』193、239、262-3、278-79、310、394、403、411、420 頁、同『海が創る文明』41-51 頁、同『海域から見た歴史』401、406-407、410-412、424-425、428-429、432-434、446 頁。なお、堀井優「オスマン帝国とヨーロッパ商人―エジプトのヴェネツィア人居留民社会」（深沢克己編著『国際商業』ミネルヴァ書房、2002 年）241 頁によると、ヴェネツィア商人がアレクサンドリアの居留地にはじめてフンドゥク（商館）を置くことを許可されたのは、13 世紀初頭のアイユーブ朝の時代である。

[14] ジャネット・L・アブー＝ルゴド（佐藤次高・斯波義信・高山博・三浦徹訳）『ヨーロッパ覇権以前』（岩波書店、2001 年）上巻 7、42、159-160、187-89 頁、下巻 24-28、39、41-42、52-53、80、167-168、179、183 頁。
[15] アブー＝ルゴド『ヨーロッパ覇権以前』下巻 34-35、44-45 頁。
[16] アジア交易圏論を踏まえての研究は、これまでインドネシアの島嶼部から東南アジアの大陸部にかけて広がる南シナ海交易圏と中国、朝鮮半島、日本をおおう東アジア交易圏を主たる場・空間として設定して論じられている。その代表的な成果としてアンソニー・リード（平野秀秋、田中優子訳）『大航海時代の東南アジア』I、II（法政大学出版局、1997、2002 年）、川勝平太編『アジア交易圏と日本工業化　1500-1900』（リブロポート、1991 年）、川勝平太『文明の海洋史観』（中央公論社、1997 年）を挙げることができる。

　また、このような伝統的な交易ネットワークの強さ、広域的な交易圏の自律性は、19世紀以降の通商条約の締結、開港によってアジア諸地域がヨーロッパの自由貿易システムに組みいれられたあとも強固なかたちで残り、それがアジア内部での活発な地域間交易につながったことは、近代の中国を中心とする東アジア世界やインド洋海域から南・東シナ海にわたって広がる交易ネットワークに関心をもつ経済史研究者によってしばしば指摘されている。たとえば、浜下武志『近代中国の国際的契機』（東京大学出版会、1990 年）と古田和子『上海ネットワークと近代東アジア』（東京大学出版会、2000 年）は、広域的な東アジア交易圏のなかで占める香港と上海の中継地としての重要性に着目してそれらの海港都市が朝貢貿易のかたちで培われてきた伝統的なネットワークを近代以降もなお根強く保持し、再編された東アジア交易圏に入って行こうとするヨーロッパの商社、商人のネットワークに対抗できるだけの力をもっていたことを強調する。中国商人が張りめぐらすネットワークによって密接に結ばれた中国から南シナ海、あるいは東シナ海に向かってそれぞれ広がる広域的な交易圏は、ヨーロッパ資本主義の進出、脅威を一方的に甘んじて受け入れたというわけでは決してなく、香港、上海にヨーロッパの商社、商人によって持ち込まれた綿糸、綿製品は、それらの海港都市を中継地として現地商人の交易ネットワークを介して各地に再輸出されることが多かった。こうしたヨーロッパ、東アジア、それぞれの交易ネットワークが出会う香港、上海のような中継地、境域市場で行われる国際交易の重層的な構造に注目することによって両氏は、東アジア交易圏の自律性、強さとそれが近代世界システムに完全には呑み込まれていなかった面を力説するのである。

　同じような観点から杉原薫『アジア間貿易の形成と構造』（ミネルヴァ書房、1996 年）も、近代になってインド商人が新たに張りめぐらすようになった交易ネットワークの広がりと強靱さ、それによって進められたインドと東南アジア・東アジア諸地域との間のアジア間貿易の増大・発展の意義について強調する。18 世紀後半以降、東インド会社とそれを引き継いだ英領インド帝国の植民地体制によってインドが綿織物の生産地から原料である綿花の供給地に転落し、その結果インド洋海域にくまなく張りめぐらさ

れていたそれまでの在地商人のネットワークが壊され、インドがイギリス資本主義のつくり出す交易圏の環のなかに取り込まれるようになったことはよく指摘されるところである。確かにそれはインドをイギリスの植民地支配との関係においてみるかぎり的を射た見方だといえる。

　しかし、イギリス統治下のインドを東南アジア、東アジアとの経済関係のなかに照射し直してみると、イギリスに一方的に従属するインドとは別な顔もみえてくる。それは、1870年代以降、パールシー商人のタタ財閥等を中心として近代的な紡績業が興されると、そこで生産された綿糸の東南アジア、中国、日本方面への輸出が進み、これによってインドが東方の諸地域といっしょになって自律性をもった新たな広域的な交易圏を形成するようになるという、もう一つの顔である。それまでのインドは、欧米に対しては第一次産品の供給国、工業製品の輸入国の地位に甘んじていた。しかし、綿糸の輸出が増大すると、インドは東南アジア、中国、日本に対しては工業品の輸出、第一次産品を輸入する工業国型の貿易構造をとるようになり、インド商人の東方への交易ネットワークの拡大が進んだ。このアジア間貿易の伸長に着目することによって、杉原はインドとイギリスとの間で見られる支配と従属の関係とは異なる、自律性をもった独自の広域的な交易圏とそこで商業活動を続けるインド商人のたくましさを高く評価するのである。

[17] M. N. ピアスン（生田滋訳）『ポルトガルとインド』（岩波書店、1984年）49-50頁。
[18] トメ＝ピレス（生田滋他訳注）『東方諸国記』（岩波書店、1966年）113-114頁、ピアスン『ポルトガルとインド』164-166頁。
[19] ピアスン『ポルトガルとインド』154、159-60頁、長島弘「インド洋とインド商人」（羽田正編『岩波講座世界歴史14　イスラーム・環インド洋世界　16-18世紀』（岩波書店、2000年）150、158-160頁、大木昌「東南アジアと「交易の時代」」（松井透編『岩波講座世界歴史15　商人と市場―ネットワークのなかの国家』（岩波書店、1999年）120頁。
[20] ピアスン『ポルトガルとインド』62-69、82、134-136、149-152、157-159、182頁。
[21] 松井透『世界市場の形成』（岩波書店、2001年）68-71、151、362頁。なお、カルタスの制度は、オランダ、イギリスがインド洋海域に進出してきた後も続き、17世紀を通じておこなわれた。これが廃された後、オランダとイギリスはインド産の綿織物の流通を押さえるグジャラート商人からモルッカ諸島の住民が欲する更紗に代表される綿織物を購入し、それを現地に持っていって香辛料を買いつけるようになるが、この意味でオランダ、イギリスの香辛料貿易はその後もグジャラート商人の交易ネットワークに多く依存していたといわなければならない。この点については、ピアスン『ポルトガルとインド』153頁、長島弘「インド洋とインド商人」158頁を参照。
[22] 改めて言うまでもなく中東イスラーム世界を中継地とするインド・東南アジア産の香辛料貿易は15世紀末のポルトガル船のインド洋海域への来航以降、一時的に衰微するが、長島弘「インド洋とインド商人」が指摘するように、1560年代までには復活した。しかし、1630年代以降、喜望峰回りのルートが優勢になり、さらにヨーロッパにおい

て価格が下落し、利益が減少すると、エジプト・紅海軸ルートのみならずイラク・ペルシア湾軸ルートを通る香辛料の中継貿易も廃れ、これに代わって絹貿易の重要性が増加した。このあたりの事情については、Niels Steensgaard, *Carracks, Caravans and Companies: The structual crisis in the European-Asian trade in the early 17th century*, Copenhagen, 1973, pp. 367-414 に詳しい。I. B. McCabe, *The Shah's Silk for Europe's Silver, The Eurasian Trade of Julfa Armenians in Safavid Iran and India（1530-1750）*, Atlanta, 1999, pp. 23, 28, フェルナン・ブローデル（村上光彦訳）『世界時間 2―物質文明・経済・資本主義　15-18 世紀』（みすず書房、1999 年）113、126 頁を参照。

[23] エルネスト・パリゼー（渡辺轍二訳）『絹の道』（雄山閣、1988 年）29 頁。リュセット＝ブルノア（長沢和俊・伊藤健司訳）『シルクロード―［絹］文化の起源をさぐる』（河出書房、1980 年）178-179、236 頁。

[24] Halil İnalcık & Donald Quataert, *An Economic and Social History of the Ottoman Empire, 1300-1914*, Cambridge University Press, 1994, pp. 218-227, McCabe, *The Shah's Silk for Europe's Silver*, pp. 19, 29-32. ただし、イナルジュクは、イランからブルサに赴く商人としてアルメニア系の商人はブルサのシャリーア法廷文書にはあまり登場せず、むしろムスリム商人、とりわけイランのアゼリー商人の方が多いと指摘している。

[25] Halil İnalcık & Donald Quataert, *An Economic and Social History of the Ottoman Empire*, pp. 223, 243-44, McCabe, *The Shah's Silk for Europe's Silver*, pp. 13, 26, 31-32, Bruce Masters, "Aleppo: the Ottoman Empire's caravan city," in Edhem Eldem, Daniel Goffman, and Bruce Masters(eds.), *The Ottoman City between East and West*, Cambridge, 1999, pp. 26-29.

[26] アルメニア系商人の絹貿易を含む交易ネットワークの拡大について包括的に論じた先駆的業績としてフィリップ・カーティン（田村愛理・中堂幸政・山影進訳）『異文化間交易の世界史』（NTT 出版、2002 年）がある。その第 9 章「17 世紀の陸上交易――ヨーロッパ―東アジア間のアルメニア商人」249-282 頁でユーラシア各地に散らばっていたアルメニア系商人の「交易離散共同体」の実態が詳述されている。また McCabe, *The Shah's Silk for Europe's Silver*, pp. 6, 20-21, 26, 33-34, 115-140, Bruce Masters, "Aleppo: the Ottoman Empire's caravan city," pp. 31-33, Elena Frangakis-Syrett, *The Commerce of Smyrna in the Eighteenth Century（1700-1820）*, Athens, 1992, pp. 107-108, 永田雄三「アレッポ市場圏の構造と機能」（佐藤次高・岸本美緒編『市場の地域史』山川出版社、1999 年）140、156 頁、深沢克己「レヴァントのフランス商人―交易の形態と条件をめぐって」（歴史学研究会編『地中海世界史・第 3 巻　ネットワークのなかの地中海』（青木書店、1999 年）114-16 頁にもアルメニア系商人の交易ネットワークについての言及がある。なお、深沢克己は「レヴァント更紗とアルメニア商人」（『土地制度史学』111、1986 年）18-37 頁という興味深い論文のなかでアルメニア系商人が生糸貿易のみならず、レヴァント、西北インドにおいて更紗の製造と輸出貿易までも事実上独占していたと指摘している。

[27] Daniel Goffman, *Izmir and the Levantine World, 1550-1650*, Seattle, 1990, pp. 50-53, Daniel

Goffman, "İzmir: from village to colonial port city," in Edhem Eldem, Daniel Goffman, and Bruce Masters(eds.), *The Ottoman City between East and West*, Cambridge, 1999, pp. 87-90, 120-123, 永田雄三「商業の時代と民衆」(松井透編『岩波講座世界歴史 15　商人と市場—ネットワークのなかの国家』岩波書店、1999 年) 239、243 頁。

[28] 永田雄三「アレッポ市場圏の構造と機能」140-141 頁、リュセット＝ブルノア『シルクロード』269-282 頁、McCabe, *The Shah's Silk for Europe's Silver*, pp. 15, 29.

[29] McCabe, *The Shah's Silk for Europe's Silver*, pp. 25-26.

[30] Halil İnalcık & Donald Quataert, *An Economic and Social History of the Ottoman Empire*, pp. 179-187、フェルナン・ブローデル『世界時間 2』123 頁。

[31] 深沢克己は、「ヨーロッパ商業空間とディアスポラ」(岩波講座『世界歴史 15　商人と市場』、1999 年) 198-99 頁においてアルメニア系商人の交易ネットワークの黄金時代を 17 世紀前半から 18 世紀初頭までの約 1 世紀間だとし、その交易ネットワークはイランからオスマン帝国領内をカバーするのみならず、リヴォルノやアムステルダムを前線基地としてヨーロッパの内部にまで浸透する強固なものであったと指摘している。また、「レヴァントのフランス商人—交易の形態と条件をめぐって」139 頁においてアルメニア系商人とともにアレッポにおける交易を担ったユダヤ系商人についても論じ、そこに進出してきたフランス商人は現地の取引においてユダヤ系商人に全面的に依存したばかりでなく、本国との貿易さえもユダヤ系商人に蚕食されていたと指摘している。

[32] Edhem Eldem, "Istanbul: from imperial to peripheraized capital," in Edhem Eldem, Daniel Goffman, and Bruce Masters (eds.), *The Ottoman City between East and West*, pp. 141, 178-79. フェルナン・ブローデル『世界時間 2』111、115、121 頁。なお、エトヘム・エルデムは、Mehmet Genç, "Osmanlı İmparatorluğu'nda Devlet ve Ekonomi," in *V. Milletlerarası Türkiye Sosyal ve İktisat Tarihi Kongresi Tebliğler*, Ankara, 1991, ss. 13-25; "Osmanlı İktisadi Dünya Görüşünün ülkeleri," in *İstanbul Üniversitesi Edebiyat Fakültesi Sosyoloji Dergisi* 1, 1989, ss. 176-185 に拠ってこの時期におけるオスマン帝国の経済政策を J.R.ヒックス (新保博・渡辺文夫訳) が『経済史の理論』(講談社学術文庫、1998 年) 44-48 頁において説くところの「指令経済」だと規定し、メフメト・ゲンチに倣って「供給主義」、「財政主義」、「伝統主義」という言葉で表現している。

[33] Edhem Eldem, "Istanbul: from imperial to peripheraized capital," pp. 162-63.

[34] Halil İnalcık, " The Question of the Closing of the Black Sea under the Ottomans," in *Essays in Ottoman History*, İstanbul, 1998, pp. 415-417, 443-444. フェルナン・ブローデル『世界時間 2』124-125 頁。イスタンブルの穀物貿易にかんしては、Salih Aynural, *İstanbul Değirmenleri ve Fırınları, Zahire Ticareti (1740-1840)*, İstanbul, 2001 が包括的な研究として注目される。日本では澤井一彰「16 世紀後半のオスマン朝における飢饉と食糧不足」(『東洋文化』91、2011 年) 44-75 頁、同「穀物問題に見るオスマン朝と地中海世界」(鈴木董編『オスマン帝国史の諸相』東京大学東京文化研究所、2012 年) 84-127 頁が参考になる。

[35] Halil İnalcık, " The Question of the Closing of the Black Sea under the Ottomans," pp. 417, 420,

426, 443.

[36] Halil İnalcık, " The Question of the Closing of the Black Sea under the Ottomans, " pp. 423-424, 443-444. ただし、イナルジュクも指摘するように黒海の閉鎖は一気に進んだわけでなく、1675 年になってもカピチュレーションを得たイギリスが黒海北岸の要港カッファ、アザクで交易していた例も見られ、閉鎖は徐々に行われていったと考えるのが適当である。フェルナン・ブローデル『世界時間 2』124 頁。

[37] J.C. Hurewitz, *Diplomacy in the Near East, A Documentary Record: 1535-1914*, Princeton, 1956, vol. 2, pp. 67, 71, Halil Inalcık, "İmtiyazat: The Ottoman Empire, " in *EI²* Vol. III, Leiden, 1971, p. 1186, Bruce Masters, "The Age of the Ayans, 1699-1812, " in Halil İnalcık & Donald Quataert, *An Economic and Social History of the Ottoman Empire, 1300-1914*, p. 729, Donald Quataert, "The age of Reforms, 1812-1914, " in Halil İnalcık & Dunald Quataert , *An Economic and Social History of the Ottoman Empire, 1300-1914*, p. 825, X. de Planhol, "Ḳarā Deniz," in *EI²* Vol.IV, Leiden, 1978, pp. 576-577, 松井真子「オスマン帝国の「条約の書」にみる最恵国条項」(鈴木董編『オスマン帝国史の諸相』) 140 頁、フェルナン・ブローデル『世界時間 2』125 頁。なお、ヨーロッパ諸国の黒海への参入問題については、Kemal Beydilli, "Karadeniz'in Kapalılığ karısında Avrupa Küçük Devletleri ve "Mîrî Ticâret" Teşebbüsü, " in *Belleten*, 5-214, 1991, ss. 687-755 という詳細な論文も発表されている。

[38] フェルナン・ブローデル『世界時間 2』125 頁。なお、帝政ロシア領となった黒海北岸域の小麦がイギリスに輸出される状況については、次の博士論文を参照のこと。Susan Elizabeth Fairlie, *The Anglo-Russian Grain Trade 1815-1861*, Thesis submitted for the Degree of Doctor of Philosophy (Faculty of Arts) in the University of London, August 1950. この論文については水田正史氏のご教示・厚意によって複写することができた。厚くお礼申し上げる。

[39] Charles Issawi(ed.), *The Economic History of Iran 1800-1914*, Chicago, 1971, pp. 92-103, Charles Issawi, "The Tabriz-Trabzon Trade, 1830-1900, " in *IJMES* I (1970), p. 19, 松井真子「オスマン帝国の「条約の書」にみる最恵国条項」142 頁。なお、黒海がヨーロッパの商人にとって閉じられた海であった 17 世紀 60 年代にイスタンブルから黒海・アゾフ海の要港カッファ経由でグルジア地方のミングレリアに入り、そこからティフリスを経てイランに入った旅の貴重な記録が、有名なフランスの商人シャルダンの執筆になる『ペルシア紀行』(佐々木康之・佐々木澄子訳、羽田正解説、岩波書店、1993 年) として残されている。

[40] W.M.Floor, *Textile Imports into Qajar Iran*, California, 2009, pp. 13-14.

[41] Charles Issawi(ed.), *The Economic History of Turkey 1800-1914*, Chicago and London, 1980, pp. 97-100, Charles Issawi(ed.), *The Economic History of Iran 1800-1914*, pp. 72-73, Charles Issawi(ed.), *An Economic History of the Middle East and North Africa*, New York, 1982, p. 19, P. J. ケイン、A. G. ホプキンズ (竹内幸男・秋田茂訳)『ジェントルマン資本主義の帝国』(名古屋大学出版会、1997 年) 270、277 頁、 松井真子「オスマン帝国の専売制と

1838 年通商条約」(『社会経済史学』64-3、1998 年) 42-45 頁、同「東方問題とレヴァント貿易―あるイギリス外交官のみたオスマン帝国」(深沢克己編『国際商業』ミネルヴァ書房、2002 年) 280-282 頁、同「オスマン帝国とイギリスの通商関係の変容(1838 年)」(歴史学研究会編『世界史史料 8 帝国主義と各地の抵抗 南アジア・中東・アフリカ』岩波書店、2009 年) 113-114 頁。なお、松井論文は、イッサウィーのものとくらべると、条約締結に至る過程に多くの頁を割き、現在のところ通商条約について扱った論文のなかでもっとも精緻、かつ詳細である。

[42] I. ウォーラーステイン (川北稔訳)『近代世界システム 1730-1840s』(名古屋大学出版会、1997 年) 163-167、176-177 頁、I. Wallerstein, "The Ottoman Empire and the Capitalist World Economy: Some Questions for Research," in Osman Okyar and Halil İnalcık(ed.), *The Social and Economic History of Turkey* (*1071-1920*), Ankara, 1980, pp. 117-122, I. Wallerstein, H. Decdeli and R. Kasaba, "Incorporation into the World-Economy," in H. İslamoğlu-İnan(ed.), *The Ottoman Empire and the World Economy*, Cambridge and Paris, 1987, pp. 88-100, I. Wallerstein and R. Kasaba, "Incorporation into the World -Economy: Change in the Structure of the Ottoman Empire 1750-1839," in Jean Bacqué-Grammont and Paul Dumont(ed.), *Economies et Sociétés dans l'Empire* (*fin du XVIIIe-début du XXe siècle*), Paris, 1983, pp. 335-354.

[43] ウォーラーステインがチフトリキをプランテーション型の大農場と規定する立論の根拠にしているのは、ストイアノヴィッチ、ガンティヴ、ピーター・シュガー、マクガヴァン、イナルジュク等の諸研究である。これに対して永田雄三は『前近代トルコの地方名士―カラオスマンオウル家の研究』(刀水書房、2009 年) 239 頁等においてチフトリキをプランテーション型の大農場とみる見解、研究史を丁寧に紹介しながら疑問を投げかけている。

[44] ウォーラーステインの近代世界システム論をオスマン帝国史のなかで検証しよとするトルコ人の経済史家レシャト・カサバは、19 世紀後半以降、イズミルを中心とするアナトリア西部地方においてギリシア系を中心とするオスマン帝国の非ムスリム商人がイズミルに交易のためにやって来るヨーロッパの商人と現地で商品作物の生産に従事する農民との間に立つ仲介商人として力をつけ、農地を取得して輸出をめざす企業家として成長を遂げる一方、ヨーロッパ商人を凌ぐ交易ネットワーク網をオスマン帝国の内外に張りめぐらすようになったと指摘する。ただ、彼の議論は確実な史料を踏まえての実証的な研究とは必ずしも言えず、たんなる概念的な事実の提示にとどまっていて物足りなさを感じる。また、オスマン帝国の非ムスリム商人のヨーロッパ商人に対する仲介商人としての立ち位置が、プロテジェを受けた代理商人にとどまるのか、それを越えた自律性をもった強い立場の商人になっていくのかが不分明であり、ウォーラーステインの流れを汲む従属論の立場も理論的に明確なかたちで説明されていない。この点については Reşat Kasaba, *The Ottoman Empire and the World Economy*, Albany, 1988, pp. 21, 28-29, 35, 83-85 , 93-94, 101-104, 114 を参照。なお、カサバのこの著書については、小松香織(書

評）「レシャト・カサバ著『オスマン帝国と世界経済』」（『東洋学報』72-1、1990 年）116-125 頁という書評が早くに書かれている。

45 オスマン帝国にはレコンキスタ以降イベリア半島から北アフリカ等を経て多くのセファルディム系のユダヤ教徒が多数来住し、サロニカ（現ギリシア領テッサロニキ）、イスタンブル、イズミル、アレッポなどの領内各地にコミュニティをつくりながら商人として活躍した。しかし、こうしたユダヤ系の非ムスリム商人の活動は、少なくともイスタンブルから黒海を介してイランにつながる広域的な交易圏ではギリシア系、アルメニア系の非ムスリム商人のように目立ったものではなかった。このためユダヤ系の非ムスリム商人については、本書では最小限の記述にとどめているが、これを補うものとして下記の書、論文を参照されたい。Abraham Galanté, *Histoire des Juifs d'Anatolie*, 2 vols., Istanbul, 1937-39, M.A. Epstein, The Ottoman Jewish Communities' Role in the Fifteenth and Sixteenth Centuries, Freiburug, 1980, Stanford J. Shaw, *The Jews of the Ottoman Empire and the Turkish Republic*, New York, 1991, Avigdor Levy, *The Sephardim in the Ottoman Empire*, Princeton, 1992, Avigdor Levy (ed.). The Jews in the Ottoman Empire, Princeton-New York, 1994. 宮武志郎「16 世紀地中海世界におけるマラーノの足跡―ドナ・グラツィア・ナスィ―」（『地中海学研究』20、1997 年）51-82 頁、同「15・16 世紀オスマン朝におけるユダヤ教徒宮廷侍医」（『史学』69-3・4、2000 年）487-501 頁、同「イベリア半島から移住したユダヤ教徒たち」（『アジア遊学』49、2003 年）17-26 頁、同「16 世紀地中海世界におけるユダヤ教徒ネットワークとユダヤ教徒医師」（『西南アジア研究』63、2005 年）54-67 頁。

第 1 章

1 J.モーリア（岡崎正孝、江浦公治、高橋和夫訳）『ハジババの冒険 2』（平凡社、1984 年）256 頁。

2 テヘランの都市改造については、詳しくは次の論文、著作を参照のこと。坂本勉「19 世紀テヘランの人口調査資料」（『オリエント』27-1、1983 年）92 頁、H.Bahrambeygui, *Tehran: An Urban Analysis*, 1977, pp. 14, 19, Yaḥyā Ẓokā', *Tārīkhche-ye Sākhtemānhā-ye Arg-e Salṭanatī-ye Tehrān*, Tehrān, 1349 Kh., pp. 15, 374-83, Nāṣer Najamār, *Dār al-Khelā fe-ye Tehrān*, Tehrān, 1348 Kh., pp. 12, 30, Ja'far Shahrī, *Tārīkh-e Ejtemā'ī-ye Tehrān dar Qarn-e Sīzdahom*, vol. 1, Tehrān, chāp-e dovvom, 1369 Kh., pp. 87-108. 日本語の文献では概説的で少し古くなっているが織田武雄「イランの首都テヘラーン」（『史林』46-4、1963 年）138-159 頁、谷重雄「乾燥地域の都市―テヘランのことなど」（『地理』7-10、1962 年）1085-1090 頁、井上英二「テヘランの都市化に関する一考察」（『日本オリエント学会創立 25 周年記念オリエント学論集』、刀水書房、1979 年）51-60 頁、加納弘勝「テヘランの発展と社会変化」（『アジア経済』20-1、1979 年）36-65 頁を挙げておく。なお、練兵場として使われた軍人広場（Meydān-e Sepāh）とそれを囲んで建てられていた兵舎については、1880 年 9 月 10 日から 12 月 30 日まで軍事事情視察の任務を帯びてテヘラ

ンに旅した明治期における日本陸軍の参謀本部付の工兵中佐・古川宣誉の『波斯紀行』（参謀本部、1891 年）71-72 頁が正確な記事を残している。

[3] 坂本勉「19 世紀テヘランの人口調査資料」93-99 頁。人口調査の報告書である *Tashḥīṣ-e Nofūs-e Dār al-Khelāfe* は 2 部作成され、1 部は人口調査の発案者であった文部大臣 E'teẓād al-Salṭane に献呈された。これは現在、セパフサーラール神学校附属図書館に写本として所蔵されている。あと 1 部は自己保存用の写本で、これは後に調査の統括責任者である 'Abd al-Ghaffār Najm al-Dowle の遺族によって議会図書館に寄贈された。調査報告書は以上のように二つの写本のかたちで現存しているが、テヘラン大学経済学部の教授であったパークダーマンはこれらの写本を調査して校訂テキストをつくり、これに 'Abd al-Ghaffār の伝記と書誌学的解説を加えて以下のかたちで発表した。Nāṣer Pākdāman, "Abd al-Ghaffār Najm al-Dowle va Tashḥīṣ-e Nofūs-e Dār al-Khelāfe," in *Farhang-e Īrān Zamīn*, vol. 20（1353 Kh.）, pp. 324-395.

'Abd al-Ghaffār は、人口調査を終えた後、1869 年 9 月頃からテヘラン市街の測量、建物の調査に着手し、1870 年 4 月 28 日に拡張された市街地の地図を完成した。市街地の調査はその後も続け、改訂した 2 枚目の地図を 1891 年 8/9 月に完成している。この地図は次のかたちで刊行されている。'Abd al-Ghaffār, *Naqshe-ye Tehrān dar sāl-e 1309 Hejrī Qamarī*（*1891 Mīlādī*）, Tehrān, 1309/1891, repr. *Naqshe-ye Tehrān dar zamān-e Nāṣer al-Dīn Shāh*, Tehrān, 1363 Kh. ただ、テヘランの戸籍、住民台帳については人口調査よりもかなり早く 1851 年に作成された。この原本は Houtoum-Schindler の手を経て現在、ケンブリッジ大学附属図書館に K9-91 という分類番号で所蔵されているが、その後に実施された他の人口調査資料とともにテヘランで次のような書名で刊行されている。Sīrūs Sa'dvandiyān va Manṣūre Ettehādīye（ed.）, *Āmār-e Dār al-Khelāfe-ye Tehrān*（*Asnādī az Tārīkh-e Ejtemā'ī-ye Tehrān dar 'aṣr-e Qājār*）, Tehrān, 1368 Kh. なお、テヘランの人口調査に続いてイラン全土にわたる人口調査が Ḥājjī Mīrzā Ḥoseyn Khān Qazvīnī の命令で 1871 年以降、全国的な規模で実施され、その調査報告書は八冊にまとめられて *Majmū'e-ye Nāṣerī* というタイトルで財務省図書館に所蔵されている。テヘランの人口調査はこれら調査の先駆をなすものであった。Houtoum-Schindler が 1896 年に出版した *Eastern Persian Irak*, London, 1896, pp. 119-120 に転載されているイスファハーンの人口統計もこのような人口調査の結果を出所としていると思われる。イギリス外交文書に拠って 19 世紀のカージャール朝イランの人口史について扱った論文として Gad G. Gilber, "Demographic Developments in Later Qajar Persia, 1810-1906," in *Asian & African Studies*, II（1976）, pp. 125-156 があるが、概略的で統計としては採用できない。

[4] 坂本勉「19 世紀テヘランの人口調査資料」101-102 頁。

[5] Mīrzā Ḥoseyn Khān Pesar-e Moḥammad Ebrāhīm Khān Taḥvīldār-e Eṣfahān（ed. Manūchehr Sotūde）, *Joghrāfiyā-ye Eṣfahān*, Tehrān, 1342 Kh, pp. 97, 103, 108, 120.

[6] Mīrzā Ḥoseyn Khān, *Joghrāfiyā-ye Eṣfahān*, p. 103. なお、両替商のバーザールを含めてイスファハーンの市場空間とその分布状況について、かつて以下の論文において総合的に

論じたことがあるので、それを参照されたい。坂本勉「19 世紀イスファハーンの都市構成とメイダーン I〜III」(『史学』50 巻記念号、1980 年) 367-387 頁、(『史学』51-1・2、1981 年) 145-158 頁、(『史学』51-3、1981 年) 43-79 頁、同「イスラーム世界の市場空間とイスファハーン」(佐藤次高・岸本美緒編『市場の地域史』山川出版社、1999 年) 16-52 頁。

[7] Shireen Mahdavi, *For God, Mammon and Country, A Nineteenth Century Persian Merchant*, *Haj Muhammad Hassan Amin al-Zarb*, Boulder & Oxford, 1999, pp. 43-44. マフダヴィーが拠っているアミーノッザルブ文書の概要については、A.Mahdavi, "Les archives Aminozzarb. Source pour l'histoire Économique et Sociale de l'Iran (fin du XIXe – debut XXe siécle)," in *Le Monde iranien et l'Islam*, IV (1976-7), pp. 195-222, A.Mahdavi, "The Significance of Private Archives for the Study of the Economic and Social History of Iran in the Late Qajar Period," in *IS* 16 (1983), pp. 243-78 が詳しい。アミーノッザルブが事務所を構えたキャラバンサライについては近藤信彰「19 世紀テヘランの大バーザール—発展、構成、所有関係」(『上智アジア学』25、2007 年) 161-195 頁、同「テヘラン大バーザールの一サライ—ワクフと遺言に見るその背景」(『歴史と地理』591、2006 年) 1-15 頁が最新の文書史料を駆使して精細にキャラバンサライの構造を明らかにしている。

[8] S.D.Chapman, "The International Houses: The Continental Contribution to British Commerce, 1800-1860," in *The Journal of European Economic History*, vol.6-1, 1977, pp. 36-37. ラッリ商会を含めてイスタンブルに移住したキオス島出身のギリシア系商人は、イスタンブルで生まれ育った同じギリシア系商人よりも、またイズミルから移住したそれよりも豊かであったことが T. Stoianovich, "The Conquering Balkan Orthodox Merchant," in *Journal of Economic History* 20, No. 2 (June 1960), p. 270 によって指摘されている。

[9] オスマン帝国から特権を与えられていたヨーロッパ商人は、生命、財産を保障されていることからムスターミン商人と呼ばれた。特権の一つとして輸出入関税の優遇を挙げることができる。その率は時期によって異なり、18 世紀後半までカピチュレーション (アフドナーメ) にも明確な規定がなかった。16 世紀後半において 2% であったが、その後 5% に引き上げられ、18 世紀に 3% に下げられた。これに対して非ムスリム、すなわちジンミーの商人は 5% の関税を課せられていた。この複雑な関税率の変遷にかんしては、Kütükoğlu, "Gümrük," in *İslam Ansiklopedisi*, vol. 14, ss.26264-26265, Ali İhsan Bağış, *Osmanlı Ticaretinde Gayri Müslimler*, Ankara, 1998, ss. 30, 64-67 および Halil İnalcık, "Imtiyazat", *EI²*, vol.3, p. 1182, 松井真子「オスマン帝国の「条約の書」にみる最恵国条項」(鈴木董編『オスマン帝国史の諸相』東京大学東洋文化研究所、2012 年) 138 頁に詳しい説明がある。

[10] Ali İhsan Bağış, *Osmanlı Ticaretinde Gayri Müslimler*, ss.19-20, 24-29, 114. 庇護証書 (berat) の適用範囲が外国人から外国公館の庇護を受けているオスマン帝国の非ムスリム臣民に拡大される事情については Charles Issawi, "The Transformation of the Econmic Position of the Millets in the Nineteenth century," in B.Braude & B.Lewis (eds.), *Christians and Jews in*

the Ottoman Empire, I: The Central Lands, New York, 1982. p. 262 にも記述がある。

[11] Chapman, "The International Houses," p. 38, Elena Frangakis-Syrett, *The Commerce of Smyrna in the Eighteenth Century*（*1700-1820*）, Athens, 1992, pp. 180-181.

[12] ギリシア系非ムスリム商人の交易ネットワークの拡大については、Stoianovich, "The Conquering Balkan Orthodox Merchant," pp. 288-289, 295, Gerasimos Augustinos, *The Greeks of Asia Minor*, Kent, 1992, pp. 30, 42, A. Üner Turgay, "Trade and Merchants in Nineteenth-Century Trabzon: Elements of Ethnic Conflict," in B.Lewis and B.Braude, *Christians and Jews in the Ottoman Empire*, vol. I, New York, 1982, pp. 287-318 を参照。Chapman, "The International Houses," p. 7 によると、1818年にロンドンに来たラッリ一族の二人の兄弟によって支店が開設され、ラッリ・アンド・ペトロキノの商号でイギリスにおける営業が始まった。次で1826年にもう一人の兄弟のパンティアが加わり、ラッリ兄弟商会と商号が改められた。これが正式の名称となったが、ここではラッリ商会の名で通して呼んでいくことにする。ラッリ商会以外にもイギリスに移住したオスマン帝国のギリシア系商人の数は多く、1850年代にその数は飛躍的に増え、1860年代においてフランクフルト、ハンブルグからイギリスに移住したドイツ系商会の数を上回ったことが、Chapman, "The International Houses," pp. 8, 39 によって指摘されている。

[13] Chapman, "The International Houses," p. 7. ギリシア系、アルメニア系の非ムスリム商人のうち勅許状をもつ、いわゆるベラートル・トゥッジャールが輸出入貿易に進出し、ムスターミン商人と競合するなかでそれを凌駕して逆にヨーロッパ商人がそれに依存しながらオスマン帝国と貿易を行っていくようになる事情については、Ali İhsan Bağış, *Osmanlı Ticaretinde Gayri Müslimler*, ss. 58-59, 89, 115 でも述べられている。

[14] W.M.Floor, *Textile Imports into Qajar Iran*, Costa Mesa, 2009, p. 41.

[15] W.M.Floor, *Textile Imports into Qajar Iran*, pp. 12, 14, 17, 40, 123. Charles Issawi, *The Economic History of Iran 1800-1914*, Chicago, 1971, p. 96, Turgay, "Trade and Merchants in Nineteenth-Century Trabzon," p. 290. ただし、トゥルガイはザカフカスにおいてフリー・トランジット政策が放棄され、高関税が課せられるようになったのは1832年1月からとしている。

[16] W. M. Floor, *Textile Imports into Qajar Iran*, p. 123. 坂本勉「19世紀カフカーズとイラン人」（慶応義塾大学東洋史研究室編『西と東と――前嶋信次先生追悼論文集』汲古書院、1985年）72-73頁。

[17] W. M. Floor, *Textile Imports into Qajar Iran*, pp. 13-14.

[18] W. M. Floor, *Textile Imports into Qajar Iran*, pp. 8-9, Turgay, "Trade and Merchants in Nineteenth-Century Trabzon," pp. 290-291. サーデグ・ベグの渡英の時期を旧稿「19世紀カフカーズとイラン人」73頁では、フランス外交文書（France, Affaires Etrangéres, *Correspondance Commerciale, Trébizonde*, vol. III, 22 November 1831）と G. E. Curzon, *Persia and the Persian Question*, London, 1892, vol. II, pp. 563-64 に拠った C. Issawi, "The Tabriz-Trabzon Trade, 1830-1900," in *IJMES* I（1970）, p. 19 にしたがって1831年とした

が、イギリス外交文書を使ったフロールの最新の研究によって 1827 年と訂正しておく。イギリスによって黒海への定期航路が開かれるのは、小松香織「オスマン帝国末期の黒海海運－汽船航路をめぐる国際競争」(『イスラム世界』51、1998 年) 4 頁、同「オスマン帝国末期の英国黒海汽船海運─『英国領事報告書』より」(『歴史人類』26、1998 年) 151 頁によると、1835 年からである。

[19] W. M. Floor, *Textile Imports into Qajar Iran*, pp. 9, 123, 133.

[20] DCR 2196, Report on the Trade of Constantinople, Scutari and Durazzo, 1893-97 by Mr. Vice-Consul Sarrell, 〔C. 9044-22〕, ClII, *AP*, *HCPP*, 1899, p. 10.

[21] W. M. Floor, *Textile Imports into Qajar Iran*, pp. 135-136.

[22] Mahdavi, *For God, Mammon and Country*, pp. 38-39, Turgay, "Trade and Merchants in Nineteenth-Century Trabzon," p. 291.

[23] Mahdavi, *For God, Mammon and Country*, p. 39.

[24] FO 60/ 107, Abbot to Aberdeen, 30 September, 1840. ただし、引用は Charles Issawi(ed.), *The Economic History of Iran 1800-1914*, Chicago, 1971, p.111 による。ちなみに W. M. Floor, *Textile Imports into Qajar Iran*, p. 11 によると、アボットはすでに述べたトラブゾン駐在の領事ブラントに仕える使用人で、その引きでイランに赴任、タブリーズ、テヘランの領事、総領事を歴任するようになった人物である。長期にわたるイラン滞在の経験からその領事報告はイランの経済史々料として利用価値が高く、その一部が A.Amanat (ed.), *Cities and Trade: Consul Abbot on the Economy and Society of Iran 1847-66*, London, 1984 という史料集としてまとめられている。

[25] W. M. Floor, *Textile Imports into Qajar Iran*, p. 26.

[26] W. M. Floor, *Textile Imports into Qajar Iran*, p. 74. ただし、フロールは、綿製品の約 60% を扱っていた商人を「ヨーロッパ商人」とするが、駐タブリーズ・イギリス領事の報告を読むとそうした括り方は間違いで、オスマン帝国のギリシア系非ムスリム商人だったと見るのが妥当である。たとえば、Report by Mr. Consul-General Abbot on the Trade of Tabreez for the Year 1864, 〔3518〕, LIV, LV, *AP*, *HCPP*, 1865, p. 268 において総領事のアボット自身が「貿易に従事する富裕な地元の商人はおらず、大きな外国の商会（ラッリ）に対抗できるものはいない」と記し、さらに Report by Mr. Consul-General Jones on the Trade and Commerce of Tabreez for the Year 1870, 〔C. 343〕, LXV, *AP*, *HCPP*, 1871, p. 238 に「1870 年までに織物貿易は三つのギリシア商会によって独占されていた」と記しているのを論拠としておく。

[27] W. M. Floor, *Textile Imports into Qajar Iran*, p. 28 註 85, Issawi(ed.), *The Economic History of Iran 1800-1914*, p. 107.

[28] FO60/ 292, Abbot to Russel（Tabriz, 22/ 02/ 1865), W. M. Floor, *Textile Imports into Qajar Iran*, p. 74.

[29] W. M. Floor, *Textile Imports into Qajar Iran*, p. 28.

[30] 坂本勉「19 世紀カフカーズとイラン人」40 頁、M.L.Entner, *Russo-Persian Commercial*

Relations, 1828-1914, Gainsville, 1965, pp. 21-23, Issawi(ed.), *The Economic History of Iran 1800-1914*, p. 95.

[31] この時期における黒海の海運は、1857年にイギリスのP & O（Peninshular & Oriental Co.）汽船会社が定航路の運航から撤退した後、フランスのメサージリ・マリティム社 Compagnie de Messageries Maritimes、オーストリアのロイド社 Lloyd Co.、帝政ロシアの黒海汽船会社 Black Sea Steamship Navigation Co.、オスマン帝国のフェヴァーイド汽船会社 Fevâ'id-i Osmâniye の各船会社がたがいに貨物の獲得と集客をめぐって鎬を削る競争を展開する時代に入っていたが、帝政ロシアの黒海航路への進出はこうしたなかで行われた。このあたりの事情については、小松香織「オスマン帝国末期の黒海海運―汽船航路をめぐる国際競争」1-22頁、同「イダーレイ・マフスーサ―近代オスマン海運に関する一考察」（『日本中東学会年報』10、1995年）1-25頁、同「オスマン帝国末期の英国黒海汽船海運―『英国領事報告書』より」127-166頁に詳しく論じられている。なお、イギリスは黒海において1835年に他の西ヨーロッパ諸国に先駆けて貨物船の定期航路を開いたにもかかわらず、競争から脱落し1897年以降はそれから完全に撤退した。以後、黒海に向かう貨物はイスタンブル、イズミル、ピレウスで積み換えるという惨憺たる状況になった。これについては、*DCR* 2588, Report on the Trade of the Vilayets of Trebizond and Sivas for the Year 1900,〔Cd. 429-46〕, LXXXV, *AP*, *HCPP*, 1901, p. 5, *DCR* 3577, Report for the Year 1905 on the Trade and Commerce of the Trebizond Vilayet by Mr. Consul Longworth,〔Cd. 2682-102〕, CXXIX, *AP*, *HCPP*, 1906, p. 3 において駐トラブゾン・イギリス領事として在任時期の長かった Longworth が詳しい報告を残している。

[32] Charles Issawi, "The Tabriz-Trabzon Trade, 1830-1900: Rise and Decline of a Trade Route," in *IJMES* I (1970), p. 17, Issawi(ed.), *The Economic History of Iran*, p. 161, 坂本勉「19世紀カフカーズとイラン人」74-76頁。

[33] 坂本勉「19世紀カフカーズとイラン人」76頁。ここを通ってメッカ巡礼に赴き、帰国後に貴重な旅行記を残した人として後述するカージャール朝の官僚ファラーハーニーがいる。ナーセロッディーン・シャーも1873年にヨーロッパ訪問旅行を終えた後、ザカフカス・ルートを通ってイランに帰国したが、その折に彼に同行したサニーオッドウレがザカフカスの交通事情について詳細に記した旅行記 Moḥammad Ḥasan Khān Ṣanī'al-Dowle (E'temād al-Salṭane)(ed. Moḥammad Golbān), *Ṣafarnāme-ye Ṣanī' al-Dowle*, Tehrān, 2534 Sh. を残している。

[34] Turgay, "Trade and Merchants in Nineteenth-Century Trabzon," p. 293.

[35] 追加条項第3条を含む1838年のバルタ・リマヌ条約の本文は、*Convention of commerce and navigation between Her Majesty and the Sultan of the Ottoman Empire, with three additional articles thereunto annexed. Signed at Balta-Liman, near Constantinople, August 16, 1838*〔157〕, L. 289, *AP*, *HCPP*, 1839 を参照した。なお日本語の抄訳が松井真子「オスマン帝国とイギリスの通商関係の変容（1838年）」（歴史学研究会編『世界史史料 8 帝国主義と各地の抵抗 南アジア・中東・アフリカ』岩波書店、2009年）113-14頁でなされ

ている。

[36] Osman Nuri Ergin, *Mecelle-i Umūr-i Belediyye*, cilt 2, İstanbul Büyükşehir Belediyyesi Kültür İşleri Daire Başkanlığı Yayınları, İstanbul, 1995, ss.705-706. なお、イスタンブル、トラブゾン等の都市で実務派の経済官僚として活躍した Süleyman Sudi（1835-1896）が著した *Defter-i Muktesid*, İstanbul, cilt 3, 1307(1891/92), ss. 93, 142-43 にも中継関税が1％になったことが記されている。この史料についての所在と情報について教示をいただいた松井真子氏に厚く感謝申し上げる。また、Issawi（ed.）, *The Ecconomic History of Turkey 1800-1914*, Chicago, 1980, p. 75 にも中継関税の漸減についての記事がある。オスマン帝国とヨーロッパ諸国との間で通商条約の改定が行われていた時期にイスタンブルに駐在したイラン大使も本国の外務省に宛てた1280年モハッラム月5日（1863年6月23日）付の文書番号：504、題目：関税規則、カールトン：10、一件書類：12/4 と題された文書のなかで次のように中継関税が改定されたと伝えている。「ここ（イスタンブルの言葉でトランジトと名づけられている中継商品（māl al-tejāre-ye 'obūrī）、すなわちオスマン帝国領内において消費されず、他の国に通過していく商品からは前述の条約が調印された時から7年間は2％、その後は1％の関税が徴収される。イランの産品のなかで重要なものの一つである絹のような商品の多くは、オスン帝国領内において消費されず、ヨーロッパ諸国に運ばれていく」。なお、以上の文章は *GASIO*, vol.7（1271-1313 Hijrī Qamarī）, p. 404 から引用した。

[37] 1860年に改定された通商条約に先んじる1838年のバルタ・リマヌ条約については、松井真子「オスマン帝国の専売制と1838年通商条約」（『社会経済史学』64-3、1998年）26-55頁、同「東方問題とレヴァント貿易─あるイギリス外交官のみたオスマン帝国」（深沢克己編『国際商業』ミネルヴァ書房、2002年）262-286頁において緻密な分析がされている。これによると、輸出税と輸入税はともに3％とされたが、オスマン帝国内部の輸送にイギリス商人が直接携わる場合は、輸出品に対しては9％、輸入品に対しては2％の一本化された内国税が追加され、輸出税は実質的には12％、輸入税は5％とされた。これはオスマン帝国の商人に比べてヨーロッパ商人に不利であったが、これを引き下げてオスマン帝国の商人とヨーロッパ商人がまったく同じ条件の下で輸出入貿易を行っていくというのが1860年に改定された通商条約の趣旨であった。

　この通商条約の内容については駐イスタンブルのイラン大使が本国の外務省宛に次のような報告書（*GASIO*, vol.7, 文書番号：504、題目：関税規則、日時：1280年モハッラム月5日（1863年6月23日）、カールトン：10、一件書類：12/4, p. 404）を送っているので引用しておくことにしたい。「オスマン帝国とヨーロッパ諸国との間で新しく結ばれた通商条約の条項にしたがってオスマン帝国産品が輸出される場合の関税額（vajh-e gomrok）は12％から8％に減じられる。さらに8％の輸出税は7年間のうちに毎年、1％ずつ減らされ、最終的に輸出税は1％になるはずである。昨年から（オスマン帝国は）ヨーロッパ諸国の商人とこのようなことを行っている」。

[38] *GASIO*, pp. 400-401. 文書番号：503 題目：イランとオスマン帝国との間の通商条約の改

訂、日時：1278年ズルヒッジャ月10日（1862年6月8日）、カールトン：9、一件書類：12/4. このなかには、次のような「ハプスブルグ帝国も通商条約を改定し、国境地方で消費されるハプスブルグ帝国の産品に認められる若干の特権を加えて署名し、手交した。今や〔条約を締結し直していない国は〕イランのカージャール朝を除いてはない。イスタンブルの税関は、イラン産品をめぐって起きている面倒な問題から目を離せない状況にある。小官も連日、対応に追われている。」という駐イスタンブル・イラン大使のアブドルラージー・モハンマド・ホセインの照会文も含まれている。

[39] *GASIO*, pp. 412-413, 文書番号：507, 題目：イランとオスマン帝国との間の通商協定, 日時：1281年第二ラビーウ月8日（1864年9月10日）、カールトン：11、一件書類：12/4.

[40] *GASIO*, pp. 417-418. 文書番号：509、題目：イランとオスマン帝国との間の通商条約、日時：1281年ズルヒッジャ月16日（1865年5月16日）、カールトン：11、一件書類：12/4.

[41] Mahdavi, *For God, Mammon and Country*, p. 64, Ferīdūn Ādamīyat va Homā Nāṭeq, *Afkār-e Ejtemāʿī va Siyāsī va Eqtesādī dar Āsār-e Montasher Nashode-ye Dowrān-e Qājār*, Tehrān, 2536 Sh. p. 303, Shoko Okazaki, "The Great Persian Famine of 1870-71," in *BSOAS*, vol. XLIX, Part I in Honour of Ann K. S. Lambton, 1986, pp. 183-192, 岡崎正孝「カージャール朝下におけるケシ栽培と1870-71年大飢饉」（『西南アジア研究』31, 1989）38-55頁。

[42] Issawi (ed.), *The Economic History of Iran 1800-1914*, p. 70.

[43] Mahdavi, *For God, Mammon and Country*, pp. 54, 82.

[44] Mahdavi, *For God, Mammon and Country*, pp. 54-55, 70-71, 82.

[45] Mahdavi, *For God, Mammon and Country*, pp. 39-40, 56.

[46] 水田正史『近代イラン金融史研究』（ミネルヴァ書房、2003年）10、19-21、30頁。

[47] Mahdavi, *For God, Mammon and Country*, pp. 56-57.

[48] 彼が行う輸出貿易は、とくにある商品に特化するものではなかったことに注意する必要がある。イランの生産構造は、同じ時期のエジプトが綿花に生産と輸出を集中させたのと異なってモノカルチャー化することがなく、アミーノッザルブが手がける輸出貿易も商品という点では多様であった。この点については Mahdavi, *For God, Mammon and Country*, pp. 11-15, 56, 72-73, 後藤晃『中東の農業社会と国家』（御茶の水書房、2002年）の第6章「19世紀イランの貿易と商業的農業の展開」205-244頁、岡崎正孝「19世紀イランにおけるケシ作の進展」（『経済研究』31、1980年）72-80頁、同「カージャール朝下におけるケシ栽培と1870-71年大飢饉」39頁。

[49] Issawi (ed.), *The Economic History of Iran 1800-1914*, p. 70.

[50] Ādamīyat, *Afkār-e Ejtemāʿī*, p. 301.

[51] Ādamīyat, *Afkār-e Ejtemāʿī*, pp. 317-318, 324.

[52] Ādamīyat, *Afkār-e Ejtemāʿī*, p. 319.

[53] Ādamīyat, *Afkār-e Ejtemāʿī*, pp. 300-301.

54 Mahdavi, *For God, Mammon and Country*, pp. 12, 88. Ādamīyat, *Afkār-e Ejtemāʿī*, p. 327 によると、アミーノッザルブは、ヨーロッパ産絹織物の評価が高く、イランなどで織られる手織りのそれに比べて価格も高く取引される理由として生糸が機械で紡績されていることを挙げているが、これが絹糸工場の設立につながったと思われる。

55 外交官としてイラン滞在が長いアボットも、イランの伝統的な織物がイギリス製の綿製品より持ちのよさ、色あせがしないということで高く評価していた。この点については Amanat (ed.), *Cities and Trade: Consul Abbot on the Economy and Society of Iran 1847-66*, pp. 84, 103 を参照。

56 W. M. Floor, *Textile Imports into Qajar Iran*, pp. 164, 183-184 によると、トラブゾン駐在のイギリス領事ブラントは、すでに1834年にイギリス産の捺染キャラコ（ヨーロッパ更紗）は品質においてカダク織りに劣るが、価格が半分であるためいずれそれに取って代わると予見していた。

57 Mīrzā Ḥoseyn Khān, *Joghrāfiyā-ye Eṣfahān*, p. 93.

58 Ādamīyat, *Afkār-e Ejtemāʿī*, p. 320.

59 Ādamīyat, *Afkār-e Ejtemāʿī*, p. 321.

60 Ādamīyat, *Afkār-e Ejtemāʿī*, p. 324.

61 Ādamīyat, *Afkār-e Ejtemāʿī*, pp. 305, 310-314, 332-333. Mahdavi, *For God, Mammon and Countny* pp. 88, 90-93. 商業会議所のペルシア語の正式名称は、Majles-e vokalā-ye tojjār である。これにしたがうと、「商人代表者会議」と訳すのが適当だと思われるが、事務所が設けられ、定例の会議が恒常的に開かれたことを考慮してここでは「商業会議所」と呼んでおくことにしたい。

62 Ādamīyat, *Afkār-e Ejtemāʿī*, pp. 331, 335-341. テヘランの商業会議所が全国の中心であったことは、それがペルシア語で Majles-e markazī-ye tejārat-e Dār al-Khelāfe（直訳すると「首都テヘラン商業中央会議」）と呼ばれていたことから明らかである。なお、週に開かれる会議の回数は、テヘランでは3度、イスファハーンでは2度というように都市によって異なっていた。

63 Ādamīyat, *Afkār-e Ejtemāʿī*, p. 333.

64 イスタンブル商業会議所が1882年1月4日に正式に発足するまでの事情については、Hakkı Nezihi, *50 Yıllık Oda Hayatı 1882-1932*, İstanbul, 1932, pp. 60-68 と Erol Zeytinoğlu ve Necla Pur, *İstanbul Ticaret Odası'nın 100 Yılı*（*1882-1992*）, İstanbul, 1982, pp. 20-34 に詳述されている。

65 Khān Malek Sāsānī, *Yādbūdhā-ye Sefārat-e Estanbūl*, Tehrān, 1344 Kh., pp. 94-95. 坂本勉「19世紀イスタンブルとイラン人」（護雅夫編『内陸アジア・西アジアの社会と文化』、山川出版社、1983年）824-826頁。

66 Ḥāfeẓ Farmānfarmāʿīyān (ed.), *Safarnāme-ye Mīrzā Ḥoseyn Farāhānī, be Qafqāzīye-ʿOṣmānī-Makke*, 1302-1303 Hijrī-Qamarī. Tehrān, 1342 Kh. 坂本勉「イラン人のメッカ巡礼と都市ネットワーク」（『東洋文化』72、1992年）198頁。

⁶⁷ *Safarnāme-ye Mīrzā Ḥoseyn Farāhānī*, pp. 104-105. ただし、トラブゾンの中継貿易をこの町で実際に動かしていたのは、Turgay, "Trade and Merchants in Nineteenth-Century Trabzon," p. 294 によると、オスマン帝国のギリシア系、アルメニア系の非ムスリム商人であった。

⁶⁸ Sāsānī, *Yādbūdhā-ye Sefārat-e Estasnbūl*, p. 94, *Safarnāme-ye Mīrzā Ḥoseyn Farāhānī*, p. 150. イスタンブルの 1886 年における人口統計の出所は、*Bā Irade-i Seniye-i Cenāb-ı Padişahi buda icra olunan Tahrir-i sabık yoklaması mucibince Der Saadet ve Bilad-ı selasede mevcut nüfusun İstatistik Cetvelidir*, İstanbul, 1302 M. ただし、実際の引用は Stanford. J.Shaw & Ezel Kural Shaw, *History of the Ottoman Empire and Modern Turkey*, vol. II, Cambridge, 1977, p. 242 である。これとは別にカルパトも、イスタンブルにおいて 1830、1838、1844、1856、1882、1885 年にそれぞれ実施された人口調査の結果を比較して都市発展と人口の増大について論じている。19 世紀に行われた調査では最後の 1885 年のセンサスは、スタンフォード・ショウが拠った 1886 年の人口統計資料とムスリム、非ムスリム人口の数字に若干の違いが見られるが、内容的に大きな違いはない。カルパトのイスタンブルの都市人口の研究にかんしては、K.H.Karpat, *Ottoman Population 1830-1914*, The University of Wisconsin Press, 1985, pp. 102-104 を参照。

⁶⁹ *DCR* 798, Report for the Year ending March 21, 1890 on the Trade of the District of Tabreez by Consul-General C.E.Stewart, 〔C. 6205-29〕, LXXXVII, *AP*, *HCPP*, 1890-91, p. 2.

⁷⁰ Ḥājj Esmaʿīl Amīrkhīzī, *Qiyām-e Āzarbāyjān va Sattār Khān*, Tehrān, Chāp-e dovvom, 2536 Sh., pp. 233-34.

⁷¹ Aḥmad Kasravī, *Tārīkh-e Mashrūṭe-ye Īrān*, Tehrān, Chāp-e nohom, 1351 Kh., p. 128, Ahmad Kasravi, *History of the Iranian Constitutional Revolution*, Evan Siegel(tr.), Volume 1, Costa Mesa, 2006, p. 154.

⁷² *Safarnāme-ye Mīrzā Ḥoseyn Farāhānī*, p. 150, Ceyhan Güren, *Türk Hanlarının Gelişimi ve İstanbul Hanları Mimarisi*, İstanbul, 1976, pp. 96-98. ファラーハーニーによると、このキャラバンサライの中庭は、毎年、モハッラム月のアーシューラーの時期になると、1,000 人以上のシーア派教徒で埋めつくされたという。その多くはイラン人とザカフカスのティフリス、ガンジャ、シルヴァーンから来たアゼリーであった。彼らはカルバラーの悲劇の吟唱に聞き入り、受難劇に涙した後、キャラバンサライからバーザール、小路に出てホセインの殉教を悼んで白衣をまとい、額を短剣で傷つけて血を流しながら練り歩くのを通例としていた。このイスタンブルにおけるアーシューラーの行事については、Metin And, *Ritüelden Drama – Kerbelā - Muharrem – Taʿziye*, İstanbul, 1999, s. 218 にも紹介がされている。

　1981 年 8 月 24 日、筆者がはじめてこのキャラバンサライを訪ねたとき、モスクはメフメトという名の 55 年前にタブリーズから移住してきたという老人が管理人をしていた。正面入り口の脇に「(在) トルコ＝イラン人親睦協会。イスタンブル設立 1945 年」という標札があり、管理人室の小さな黒板にアゼルバイジャン語の講習会が夜 10 時半

から開かれるという掲示がかかっていた。このキャラバンサライは、訪れた当時、一階が洋服屋、絨毯屋の事務所、二階が織物と縫製の工房になっていたが、イラン人はまったくいなかった。しかし、モスクだけは在住のイラン人たちによって使われているとのことであった。

[73] Ḥāfeẓ Farmānfarmāʿiyān (ed.), *Safarnāme-ye Ḥājjī Pīrzāde*, 2vols, Tehrān, 1342-43 Kh., vol. I, moqaddeme, p. 76. なお、ナクシュバンディー教団史研究の泰斗ハミド・アルガーは、ピールザーデをイランで活動するベクターシュ教団のスーフィーであった可能性が高いと推測している。これについてはトルコで開かれたアレヴィー、ベクターシュ教団にかんするシンポジウムで言及している。Hamid Algar, "Bektaşi ve İran: Temaslar ve Bağlantılar," in *Tarihī ve Kültürel Boyutlarıyla Türkiye'de Alevīler, Bektaşīler, Nusayrīler*, 1999, p. 144 を参照。

[74] Farmānfarmāʿiyān (ed.), Safarnāme-ye Ḥajji Pīrzāde, vol. II, pp. 86-87.

[75] Farmānfarmāʿiyān (ed.), Safarnāme-ye Ḥajji Pīrzāde, vol. II, p. 88.

[76] Aḥmad Kasravī, *Tārīkh-e Mashrūṭe-ye Īrān*, pp. 153-158., Evan Siegel (tr.), *History of the Iranian Constitutional Revolution*, pp. 182-186.

[77] シェヴケト・パムクの研究は次のかたちで刊行されている。Şevket Pamuk, *19. Yüzyılda Osmanlı Dış Ticareti*, Ankara, 1995.

[78] イラン向けの中継貿易の商品をトラブゾンの倉庫に保管して戻し税の適用を受けられる期間、いわゆる「保税期間」は 1888 年 3 月 30 日までは 1 年間であった。しかし、1889 年 3 月 31 日以降 6 ヶ月に変更された。この期間を過ぎると中継貿易品とは認められず、8%の輸出税を徴収された。この保税期間の短縮は、商品の価格の変動、駄獣の運賃等をにらんで出庫の時期を調整しようとする商人にとって打撃であった。これについては DCR 537, Report for the Years 1887 and 1888 on the Trade of Constantinople, [C. 5618-90], LXXXI, *AP*, *HCPP*, 1889, p. 3 に記述がある。また、戻し税については H.W. Maclean, special Commissioner of the Commercial Intelligence Commitee of the Board of Trade, *Report on the Condition and Prospects of British Trade in Persia*, [Cd. 2146], XCV. 789, *AP*, *HCPP*, 1904, p. 83 にも言及がある。ただし、戻し税の適用を受けた中継関税の率を 1%でなく 0%とするのは間違いである。

[79] DCR 537, Report for the Years 1887 and 1888 on the Trade of Constantinople, p. 2.

[80] 付表 4 の 1886 年におけるイスタンブル・センサスの出所は、すでに註 68 で記した *Bā Irade-i Seniye-i Cenāb-ı Padişahi buda icra olunan Tahrir-i sabık yoklaması mucibince Der Saadet ve Bilad-ı selasede mevcut nüfusun İstatistik Cetvelidir*, İstanbul, 1302 である。ただし、実際の引用は Stanford J. Shaw & Ezel Kural Shaw, *History of the Ottoman Empire and Modern Turkey*, vol. II, p. 242 で、これに修正を加えて表として掲げたことを改めて断っておきたい。

[81] Hakkı Nezihi, *50 Yıllık Oda Hayatı 1882-1932*, s. 63, Erol Zeytinoğlu ve Necla Pur, *İstanbul Ticaret Odası'nın 100 Yılı* (*1882-1992*), s. 22. アザルヤンは、イスタンブル商業会議所創

設の最大の功労者であった。しかし、それにもかかわらず、1896年に東部アナトリアから首都のイスタンブルに波及したムスリムとアルメニア系住民との間の民族間衝突によってイスタンブルからの脱出を余儀なくされ、不幸にも船上で死亡した。これについては、DTOG, vol. 646, 1313 M. Mayıs.10 / 1314 Kh. Zilhicce.19, s.169 に簡単な記事が載せられている。なお、アルメニア系の人物の表記、転写法は、現在、トルコでアルメニア問題の研究を精力的に行っている Pars Tuğlacı が著した Tarih Boyunca Batı Ermenileri, Cilt I-II, İstanbul, 2004 で使われている表記に基本的には拠るが、Kevork Pamukciyan, (Yayına Hazırlayan: Osman Köker) Biyografileriyle Ermeniler (Ermeni Kaynaklarından Tarihe Katkılar – IV), İstanbul, 2003 も参照して表記を部分的に改めたことを断っておく。また、日本における数少ないアルメニア史の専門家である北川誠一氏にも表記について照会し、御知恵を拝借した。ここに記して感謝申し上げる。

[82] Hagop Mintzuri (Çeviren: Silva Kuyumucuyan), İstanbul Anıları 1897-1940, İstanbul, 1994, ss.88, 92.

[83] DCR MS 15, Report on the importation of cotton goods of an inferior quality into Persia, Tabreez No. 1, Consul-General Abbott to the Earl of Iddesleigh, [C. 4924], LXXXII, AP, HCPP, 1887, pp.1-5.

[84] Report by Consul Lovett on the Trade and Commerce of the Province of Asterabad for the Year 1881, [C, 3344], LXXI, AP, HCPP, 1882, p. 1066.

[85] Entner, Russo-Persian Commercial Relations, 1828-1914, pp. 24-25.

[86] DCR MS 15, Report on the importation of cotton goods of an inferior quality into Persia, pp. 1-5.

[87] FO881/ 5728, Reports by Mr. E.F. Law on Commercial Matters in Persia, No. 1, Inclosure 7, British Trade and Foreign Competion in North Persia.

第 2 章

[1] ʿAlī Dehbāshī(ed.), Safarnāme-ye Ḥājj Sayyāḥ be Farang, Tehrān, 1363 Kh., Moḥammad ʿAlī Ḥājj Sayyāḥ (tr. by Mehrbanoo Nasser Deyhim), An Iranian in Nineteenth Century Europe, The Travel Diaries of Hāj Sayyāḥ 1859-1877, Bethesda, 1999.

[2] Moḥammad ʿAlī Ḥājj Sayyāḥ, An Iranian in Nineteenth Century Europe, pp. 15, 17, 19, Ḥamīd Sayyāḥ(ed.), Khāṭerāt-e Ḥājj Sayyāḥ yā Dowre-ye Khowf va Vaḥshat, Tehrān, 2536 Sh., pp. 11-13, Shaul Bakhsh, Iran: Monarchy, Bureaucracy & Reform under the Qajars: 1858-1896, London, 1978, pp. 317, 356-57.

[3] Moḥammad ʿAlī Ḥājj Sayyāḥ, An Iranian in Nineteenth Century Europe, pp. 29, 31-32, 39-40, 50, 61, 62.

[4] 第1章で論じた点の典拠となり、内容的により詳しいのは、坂本勉「19世紀イスタンブルとイラン人」(護雅夫編『内陸アジア・西アジアの社会と文化』山川出版社、1983年) 823-845頁である。

[5] 近年、以下のような研究書が相次いで出版された。Vazken S. Ghougassian, The Emergence

of the Armenian Diocese of New Julfa in the Seventeenth Century, University of Pennsylvania, 1998, Ina Baghdiantz McCabe, *The Shah's Silk for Europe's Silver, The Eurasian Trade of Julfa Armenians in Safavid Iran and India*（*1530-1750*）, Atlanta, 1999, Rudolph P. Matthee, *The Politics of Trade in Safavid Iran: Silk for Silver, 1600-1730*, Cambridge, 1999, Edmund M. Herzig, " The Rise of the Julfa Merchants in the Late Sixteenth Century, " in C. Melville（ed.）, *Safavid Persia*, London, 1996, pp. 305-322. なお、少し古くなってしまっているものもあるが次に挙げる著作にも絹貿易とアルメニア商人との関係について論じる章が割かれている。R. Davis, *Aleppo and Devonshire Square*, London, 1967, Niels Steensgaard, *Carracks, Caravans and Companies: The structual crisis in the European-Asian trade in the early 17th century*, Copenhagen, 1973, Haim Gerber, *Economy and Society in an Ottoman City: Bursa, 1600-1700*, Jerusalem, 1988, Halil İnalcık & Donald Quataert, *An Economic and Social History of the Ottoman Empire, 1300-1914*, Cambridge, 1994.

6　FO 881/ 5653（confidential）, Papers relating to the Case of Mr. A.O.Arsenian, Printed for the use of the Foreign Office, August 1888.

7　原文書は No. 1 から No. 4 に分類され、それぞれに番号を付せられた Inclosure（同封資料）が収められている。所収の順序は必ずしも時間に沿っておらず次のようになっている。

　　No. 1: Judgment of Persian Court of Appeal at Constantinople, December 28, 1881（January 9, 1882）, pp. 1-13. 表題は英語であるが、駐イスタンブル・イラン総領事館付属商業裁判所判決文の原文はフランス語である。

　　No. 2: The Earl of Dufferin to Earl Granville. Received August 13, 1884, Therapia, August 4, 1884, p. 13. Inclosure 1 in vol. 2: Memorandum by Consul-General Fawcett, pp. 13-15. Inclosure 2 in vol. 2, Correspondence, Arsenian à Alyanakin, Manchester, le 1er Avril, 1880, Arsenian à Alyanakian, Le 24 Mars, 1880, Karaghenzian à Alyanakian, Le 5 Avril, 1880. Karaghenzian Le 18（30） Avril, 1880, Karaghenzian à Alyanakian, Le 19 Avril（1 Mai）, 1880, Karaghenzian à Mahoukian et Macarian de Trebizonde, Le 4 Juin, 1880, Arsenian à Alyanakian, Manchester, le 6 Mai, 1880, Facture de A. O. Arsenian, Manchester, à A. O. A., Constantinople, Le 12 Avril, 1880, pp. 13-16.

　　No. 3: Decree and Judgment given by the Consular Court of the Exalted Government of Persiain Constantinople, May 4（16）, 1881, pp. 16-26.

　　No. 4: Messers. A. and E. Fox to Foreign Office,（Received May 12）, 53 Princess Street, Manchester, May 10, 1888, pp. 26-28, Inclosure in No. 4: Copy of the original Petition, and Decree made thereon, pp. 28-29. Inclosure 2 in No. 4: Alyanakian to Arsenian, p. 29, Inclosure 2 in No. 4: Alyanakian to Arsenian, p. 29. Inclosure 3 in No. 4: Legation de Sa Majeste le Shah de Perse, à Londres, February 23, 1879, p. 29. Inclosure 4 in No. 4: Krikor Alyanakian to Consul-General Fawcett, Constantinople, January 22, 1879, p. 30. Inclosure 5 in No. 4: Extract from Letter, p. 30. Inclosure 6 in No. 4: Mr. Arsenian to the Earl of Dufferin, Constantinople,

November 24, 1881, p. 31. Inclosure 7 in No. 4: Observations and Criticisms upon the Judgment of the Persian Court at Constantinople, in an Appeal instituted by Mr. Arsen Oskian Arsenian against the Judgment of the Persian Consular Court, dated March 4, 1881, pp. 31-34. Inclosure 8 in No. 4: Judgment of the Persian Court of Appeal at Constantinople, December 28, 1881 (January 9, 1882), pp. 35-46. Note by Mr. Arsenian, pp. 46-47.

[8] FO 881/ 5653 Inclosure 4 in No. 4: Krikor Alyanakian to Consul-General Fawcett, Constantinople, January 22, 1879, p. 30.

[9] FO 881/ 5653 Inclosure 8 in No. 4: p. 39.

[10] FO 881/ 5653 No. 3, p. 19, Inclosure 8 in No. 4, p. 39.

[11] FO 881/ 5653 Inclosure 8 in No. 4, p. 39.

[12] FO 881/ 5653 Inclosure 7 in No. 4, p. 32, Inclosure 8 in No. 4, pp. 39-41.

[13] FO 881/ 5653 Inclosure 8 in No. 4, p. 42.

[14] FO 881/ 5653 Inclosure 7 in No. 4, p. 31, Inclosure 8 in No. 4, pp. 31-32.

[15] FO 881/ 5653 No. 3, pp. 19-20.

[16] FO 881/ 5653 No. 3, p. 21, Inclosure 7 in No. 4, p. 32.

[17] FO 881/ 5653 Inclosure 3 in No. 4, p. 29.

[18] FO 881/ 5653 Inclosure 7 in No. 4, p. 32.

[19] FO 881/ 5653 No. 3, p. 19, Inclosure 3 in No. 4, p. 30, Inclosure 7 in No. 4, p. 32.

[20] FO 881/ 5653 Inclosure 7 in No. 4, p. 22, Inclosure 8 in No. 4, p. 39.

[21] FO 881/ 5653 No. 3, p. 16, Inclosure 1 in No. 4, pp. 28, Inclosure 7 in No. 4, p. 32, Inclosure 8 in No. 4, p. 35.

[22] FO 881/ 5653 No. 3, p. 16, Inclosure 1 in No. 4, pp. 28-29.

[23] FO 881/ 5653 Inclosure 2 in No. 2, p. 15.

[24] FO 881/ 5653 Inclosure 2 in No. 2, p. 15.

[25] FO 881/ 5653 Inclosure 2 in No. 2, p. 15.

[26] FO 881/ 5653 Inclosure 2 in No. 2, p. 15.

[27] FO 881/ 5653 Inclosure 2 in No. 2, p. 15.

[28] FO 881/ 5653 Inclosure 2 in No. 2, p. 16.

[29] FO 881/ 5653 Inclosure 2 in No. 2, p. 16.

[30] FO 881/ 5653 Inclosure 2 in No. 2, p. 16.

[31] FO 881/ 5653 No. 3, p. 17, Inclosure 7 in No. 4, p. 33.

[32] FO 881/ 5653 No. 3, p. 17.

[33] FO 881/ 5653 Inclosure 7 in No. 4, p. 35.

[34] FO 881/ 5653 Inclosure 8 in No. 4, pp. 35, 37-38, 42-46.

[35] FO 881/ 5653 No. 3, p. 17.

[36] S.D.Chapman, "The International Houses: The Continental Contribution to British Commerce, 1800-1860," in *The Journal of European Economic History*, Vol.6-1, 1977, pp. 5-48, S.D.

チャップマン（神田さやこ訳）「イギリス商社の歴史的評価」（杉山伸也・リンダ・グローブ編『近代アジアの流通ネットワーク』創文社、1999年）311-321頁。

第3章

[1] 生糸貿易のためにイランに来ていたヨーロッパ商人、商会についての13世紀から18世紀までの要を得た概観が G. N. Curzon, *Persia and the Persian Question,* vol.I, London, 1892, pp. 366-69 に見られる。イギリスの特権会社のうち、レヴァント会社がイランと生糸の直接貿易を行っていたかどうかは議論のあるところだが、少なくもアレッポに商館を構え、イスケンデルンを積み出し港にしてイランと生糸の貿易を行っていたことは18世紀のラドクリフ商会の例から知られる。これについては R.Davis, *Aleppo and Devonshire Square*, London, 1967 を参照。

[2] 近世におけるブルサの養蚕、製糸業、絹織物業、生糸貿易をブルサのみならず地中海周辺地域との関連で考察した論文として以下のものがある。Halil İnalcık, "Bursa and the Commerce of the Levant," in *JESHO* 3-2, pp. 131-147, Halil İnalcık, "Bursa XV. Asır Sanayi ve Ticaret Tarihine Dair Vesikalar," in *Belleten* 24(1960), ss. 45-102, M. Çizakça, "A Short History of the Bursa Silk Industry (1500-1900)," in *JESHO* 23-1/2, pp. 142-152.

[3] 岡崎正孝「19世紀後半のイランにおける養蚕業の衰退とギーラーンの農業の変化」（『オリエント』27-2、1984年）69-82頁。

[4] Ahmad Seyf, "Silk Production and Trade in Iran in the Nineteenth Century," in *IS* 16-1/2(1983), pp. 51-71.

[5] 微粒子病の発生とその伝播についてはさまざまな説がある。石井孝はヨーロッパにおける発生の事情について、1840年にフランスのプロヴァンスで発生した後、1847年になってイタリアのロンバルデイア州に広がり、1852年にその流行が頂点に達したと述べている。石井孝『港都横浜の誕生』（有隣新書、1980年）112頁を参照。微粒子病がオスマン帝国に到来した時期については、カータルトの1857年説とダルサルの1860年説とがある。カータルト説については、Donald Quataert, "The silk industry of Bursa, 1880-1914," in Huri İslamoğlu İnan (ed.), *The Ottoman Empire and World-Economy*, Paris, 1987, p. 286（この論文はJean-Louis Bacqué-Grammont et Paul Dumont, publiées et présentées, *Contributions à l'histoire économique et sociale de l'Empire Ottoman*, Collection Turcica III, Leuven, 1983, pp. 481-503 所収の同名論文に若干の修正をして再録したもの）を参照のこと。ダルサル説については、F. Dalsar, *Türk Sanayi ve Ticaret Tarihinde Bursa'da İpekçilik*, İstanbul, 1960, s. 421 を参照。

イランへの到来は、岡崎正孝がラシュト駐在のイギリス領事アボットの報告にもとづき、1864年に微粒子病の被害が顕著になり、1865年に病害がギーラーン全土に拡がったという説を出している。岡崎正孝「19世紀後半のイランにおける養蚕業の衰退とギーラーンの農業の変化」73頁を参照。

[6] Report by Mr. Acting Consul Henry H.Ongley on the Trade and Commerce of Ghilan for the Year

1866,〔3953-i〕, LXVIII, *AP*, *HCPP,* 1867-68, p. 295.

7 Tabreez. Report by Consul General Jones, in Reports by Her Majesty's Consuls on British Abroad, Part II,〔c. 799〕, LXVII. 351, *AP*, *HCPP*, 1873, p. 365.

8 Report on the Population, Revenue, Military Force, and Trade of Persia, by Mr.Thomson, Her Majesty's Secretary of Legation,〔3954-iv〕, LXIX, *AP*, *HCPP,* 1867-68, p. 269, Report upon the Trade and Resources of the Province of Ghilan for the Year 1869,〔C. 343〕, LXV, *AP*, *HCPP*, 1871, p. 234, Report by Mr.Consul-General E.Abbott on the Trade and Commerce for the Year 1867,〔3953-viii〕, LXVIII, *AP*, *HCPP*, 1867-68, p. 295.

9 『横浜市史』第二巻（横浜市、1959年）464-473、552、559、561、593-608頁、石井孝『港都横浜の誕生』61、125、133、146、177、182、194頁。1868年(明治元年)以降、日本全国および横浜から輸出された蚕卵紙の枚数、円価額、ドル価額、輸出先についての統計が『横浜市史 資料編二（増訂版）統計編』（横浜市、1980年）の4-5頁所収の全国輸出表（明治1-17年）、72-73頁所収の横浜港輸出品表（明治1-17年）、184頁所収の全国重要輸出品国別表（明治6年以降）に掲載されている。また、蚕種輸出の港別比率については石井孝『港都横浜の誕生』179頁を参照。 江戸幕府に蚕種の輸出貿易解禁を求めるジャーディン・マセソン商会の動きとその結果については石井寛治『近代日本とイギリス資本』（東京大学出版会、1984年）175頁を参照。

10 石井寛治『近代日本とイギリス資本』175頁。

11 Report by Consul Churchill on the Trade and Commerce of the Provinces of Ghilan andAsterabad for the Years 1874 and 1875,〔C. 1589〕, LXXVI, *AP*, *HCPP*, p. 1493, Report upon the Trade and Resources of the Province of Ghilan for the Year 1869,〔C. 343〕, LXV, *AP*, *HCPP*, 1871, p. 234.

12 Report by Consul Abbott on the Trade of Ghilan for the Year 1870,〔C. 543〕, LVII, *AP*, *HCPP*, 1872, p. 169.

13 Report by Consul Churchill on the Silkworm Disease in Ghilan,〔C. 1421〕, LXXIV, *AP*, *HCPP*, 1874, pp. 69-70.

14 Report by Consul Churchill on the Trade and Commerce of the Provinces of Ghilan andAsterabad for the Years 1874 and 1875,〔C. 1589〕, LXXVI, *AP*, *HCPP*, 1876, pp. 1493-1494.

15 Tabreez. Report by Consul General Jones, in Reports by Her Majesty's Consuls on BritishAbroad, Part II,〔C. 799〕, LXVII. 351, *AP*, *HCPP*, 1873, p. 364. ラッリ商会については、Chapman, "The International Houses: The Continental Contribution to British Commerce, 1800-1860," pp. 36-37 に詳説されている。また、D. Wright, *The English amongst the Persians*, London, 1977, pp. 98-99 によると、ラッリ商会は正式には Ralli and Angelast と呼ばれ、ラッリ家の5人の兄弟によって設立された商会であった。兄弟のうち二人は1818年、ロンドンに居を移してイギリスの庇護臣民になった。タブリーズに支店を構えたのは別の兄弟で、何時かは不明であるが帝政ロシアの庇護臣民の資格を得、活動を続けた。イラン人研究者モハンマド・レザー・ナースィーリーは、「カージャール朝時

代におけるイランとオスマン帝国・トルコの通商関係」(羽田亨一訳、『通信』75、東京外国語大学アジア・アフリカ言語文化研究所、53 頁)において、ラッリを名前から判断してイタリア人と推測している。ラッリ商会の出身地キオス島がジェノヴァ商人の交易の拠点であったという意味でイタリアと関係が深かったことは間違いないが、ラッリをイタリア人とするのは事実誤認で正しくはオスマン帝国のギリシア系の非ムスリム商人の家系である。

[16] Remarks by Mr. Consul-General Abbott on the Trade of Tabreez for the Year ending 20th March, 1863, [3393] LXI, *AP*, *HCPP*, 1864, p. 200.

[17] Commercial Reports from Consuls, Foreign Office, vol. 8, 1866, part 2, Report by Mr.Consul Abbott on the the Trade and Resources of the Province Ghilan for the Year 1865, *AP*, *HCPP*, 1866, p. 106.

[18] Report by Mr.Consul-General Abbott on the Trade and Commerce of Tabreez for the Year 1865, [3729], LXX, *AP*, *HCPP*, 1866, p. 476, Remarks by Mr.Consul Abbott upon the Silk Trade of Ghilan for the Year Ending March 31, 1865, [3582], LXIX, *AP*, *HCPP*, 1866, pp. 610-611.

[19] 杉山伸也「幕末、明治初期における生糸輸出の数量的再検討——ロンドン・リヨン市場の動向と外商」(『社会経済史学』45-3、1979 年)37 頁。

[20] Report by Mr.Consul-General Abbott on the Trade and Commerce of Tabreez for the Year 1865, [3729], LXX, *AP*, *HCPP*, 1866, p. 476.

[21] Report on the Trade of Persia by Mr.Dickson, [C. 3409], LXIX, *AP*, *HCPP*, 1882, pp. 495-56, Report on the Present State of Persia and Her Mineral Resources.&c.; with Appendix by Dr.Baker on the Diseases and Climate of the North of Persia, by Herbert, [C. 4781], LXVII, *AP*, *HCPP*, 1886, p. 312, *DCR* 113, Report on the Trade and Industries of Persia by Mr.Herbert, [C. 4923-36], LXXXV, *AP*, *HCPP*, 1887, p. 11.

[22] *DCR MS*119, Notes on British Trade and Foreign Competition in North Persia by Mr.E.F.Law, Commercial Attaché for Russia, Persia, and the Asiatic Provinces of Turkey, [C. 5619-8], LXXVII. 411, *AP*, *HCPP*, 1889, p. 8.

[23] *DCR* 1325, Report for the Years 1892-93 on the Trade of the Consular District of Resht by Consul H. L. Churchill, [C. 6855-212], XCV, *AP*, *HCPP*,1893-94, pp. 3-4.

[24] ギリシア、フランス、日本からの蚕種輸入の状況については以下のイギリス領事報告に記述がある。*DCR* 1833, Report for the Year 1895 on the Trade of the Province of Ghilan by Consul H. L. Churchill, [C. 8277-51], XCII, *AP*, *HCPP*, 1896, pp. 2-3, *DCR* 2648, Report for the Year 1900 on the Trade of the Consular District of Resht by Acting-Consul Churchill, [Cd. 429-106], LXXXIV, *AP*, *HCPP*, 1901, p. 4, Report on the Condition and Prospects of British Trade in Persia by H. W. Maclean, special Commissioner of the Commercial Intelligence Commitee of the Board of Trade, [Cd. 2146], XCV, *AP*, *HCPP*, 1904, p. 43. オスマン帝国からの蚕種輸入については "Hatt-ı İraniyede ipek böceği tohumu ticareti, *DTOG*, vol. 812, 1316 Kh. Rebiyülevvel 1 (1316 M. Temmuz 10), s. 234, *JCCC* vol. 812, 1900. 7. 28, s. 234 を参照

のこと。パニディ・エフェンディの手紙はテヘラン駐在のオスマン帝国大使からさらに本国の外務省、商業・公共事業大臣に転送され、最終的にイスタンブル商業会議所に伝えられて記事として転載された。

25 *DCR* 1189, Report for the Year 1891 on the Trade of the Consular District of Resht by Consul H. L. Churchill, 〔C. 6855-76〕, XCV, *AP*, *HCPP*, 1893-94, p. 3, *DCR* 1564, Report for the Year 1892-94 on the Trade of the Consular District of Resht by Consul H. L. Churchill, 〔C. 7581-104〕, XCIX, *AP*, *HCPP*, 1895, p. 3, *DCR* 2648, Report for the Year 1900 on the Trade of the Consular District of Resht by Acting-Consul Churchill, 〔Cd. 429-106〕, LXXXIV, *AP*, *HCPP*, 1901, p. 4.

26 *DCR* 1833, Report for the Year 1895 on the Trade of the Province of Ghilan by Consul H. L. Churchill, 〔C. 8277-51〕, XCII, *AP*, *HCPP*, 1896, pp. 2-3. Lafont & Rabino. *L'industrie sericicole en Perse*, Montpellier, 1910, p. 176 は、3月21日のノウルーズ以降は、蚕種の持ち込みを禁止すべきだと書いている。しかし、蚕種の輸入は、実際には1909年4月20日まで輸入されていた。

27 "Resht'te Osmanlı tohumcılar ," in *DTOG*, vol. 974, 1321 Kh. Cemaziyel-ahir 13（1319 M. Ağustos 23）, s. 281, *JCCC*, vol. 974, 1903. 9. 5, s. 281. また、以上の史料によると、ラシュトにはオスマン帝国籍の18人の蚕種商人、繭の買い付け商人以外に他の業種に携わる83人の商人がおり、商人コミュニティの合計は101人であったという。輸入量の平均は、Lafont & Rabino, *L'industrie sericicole en Perse*. p. 176 によると毎年、250,000-350,000箱が輸入されていた。

28 箱単位の輸入量の例としては、1905年の777,154箱、1906年の352,484箱の輸入例が知られる。"Mamalek-i ahane'de harir tohumlar," *DTOG*, vol.1177, 1325 Kh. Cemaziyel-ahir 16 1323 M. Temmuz 14), s. 345 を参照。

29 オンス単位の輸入量については、*DCR* 1833, p. 3 によると、ギーラーンでは年間、200,000オンスの蚕種の需要があった。*DCR* 2128, Report for the Year 1897 on the Trade and Commerce of Resht by Mr.Consul H. L. Churchill, 〔C. 8648-150〕, XCVII, *AP*, *HCPP*, 1898, p. 3 によると、1896年に約90,000オンス、1897年に114,000オンスが輸入されていた。

30 Report on the Condition and Prospects of British Trade in Persia by H.W.Maclean, p. 43 によると、1894年に2,200ポンド、1902-03年に36,478ポンドが輸入された。

31 "Mamalek-i ahane'de harir tohumlar ," *DTOG*, vol.1177, 1325 Kh. Cemaziyel-ahir 16（1323 M. Temmuz 14), s. 345.

32 Dalsar, *Türk Sanayi ve Ticaret Tarihinde Bursa'da İpekçilik*, s. 421.

33 "La sériciculture à Brousse," *JCCC*, vol.655, 1897.7.24, s. 242.

34 Dalsar, *Türk Sanayi ve Ticaret Tarihinde Bursa'da İpekçilik*, s. 425.

35 パストゥール法にもとづく無菌の蚕種が輸入された時期について、『イスタンブル商業会議所新聞』はカータルトと違って1880年以降行われたとする。これについては "La sériciculture à Brousse," *JCCC*, vol.655, 1897.7.24, s. 242 を参照。

36 イスタンブル商業会議所新聞の趣旨は、オスマン帝国領内の養蚕農家が病気に罹った蚕種を買わないよう、悪質な蚕種業者に対抗して養蚕農家に対して低利の融資を行う機関の設置を提言することにあった。"İpek böcekçiliği," *DTOG*, vol. 880, 1319 Kh. Sha'ban 5（1317 M. Teşrin-i sani 3）, s. 361-62 を参照。また、1907 年 7 月 27 日付の『イスタンブル商業会議所新聞』によると、パストゥール法にもとづかない質の悪い蚕種が安く出回り、これを農民が買うことによって弊害が生じていると報じている。これらの蚕種は、いずれも外国産で大半は海港都市であるマケドニアのサロニカ、シリアのベイルート、イスケンデルンから輸入されていた。部分的には陸路エディルネからも輸入されていたが、これは僅か 4,000 箱にすぎなかった。シリアにおいてとくに弊害が大きく、ここだけで年間 200,000 箱が輸入されていたといわれる。無検査で輸入されていたことに頭を悩ますオスマン債務管理局は、とくにサロニカの税関に命じて顕微鏡で検査させ、これに合格しないものには輸入許可を与えない強行措置に踏み切り、効果を挙げたことが報じられている。"Mamalek-i şahane'de harir tohumlar," *DTOG*, vol. 1177, 1325 Kh. Cemaziyel-ahir 16（1323 M. Temmuz 14）, s. 345-46 を参照。

37 Dalsar, *Türk Sanayi ve Ticaret Tarihinde Bursa'da İpekçilik,* s. 426, Quataert, "The silk industry of Bursa, 1880-1914," p. 289.

38 Dalsar, *Türk Sanayi ve Ticaret Tarihinde Bursa'da İpekçilik,* s. 426, Quataert, "The silk industry of Bursa, 1880-1914," p. 289.

39 Dalsar, *Türk Sanayi ve Ticaret Tarihinde Bursa'da İpekçilik,* s. 429, Quataert, "The silk industry of Bursa, 1880-1914," pp. 289-290.

40 Dalsar, *Türk Sanayi ve Ticaret Tarihinde Bursa'da İpekçilik,* s. 430. オスマン債務管理局はブルサ以外にも各地に養蚕振興のための蚕種検査所、蚕業教育のための学校を開設した。"Mamalek-i mahruse-i şahane'de ipekçilik sanatı, *DTOG*, vol.774, 1317 Kh. Recep 1（1315 M. Teşrin-i evvel 23）, s. 345 を参照。Lafont & Rabino, *L'industrie sericicole en Perse*. p.170 もオスマン帝国領内で 20 年間のうちに学校が増えたと報告している。

41 "La sériciculture à Brousse," *JCCC*, vol. 655, 1897. 7. 24, s. 242.

42 Dalsar, *Türk Sanayi ve Ticaret Tarihinde Bursa'da İpekçilik,* s. 430.

43 Quataert, "The silk industry of Bursa, 1880-1914," pp.287, 290, Dalsar, *Türk Sanayi ve Ticaret Tarihinde Bursa'da İpekçilik,* s. 428-429, "La sériciculture à Brousse," *JCCC*, vol.655, s.242.

44 Seyyed Moḥammad 'Alī Jamālzāde, *Ganj-e* Shāygān Tehrān, 1362. Kh, p. 27. ただし、オスマン帝国の蚕種の輸出先はイランだけにとどまるものでなく、帝政ロシア領の両カフカス、トルキスタン地方にも輸出されていた。これについては "Mamalek-i şahane'de harir tohumlar," *DTOG*, vol.1177, 1325 Kh. Cemaziyel-ahir 16（1323 M. Temmuz 14）, s. 345 を参照。これによると、イランに 250,000 箱の蚕種が輸出されたのに対し、ロシア、カフカスには 200,000 箱、トルキスタンには 120,000 箱が輸出されていたという。なお、カータルトによると、オスマン帝国からイランへ蚕種輸入が本格化したのは 1900 年以降であったとするが事実誤認である。これについては Quataert, "The silk industry of Bursa, 1880-

1914," p. 287 を参照。
[45] Charles Issawi(ed.), *The Economic History of Iran 1800-1914,* Chicago, 1971, p. 236.
[46] Issawi(ed.), *The Economic History of Iran 1800-1914,* p. 235.
[47] Issawi(ed.), *The Economic History of Iran 1800-1914,* p. 236.
[48] *DCR* 1833, p. 3.
[49] テレンバール当たりの収繭量は、1893年11月15日付のラシュト駐在のイギリス領事チャーチルの報告によれば、最高で15-16バトマン（195-208常用ポンド）、最低で3-4バトマン、平均して7-8バトマンであったといわれている。*DCR* 1325, p. 3.
[50] *DCR* 1833, p. 3.
[51] "1903 senesinde Gilan Vilayeti ipek böcekliği mahsulunun neticesi," *DTOG,* vol. 995, 1321 Kh. Zilkade 12（1315 M. Kanun-sani 17）, s. 35, *JCCC,* vol. 994, 1904. 1. 23, s. 27.
[52] *DCR* 2128, p. 3 には、ラシュトの製糸が粗悪な地元の機械で行われていたとの報告がある。また、Report on the Condition and Prospects of British Trade in Persia by H. W. Maclean, p. 43 には蒸気機関で動く紡績機が最近装備されたことが報じられている。
[53] 生糸をつくるのにどれくらいの量の繭を必要とするかについて、史料はバトマン、もしくはマンの単位で記すが、時代によっても、蚕種の種類によっても異なる。たとえば、オスマン帝国のイランへの蚕種輸出がまだ本格化していなかった1893年において、ギーラーンの繭は小さく、貧弱であったため1バトマンの生糸をつくるのに、16バトマンを必要としたという。一方、ベザノスがもたらしたオスマン帝国の蚕種だと、8マンの生繭で生糸1マンがつくれたという。*DCR* 1325, pp. 3-4. を参照。なお、生繭と乾燥繭との関係はマン単位だと普通、生繭3マンから1マンの乾燥繭ができるといわれている。Report on the Condition and Prospects of British Trade in Persia by H. W. Maclean, p. 43 を参照。
[54] *DCR* 2128, p. 3.
[55] 杉山伸也「幕末、明治初期における生糸輸出の数量的再検討」30-57頁は、ロンドン、リヨン両市場における生糸の数量、価額、相場、産地について国際的規模から数量的検討を加えている。
[56] *DCR* 2648, p. 4.
[57] "İran'ın ipek böcekçiliği," *DTOG,* vol.976, 1321 Kh. Cemaziyel-ahir 27（1319 M. Eylül 6）, s. 299, *JCCC,* vol. 976, 1903. 9. 19, s. 299. ただし、統計には4年分の欠がある。
[58] Report on the Condition and Prospects of British Trade in Persia by H.W.Maclean, p. 43.
[59] 1903年9月19日付の『イスタンブル商業会議所新聞』は、30倍と記している。"İran'ın ipek böcekçiliği," *DTOG,* vol.976, 1321 Kh. Cemaziyel-ahir 27（1319 M. Eylül 6）, s. 299, *JCCC,* vol.976, 1903.9.19, s. 299 を参照。
[60] Issawi(ed.), *The Economic History of Iran 1800-1914,* p. 236.
[61] しかし、フランス政府は繭貿易に従事するフランス人が増えてくることを予測してラシュトに副領事としてフェランを任命した。*DCR* 2648, p. 4 を参照。

62 "1903 senesinde Gilan Vilayeti ipek böcekciliği mahsulunun neticesi," *DTOG*, vol. 995, 1321 Kh. Zilkade 12（1315 M. Kanun-sani 17）, s.35, *JCCC*, vol.994, 1904. 1. 23. s. 27.

63 Issawi(ed.), *The Economic History of Iran 1800-1914*, p. 236.

64 *DCR* 1189, p. 3.

65 "İranda ipek böcekçiliği," *DTOG*, vol.347, 1309 Kh. Muharrem 18（1307 M. Ağustos 26）, s. 399, *JCCC*, vol. 347, 1891. 8. 22, s. 347.

66 Report on the Condition and Prospects of British Trade in Persia by H.W.Maclean, p. 43.

67 *DCR* 1189, p. 2, *DCR* 1564, p. 3.

68 *DCR* 1569, Report for the Year 1894-95 on the Trade, &c., of the Consular District of Tabreez by Consul-General C. G. Wood,〔C. 7581-109〕, XCIX, *AP*, *HCPP*, 1895.

69 "La sériciculture à Brousse," *JCCC*, vol. 655, 1897. 7. 24, s. 242. この史料にはリヨン市場における 1880 年から 1896 年までのキログラム当たりの繭のフラン価格の推移が記されているが、1893 年度に 54 フランであった繭価格は、1894 年度に 37 フランに暴落した。

70 *DCR* 1325, p. 6.

71 *DCR* 1325, p. 5.

72 *DCR* 2648, p. 4.

73 *DCR* 2648, pp. 3-4.

74 Quataert, "The silk industry of Bursa, 1880-1914," pp. 295-297.

第 4 章

1 この絨毯の技法的特徴、来歴等についての解説として A. C. Edwards, *The Persian Carpet*, Worcester and London, 1983, pp.8-11, Peter F. Stone, *The Oriental Rug Lexicon*, London, 1997, p. 13, ハンス・E・ヴルフ（原隆一、禿仁志、深見和子訳）『ペルシアの伝統技術』（平凡社、2001 年）220 頁、阿部克彦「アルダビール・カーペット」（大塚和夫他編『岩波イスラーム辞典』岩波書店、2002 年）95 頁がある。アルダビール絨毯のカラー写真が以下の書に掲載されている。三杉隆敏・佐々木聖編著『ペルシャ絨毯文様事典』（柏書房、1990 年）16-17 頁、杉村棟『絨毯 シルクロードの華』（朝日新聞社、1994 年）84-85 頁、Ian Bennet (ed.), *Rugs & Carpets of the World*, Edison, 1996, p. 46.

2 'Abd Allāh Mostowfī, *Sharḥ-e Zendegānī-ye Man yā Tārīkh-e Ejtemā'ī va Edārī-ye Dowle-ye Qājār*, jeld-e avval, Tehrān, 1343 Kh., p. 177, Leonard M.Helfgott, *Ties that Bind, A Social History of the Iranian Carpet*, Washington and New York, 1993, p. 89.

3 Helfgott, *Ties that Bind, A Social History of the Iranian Carpet*, pp. 89, 157, 161, 197. 吉田雄介「19 世紀前期のイランにおける絨毯生産」（『史泉』82、1995 年）10、14 頁。ただし、吉田論文も指摘するように、遊牧民社会での絨毯の生産を過小評価するのは、戒めなければいけないように思われる。サファヴィー朝が崩壊した 18 世紀 30 年代からカージャール朝期の 19 世紀後半までのイランにおける絨毯の生産は、多くの都市と農村においては衰微の一方をたどった。しかし、遊牧民の社会においてそれは辛うじて残り、

細々とではあるが市場向けの生産も続けられていたというのがその理由である。
4 16世紀から18世紀にかけての時期にペルシア絨毯が東インド会社、レヴァント会社などを通じてヨーロッパに輸出されるようになったのは間違いないが、その貿易量、額についての詳細な研究は、統計資料が十分でないということもあってこれまで出されていない。また、この時期にヨーロッパに輸入されたペルシア絨毯が現存している例も少なく、辛うじてオランダ絵画のなかに描かれた絨毯を手がかりに当時の需要と使用状況、美術的特徴を知ることができる。こうした限られた状況のなかでの優れた研究として、Onno Ydema, *Carpets and their Datings in Netherlandish Paintings 1540-1700*, Woodbridge, 1991 を挙げておく。
5 Helfgott, *Ties that Bind, A Social History of the Iranian Carpet*, p. 15.
6 イランに進出し、もっとも精力的に絨毯貿易を行っていったヨーロッパの商会は、イギリスのマンチェスターに本店を置くツィーグラー商会である。この商会にかんする文書はイギリスにあると思われ、筆者もかつてマンチェスター市立図書館、同文書部、イギリス国立公文書館、ギルドホール・ライブラリー等で所在調査にあたってみたことがあるが、残念ながら所蔵を確かめることができなかった。しかし、アンネット・イッティグは、それが香港上海銀行に所蔵されていることを突き止め、次の二つの論文を著した。Annette Ittig, "Ziegler's Sultanabad Carpet Enterprise," in *IS* 25(1992), No. 1-2, pp. 103-135, Annette Ittig, "The Kirmani Boom—A Study in Carpet Entrepreneurship," in Robert Pinner & Walter B. Denny(ed.), in *Oriental Carpet & Textile Studies* I, London, 1985, pp. 111-123. ツィーグラー商会文書が香港上海銀行に所蔵されるようになった経緯は、イランにあったペルシア帝国銀行によって所蔵されていた文書が、同銀行の香港上海銀行への吸収合併にともなって移管されたことに由っている。一方、*Ties that Bind, A Social History of the Iranian Carpet* を著した Helfgott は、イランにあったイギリス電信会社の支配人で1873年から1884年まで約10年間にわたってヴィクトリア・アンド・アルバート博物館と大英博物館の依頼を受けて現地でペルシア絨毯の収集にあたっていたロバート・マードック・スミスが残した、現在ヴィクトリア・アルバート博物館に所蔵されている *Murdoch Smith Correspondence, 1873-1884* を精査した。
7 Tabreez. Report by Consul General Jones, in Reports by Her Majesty's Consuls on BritishAbroad, Part II, 〔C. 799〕, LXVII. 351, *HCPP*, 1873, p. 365.
8 ギーラーンでの微粒子病の病害対策については、1875年10月12日付のラシュト駐在イギリス領事チャーチルの次の報告に詳しく述べられている。Report by Consul Churchill on the Silkworm Disease in Ghilan, 〔C. 1421〕, LXXIV, *AP*, *HCPP*, 1876, pp. 69-70.
9 輸出振興策については、駐タブリーズ・イギリス領事ジョーンズが、1873年に早くも指摘している。Tabreez. Report by Consul General Jones, LXVII. 351, p. 377. Report by Consul General Jones on the Trade and Commerce of Tbreez for the year 1873, 〔C. 1132〕, LXXV, *AP*, *HCPP*, 1875, p. 207. 商品作物への転換の試みについては、岡崎正孝「19世紀後半のイランにおける養蚕業の衰退とギーラーンの農業の変化」(『オリエント』27-2、

1984 年) 69-82 頁、同「19 世紀イランにおけるケシ作の進展」(『経済研究』31 (1980) 72-80 頁、同「カージャール朝下におけるケシ栽培と 1870-71 年大飢饉」(『西南アジア研究』31, 1989 年)39-55 頁、後藤晃『中東の農業社会と国家』(御茶の水書房、2002 年)214-230 頁、Annette Ittig, "Ziegler's Sultanabad Carpet Enterprise," p. 107 に行き届いた記述、整理がされている。

[10] Report by Consul General Abbott on the Trade and Commerce of Tabreez for the year 1877-8, [C. 2134], LXXV, *AP*, *HCPP*, 1878, p. 1696.

[11] Helfgott, *Ties that Bind, A Social History of the Iranian Carpet*, p. 196, Ahmad Seyf, "The Carpet Trade and the Economy of Iran, 1870-1906," in *Iran* 30 (1992), p. 101.

[12] Helfgott, *Ties that Bind, A Social History of the Iranian Carpet*, p. 201.

[13] Report by Consul General Jones on the Trade and Commerce of Tabreez for the year 1873, pp. 206-207.

[14] Report by Consul General Jones on the State of Trade in the Province of Azerbaijan during the Year 1872, LXV, *AP*, *HCPP*, 1873, p. 969.

[15] Helfgott, *Ties that Bind, A Social History of the Iranian Carpet*, p. 152.

[16] 美術館、博物館での絨毯の常設展示が増えてペルシア絨毯を含む東洋の絨毯に対するヨーロッパ社会での認識が深まっていく事情については、Annette Ittig, "Ziegler's Sultanabad Carpet Enterprise," pp. 101, 108 を参照。

[17] Helfgott, *Ties that Bind, A Social History of the Iranian Carpet*, p. 85 によると、1892 年におけるヴィクトリア・アンド・アルバート博物館によるアルダビール絨毯の購入価格は、当時の価格で 2,500 ポンドであった。ちなみに、イランのシェイフサフィー廟でツィーグラー商会が買った時の価格は、前掲書, p. 215 によると、約 12,000 ドルであったという。昭和期を代表する経済学者として令名の高い脇村儀太郎の随筆「ペルシャ絨毯の美—アルメニア商人・マンチェスター商人・ロンドン商人」(『趣味の価値』岩波新書、1967 年) 147-166 頁にもアルダビール絨毯の購入価格と絨毯についての言及がある。この書は戦前期にロンドンに留学していた頃の自らの知見を生かして書かれた滋味溢れる佳品で、経済学徒の目を通して見た絨毯に対する審美眼と愛着が伝わってくる。なお、1892 年にアルダビール絨毯がヴィクトリア・アンド・アルバート博物館によって最終的に購入・収蔵される以前に、それがツィーグラー商会の仲介でロンドンのヴィンセント・ロビンソン商会によって 1888 年に購入された事情について、田熊友加里が「近代ヨーロッパにおける東洋の絨毯の受容—個人的愛好から大衆鑑賞への広がり」(『日本女子大学大学院文学研究科紀要』15、2009 年) 83-84 頁において Kunst Erdmann, *Seven hundred years of Oriental carpets*, Berkeley, 1970 と杉田英明「絨毯と文学 (3)」(『紀要比較文化研究』25、1985 年) 37-141 頁の研究に拠りつつ紹介している。また、田熊は「ヴィルヘルム・ボーデと絨毯収集—絨毯研究およびベルリン美術館イスラム部門設立 (1904 年) に与えた影響—」(『史艸』51、2010 年) 1-21 頁という別の論文のなかで、ドイツにおいてもイギリスとほぼ同じ 1870 年代頃から絨毯および中東イスラーム世界

に対する認識が深まり、それが美術史家でベルリン美術館のキュレーター、館長等として活躍したヴィルヘルム・ボーデ（1845-1929）のペルシア絨毯の組織的な収集・研究につながったと指摘する。この論文はウィリアム・モリスとは異なるドイツにおける絨毯受容の事情について新しい光を投じたという意味で貴重である。

[18] モリスのこうした社会批判は、ウィリアム・モリス（中橋一夫訳）『民衆の芸術』（岩波文庫、1993年）に収められたいくつかの小論で述べられている。このなかでモリスは、人間らしい生活を送るための必要条件の一つとして環境の快適さを挙げて論じ、それについて次のように述べる。「（イ）われわれの家は普請もよく、清潔で、健康によくなければならぬ。（ロ）われわれの都市には広い緑地が必要だし、われわれの都市は田園の田畠や自然の風物をむしばんではならない。いや、私は荒地や野原なども残しておくことを要求しさえする。これがないとロマンスとか詩──すなわち芸術は死にたえてしまうと思うからだ。（ハ）秩序と美とは、われわれの住宅を頑強に上品につくるだけでなく、これに適当な装飾をほどこすべきこと、野原を耕作のために残しておくだけでなく、庭園と同じくこれを汚したりしないことを意味する」（90-91頁）。

[19] モリスが政治運動に積極的にかかわるようになるのは、1876年に起きたオスマン帝国におけるブルガリアの独立運動がきっかけであった。彼は、帝政ロシアのオスマン帝国への進出を阻止し、イギリスの権益を守るという思惑からオスマン帝国を支援する当時のディズレーリの保守党政権を批判し、自由党急進派の立場から親ブルガリア、反オスマン帝国キャンペーンを張った。しかし、これはうまく行かずに挫折し、以後、1880年代以降さまざまな社会主義組織と関わりながら政治活動にのめり込んでいった。これについては、フィリップ・ヘンダーソン（川端康雄・志田均・永江敦訳）『ウィリアム・モリス伝』（晶文社、1990年）269-278頁に詳しく、L. パリー編著『決定版ウィリアム・モリス』（河出書房新社、1998年）58-71頁にもニコラス・サーモンが第4章「政治活動家」という論文を寄せている。

[20] モリスの住居と室内装飾をめぐる考えは、L. パリー編著『決定版ウィリアム・モリス』36頁に紹介されている。そこでモリスは、住居とは精神的空間であるという住宅観を展開し、芸術が生みだすもののなかで最も重要であり、最も求められているのは家だと論じる。

[21] L. パリー編著『決定版ウィリアム・モリス』40、51頁には、1870年代半ばからまる10年間、モリスの関心がテキスタイルに集中していたことが記されている。

[22] リンダ・パリー（多田稔、藤田治彦共訳）『ウィリアム・モリスのテキスタイル』（岩崎美術社、1988年）105-107頁。

[23] アルダビール絨毯、チェルシー絨毯との出会いについて、モリスは1877年4月13日付のジョージ・ウォードル宛の手紙のなかで「私は昨日ペルシアの年代物を見ました。それはシャー・アッバース1世の時代（わが国のエリザベス朝に当たります）のもので、びっくり仰天しました。そのような驚異が絨毯でなしうるとは、思いもよらなかったのです」と記し、さらに「私たちパターン・デザイナーにとって、ペルシアは聖地となっ

た。というのは、時代を経て私たちの技術がその地で完成され、そこからそれは広がっていき、暫時、東西を問わず世界を被ったのだから」と講演「パターン・デザイニングの歴史」で語っている。これにかんしてはフィリップ・ヘンダーソン『ウィリアム・モリス伝』294 頁を参照。この 2 枚の絨毯との出会いについては、リンダ・パリー『ウィリアム・モリスのテキスタイル』113 頁、M. Haslam, *Arts & Crafts Carpets*, London, 1991, p. 56 にも言及がある。

[24] M.Haslam, *Arts & Crafts Carpets*, p. 40 によると、モリスが絨毯職人と出会うのは、1877-78 年の露土戦争後に開かれたベルリン会議でアルメニア人グループと会合した際であった。

[25] フィリップ・ヘンダーソン『ウィリアム・モリス伝』295-296、350-351 頁、リンダ・パリー『ウィリアム・モリスのテキスタイル』115-117 頁によると、このハマースミスの工房ではモリスの指導の下、少なくとも 6 人の女性が常時、絨毯を織ることに従事していたという。技法的には織られた絨毯はトルコ結びであった。ペルシア結びでなかったのは、前者の方が織るのが容易だというモリスの読みがあり、自分の織り手たちの能力に幻想を抱いていなかったからだといわれる。

[26] フィリップ・ヘンダーソン『ウィリアム・モリス伝』352-358 頁。L. パリー編著『決定版ウィリアム・モリス』278-284 頁にはモリスが織った手織りの絨毯ないしデザイン 14 点が写真・解説とともに紹介されている。

[27] Annette Ittig ,"Ziegler's Sultanabad Carpet Enterprise," pp. 104 -105.

[28] ツィーグラー商会がイランに進出するに至ったそもそものきっかけは、同じスイス系の商会でイランとの間で綿製品、生糸の輸出入貿易に従事していた Dinner, Hanhart & Company が絹貿易の不振によって破産したため、その清算人としてイランに行くことを余儀なくされたことであった。この点については、Annette Ittig, "Ziegler's Sultanabad Carpet Enterprise," p. 105 を参照。ツィーグラー商会がイランに向けて綿製品の輸出貿易をしていたことについては、Helfgott, *Ties that Bind, A Social History of the Iranian Carpet*, pp. 213-14 にも言及がある。

[29] Annette Ittig, "Ziegler's Sultanabad Carpet Enterprise," pp. 105-106. なお、Helfgott, *Ties that Bind, A Social History of the Iranian Carpet*, p. 214 によると、イランから輸出した商品は、アヘン、ピスタチオ、ナッツ、キリム、カーシャーンのベルベット、ラシュトの生糸、ケルマーンのショール、ヤズドの錦、イスファハーンの更紗、タブリーズ、ラシュト、ケルマーン、カーシャーン、ヤズドのハンカチーフ、金銀貨など多岐にわたり、生糸だけに特化するものではなかった。

[30] Annette Ittig, "Ziegler's Sultanabad Carpet Enterprise," pp. 109-110. なお、Annette Ittig と Helfgott、は、絨毯貿易の発展を絹貿易の衰退にだけ結びつけることに注意を促す一方、ヨーロッパにおける絨毯に対する需要・消費の増加を考慮に入れるべきだと強調している。筆者もこれとまったく同意見である。

[31] Helfgott, *Ties that Bind, A Social History of the Iranian Carpet*, pp. 200, 210-213.

[32] Annette Ittig, "Ziegler's Sultanabad Carpet Enterprise," pp. 104 ,110.
[33] Annette Ittig, "Ziegler's Sultanabad Carpet Enterprise," pp. 109-110, Helfgott, *Ties that Bind, A Social History of the Iranian Carpet*, p. 215.
[34] Annette Ittig, "Ziegler's Sultanabad Carpet Enterprise," p. 117, Helfgott, *Ties that Bind, A Social History of the Iranian Carpet*, p. 215.
[35] *DCR* 1376, Report for the Years 1892-93 and 1893-94 on the Trade, &c.of the Consular District of Ispahan by Consul J.R. Preece, 〔C. 7293-46〕, LXXXVII, *AP*, *HCPP*, 1894, p. 56.
[36] *DCR* 1376, pp. 56-59.
[37] *DCR* 1376, pp. 54, 59.
[38] *DCR* 1376, p. 59.
[39] *DCR* 1376, p. 58, Helfgott, *Ties that Bind, A Social History of the Iranian Carpet*, p. 222.
[40] Helfgott, *Ties that Bind, A Social History of the Iranian Carpet*, p. 216, Annette Ittig, "Ziegler's Sultanabad Carpet Enterprise," p. 113.
[41] *DCR*1376, p. 57.
[42] *DCR* 1376, p. 57, Annette Ittig, "Ziegler's Sultanabad Carpet Enterprise," p. 111. ツィーグラー商会の進出によって繁栄を謳歌したソルターナーバードの町は、Helfgott, *Ties that Bind, A Social History of the Iranian Carpet*, p. 215 によると、人口において3千人の町から3万人の都市に発展したという。
[43] Helfgott, *Ties that Bind, A Social History of the Iranian Carpet*, p. 120 によると、1900年までに9×12フィートの絨毯がアゼルバイジャン、ケルマーン等の産地での標準サイズになっていった。ただ、このサイズのものでも床の全部を覆うことを目的としていなかった。M.Haslam, *Arts & Crafts Carpets*, p. 36 によると、アーツ・アンド・クラフツ運動に影響されてペルシア絨毯がイギリスに輸入され、家庭にそれが普及していく過程で床の全面を覆って敷くのは不経済であるとの考えが広がり、この程度のサイズのものに落ち着いていったのである。
[44] *DCR* 1376, p. 58, *DCR* 445, Report for the year 1887-88 on the Trade of Tabreez by W.G. Abbott, 〔C. 5352-222〕, CII, *AP*, *HCPP*, 1888, p. 3, Annette Ittig, "Ziegler's Sultanabad Carpet Enterprise," p. 118. 遊牧民がヨーロッパでの嗜好、需要動向に対応してデザインを変えていく事情については、Helfgott, *Ties that Bind, A Social History of the Iranian Carpet*, pp. 171-72 で指摘されている。
[45] *DCR* 1376, p. 58.
[46] *DCR* 1662, Report for the Year 1894-95 on the Trade of Ispahan and Yezd by Counsul J. R. Preece, 〔C. 7919-30〕, LXXXVIII, *AP*, *HCPP*, 1896, p. 6.
[47] ただ、こうした禁止措置にもかかわらず、化学染料の流入はバグダードから砂糖の箱に隠して運び込まれたり、またザカフカスから石油のブリキ缶に入れて持ち込まれ、染料の密輸は後を絶たなかった。この点については、*DCR* 1376, p. 58 を参照。
[48] *DCR* 1953, Report for the Year 1896 on the Trade and Commerce of the Consular District of

Ispahan by Consul J. R. Preece, [C. 8277-171], XCII, *AP, HCPP*, 1897, p. 6.

49　ソルターナーバードの南、ザクロス山脈の丘陵地帯で遊牧生活をおくるバフティヤーリー族の居住地域は、放牧された多数の羊から毛を簡単に刈り取ることができ、また丘陵地からは自生する染料を容易に手に入れることができるという点で絨毯を織るのにきわめて恵まれた条件にあった。とくにイスファハーン近郊のチャハールマハール地方に定住するバフティヤーリー族の人々が織る絨毯は、デザインに工夫が凝らされ、商品として受け入れられた。その質はカシュガーイーの絨毯に勝るとも劣らないという評判を取った。この点については、次の駐イスファハーン・イギリス領事プリースの報告に記述がある。*DCR* 1662, p. 10.

50　*DCR* 2291, Report for the Year 1898-99 on the Trade and Commerce of Azerbaijan by Cecil G. Wood, [C. 9044-117], CI, *AP, HCPP*, 1899, p. 8.

51　*DCR* 2291, p. 9.

52　*DCR* 2685, Report for the year 1900 on the Trade of Azerbaijan by Cecil G. Wood, [Cd. 429-143], LXXXIV, *AP, HCPP*, 1901, p. 17.

53　Report on the Condition and Prospects of British Trade in Persia by H.W. Maclean, p. 33.

54　Aḥmad Kasravī, *Zendegānī-ye Man*, Tehrān, 2535 Sh. pp. 5, 17.

55　*DCR* 2685, pp. 17-18.

56　Aḥmad Kasravī, *Zendegānī-ye Man*, pp.19-20.

57　Report on the Condition and Prospects of British Trade in Persia by H.W. Maclean, p. 33. 絨毯が商品生産として軌道に乗ってくると、それを織る対価として賃労働というかたちが出てくるようになるが、Helfgott, *Ties that Bind, A Social History of the Iranian Carpet*, pp.176, 182, 201 が指摘するように、工場制手工業という生産形態が出てくることによって賃労働が1870年代後半以降、イランでも普及するようになる。しかし、ソルターナーバード、タブリーズといった産地以外ではまだ労働の家族内分業というかたちでの生産が一般的であったことにも注意する必要がある。なお、タブリーズにおいて少年の労働力が好んで使われた理由としては、宗教的、社会的な事情もからんでいたと思われる。イランも含めてイスラーム世界では女性が外で働くことはふしだらで、不道徳なことと一般的には考えられていた。家で絨毯を織る場合はとくに問題視されることはなかったが、外に出て工場で働くことには強い偏見が残っていた。これを押し切って大規模な絨毯工場をつくり、女性を多く雇って労働力として編成する実験的な試みを行ったのが、ツィーグラー商会であったといえる。ただ、これが受け入れられたのは、ソルターナーバードという町がタブリーズに比べて小さく、比較的風当たりが弱かったからだと思われ、タブリーズのような大都市では依然として男優位の考え方がなお支配的で、女性を労働力として雇用することにはなお抵抗があった。こうした保守的な気風がタブリーズにおいて女性労働力が出てくる余地を阻んだと考えることもできる。

58　Report on the Condition and Prospects of British Trade in Persia by H.W. Maclean, p. 33.

59　1892年においてケルマーンにあった機の数については、駐イスファハーン・イギリス

領事プリースの次の報告を参照。*DCR* 1376, pp. 30-31. なお、この領事報告には機についての記述以外にも絨毯の材料として使われる羊毛と綿糸がどこから供給されているのか、また絨毯のサイズ、かたち、価格、労働力の問題、取引状況などについても詳細な記述があり、貴重である。また、ケルマーンで絨毯の生産が拡大してくる状況については、吉田雄介「19世紀前期のイランにおける絨毯生産」(『史泉』82、1995年) 7、11-12頁、同「ケルマーン絨毯というブランド―19世紀末に生じた世界商品への成長」(野間晴雄編著『文化システムの磁場―16-20世紀アジアの交流史』関西大学出版部、2010年) 209-210、213-218頁に言及がある。とくにイギリス人の残した旅行記、領事報告、経済調査報告等を踏まえて書かれた後者によると、ケルマーンへのカーペット・ブームの到来は他のイラン諸都市と比べると時期的に遅く、20世紀に入ってからであった。これによってケルマーンにおける絨毯の生産様式は少数の工房での注文生産から家内工業生産に大きく変化したという。

[60] Annette Ittig, "The Kirmani Boom—A Study in Carpet Entrepreneurship," pp.119-120.

[61] M.L. Entner, *Russo-Persian Commercial Relations, 1828-1914*, Gainsville, 1965, pp. 74-75.

[62] Seyyed Moḥammad ʻAlī Jamālzade, *Ganj-e Shāygān*, Tehrān, 1362 Kh., p. 20.

[63] *DCR* 537, Report for the Years 1887 and 1888 on the Trade of Constantinople, [C. 5618-90], LXXXI, *AP*, *HCPP*, 1889, p. 3. 戻し税については、すでに第1章の註78で詳しく触れているので、それを参照されたい。

[64] *DCR* 3533, Report for the Year 1905 on the Trade of Constantinople and District by Mr. Consul Waugh, [Cd. 2682-58], CXXVIII, *AP*, *HCPP*,1906, pp.4-5, *DCR* 5045, Report for the Year 1912 on the Trade of the Consular District of Constantinople by Mr. Consul Waugh, [Cd. 6653-3], LXXIII, *AP*, *HCPP*, 1913, p. 9.

[65] "The Oriental Rug Trade and the Proposed Bonded Warehouses," in *The British Chamber of Commerce of Turkey*, No. 3, 15th September, 1908, p. 52. 前掲の註64に引いた*DCR* 3533 と*DCR* 3776, Report for the Year 1906 on the Trade of Constantinople and District by Mr. Consul Waugh, [Cd. 3283-7], XCIII, *AP*, *HCPP*, 1907, p. 13 によると、新しくつくられた保税倉庫は、重さで717トン以上保管することができず、絨毯を含めたあらゆる中継貿易品であふれかえっていて、これがもう一つの別な保税倉庫建設につながっていった。

[66] *DCR* 4495, Report for the Year 1909 on the Trade of Constantinople and District by Mr. Consul Waugh, [Cd. 4962-107], CIII, *AP*, *HCPP*, 1910, p.3, *DCR* 5045, Report for the Year 1912 on the Trade of the Consular District of Constantinople by Mr. Consul Waugh, [Cd. 6653-3], LXXIII, *AP. HCPP*, 1913, p. 9.

[67] Müsemma Sabancıoğlu, "Jaques Pervititch ve haritaları," in Jacques Pervititch, *Sigorta Haritalarında İstanbul*, İstanbul, n.d., ss. 21-22.

[68] Jacques Pervititch, *Sigorta Haritalarında İstanbul*, s. 134. 実際の地図作成は1940-41年である。

[69] Jacques Pervititch, *Sigorta Haritalarında İstanbul*, s. 145.

[70] *DCR* 5045, p. 9.

[71] *Ticaret ve Sanayi Odasında müteşekkil İstanbul İktisad Komisyonı tarafından tanzim olunan Rapor*, 29 Kanun-u sani 1340-1924—26 Teşrin-i sani 1340-1924, İstanbul, 1341 M. ss. 29-30.

[72] *1330 senesi İstanbul Belediyesi İhsaiyat Mecmuası*, Dersaadet, 1331 M., s.298.

[73] Donald Quataert, "Ottoman Manufacturing in the Nineteenth Century," in Donald Quataert (ed.), *Manufacturing in the Ottoman Empire and Turkey 1500-1950*, New York, 1994, pp. 108-110, Donald Quataert,"Machine breaking and the changing carpet industry of Western Anatolia, 1860-1908," in *Journal of Social History* 9 (1986), pp. 474-481, Önder Küçükerman, *Hereke Halı Fabrikası*, İstanbul, 1987, ss. 55, 89, 95, 97, 133-139, Önder Küçükerman, *İsparta Halı Fabrikası*, İstanbul, 1990, ss. 18-30, 33-59. なお、キュチュクエルマンは、ヘレケに工場が設立されたのは1843年で、その時マニサ、ギョルデスから絨毯職人が連れて来られて絨毯の紡織がはじまったと述べるが、本格的な生産がはじまったのは1890年代以降と見るのが妥当である。

[74] イスタンブルで兄と共同で「カザン東洋絨毯有限会社」を経営していたエリア・カザンの父ジョージは、ニューヨークに支店を出し、ベルリンに絨毯洗濯工場をつくったりして絨毯の交易活動を行っていたが、バルカン戦争が起きると1912年アメリカに移住する。彼はイスタンブルにいた時、ギリシア系であるにもかかわらずカザンジュオウルというトルコ語風の苗字を名乗っていた。エリア・カザンの母方の家系もカッパドキアからイスタンブルに移住したギリシア系非ムスリム商人の家系で、イギリス綿製品の輸入貿易を手広く行っていた。アメリカに移住する以前におけるエリア・カザンの父方、母方のイスタンブルにおける商業活動については、佐々田英則・村川英訳『エリア・カザン自伝』(朝日新聞社、1999年)上巻、19-30頁に詳しい。

[75] Quataert, "Ottoman Manufacturing in the Nineteenth Century," p. 109.

[76] Quataert, "Ottoman Manufacturing in the Nineteenth Century," pp.108-111, Quataert,"Machine breaking and the changing carpet industry of Western Anatolia, 1860-1908," pp. 481-482.

[77] 角山幸洋『堺段通』(関西大学出版部、1992年) 457-458頁に引用されている1906年9月2日付の在ロンドン日本領事の報告に拠る。

第5章

[1] Nāẓem al-Eslām Kermānī, *Tārīkh-e Bīdārī-ye Īrāniyān*, Tehrān, Bakhsh-e avval va dovvom, 1357 Kh., Aḥmad Kasravī, *Tārīkh-e Mashrūṭe-ye Īrān,* Chāp-e nohom, Tehrān, 1351 Kh., Edward Browne, *The Persian Revolution of 1905-1909*, London, 1910.

[2] Ebrāhīm Tīmūrī, *Taḥrīm-e Tanbākū: Avvalīn Moqāvamat-e Manfī dar Īrān*, Tehrān, 1328 Kh, Moḥammad Reẓā Zanjānī, *Taḥlīl-e Tārīkhī-ye Zamān-e Pīshvā-ye Bozorg, ʿĀlem Tashayoʿ Marhūm-e Āyat Allāh Ḥājjī Mīrzā Ḥasan Shīrāzī: Taḥrīm-e Tanbākū*, Tehrān, n.d., Ferīdūn Ādamīyat, *Shūresh bar Emtiyāznāme-ye Rezhī: Taḥlīl-e Siyāsī*, Tehrān, 1360 Kh.

[3] A.K.S.Lambton, "The Tobacco Régie: Prelude to Revolution," in *Qājār Persia*, Austin, 1987,

Nikkie R. Keddie, *Relligion and Rebellion in Iran, The Tobacco Protest of 1891-1892*, London, 1966, Mansour Bonakdarian, *Britain and the Iranian Constitutional Revolution of 1906-1911*, Syracuse, 2006.

4 加賀谷寛「書評 N. R. ケディー著『イランにおける宗教と反乱──イランのタバコ・ボイコット運動（1891〜92 年）』」（『アジア経済』9-4、1968 年）101-105 頁、岡崎正孝「19 世紀末イラン社会における宗教指導者：アガー・ナジャフィーを中心に」（『評林』15、1988 年）199-214 頁、鈴木均「イスタンブル在住イラン人とタバコ・ボイコット運動」（『アジア・アフリカ言語文化研究』32、1982 年）143-178 頁。Hitoshi Suzuki, "A Note on the Jan. 20, 1891 Akhtar Article concerning the Persian Tobacco Concession," in *AJAMES*1（1986）, pp. 310-331, 佐藤規子「近代イランにおける宗教と政治」（『オリエント』34-2、1992 年）17-33 頁。

5 Aḥmad Kasravī, "Tārīkhche-ye Chobūq va Ghalyān," in Yaḥyā Ẕokā（ed.）, *Kārvand-e Kasravī*, Tehrān, 2536 Sh., p. 215 によると、3 月 8 日にタルボットに対して利権が付与されたのは、カージャール朝のナーセロッディーン・シャーの 3 度目のヨーロッパ歴訪中のことであった。ただ、これ以前からタバコ利権付与の噂は出ており、イスタンブルのイラン人コミュニティはその情報をいち早く掴み、1890 年 3 月 3 日付のペルシア語新聞『アフタル』紙の第 16 巻 27 号 222 頁でそれについていち早く報じている。また、イギリス外務省は、駐テヘラン・イギリス公使ウルフから首相兼外相であるソールズベリー宛の報告 FO60/ 553, Wolff to Salisbury, Tehran, Mar. 20, 1890 によってはじめてタバコ利権がタルボットに与えられたという情報を入手した。この間の事情については、鈴木均「イスタンブル在住イラン人とタバコ・ボイコット運動」156-57 頁および A. K. S. Lambton, "The Tabacco Régie: Prelude to Revolution," in *Qājār Persia*, p. 224 に詳しく述べられている。なお、この論文で『アフタル』紙を引用する際は、イランで復刻された *Rūznāme-ye Akhtar*, Modīr: Moḥammad Ṭāher Tabrīzī, tahīye va tanẓīm: Ketābkhāne-ye Mellī-ye Jomhūrī-ye Eslāmī-ye Īrān, Tehrān, 9vols. 1378-1383 Kh. に拠ることをあらかじめ断っておく。引用の略記は *Aktar* 18-10, p. 78 のごとくにするが、最初の算用数字は刊行年次 Sāl-e hejdahom の略、半角ハイフンの次の算用数字は号数 Shomāre-ye dahom を略したものである。

6 Metin Ünal, "Tütünün Dört Yüz Yılı," in Emine Gürsoy Naskali（ed.）, *Tütün Kitabı*, İstanbul, 2003, s. 26. ただし、Ünal が 22-31 頁で詳述するように、タバコの生産と流通を国ないし民間の資本が押さえて独占権を獲得して専売会社を設立しようとする試みは、これより前から行われていた。その源流は 1862 年にオスマン帝国政府によって設立された Duhan Nazırlıkları にまで遡ることができる。これに続いて 1870 年代に入ると、オスマン帝国領内に住む有力な非ムスリムの商人・銀行家にタバコの独占権 tütün inhisarı を与えてタバコの生産と流通を統制下に置くことが試みられた。1872-73 年にギリシア系の非ムスリム商人であるフリスタキ・ゾグラフォス Hristaki Zografos とザリフィ・エフェンディ Zarifi Efendi に対して与えられたタバコの独占権と İdare-i İnhisariye-i Duhan の設

立、1879 年にガラタのバンカーに対して付与されたタバコ利権と İdare-i İnhisariye-i İdaresi の設立、1881 年に同じくガラタのバンカーとして著名であったレオニダス・バルタジュ Leonidas Baltacı によって出された利権申請がそれである。しかし、前二者は短期間で廃止され、最後のバルタジュのそれもオスマン帝国の国家財政破綻後、塩・タバコ税を含むいわゆる「六税」管理の目的で設立されたオスマン債務管理局の反対にあって認可されなかった。最終的にタバコの生産と流通の独占権を与えられ、会社を設立し、長期にわたって経営していくのは、1883 年にタバコ利権を獲得したフランス資本のオスマン帝国タバコ専売会社で、これは 1925 年 3 月にトルコ共和国政府がタバコ専売を政府の管理下に置くまで存続した。

[7] 上野堅実『タバコの歴史』(大修館書店、1998 年) 29 頁。ちなみに著者の上野堅実は、日本専売公社、日本たばこ産業株式会社に長く勤務し、退職後たばこと塩の博物館館長を務めた専門家で、タバコの文化史、技術史について多くの優れた著作を出している。上野によると、ニコチアーナ・タバクム種に属するタバコとしては黄色葉、バーレー種、オリエント葉、日本の在来葉の 4 種類があるが、このうち、オリエント葉がトゥトゥンに相当する。

[8] 上野堅実『タバコの歴史』29 頁。Aḥmad Kasravī, "Tārikhche-ye Chobūq va Ghalyān," p. 210.

[9] 上野堅実『タバコの歴史』VII、31、147、167 頁、J・グッドマン（和田光弘、森脇由美子、久田由佳子訳）『タバコの世界史』（平凡社、1996 年）95-97、99、104、123-126 頁。

[10] シガレットの起源については、19 世紀前半から半ばにかけての時期にオスマン帝国で起きた二つの戦争時にパイプ・タバコの代用品としてタバコを紙に巻いて喫うことが行われるようになったことがそもそも始まりであるという説もある。その信憑性は定かでないが、たとえば、上野堅実『タバコの歴史』167、171-172 頁、グッドマン『タバコの世界史』132 頁には、以下の二つの逸話が紹介されている。第一は、1832 年にムハンマド・アリー王朝のイブラヒーム・パシャがシリア遠征を行った際、オスマン帝国軍によって軍用品、兵器とともにパイプも鹵獲された。このため、仕方なくイブラヒーム・パシャの兵士たちは、パイプの代わりに大砲用の導火線を包む薄い紙にタバコを巻いて喫うようになり、これがシガレットの誕生につながったという説である。

第二は、クリミア戦争にイギリス軍の主計士官として従軍したロバート・クローグが、帝政ロシアとオスマン帝国領内で行われていた刻みタバコを薄い紙に巻いて喫う方法をイギリスの兵士たちが真似ているのを目撃し、それにヒントを得て帰国後にシガレットの製造をはじめるようになったというエピソードである。

ただし、これらはいずれも巷間に流布する俗説にすぎず、実際にはそれより遙か前からシガレットの原型となる刻みタバコを巻いて喫う方法がスペイン、フランスからオスマン帝国、帝政ロシアにかけての地域で普及していたことを見ておかなければいけないように思われる。グッドマン『タバコの世界史』132 頁、上野堅実『タバコの歴史』

168、171-173、177 頁によると、新大陸発見の頃に、すでに中南米の地域ではタバコをバナナの皮、樹皮、トウモロコシの葉や藁などの植物に巻いて喫うことが行われていたが、このやり方が 17 世紀になってスペインでパパラテと呼ばれる薄紙を使う方法に改良され、さらにそれはフランスから地中海を通じてオスマン帝国、帝政ロシアに伝わったといわれる。

1845 年にフランス政府専売局は、このパパラテをシガレットと命名、以後、本格的にその製造を開始していくようになる。なお、1860 年代にイギリスでタバコの製造・販売をはじめたフィリップ・モリスも、ロバート・クローグと同様、帝政ロシア、オスマン帝国、エジプトから専門の手巻き職人をイギリスに連れてきてタバコ会社を設立し、シガレットの本格的な製造を開始している。このようにシガレットの誕生には、オスマン帝国からヨーロッパに技術が移転し、それにともなってその喫煙文化が伝播していった面も見ていかなければいけないように思われる。

[11] 上野堅実『タバコの歴史』VII、180-183、237、244 頁。グッドマン『タバコの世界史』138-139、297-299 頁。デュークが設立したアメリカン・タバコ会社のタバコ製品としてもっともよく知られるのは、1913 年に発売された「キャメル Camel」である。これは今でも製造が続けられている。ただし、シガレットが、パイプ・タバコやシガーを抜いて消費のトップに躍り出るのは、アメリカにおいても第一次世界大戦後の 1923 年以降のことである。この点については上野堅実『タバコの歴史』230 頁、グッドマン『タバコの世界史』127 頁を参照。

[12] 上野堅実『タバコの歴史』95、173-174 頁。

[13] 1888 年 10 月 20 付の『イスタンブル商業会議所新聞』にはオスマン帝国タバコ専売会社が営業を開始してから 3 年目にあたるオスマン財務暦 1302 年（1886 年 3 月 1 日～1887 年 2 月 28 日）における各産地の中心都市と港から輸出されたタバコの量（単位：キログラム）と輸出国別の統計が載せられている。これによると、総輸出量の 11,688,052 キログラムのうち、輸出港としてはマケドニアのカバラからの輸出が 4,852,810 キログラムと突出して多く、これに黒海南岸のサムスン 2,430,340 キログラム、ハンティエ 2,111,580 キログラムが続く。タバコの輸出先としては、オーストリア＝ハンガリー帝国が 3,901,700 キログラムともっとも多く、全体の 3 割近くを占める。これにイギリス（植民地のマルタを含む）の 1,700,930 キログラム、帝政ロシアの 1,534,649 キログラムが続いた。オスマン帝国タバコ専売会社はフランス資本によって設立された会社であったにもかかわらず、本国のフランスへの輸出量は 1,527,636 キログラムに留まり、第 4 位であった。

輸出がオスマン帝国全体のタバコの生産量のどれくらいの割合を占めていたのかについては、残念ながらオスマン財務暦 1302（1886-87）年も含めて年度ごとの詳しい統計がないため明らかにできない。しかし、おおよその全生産量は、50,000,000 キログラム前後であったと推定され、これから総生産量の約 5 分の 1 強、10,000,000 キログラム以上のタバコがヨーロッパを中心とする各国に輸出されていたと考えることができる。

[14] Aḥmad Kasravī, "Tārīkhche-ye Chobūq va Ghalyān," pp. 204-208. なお、タバコのオスマン帝国への伝播にかんしては、オスマン帝国の歴史家ペチェヴィーの記述によると、ヨーロッパでタバコの喫煙がはじまってから約50年後の17世紀初頭にはオスマン帝国内で喫煙が行われるようになったという。これについては、Metin Ünal, "Tütünün Dört Yüz Yılı," s. 17 を参照されたい。上野堅実『タバコの歴史』72頁、グッドマン『タバコの世界史』74-76頁にも、オスマン帝国へのタバコ伝播にかんして同様の記述がある。イランにタバコが入ってくる経路としては、オスマン帝国からのルートとは別にグッドマン『タバコの世界史』74頁 が指摘するように、ポルトガル人によってペルシア湾方面から持ち込まれた面も見ていくことが必要である。しかし、イランの喫煙文化に決定的な影響をあたえたのは、何と言ってもオスマン帝国のそれであった。

[15] Aḥmad Kasravī, "Tārīkhche-ye Chobūq va Ghalyān," pp. 210-212. ガルヤーン（水ギセル）を使っての喫煙は、道具が高価だということもあって当初は宮廷に限られ、一般庶民はウラマーも含めてオスマン帝国で広く行われていたチュブク（長ギセル）を使ってタバコを喫っていた。しかし、時が経つにつれて、チュブクに代わってガルヤーンが普及し、これにともなってトゥトゥンの栽培は減少し、これに代わってタンバークー（トンベキ）の栽培が増加していくようになる。

[16] イランで栽培されるタバコの種類は、ほとんどがタンバークー（トンベキ）であり、トゥートゥーン（トゥトゥン）の栽培は少なく、輸出されるタバコもほとんどタンバークーであった。とくにトゥートゥーンのオスマン帝国への輸出は、1875年12月18日にイランとオスマン帝国との間で結ばれた協定によって輸出が禁止されたこともあって、すべてタンバークー（トンベキ）で占められ、トゥートゥーン（トゥトゥン）はイランからオスマン帝国への輸出貿易を考えていくにあたって除外していいように思われる。この禁止措置については、*GASIO*, Shomāre-ye Sanad : 480, Mowzu': Qarārnāme-ye Tanbākū va Namak va Tūtūn, Tārīkh: 1292 Z̠iqa'de 21（1291 Kānūn 8 = 1875年12月18日）, Karton: 21, Parāvande: Emtiyāzāt, pp. 329-330 の第一条に「イランの物産のうち塩とトゥートゥーンをオスマン帝国領内に入れることは、いかなる場合も禁止される。この禁止措置は、この種の物産を外国のある国が二つの制制を破棄、修正しないかぎり続くものとする。イランもオスマン帝国の塩とトゥートゥーンを自国領内に入れることを禁止する権利を有する。」と記されている。これは、フランス資本のオスマン帝国タバコ専売会社が設立される以前からオスマン帝国が取っていた措置であった。このようにイランからオスマン帝国へのタバコ輸出は、もっぱらタンバークーに限られていたので以後、「タバコ」と記す場合はおおむねタンバークー（トンベキ）の意味で使っていることをあらかじめ断っておきたい。

[17] *JCCC*, vol. 342, p. 338. なお、1891年11月18日付の *Akhtar* 18-10, p. 78 によると、毎年イランからオスマン帝国に輸出されるタバコの量は、平均4,000,000キログラムで、『イスタンブル商業会議所新聞』の統計にほぼ近い数字が挙げられている。また、*Akhtar* 18-14, p. 107 にも税関の台帳にもとづいて毎年、4,200,000キログラムのタバコ

が毎年、イランからオスマン帝国に輸入されていたと記されている。

[18] *JCCC*, vol. 218, s. 99, *DTOG*, vol. 218, s. 97.

[19] *GASIO*, Shomāre-ye Sanad: 481, Mowzu': Emtiyāz-e Rezhī, Tārīkh: 1890 March 18（1307 Rajab 25）Kārton:20, Parāvande: 18, pp. 334. この史料にはタルボットからカージャール朝の宰相アミーノッソルターンに宛てたペルシア語で書かれた書簡が収められている。そのなかでタルボットは、設立される専売会社がフランス、ドイツ、帝政ロシア、他のヨーロッパ諸国の株主からなる多国籍企業（kompānī-ye aghlab-e melal）になる旨をアミーノッソルターンに伝えている。専売会社を多国籍企業にするべきだという駐テヘラン・イギリス公使ウルフの助言については、Lambton, *Qājār Persia*, p. 226 にも言及がある。

[20] *GASIO*, Shomāre-ye Sanad: 482, Mowzu': Emtiyāznāme-ye Dokhāniyāt beyn-e Īrān va Major Talbot, Tārīkh: 1890 March 20（1307 Rajab 27）、Kārton:21, Parāvande: Emtiyāzāt, pp. 336-39 に協定のペルシア語正文が載せられている。

[21] *GASIO*, Shomāre-ye Sanad: 484, Mowzu': Enteqāl-e Emtiyāz az Talbot be Emperiyāl Tanbākū Kārporīshan, Tārīkh:(1308 Rajab 19 ?), Kārton:21, Parāvande: Emtiyāzāt, p. 367 には宰相アミーノッソルターンからロンドン駐在のイラン大使に宛てた 1891 年 2 月 28 日付と推定される電報が収められている。これにタルボットがペルシア帝国タバコ専売会社に利権譲渡を行ったことが記されている。

[22] Lambton, *Qājār Persia*, pp. 229-230. テヘランではバフティヤーリー部族の族長がイスファハーンから上京する折りに滞在することになっていた屋敷がペルシア帝国タバコ専売会社によって買い上げられ、ここが事業本部とされた。

[23] *Akhtar* 17-21, p. 166, 17-24, p. 187、鈴木均「イスタンブル在住イラン人とタバコ・ボイコット運動」162-163、166 頁。なお、参考までにタルボットの要請を受けてイスタンブルからイランに赴いたタバコ職人は、後述するようにイランにおいてボイコット運動が激化し、1892 年 1 月をもってタバコ利権の廃棄が決定されると、2 月にはイランから故郷のイスタンブルに帰国している。これについては、1892 年 2 月 20 日付の『イスタンブル商業会議所新聞』第 373 号（*JCCC*, s. 91, *DTOG*, s. 90）に簡単な記事がある。

[24] タバコ・ボイコット運動にかんするイギリス側の基本史料は、ロンドン郊外にある The National Archives, Kew に所蔵されている外務省文書 FO 60/ 553. Tobacco Regie in Persia. Major Talbot's Concession etc., Vol. 1（1890-91）, FO 60/ 554. Vol. 2（1892 Jan. - Apr. 14）, FO 60/ 555. Vol. 3（1893 Apr. 15 - June 10）であるが、本章での引用に際してはこれに拠ってイギリス下院に対して報告のために編集・印刷に付された下記の議会文書史料を使用することをあらかじめ断っておきたい。Persia, No. 1（1892）. *Correspondence respecting the Persian Tobacco Concession*,〔C. 6707〕, LXXIX. 205, *AP*, *HCPP*, 1892. No. 26 , p. 14, Mr. R. J. Kennedy to the Marquis of Salisbury, Gulahek, September 2, 1891, Inclosure in No. 26, pp. 14-15, Précis of Memorandum submitted to the Shah on the 29th August, by M. Ornstein, Director-General of the Tobacco Régie, showing the work done during the first four months of

establishment of the Régie また Lambton, *Qājār Persia*, p. 230 を参照。

[25] *Correspondence respecting the Persian Tobacco Concession*, No. 15, p. 8, Mr. R. J. Kennedy to the Marquis of Salisbury, Gulahek, May 20, 1891, Inclosure in No. 15, pp. 8-9, Acting Consul-General Paton to Mr. R. J. Kennedy, Tabreez, May 9, 1891, Lambton, *Qājār Persia*, pp. 230, 232.

[26] Donald Quataert, *Social disintegration and populor resistence in the Ottoman Empire, 1882-1908,* New York, 1983, pp. 13-14.

[27] GASIO, Shomāre-ye Sanad: 481, Mowzu': Emtiyāz-e Rezhī, Tārīkh: 1890 March 18（1307 Rajab 25）Kārton:20, Parāvande: 18, p. 334 にペルシア帝国タバコ専売公社が多国籍企業であることを伝えるアミーノッソルターン宛の書簡が収められている。

[28] Nikkie R. Keddie, *Relligion and Rebellion in Iran*, pp. 67-69, Lambton, *Qājār Persia*, 1987, p. 231.

[29] Keddie, *Relligion and Rebellion in Iran*, pp. 69-71, Lambton, *Qājār Persia*, pp. 230-234.

[30] Keddie, *Relligion and Rebellion in Iran*, pp. 75, 80-84, Lambton, *Qājār Persia*, p. 237.

[31] Keddie, *Relligion and Rebellion in Iran*, pp. 91-94, Lambton, *Qājār Persia*, pp. 243-246.

[32] Kermānī, *Tārīkh-e Bīdārī-ye Īrāniyān*, pp. 19, 22, Keddie, *Relligion and Rebellion in Iran*, pp. 55-57, 95-96, Lambton, *Qājār Persia*, p. 247.

[33] ペルシア帝国タバコ専売公社に対してタバコの内国専売権は廃止するが、輸出専売権は残すというアミーノッソルターンの提案とそれにともなう補償の概要、タバコ税を新設してそれに充てることについては、*Correspondence respecting the Persian Tobacco Concession,* No. 59, pp. 34-35, Sir F. Lascelles to the Marquis of Salisbury, Tehran, December 22, 1891（Received January 18, 1892）, Inclosure 2 in No. 93, pp. 64-67, M. Ornstein to the Amin-es-Sultan, Tehran, January 25, 1892 に言及されている。駐テヘラン・イギリス公使ラッセルによって 1892 年 1 月 14 日付で本国外務省に送られたテヘランのボイコット運動にかんする回想記風の報告 No. 65（pp. 65-66）, Sir F. Lascelles to the Marquis of Salisbury, Tehran, January 14, 1892 （Received January 18, 1892） は、12 月 12 日頃から激しくなる抗議運動の様子、利権廃棄をめぐるイギリス公使館を介してのカージャール朝の宰相アミーノッソルターンとペルシア帝国タバコ専売公社との間のやりとり、交渉の過程がまとめて書かれている。12 月 12 日から 17 日にかけてのタバコ利権廃棄をめぐる全体的な動きについては Lambton, *Qājār Persia*, p. 248 を参照。

[34] Kermānī, *Tārīkh-e Bīdārī-ye Īrāniyān*, p. 39. *Correspondence respecting the Persian Tobacco Concession,* No. 59, pp. 34-35 には、各州の知事宛の布告を受けてテヘランでも 12 月 22 日に町の触れ役によって利権廃棄の告示がされたことが記されている。

[35] Kermānī, *Tārīkh-e Bīdārī-ye Īrāniyān*, pp. 35-36.

[36] Kermānī, *Tārīkh-e Bīdārī-ye Īrāniyān*, pp. 44-46. ただし、テヘランのウラマーに宛てた電報のうちヌーリー宛のそれだけが 12 月 21 日（1309 年ジョマーダー第 1 月 19 日）付けでなく、12 月 17 日（1309 年ジョマーダー第 1 月 15 日）になっている。ケルマー

ニーによると、現在、読むことのできるシーラーズィーからの返事の電報は、以上の7通の他にさらにタブリーズ、ケルマンシャーのウラマーに宛てた2通が残されているという。ケルマーニーは、ボイコット運動の阻止をもくろむカージャール朝政府が、電報を押収・隠匿し、電信局を閉鎖するといった妨害行為に出たため、9通の電報しか集めることができなかったと述べている。

[37] Kermānī, *Tārīkh-e Bīdārī-ye Īrāniyān*, p. 45.
[38] Kermānī, *Tārīkh-e Bīdārī-ye Īrāniyān*, p. 44.
[39] Lambton, *Qājār Persia*, p. 252.
[40] Kermānī, *Tārīkh-e Bīdārī-ye Īrāniyān*, p. 25.
[41] Kermānī, *Tārīkh-e Bīdārī-ye Īrāniyān*, pp. 19-21, Lambton, *Qājār Persia*, p. 254、佐藤規子「近代イランにおける宗教と政治」26-27頁。*Correspondence respecting the Persian Tobacco Concession*, No. 65, pp. 38-39, Sir F. Lascelles to the Marquis of Salisbury, Tehran, January 14, 1892（Received January 18, 1892）, Inclosure in vol. 85, pp. 49-50, M. Ornstein to Imperial Tobacco Corporation of Persia, Tehran, January 30, 1892 にも1月4日の騒擾事件について詳しい記述が残されている。
[42] Kermānī, *Tārīkh-e Bīdārī-ye Īrāniyān*, p. 21.
[43] Kermānī, *Tārīkh-e Bīdārī-ye Īrāniyān*, p. 22. ベフバハーニーは法学上の立場を前面に押し出して喫煙禁止令に従うことを拒んだが、彼の政治的立場がアミーノッソルターン寄りで、親英派であったことも拒否の一因になっていたことを考慮に入れるべきかもしれない。テヘランの有力ウラマーのなかでベフバハーニーと同様、協議に出席しなかった者として他にシェイフ・ハーディー・ナジュムアーバーディー Sheykh Hādī Najmābādī がいる。しかし、彼は、喫煙を無条件に禁じられた行為（ハラーム）であると見なし、テヘランからイラクの聖地アタバートへ抗議の聖遷が行われるならば参加するという意志を表明していた。
[44] *Correspondence respecting the Persian Tobacco Concession,* Inclosure 2 in No. 93, pp. 64-67, M. Ornstein to the Amin-es-Sultan, Tehran, January 25, 1892.
[45] Kermānī, *Tārīkh-e Bīdārī-ye Īrāniyān,* pp. 30-31.
[46] *Correspondence respecting the Persian Tobacco Concession,* Inclosure in No. 54, p. 33, Telegram received from M. Ornstein, January 6, 1892 にはオルンスタインが書いた英語による公告の草案も載せられているが、引用したものは、Kermānī, *Tārīkh-e Bīdārī-ye Īrāniyān,* p. 32 に掲載されている草案にもとづいて加筆した公告のペルシア語訳である。
[47] オルンスタインが公告を出すことは、喫煙禁止令を解くためにアーシュティヤーニーが出した絶対条件の一つであった。オルンスタインはイギリス公使ラッセルと館員のチャーチルに説得され、最終的にそれに同意し、ペルシア帝国タバコ専売会社の理事会の承認を得て公告を出す運びとなった。このあたりの経緯については、*Correspondence respecting the Persian Tobacco Concession,* No. 66, pp. 39-40, Sir F. Lascelles to the Marquis of Salisbury, Tehran, January 14, 1892（Received February 12, 1892）, Inclosure 1 in vol. 66, p. 40,

Sir F. Lascelles to M. Ornstein, Tehran, January 5, 1892, Inclosure 2 in vol. 66, pp. 40-41, Amin-es-Sultan to Sir F. Lascelles [No date] に詳しい言及がある。
[48] Kermānī, *Tārīkh-e Bīdārī-ye Īrāniyān*, p. 28.
[49] Kermānī, *Tārīkh-e Bīdārī-ye Īrāniyān*, p. 33.
[50] Kermānī, *Tārīkh-e Bīdārī-ye Īrāniyān*, p. 29.
[51] Kermānī, *Tārīkh-e Bīdārī-ye Īrāniyān*, pp. 40-41.
[52] Kermānī, *Tārīkh-e Bīdārī-ye Īrāniyān*, p. 40. なお、タフレシーは、電報のなかでタンバークーではなくトゥートゥーンを喫うこと（shorb-e tūtūn）という表現を使っているが、正しくはタンバークーを喫うことの謂いで使っていることをここで改めて指摘しておきたい。
[53] Kermānī, *Tārīkh-e Bīdārī-ye Īrāniyān*, p. 37.
[54] シーラーズィーからの喫煙禁止令を正式に解除する裁定として有名なのは、「今日、タンバークーとトゥートゥーンを喫うことは、時のイマームに対して戦争をしていることと見なされる」というものである。このペルシア語原文と英語による訳は、それぞれKermānī, *Tārīkh-e Bīdārī-ye Īrāniyān*, p. 30 と Nikkie R.Keddie, *Relligion and Rebellion in Iran*, pp. 95-96 にそれぞれ引用されている。
[55] Lambton, *Qājār Persia*, pp. 259-60.
[56] *Correspondence respecting the Persian Tobacco Concession*, No. 98, p. 74, Foreign Office to Mr. Grosvenor, Foreign Office, March 11, 1892, No. 99, p. 74, Sir F. Lascelles to the Marquis of Salisbury, Tehran, March 13, 1892（Received March 13）, No. 100, p. 75, Sir F. Lascelles to the Marquis of Salisbury, Tehran, March 13, 1892（Received March 13）, No. 103, p. 76, Sir F. Lascelles to the Marquis of Salisbury, Tehran, March 14, 1892（Received March 14）, No. 126, p. 88, Sir F. Lascelles to the Marquis of Salisbury, Tehran, March 17, 1892（Received April 5）。

なお、最終的な賠償金の額と支払期限については、4 月 3 日に締結された利権廃止協定の第一条に規定がある。タバコ利権廃棄にともなう賠償金支払いと借款との関係については、Geoffrey Jones, *Banking and Empire in Iran*, Cambridge, 1986, pp. 40-56 および水田正史『近代イラン金融史研究』（ミネルヴァ書房、2003 年）42 頁を参照のこと。
[57] 固定資産と流動資産の扱いをめぐる専売会社とカージャール朝政府それぞれの要求と提案については、協定書草案のかたちで *Correspondence respecting the Persian Tobacco Concession*, No. 100, p. 75, Sir F. Lascelles to the Marquis of Salisbury, Tehran, March 13, 1892（Received March 13）と No. 125, p. 86, Sir F. Lascelles to the Marquis of Salisbury, Tehran, March 17, 1892 （Received April 5）, Inclosure 1 in No. 125, pp. 86-87, Heads of Agreement drawn up by M. Ornstein, Inclosure 2 in No. 125, p. 87, Counter-Proposals of the Persian Government に収められている文書からうかがうことができる。これらの交渉を重ねた結果、資産について最終的に合意されたものが利権廃止協定の第 2 条である。
[58] *Correspondence respecting the Persian Tobacco Concession*, No. 96, pp. 73-74, Sir F. Lascelles to the Marquis of Salisbury, Tehran, March 11, 1892（Received March 11）, No. 98, p. 74,

Foreign Office to Mr. Grosvenor, Foreign Office, March 11, 1892, No. 90, pp. 74-75, Sir F. Lascelles to the Marquis of Salisbury, Tehran, March 13, 1892（Received March 13）, No. 126, p. 88, Sir F. Lascelles to the Marquis of Salisbury, Tehran, March 17, 1892（Received April 5）.

[59] *Correspondence respecting the Persian Tobacco Concession,* No. 125, p. 86, Sir F. Lascelles to the Marquis of Salisbury, Tehran, March 17, 1892（Received April 5）, Inclosure 1 in No. 125, pp. 86-87, Heads of Agreement drawn up by M. Ornstein.

[60] *Correspondence respecting the Persian Tobacco Concession,* Inclosure 2 in No. 93, pp. 64-67, M. Ornstein to the Amin-es-Sultan, Teheran, January 25, 1892, No. 100, p. 75, Sir F. Lascelles to the Marquis of Salisbury, Tehran, March 13, 1892（Received March 13）, No. 103, p. 76, Sir F. Lascelles to the Marquis of Salisbury, Foreign Office, March 14, 1892, No. 115, p. 81, Mr. Grosvenor to Foreign Office, The Lodge Brackley, March 25, 1892（Received March 26）, No. 124, p. 85, Sir F. Lascelles to the Marquis of Salisbury, Tehran, March 17, 1892（Received April 5）および 協定書の第2条に会社の資産を輸出用と国内消費用に仕分けする交渉の過程とその結果が詳述されている。

[61] *Correspondence respecting the Persian Tobacco Concession,* No. 104, p. 76, Sir F. Lascelles to the Marquis of Salisbury, Tehran, March 15, 1892（Received March 15）, No. 107, p. 77, Sir F. Lascelles to the Marquis of Salisbury, Tehran, March 17, 1892（Received March 17）, No. 113, p. 80, Sir F. Lascelles to the Marquis of Salisbury, Tehran, March 24, 1892（Received March 24）, No. 115, p. 81, Mr. Grosvenor to Foreign Office, The Lodge Brackley, March 25, 1892（Received March 26）, No. 125, p. 86, Sir F. Lascelles to the Marquis of Salisbury, Tehran, March 17, 1892（Received April 5）, Inclosure 1 in No. 125, pp. 86-87, Heads of Agreement drawn up by M. Ornstein, Inclosure 2 in No. 125, p. 87, Counter-Proposals of the Persian Government. なお、利権廃止協定は、3月30日には最終草案がまとめられていたが、カージャール朝政府がペルシア帝国銀行から500,000ポンドの融資を受ける交渉が難航し、結局、4月3日までずれ込み、正式な協定の締結はこの日まで延期されていた。このあたりの経緯とペルシア帝国銀行からの借款の返済条件が5-6％の利子で25年間であるということについては、Lambton, *Qājār Persia*, pp. 261-262 に詳述されている。

[62] タルボトからゾゲブに輸出利権が譲渡され専売会社が設立されていく経緯については、*DCR* 1099, Report for the Year 1889-1891 on the Trade and Commerce of Constantinople by Mr. Vice Consul Waugh,［C.6812-24］, LXXXIV, *AP*, *HCPP*, 1892, p. 15 にその概要が記されている。

[63] *DCR* 1099, p. 15.

[64] *JCCC*, vol. 342（1891年7月18日）, s. 338. ただし、ゾゲブがカージャール朝からトンベキの専売権を獲得した正確な時日について『イスタンブル商業会議所新聞』は記していないが、報道の年月日からして1891年の7月中のことであったと思われる。鈴木均「イスタンブル在住イラン人とタバコ・ボイコット運動」171-172頁で紹介されている *Akhtar* 18-38 の付録記事では、ゾゲブがカージャール朝からイラン産トンベキのオスマ

ン帝国を含む国外での専売権を認められたのは、ヒジュラ暦1309年モハッラム月末、すなわち1891年9月5日頃だとしている。この『アフタル』の付録記事は、ゾゲブへの利権譲渡にかんして面白い内容を含むが、鈴木も指摘するように、この記事が書かれた日時等については史料的に問題があるので、ここでは『イスンブル商業会議所新聞』の報道にしたがって1891年7月をゾゲブがカージャール朝からトンベキの国外での専売権を獲得した時としておくことにしたい。

65 資本金の額にかんしては、すでに引用した *DCR* 1099, p. 15 には、20万ポンドと記されている。しかし、『イスタンブル商業会議所新聞』には、オスマン帝国の通貨単位に拠って資本金の額を22万オスマン・リラとする。後述するオスマン帝国総理府文書局所蔵の *Irade1309 / MM5449*（*Arz Tezkeresi*）*/ Y. A. Res. 56/64* に収められている財務大臣アフメト・ナーズィフの1891年11月17日付の上申書にも同様に22万オスマン・リラをトンベキ専売会社の資本金の額としている。このようにポンドとリラという通貨の違いによって資本金額に食い違いがみられるが、会社設立時に発行された株数は、いずれも同じ1万株であった。

66 *JCCC*, vol. 336（1891年6月6日）, s. 272 には、トンベキ専売会社の株主として名前を連ねる M.M.Auboyeau, R.Baudouy, C.Farnetti など幾人かのフランスの銀行家の名が列挙されている。

67 *DCR* 1099, p. 16.

68 *GASIO*, vol. 3, Shomare-ye Sanad: 487, Mowzu': Laghv-e Qarārdād-e Aṣlī-ye Reẓhī, Tārīkh : 1309 Ramazān 13, Karton:21, Parāvande: 1/ Alef, p. 353.

69 *JCCC*, vol. 348, s.416, 1891年8月29日付の記事にトンベキ専売会社（La Société de la Régie des Tumbekis persans）の事業本部開設申請の件が報じられている。『イスタンブル商業会議所新聞』にはフランス語版とオスマ・トルコ語版の二つがあるが、この件にかんしてはフランス語版にしか記事がない。

70 *Y. A. Res. 56/64 / Irade1309 / MM5449*（*Arz Tezkeresi*）によると、財務大臣から命じられて上申書を提出した内国関税局長イッゼト・アリーは、トンベキ専売会社の設立申請を「イラン領内でトンベキの消費と輸出の独占権を手に入れることに成功した外国の会社が、オスマン帝国領内でもトンベキの消費の独占権を手に入れようと圧力をかけている」と記し、ペルシア帝国タバコ専売会社がイランでタバコの売買と輸出の独占権を手に入れただけで満足せず、さらにオスマン帝国でもイランからの輸入独占権を得てタバコの交易ネットワークを支配しようという野望を抱いていると厳しく批判している。

71 11月12日と15日の両日に開かれた特別委員会のマズバタ（*mazbata* 報告）は、総理府文書局所蔵の *Y.A.Res. 56 / 64* に収められている。総理府内に法務大臣を座長とする特別委員会が設置されたことについては、*JCCC*, vol. 359, s. 548 の1891年11月14日付の記事にも言及がある。

72 この勅令は、*Irade 1309 / MM5449*（*Arz Tezkeresi*）のなかに収められている。また、*JCCC*, vol. 363, s. 591 および *DCR* 1099, p. 15 にも勅令によってトンベキ専売会社に利権

が認められたことが紹介されている。このトンベキ専売会社の設立を認める勅令がアブデュルハミト 2 世によって出されるのは 12 月 4 日のことであるが、イスタンブルのイラン人コミュニティは、これよりも早い段階で総理府内に設けられた特別委員会で審議された結果がマズバタとしてまとめられ、それに基づいて勅令が出されるという情報をつかんでいた。このことは、ペルシア語の新聞 *Akhtar* 18-12, p. 91 と鈴木均「イスタンブル在住イラン人とタバコ・ボイコット運動」166 頁に記されている。

[73] *Akhtar* 18-15, p. 118.

[74] *Y.A.Res. 56 / 64 / Irade1309 / MM5449*（*Arz Tezkeresi*）所収の 11 月 12 日に開催された特別委員会のマズバタ。

[75] *Y.A.Res. 56 / 64 / Irade1309 / MM5449*（*Arz Tezkeresi*）所収、11 月 17 日付の財務大臣アフメト・ナーズィフの上申書。

[76] 同上。また、11 月 12 日開催の特別委員会のマズバタにも利権料についての言及がある。

[77] *Y.A.Res. 56 / 64 / Irade1309 / MM5449*（*Arz Tezkeresi*）に収められている 11 月 12 日開催の特別委員会のマズバタによると、独占税はオッカ（約 1,300 グラム）を単位として 30 パラ（金アクチェ）が課せられることになっていた。しかし、11 月 17 日付の財務大臣の上申書によると、課税の単位は 1 キログラムで額は 40 パラである。このように同じ *Y.A.Res. 56 / 64 / Irade1309 / MM5449*（*Arz Tezkeresi*）所収の文書でも課税の単位、額において違いが見られるが、本論では *Akhtar* 18-15, p. 118 に引用されているトンベキ専売協定の第三条の記述や駐イスタンブル・イギリス領事の報告との整合性を考慮して独占税の課税単位を 1 キログラム、課税額を 40 パラ＝ 1 クルシュに統一して記していくことにしたい。なお、『イスタンブル商業会議所新聞』は, *JCCC*, vol. 334, p. 243（1891/ 5/ 23), vol. 328, p. 172 で見られるように貨幣単位をクルシュでなくピアストルで表記している。

[78] 1862 年に結ばれた最初のトンベキ関税協定において合意された税率は、*GASIO*, Shomāre-ye Sanad: 477, Mowzu': Akaẕ-e Gomrok az Tanbākū-ye vārede be Khāk-e 'Othmānī, Tārīkh: 1278 ẕīqa'de 18（1862 May 17), Karton: 9, Parāvande : 13/ F, pp. 319-20 にイランからオスマン帝国領内に輸出されるトンベキは、100 クルシュにつき 75 クルシュの関税（resm-e gomrok）が徴収されると記されていることから 75％であった。この税率はその後も変わらず、1865 年のイランとオスマン帝国との間のトゥートゥーン（トゥトゥン）とタンバークー（トンベキ）の関税協定について記す *GASIO*, Shomāre-ye Sanad: 478, Mowzu': Qarārdād-e Tūtūn va Tanbākū beyn-e Īrān va 'Othmānī, Tārīkh: 1282 Rajab 13（1865 年 12 月 2 日), Karton:11, Parāvande: 13 / F, pp. 323-24 の第 1 条にも同様に 75％の輸入関税が徴収されることが規定されている。ただし、1875 年になってオスマン帝国でトゥトゥンの専売制度が実施されると、それをイランから輸入することは禁止され、この結果、輸入関税はトンベキからのみ取られることになった。これについて記すのが *GASIO*, Shomāre-ye Sanad: 480, Mowzu': Qarārnāme-ye Tanbākū va Namak va Tūtūn, Tārīkh: 1292 ẕīqa'de 21（1291 Kānūn 8、1875 年 12 月 18 日), Kārton:21, Parāvande: Emtiyāzāt,

pp. 329-30 に収められている「タンバークー、塩、トゥートゥーンにかんする協定書」の1条から3条である。

[79] 関税の改定交渉については、すでに1890年11月22日の時点で『イスタンブル商業会議所新聞』(JCCC, vol. 308, s. 570) に開催予告の記事がある。次いで12月6日付の JCCC, vol. 310, s. 594, DTOG, vol. 310, 1308 Rebiülahir 24, 1306 Teşrin-i sani 24, s. 583 にもトンベキの輸入関税改定委員会が組織され、オスマン帝国を代表して間接税局長のハサン・フェフミ・パシャが交渉にあたることが報じられている。Akhtar 17-17, p. 131, vol. 17-18, p. 139 と、これに拠った鈴木均「イスタンブル在住イラン人とタバコ・ボイコット運動」162頁にも従来の関税協定が12月12日をもって期限が切れ、交渉の結果、新しい協定が結ばれたことが述べられている。

[80] トンベキの輸入関税の税率が75%から100%に上がったことについては、1890年12月13日付の JCCC, vol. 311, s. 599, DTOG, vol. 311, s.589 を参照。

[81] Y.A.Res. 56 / 64 / Irade 1309 / MM5449 (Arz Tezkeresi) 所収、11月12日開催の特別委員会のマズバタおよび11月17日付の財務大臣アフメト・ナーズィフの上申書。

[82] Y.A.Res. 56 / 64 / Irade 1309 / MM5449 (Arz Tezkeresi) に収められている内国関税局長イッゼト・アリーの1891年10月13日付の財務大臣宛の復命書。

[83] Quataert, *Social disintegration and populor resistence in the Ottoman Empire*, pp. 19-30, 38-39.

[84] Akhtar 18-10, pp. 77-78, Akhtar 18-15, p. 118, 125, Y.A.Res. 56 / 64 / Irade 1309 / MM5449 (Arz Tezkeresi) に収められている内国関税局長イッゼト・アリーの1891年10月13日付の財務大臣宛の復命書および11月12日開催の特別委員会のマズバタ(報告)。

[85] Akhtar 18-15, p. 125 の補則。Y.A.Res. 56/64/ Irade 1309 / MM5449 (Arz Tezkeresi) 所収、1891年11月15日開催の特別委員会のマズバタ(報告)。

[86] Akhtar 18-17, p. 132, 鈴木均「イスタンブル在住イラン人とタバコ・ボイコット運動」168頁。

[87] Akhtar 18-15, p. 125 に掲載されている協定書第15条によると、公告が出されてから4ヶ月以内にトンベキを専売会社に引き渡さない場合は密輸とみなされ、オスマン帝国政府によって没収されることになっていた。

[88] この報告は、アブデュルハミト2世の意を受けて1892年1月17日(1309年第二ジュマーダー月16日=オスマン財務暦1307年第二カーヌーン月5日)付で当時ユルドゥズ・サライの書記官局長を務めていたシュレイヤーによって下書きされた *Irade* 1309, D98983 に引用されている。

[89] *Irade* 1309, D98983。

[90] *Irade* 1309, D99011. この文書にはアブデュルハミト2世の勅令および書記官局長シュレイヤーの指示にしたがって、大宰相のジェヴァートが公安警察に調査を命じた内容とその結果を盛り込んだ1892年1月18日(1309年第二ジュマーダー月17日)付の上申書のかたちをとるテズケレ3922号と、それが受理されたあと出された書記官局長シュレイヤーの署名がある1892年1月25日(1309年第二ジュマーダー月24日)付のイラー

デの二つが収められている。1月17日金曜日に開かれたヴァーリデ・ハンにおける抗議集会については、前者に言及がある。

[91] *Irade 1309, D99011* によると、大宰相ジェヴァートは1月17日に開かれた抗議集会の参加者の数が一週間前の1月10日のそれより増え、それが街頭デモに発展する可能性が高いことをユルドゥズ・サライの書記官局長シュレイヤーに上申した。これに応えて街頭デモを防ぐ目的で出されたのが、総理府文書局所蔵 *Irade 1309 D99011* の中に収められている1892年1月25日付のイラーデである。

[92] *JCCC* vol. 373, p. 90, *DTOG* vol. 373, p. 88, *Akhtar* 18-15, p.118. *Le Moniteur Oriental*, vol. 12, p. 340.

[93] *DCR* 1099, p. 16.

[94] *Le Moniteur Oriental*, vol. 12, p. 340.

[95] *Irade 1309, D99738* 所収、1892年3月3日付のゾゲブの覚書。*Y.A.Res.58/2, Irade 1309, D99598* によると、この覚書は、1892年3月7日に総理府に送付され、3月10日に法務、財務、商業の各大臣が会談、その結果が特別のマズバタに認められて上申され、その後、宰相がこれをテズケレにしてアブデュルハミト2世に提出、これにしたがって最終的に3月11日にトンベキ輸入専売会社が4月4日に時期を変更して営業を開始することを認めるアブデュルハミト2世の勅令が出された。

[96] *JCCC* vol. 376, ss.127-128, *Sabah* vol. 916, s.2, vol. 927, s.4, *Le Moniteur Oriental*, vol. 12, p. 340.

[97] *Sabah* vol. 927, s. 4.

[98] 1892年3月15日付の *Sabah* vol. 919, s. 4 と 1892年4月2日付の *Sabah* vol. 937, s. 4 には、このトンベキ引き渡しの手続きにかんして「手元に外国産のトンベキを持っている者は、その量を会社の営業所に申告しなければならない」「すでにオスマン帝国領内にあるか、来月4月より前に到着する外国産のトンベキは、徐々に売買にかける準備をするのでトンベキを所有している者、或いは委託されている者はガラタのバルタジュ・ハン Baltacı Han にある会社の管理部門に申請することが必要である」「4ヶ月を過ぎると、輸入と買いつけを一般の人はできなくなり、会社ないしそれから許可を得た者のみしかできない」「4月4日までに手元にある商品（トンベキ）について報告しなかったり倉庫に引き渡さないトンベキの卸売り商人、小売商人 bayi が所有する商品は、政府によって没収され、政府の所有に帰することが所有者に通告された」と記されている。

[99] *Sabah* vol.929, s. 2.

[100] *Sabah* vol.942, ss. 1-2.

[101] *Akhtar* 18-31, p. 231.

[102] *Sabah* vol. 939, s. 1, vol. 946, s. 4.

[103] *Sabah* vol. 927, s. 4, vol. 946, s. 4.

[104] *Akhtar* 18-15, p. 118. *Y.A.Res. 56/64/ Irade1309 / MM5449*（*Arz Tezkeresi*）に収められている内国関税局長イッゼト・アリーの1891年10月13日付の財務大臣宛の復命書。なお、

11月17日付の財務大臣アフメト・ナーズィフの上申書にも断片的であるが、小売価格についての議論、情報が見られる。

[105] 表について若干の説明をしておくと、上限価格はあくまでも目標値にすぎない。実際には売上げを増やすために会社が定めた価格よりも低くタバコは売られていた。また、実際の平均価格は23クルシュで上限価格より若干、低かった。税関の報告によると、実際の消費者価格はさらに低く、平均で18クルシュ35サンチムであり、卸売り価格についてはさらにこれよりも低く平均で14クルシュ12サンチムであった。これについては、Y. A. Res. 56/64, Irade1309 / MM5449（Arz Tezkeresi）所収、内国関税局長イッゼト・アリーの1891年10月13日付の財務大臣宛の復命書および11月17日付の財務大臣アフメト・ナーズィフの上申書を参照。なお、1892年4月11日付の Sabah vol. 946, s.4 には、イスファハーンとシーラーズ産のトンベキがキロ当たり20-23クルシュ、カーシャーンとヒジャーズ産のそれがキロ当たり20-21クルシュであるという実勢価格にかんする記述も見られる。

[106] Akhtar 18-33, p. 255, 鈴木均「イスタンブル在住イラン人とタバコ・ボイコット運動」160、167頁。

[107] 鈴木均「イスタンブル在住イラン人とタバコ・ボイコット運動」160、167頁。停刊の期間は15日間であったが、1892年4月26日に18-33号が出た後、5月25日になってようやく18-34号が復刊されたことから、実際は1ヶ月間にわたって『アフタル』の休刊は続き、情報も途絶えたことになる。

[108] Irade 1309, D100288（ユルドゥズ・サライ書記官局6539号文書、書記官テヴフィクの署名あり）。鈴木均「イスタンブル在住イラン人とタバコ・ボイコット運動」173頁に引用、訳出されている1892年6月21日付の Aktar 18-38 に掲載されている「コウキャベ・ナーセリーへの反駁」に出てくる説教師とは、このハージー・ミールザー・モハンマド・アリーのことだと思われる。この説教師について『アフタル』紙は、「最近イスタンブルに到着した一人の気の狂った説教師が彼らの指導者として迎えられ、人々は彼をも自分達の恥と汚れの仲間に引きずり込んで、夜も昼も彼の周囲を取り囲んで策略を練り、その低劣な人物のもとに資金を集めた、このサルの如き人物は説教壇の上に登って自らも聞き取れぬ心地よい言葉を淫猥な連中に聞かせ、まずかっての指導者や識者一人一人の名を挙げて、これらを集会の席で禁じた。〔中略〕そのとき何人かの商人たちが「この人物は利権に内側から関わっており、また利権会社の側の人物と交流があった人物である。それゆえ彼と接近することは利権会社を利することであるから、禁止されねばならない」と言ったため大騒ぎになり、とうとう彼のもとに行くことも禁じられた」と書いている（引用は鈴木均の訳に拠る）。

[109] Irade 1309, D100280（1309年シャッワール月12日＝1892年5月10日付のユルドゥズ・サライ書記官局6610号文書）。これらの文書のなかに含まれるトンベキ商人の請願書、電報は、手続き的にはまず、総理府に送られ、次いで閣議にかけられたあとアブデュルハミト2世に上申され、その結果、勅令と通達書が出されるという経過を取った。

なお、1309 年シャッワール月 28 日（1892 年 5 月 26 日）付の総理府に設けられた特別委員会のユルドゥズ・サライ書記官局宛の上申書にもトンベキ商人たちが続けていたバストに関連する記事がある。

[110] ハビーブという商人については、1892 年 6 月 21 日付の *Akhtar* 18-38 に挿入されている付録記事に言及がある。また、これに基づく鈴木均「イスタンブル在住イラン人とタバコ・ボイコット運動」170-171 頁にも詳しい紹介がある。これによると、ハビーブがトンベキ専売会社と契約を結んで水タバコをイランから輸入し、専売会社に代わってそれをオスマン帝国領内で売買することは、ペルシア帝国タバコ専売会社のイランにおける利権が廃棄される 1892 年 4 月 3 日以前から行われていたように思われる。すでに述べたように、ゾゲブを総支配人とするトンベキ専売会社がオスマン帝国で営業を開始するのは 4 月 4 日以降のことなので話が合わない気もするが、これはまだ輸入専売権をオスマン帝国から獲得していない段階でパリに本社を置くトンベキ専売会社がオスマン帝国領内でハビーブのような商人を使って水タバコの輸入貿易を先行的に行っていたことを示すものと考えるならば、矛盾がないように思われる。ただし、ハビーブという商人について言及する *Akhtar* 18-38 の付録記事は、鈴木均も指摘するように 1892 年 6 月 21 日号の付録という体裁をとるが、ページも打たれておらず史料として使っていくのに扱いが難しいものであることにも注意しなければならない。

[111] *Irade* 1309, D100280（1309 年シャッワール月 12 日＝ 1892 年 5 月 10 日付のユルドゥズ・サライ書記官局 6610 号文書）。

[112] *Y. A. Res.* 58-36（1309 年シャッワール月 28 日＝ 1892 年 5 月 26 日付の総理府に設けられた特別委員会のユルドゥズ・サライ書記官局宛の上申書）。

[113] 同上。

[114] *Irade* 1309, D101090（ユルドゥズ・サライ書記官局長シュレイヤーの署名がある 1309 年ズルヒッジャ月 25 日＝ 1892 年 21 日付の文書）。

[115] *Akhtar* 18-38 に付録として収められている「コウキャベ・ナーセリーへの反駁」。引用訳は、鈴木均「イスタンブル在住イラン人とタバコ・ボイコット運動」172-73 頁に拠る。

[116] *GASIO*, Shomāre-ye Sanad: 488, Mowzu': Qarārnāme-ye Reji-ye Īrān va 'Othmānī, Tārīkh: 1310 Rabīal-avval 4, Kārton:21, Parāvande: 1/ Alef, pp. 355-56.

[117] *DCR* 1376, Report for the Years 1892-93 and 1893-94 on the Trade, &c. of the Consular District of Ispahan by Consul J. R. Preece,〔C. 7293-46〕, LXXXVII, *AP*, *HCPP*, 1894, p. 47. なお、岡崎正孝「19 世紀末イラン社会における宗教指導者：アガー・ナジャフィーを中心に」202-203 頁は、イギリス議会文書に収録されているイスファハーン領事報告の元になった FO 248-548, Preece to Lascelles, No. 58, 15 September 1892 に直接あたってイスファハーンのトンベキ栽培農民がマスジェデ・シャーで集会を催し、アーカー・ナジャフィー兄弟に直訴した事情について記す長文の史料を訳載している。詳しくはこちらを参照されたい。

[118] *GASIO*, Shomāre-ye Sanad: 492, Mowzu': Kompanī-ye Tojjār-e Eṣfahān, Tārīkh: nadārad（1311 ?）, Kārton:23, Parāvande: 13/ F, pp. 369-70.
[119] *DCR* 1376, p. 47.
[120] 岡崎正孝は、前掲の「19 世紀末イラン社会における宗教指導者」203 頁においてイギリスの外務省文書、および W.M.Floor, "Merchants in Qajar Iran ," in *ZDMG* 76(1976), p. 127 に拠って会社設立の時期を 1893 年とするが、本文で引用したカージャール朝の外交文書集成 *GASIO* に収録された文書に「ヒジュラ暦 1311 年ラジャブ月（1894 年 1 月 8 日〜2 月 6 日）に設立された。」とあることから、会社設立の時期は 1894 年が正しいように思われる。また、会社の主たる設立者について、岡崎はイギリスの外務省文書にもとづいてウラマーのアーカー・ナジャフィー兄弟および友人のハージー・モッラーとしている。しかし、カージャール朝の外交文書に拠るかぎり、中心になったのはイスファハーンの商人たちであり、アーカー・ナジャフィー等はあくまでも出資者の一人だったと考える方がよさそうである。
[121] *GASIO*, Shomāre-ye Sanad: 490, Mowzu': Ḥaml-e Tanbākū-ye Eṣfahān, Tārīkh: 1311 Rajab, Kārton:23, Parāvande: 13/ F, p. 365.
[122] 岡崎正孝「19 世紀末イラン社会における宗教指導者：アカー・ナジャフィーを中心に」204 頁。この論文には FO248-616, No. 5, 15 March 1895 収録の農民がイスファハーン州知事、市長に提出した誓約書の翻訳を掲載しており貴重である。
[123] *GASIO*, Shomāre-ye Sanad: 495, Mowzu': Khesārat-e vārede be Sherkat-e Enḥeṣār- e Tanbākū, Tārīkh: 1894 September（1312 Rabī al-avval 3）, Kārton:24, Parāvande: 13/ F, p. 377.
[124] *GASIO*, Shomāre-ye Sanad: 497, Mowzu': Āzādī-ye Ḥamal-e Jens barāye Kompanī, Tārīkh: 1312 Rabī al-thānī, Kārton:24, Parāvande:13/ F, p. 382.
[125] トンベキの買い付け、輸出を独占的に行う会社を共同で立ち上げたイスファハーンの商人たちが自らの行為を「政府の介入も、梃子入れもない専売であり、国が口を出すことは不可能である。」と発言したことについては、*GASIO*, Shomāre-ye Sanad: 494, Mowzu': Tanbākū-ye Kharīdārī shode az Eṣfahān va Kāshān tavassoṭ-e Tojjār, Tārīkh: nadārad（1312 ?）, Kārton:23, Parāvande:13/ F, p. 375 に記述がある。この史料は、イランからオスマン帝国向けに輸出されるトンベキの搬出を妨害されてオスマン帝国のトンベキ輸入専売会社が行った抗議に対して、駐イスタンブル・イラン大使のナーゼモッドウレがイスタンブル在住の、おそらくはイスファハーンのイラン商人に問い質したもので、形としては駐イスタンブル・イラン大使からカージャール朝のナーセロッディーン・シャー宛の報告となっている。
[126] *GASIO*, Shomāre-ye Sanad: 492, Mowzu': Kompanī-ye Tojjār-e Eṣfahān, Tārīkh: nadārad（1311 ?）, Kārton:23, Parāvande: 13/ F, p. 370.
[127] 9 条からなる新協定の全文は、*GASIO*, Shomāre-ye Sanad: 498, Mowzu': Qarārdād beyn-e Īrān va Anjoman-e Tanbākū-ye Eslāmbūl, Tārīkh: 1895 April, Kārton:24, Parāvande: 13/ F, p. 386 に収録されている。このうちもっとも重要な代理人の規定は第 1 条に記載されて

いる。
[128] 岡崎正孝「19世紀末イラン社会における宗教指導者」205、211頁。
[129] 岡崎正孝「19世紀末イラン社会における宗教指導者」206-207頁。
[130] オスマン帝国タバコ専売会社の利権問題について研究したアメリカのトルコ経済史家ドナルド・カータルトがいみじくも指摘するように、密輸はボイコット運動に代わる新しい抵抗の形態といえるものであった。これについては、註83でも触れたが、Quataert, *Social disintegration and populor resistence in the Ottoman Empire,* pp. 19-30，38-39を参照のこと。

終 章

[1] Vehbi Koç, *Hayat Hikayem*, İstanbul, 1973, ss. 23-24.
[2] Vehbi Koç, *Hayat Hikayem*, ss. 17-18.
[3] Vehbi Koç, *Hayat Hikayem*, ss. 24-25, 71.
[4] Vehbi Koç, *Hayat Hikayem*, ss. 24-25.
[5] *Ticaret ve Sanayi Odasında müteşekkil İstanbul İktisad Komisyonı tarafından tanzim olunan Rapor*, 29 Kanun-u sani 1340-1924—26 Teşrin-i sani 1340-1924, İstanbul, 1341 M., s. 29.
[6] Zafer Toprak, *Türkiye'de "Milli İktisat" (1908-1918)*, Ankara, 1982, ss. 23-25.
[7] Zafer Toprak, *Türkiye'de "Milli İktisat"*, ss. 25-27, 31.
[8] Ali İhsan Bağış, *Osmanlı Ticaretinde Gayri Müslimler*, Ankara, 1983, ss. 107-111, Donald Quataert, "The age of Reforms, 1812-1914," in Halil İnalcık & Donald Quataert, *An Economic and Social History of the Ottoman Empire, 1300-1914*, Cambridge, 1994, p. 839.
[9] Donald Quataert, "The age of Reforms, 1812-1914," p. 840.
[10] Zafer Toprak, *Türkiye'de "Milli İktisat"*, ss. 32, 65-67.
[11] Zafer Toprak, *Türkiye'de "Milli İktisat"*, ss. 55-58.
[12] A. Gündüz Ökçün (Hazırlayan), *Türkiye İktisat Kongresi 1923-İzmir, Haberler – Belgeler – Yorumlar*, Ankara, 1981, ss. 185-211, *İstanbul, Kıtaların, Denizlerin, Yolların, Tacirlerin, Buluştuğu Kent* (The City where the Continents, Seas, Roads, Merchants Meet), İstanubl, 1997, ss. 213, 226. なお、イズミル経済会議については上記の書のほかにも A. Affetinan, *İzmir İktisat Kongresi 17 Şubat – 4 Mart 1923*, Ankara, 1982, Kazım Karabekir (Hazırlayanlar: Orhan Hülagü – Ömer Hakan Özalp), *Hatıra ve Zabıtlarıyla 1923 İzmir İktisat Kongresi, İktisat Esaslarımız*, İstanbul, 2001 も出版されている。
[13] Alexis Alexandris, *The Greek Minority of Istanbul and Greek-Turkish Relations 1918-1974*, Athens, 1992, pp. 86, 96, 106-107.
[14] Alexis Alexandris, *The Greek Minority of Istasnbul*, pp. 118, 130, Murat Hulkiender, *Bir Galata Bankerinin Portresi George Zarifi 1806-1884*, İstanbul, 2003, ss. 94-101, Yorgo L. Zarifi (Çeviren: Karin Skotiniyadis), *Hatıralarım, Kaybolan Bir Dünya İstanbul 1800-1920*, İstanbul, 2002, ss. 65-66, Sevengül Sönmez, *İstanbul'un 100 Ailesi*, İstanbul, 2010, ss. 206-208.

15 Alexis Alexandris, *The Greek Minority of Istasnbul*, p. 107.
16 Donald Quataert, "The age of Reforms, 1812-1914," p. 877. なお、1896 年 8 月 26 日午後 1 時 15 分頃から翌 27 日未明、午前 2 時 15 分頃まで総数 25 名のアルメニア系民族主義者が銃、弾薬、爆弾、ダイナマイトを持ち込んで立て籠もったオスマン帝国銀行本店の占拠事件とその後 9 月 3 日頃までイスタンブルの新市街の各地区（ガラタ、ベイオウル、金角湾北岸のカースムパシャ、ハスキョイ）、旧市街のフェネル、サマトヤ両地区、そしてボスフォラス海峡に沿ったアルナヴトキョイ、ベベク、カンディルリ、ルメリヒサルで続いた騒擾事件については、今のところ *Correspondence respecting the Disturbances at Constantinople in August 1896*, [C. 8303], CI. 301, *AP*, *HCPP*, 1897 が最も詳しい。トルコ語史料として Hüseyn Nazım Paşa（Hazırlayan: Tahsin Yıldırım）, *Hatıralarım – Ermeni Olaylarının İçyüzü*, İstanbul, 2003, Süleyman Kani İrtem（Hazırlayan: Osman Selim Kocahanoğlu）, *Ermeni Meselesinin İçyüzü*, İstanbul, 2004 にも記述があるが、事件の概要を掴むには簡略すぎる。
17 "Azaryan Arstanas Efendi," *Dersaadet Ticaret Odası Gazetesi*, vol. 646, 1313 M. Mayıs 10 / 1314 Kh. Zilhicce 19, s. 169.
18 Ralp Hewins, *Mr Five Percent, The Biography of Calouste Gulbenkian*, London, 1957, pp. 44-55, 89-91. なお、このグルベンキアン伝は、彼のただ一人の息子 Nubar Sarkis Gulbenkian および義弟、甥、義娘に対してロンドン、パリ、リスボンで行った聞き書きをまとめたもので貴重な内容を含む。1869 年にウシュクダルに灯油商人である Sarkis Gulbenkian の次男として生まれたグルベンキアンは、イスタンブル、マルセイユで教育を受けた後、ロンドンのキングズ・コレッジで鉱山および石油の掘削技術を学び、1887 年に帰国するが、翌年父に命じられてザカフカスに赴き、当時、世界的な産油地として発展しつつあったバクーの石油事情を視察する。その時の見聞をまとめたのが、*La Transcaucasie et la Péninshule d'Apchéron: Souvenirs de Voyage*, Paris, 1891 である。1896 年の事件では難を避けてイスタンブルを離れる際に、たまたま同じ船にアゼルバイジャンのアルメニア系の石油王マンタチョフと乗り合わせ、その知遇を得たのをきっかけに石油ブローカーとして活躍するチャンスを掴み、1912 年にオスマン帝国からイラクの石油利権を獲得することに成功してロイヤルダッチ・シェル石油会社等と共同でトルコ石油を設立、その功績を認められて会社の株 5％を贈られ、Mr Five Percent と渾名された。
19 *İstanbul, Kıtaların, Denizlerin, Yolların, Tacirlerin Buluştuğu Kent*, s. 213.
20 *İstanbul, Kıtaların, Denizlerin, Yolların, Tacirlerin Buluştuğu Kent*, ss. 222-223.
21 Vehbi Koç, *Hayat Hikayem*, ss. 17-18, 26, 40, 48.
22 Vehbi Koç, *Hayat Hikayem*, ss. 28, 30.
23 Vehbi Koç, *Hayat Hikayem*, ss. 35-36, 71.
24 Vehbi Koç, *Hayat Hikayem*, ss. 48, 51-55, 57, 66. 自叙伝の本文ではコチュ商事株式会社の設立年月日は 1938 年 6 月 29 日になっている。しかし、110 頁に掲載されている財閥設立の際にコチュが行った演説では 1937 年 7 月になっているので、ここでは後者を採用

[25] Vehbi Koç, *Hayat Hikayem*, ss. 41, 45, 66.
[26] Vehbi Koç, *Hayat Hikayem*, ss. 41-42.
[27] Vehbi Koç, *Hayat Hikayem*, s. 40.
[28] Vehbi Koç, *Hayat Hikayem*, ss. 57-60, 81-85, 90-91, 95-98, Mustafa Sönmez, *Türkiye'de Holdingler*, İstanbul, n.d., s. 197, 松谷浩尚『現代トルコの経済と産業―トルコ財閥の研究―』(中東調査会、1989 年) 4-5 頁。
[29] Vehbi Koç, *Hayat Hikayem*, ss. 104-112.
[30] *İstanbul, Kıtaların, Denizlerin, Yolların, Tacirlerin Buluştuğu Kent*, ss. 240-241.
[31] Şevket Pamuk, *The Ottoman Empire and European Capitalism, 1820-1913*, Cambridge, 1987, pp. 11, 36, 40, 112, 129.
[32] Donald Quataert, "The age of Reforms, 1812-1914," p. 903, Halil Inalcık, "Türkiye pamuklu tekstil sanayiinde modernleşme," in *Türkiye Tekstil Tarihi üzerine araştırmalar*, İstanbul, 2008, ss. 149, 151.
[33] Şevket Pamuk, *The Ottoman Empire and European Capitalism*, p. 127, Halil Inalcık, "Türkiye pamuklu tekstil sanayiinde modernleşme," s. 149, Donald Quataert, "The age of Reforms, 1812-1914," pp. 902-904.
[34] Güngor Uraş, "Mensucat Santral'ın doğumu ve Ölümü," in *Milliyet*, 28 Nisan 2002, Nurten Erk Tosuner, "80 Yıllık sanayici Fuad Bezmen 100 yaşına 'tertemiz' giriyor," in *Hürriyet*, 27 Nisan 2009.
[35] Zafer Toprak, *Sümerbank*, İstanbul, 1988, ss.31-47, 松谷浩尚『現代トルコの経済と産業―トルコ財閥の研究―』2 頁。
[36] Halil İnalcık, "Türkiye pamuklu tekstil sanayiinde modernleşme," ss. 153-155, Zafer Toprak, *Sümerbank*, s.19.
[37] Sakıp Sabancı, *İşte Hayatım*, İstanbul, 1985, ss.13-16, 21, 28, Sadun Tanju, *Hacı Ömer*, İstanbul, 1983, s.4, Halil Inalcık, "Türkiye pamuklu tekstil sanayiinde modernleşme," s. 156.
[38] Sakıp Sabancı, *İşte Hayatım*, ss. 23, 32-35, 37, 42, 57, 60-61, 64, 88-89, 97, Sadun Tanju, *Hacı Ömer*, s.75, Halil Inalcık, "Türkiye pamuklu tekstil sanayiinde modernleşme," ss. 156-157.
[39] Sakıp Sabancı, *İşte Hayatım*, ss. 65-68, 89, 97, Sadun Tanju, *Hacı Ömer*, ss. 124-126, 289-292.
[40] Sakıp Sabancı, *İşte Hayatım*, ss. 112-113.
[41] Sakıp Sabancı, *İşte Hayatım*, ss. 112-113.
[42] Sakıp Sabancı, *İşte Hayatım*, s. 113.
[43] Sakıp Sabancı, *İşte Hayatım*, ss. 113-114.
[44] Sakıp Sabancı, *İşte Hayatım*, ss. 63-64, 89, 97-99, 106-107, 136-139, 143, 145-146, 150-158, 松谷浩尚『現代トルコの経済と産業―トルコ財閥の研究―』46 頁。
[45] Sakıp Sabancı, *İşte Hayatım*, ss. 117-118, 132-135, 140-141.
[46] Roger Owen and Şevket Pamuk, *A History of Middle East Economies in the Twentieth Century*,

London, 1998, p. 118, Güler Aras, *Avrupa Birliği ve Dünya Pazarlarına Uyum Açısından Türk Tekstil ve Konfeksiyon Sektörünün Rekabet Yeteneği（Finansal Yaklaşım）*, İstanbul, 2006, s. 61.

[47] Robin Barlow & Fikret Şenses, "The Turkish export boom: Just reward or just lucky ?," in *Journal of Development Economics*, vol. 48（1995）, p. 115.

[48] Robin Barlow & Fikret Şenses, "The Turkish export boom: Just reward or just lucky ?," p. 114, İstanbul Büyükşehir Belediyesi, *Sayılarla İstanbul*, İstanbul, n.d., s. 218.

[49] Robin Barlow & Fikret Şenses, "The Turkish export boom: Just reward or just lucky ?," pp. 114-115, 118-121, 松谷浩尚『現代トルコの経済と産業―トルコ財閥の研究―』8頁。

[50] Halil Inalcık, "Türkiye pamuklu tekstil sanayiinde modernleşme, " s. 163.

文献目録

I 文書史料（未公刊）

A トルコ共和国総理府オスマン文書局所蔵文書（Başbakanlık Osmanlı Arşivi）

  a）Irade Tasnifi

    Irade　1309　D97055
    Irade　1309　D97767
    Irade　1309　D98252
    Irade　1309　D98429
    Irade　1309　D98983
    Irade　1309　D99011
    Irade　1309　D99598
    Irade　1309　D99738
    Irade　1309　D99746
    Irade　1309　D100280
    Irade　1309　D100288
    Irade　1309　D101090
    Irade　1309　MM5449

  b）Yıldız Tasnifi Sadaret Resmi Maruzat Evrakı

    Y.A.Res. 56/ 64（1309）
    Y.A.Res. 58/ 2 （1309）
    Y.A.Res. 58/ 36（1309）
    Y.A.Res. 66/ 10（1311）
    Y.A.Res. 84/ 78（1314）
    Y.A.Res. 91/ 2 （1315）

B イギリス国立公文書館所蔵文書（National Archives）

  FO 60/ 107.　Protest against the Greek merchants in Tabreez（November 25, 1844）.

FO 60/ 108. Narrative of a Journey from Tabreez along the Shores of the Caspian Sea to Tehran by Keith Abbott Esq. (29 June, 1844).

FO 60/ 553. Tobacco Regie in Persia. Major Talbot's Concession etc. , Vol.1 (1890-91).

FO 60/ 554. Tobacco Regie in Persia. Major Talbot's Concession etc., Vol.2 (1892 Jan. - Apr. 14).

FO 60/ 555. Tobacco Regie in Persia. Major Talbot's Concession etc., Vol.3 (1893 Apr. 15 - June 10).

FO 78/ 241. Report on the Trade of Persia by Consul Brant (1834).

FO 881/ 3882. A Review of the British Consular Reports on Trade with Turkey in Europe, Turkey in Asia, and Persia, from 1868 to 1877. Confidential.3882.

FO 881/ 4686. British Protection to Persian Subjects in Persia and to Turkish Subjects in the Ottoman Dominions (including Egypt) when partners in British Mercantile Houses in England. (Sir E. Hertslet)

FO 881/ 5653. Confidential, Papers relating to the Case of Mr. A.O. Arsenian, Printed for the use of the Foreign Office, August 1888.

FO 881/ 5728. Reports by Mr. E.F. Law on Commercial Matters in Persia, No.1, Inclosure 7, British Trade and Foreign Competion in North Persia.

FO 881/ 6194. Persia: Memo. Imperial Tobacco Corporation of Persia. Tobacco Régie Concession. (Mr. E. Lehman) (May 9, 1892).

FO 881/ 6194. Persia: Corres. Imperial Tobacco Corporation of Persia. Tobacco Régie Concession. (Mr. E. Lehman) (1890-1892).

FO 881/ 8778. Commercial Mission to SE. Persia. (Mr. A.H. Gleadowe-Newcomen)

II 文書史料（公刊。新聞史料を含む）

A オスマン帝国関係

Ökte, Ertuğrul Zekai (ed.). *Ottoman Archives Yıldız Collection, The Armenian Question* (*Osmanlı Arşivi Yıldız Tasnifin Ermeni Meselesi*), C.1-2-3, İstanbul, 1989.

Şimşir, Bilal N. (ed.). *British Documents on Ottoman Armenians*, Vol.I (1856-1880), Vol.II (1880-1890), Vol.III (1891-1895), Vol.IV (1895), Ankara, 1982 - 1990.

İstanbul İktisad Komisyonı. *Ticaret ve Sanayi Odasında müteşekkil İstanbul İktisad Komisyonı tarafından tanzim olunan Rapor*, 29 Kanun-sani 1340-1924 -- 26 Teşrin-i sani 1340-1924, İstanbul, 1341M.

Trabzon Vilayeti Salnamesi (*Sālname-i Vilāyet-i Trabzon, Sālname-i Trabzon, Trabzon Vilāyettine mahsus Sālnamedr*). Def'a 1- 22, Trabzon, 1286 Kh. (1869) - 1322 Kh.

(1904).

B　カージャール朝・イラン関係

Ādamīyat, Farīdūn va Homā Nāṭeq. *Afkār-e Ejtemāʻī va Siyāsī va Eqtesādī dar Āsār-e Montasher Nashode-ye Dowrān-e Qājār*, Tehrān, 2536 Sh.

Naṣīrī, Moḥammad Reẓā (ed.). *Asnād va Mokātebāt-e Tārīkhī-ye Īrān (Qājārīye)*, 4 vols., Tehrān, 1366-1372 Kh.

Pākdamān, Nāṣer. "ʻAbd al-Ghaffār Najm al-Dowle va "Tashḥīṣ-e Nofūs-e Dār al-Khelāfe," in *Farhang-e Īrān Zamīn* 20, 1353 Kh., pp.324-395.

Saʻdvandiyān, Sīrūs va Manṣūre Ettehādīye (ed.). *Āmār-e Dār al-Khelāfe-ye Tehrān (Asnādī az Tārīkh-e Ejtemāʻī-ye Tehrān dar ʻaṣr-e Qājār)*, Tehrān, 1368 Kh.

Vāḥed-e Nashr-e Asnād (ed.). *Gozīde-ye Asnād-e Siyāsī-ye Īrān va ʻOsmānī, Dowre-ye Qājārīye*, 6 vols., Tehrān, 1369-72 Kh.

C　新聞史料

Dersaadet Ticaret Odası Gazetesi. İstanbul, 1302-1340 M.,

Journal de la chambre de commerce de Constantinople. Constantinople, 1885-1923.

Le Moniteur Oriental. Constantinople, 1882-1920.

Sabah. İstanbul, 1305-1338 M.

Rūznāme-ye Akhtar, Eslāmbūl (İstanbul), 1292-1312 Kh. (repr. tahīye va tanẓīm: Ketābkhāne-ye Mellī-ye Jomhūrī-ye Eslāmī-ye Īrān, Tehrān, 9 vols., 1378-1383 Kh.).

D　イギリス関係

Amanat, A. (ed.). *Cities and Trade: Consul Abbot on the Economy and Society of Iran 1847-1866*, London, 1984.

British Intelligence on Persia (Iran), 1900-1948, 515 microfiche, Leiden, 2004.

Burrell, Robert Michael and Robert L. Jarman (eds). *Iran Political Diaries, 1881-1965*, 14vols., Gerrards Cross, Archive Editions, n.p., 1997.

Gleadowne-Newcomen, A.H. *Report of a Commercial Mission to Persia*, Calcutta, 1905.

Gleadowne-Newcomen, A.H. *Report on the British Indian Commercial Mission to South-Eastern Persia during 1904-1905*, Calcutta, 1906.

Hertslet, Sir Edward. *Treaties and Conventions concluded between Great Britain and Persia and between Persia and other Foreign Powers*, London, 1891.

Hurewitz, J.C. *Diplomacy in the Near East, A Documentary Record: 1535-1914*, 2 vols., New York, 1956.

Lorimer, J.G. *Gazetter of the Persian Gulf, Oman and Central Arabia*, 6 vols., London, 1908 (repr. 1970).

The Persian Gulf Administration Reports, 1873-1947, 10 vols., Archive Editions, Gerrards Cross, Bucks., 1986.

The Persian Gulf Historical Summaries, 1907-1953, 4 vols., Archive Editions, Gerrards Cross, Bucks., 1987.

The Persian Gulf Trade Reports, 1905-1940, 8 vols., Archive Editions, Gerrards Cross, 1987.

Political Diaries of the Persian Gulf, 19 vols., Gerrards Cross, Archive Editions, 1990.

Schwartz, Benjamin (ed.). *Letters from Persia written by Charles and Edward Burgess 1828-1855*, New York, 1942.

E　イギリス下院議会文書（House of Commons Parliamentary Papers）

a）下院への報告書等

Convention of commerce and navigation between Her Majesty and the Sultan of the Ottoman Empire with three additional articles thereunto annexed. Signed at Balta-Liman, near Constantinople, August 16, 1838, [157], L.289, *AP, HCPP,*1839.

Persia, No.1 (1892). Correspondence respecting the Persian Tobacco Concession, [C.6707], LXXIX.205, *AP, HCPP,*1892.

Correspondence respecting the Disturbances at Constantinople in August 1896, [C.8303], CI.301, *AP, HCPP,*1897.

b）領事の年次報告等（*Diplomatic and Consular Reports,* Annual Series）

1. Constantinople（Istanbul）

DCR 197, Report for the year 1886 on the Trade of Constantinople by Mr. Consul Wrench, [C.4928-129], LXXXVI, *AP, HCPP,*1887.

DCR 537, Report for the Years 1887 and 1888 on the Trade of Constantinople by Mr. Consul Wrench, [C.5618-90], LXXXI, *AP, HCPP,*1889.

DCR 1007, Report on the Finances of Turkey and the Administration of the Ottoman Public Debt, [C. 6550-69], LXXXIV, *AP, HCPP,*1892.

DCR 1099, Report for the Year 1889-1891 on the Trade and Commerce of Constantinople by Mr. Vice-Consul Waugh, [C.6812-24], LXXXIV, *AP, HCPP,* 1892.

Report for the Year 1892 on the Trade, &c., of the District of the Consulate-General at Constantinople by Acting Consul-General Wrench, [C.6855-111], XCVII, *AP, HCPP,* 1893-94.

DCR 1384, Report for the Year 1893 on the Trade of the District of the Constantinople Consulate-General by Mr. Assistant Dragoman and Vice-Consul Waugh, [C.7293-54], LXXXVIII, *AP, HCPP,*1894.

DCR 2196, Report on the Trade of Constantinople, Scutari and Durazzo, 1893-97 by Mr. Vice-Consul Sarell, [C.9044-22.], CIII, *AP, HCPP,*1899.

DCR 2650, Report for the Years 1899-1900 on the Trade of Constantinople by Mr. Vice-Consul Sarell, [C.429-108], LXXXV, *AP*, *HCPP,*1901.

DCR 2813, Report for the Year 1901 on the Trade &c., of Constantinople and District by Mr. Vice-Consul Waugh, [Cd.786-117], CX, *AP*, *HCPP,*1902.

DCR 2950, Report for the Year 1902 on the Trade of Constantinople by Mr. Vice-Consul Waugh, [Cd.1386-27], LXXIX, *AP*, *HCPP,*1903.

DCR 3140, Report for the Year 1903 on the Trade of Constantinople and District by Mr. Consul Waugh, [Cd.1766-74], CI. 1-101A, *AP*, *HCPP*, 1904.

DCR 3357, Report for the Year 1904 on the Trade of Constantinople and District by Mr. Consul Waugh, [Cd.2236-101], XCIII, *AP*, *HCPP*, 1905.

DCR 3533, Report for the Year 1905 on the Trade of Constantinople and District by Mr. Consul Waugh, [Cd.2682-58], CXXVIII, *AP*, *HCPP*, 1906.

DCR 3776, Report for the Year 1906 on the Trade of Constantinople and District by Mr. Consul Waugh, [Cd.3283-37], XCIII, *AP*, *HCPP*, 1907.

DCR 4009, Report for the Year 1907 on the Trade of Constantinople and District by Mr. Consul Waugh, [Cd.3727-92], CXVI, *AP*, *HCPP*, 1908.

DCR 4188, Report for the Year 1908 on the Trade of Constantinople and District by Mr. Consul Waugh, [Cd.4446-12], XCVIII, *AP*, *HCPP*, 1909.

DCR 4495, Report for the Year 1909 on the Trade of Constantinople and District by Mr. Consul Waugh, [Cd.4962-107], CIII, *AP*, *HCPP*, 1910.

DCR 4835, Report for the Years 1910-11 on the Trade of Constantinople and District by Mr. Consul Waugh, [Cd.6005-8], C, *AP*, *HCPP*, 1912-13.

DCR 5045, Report for the Year 1912 on the Trade of the Consular District of Constantinople by Mr. Consul Waugh, [Cd.6653-3], LXXIII, *AP*, *HCPP*, 1913.

DCR 5374, Report for the Year 1913 on the Trade of the Consular District of Constantinople by Consul Waugh, [Cd.7048-191], XCV, *AP*, *HCPP*, 1914.

2. Trebizond (Trabzon)

DCR 135, Report for the Year 1886 on the Trade of the Vilayet of Trebizond by Consul Longworth, [C.4923-58], LXXXVI, *AP*, *HCPP*, 1887.

DCR 342, Report for the Year 1887 on the Trade of Trebizond by Consul Longworth, [C.5252-119], CIII, *AP*, *HCPP*, 1888.

DCR 549, Report for the Year 1888 on the Trade of Trebizond by Consul Longworth, [C.5618-102], LXXXI, *AP*, *HCPP*, 1889.

DCR 689, Report for the Year 1889 on the Trade of Trebizond by Consul Longworth, [C.5895-92], LXXVII, *AP*, *HCPP*, 1890.

DCR 878, Report for the Year 1890 on the Trade of the Consular District of Trebizond by Consul

Longworth, [C.6205-109], LXXXVIII, *AP*, *HCPP*, 1890-91.

DCR 1059, Report for the Year 1891 on the Trade of the Vilayet of Trebizond by Consul Longworth, [C.6550-121], LXXXIV, *AP*, *HCPP*, 1892.

DCR 1173, Report for the Year 1892 on the Trade of Trebizond by Consul Longworth, [C.6855-60], XCVII, *AP*, *HCPP*, 1893.

DCR 1346, Report for the Year 1893 on the Trade, &c., of the Consular District of Trebizond by Consul Longworth, [C.7293-16], LXXXVIII, *AP*, *HCPP*, 1894.

DCR 1526, Report for the Year 1894 on the Trade of the the Consular District of Trebizond by Consul Longworth, [C.7581-66], C, *AP*, *HCPP*, 1895.

DCR 1680, Report for the Year 1895 on the Trade of Trebizond by Consul Longworth, [C.7919-48], LXXXIX, *AP*, *HCPP*, 1896.

DCR 1864, Report for the Year 1896 on the Trade of the Trebizond Vilayet by Consul H. Z. Longworth, [C.8277-82], XCIV, *AP*, *HCPP*, 1897.

DCR 2069, Report for the Year 1897 on the Trade and Commerce of the Trebizond and Sivas Vilayets by Mr. Consul Longworth, [C.8648-91], XCIX, *AP*, *HCPP*, 1898.

DCR 2230, Report for the Year 1898 on the Trade and Commerce of the Trebizond Vilayet by Mr. Consul Longworth, [C.9044-56], CIII, *AP*, *HCPP*, 1899.

DCR 2396, Report for the Year 1899 on the Trade and Commerce of the Trebizond and Sivas Vilayets by Mr. Consul Longworth, [Cd.1-33], XCVI, *AP*, *HCPP*, 1900.

DCR 2588, Report on the Trade of the Vilayets of Trebizond and Sivas for the Year 1900, [Cd.429-46], LXXXV, *AP*, *HCPP*, 1901.

DCR 2766, Report for the Year 1901 on the Trade and Commerce of the Trebizond Vilayet by Mr. Consul Longworth , [Cd.786-70], CX, *AP*, *HCPP*, 1902.

DCR 2980, Report for the Year 1902 on the Trade and Commerce of the Trebizond Vilayet by Mr. Consul Longworth , [Cd.1386-57], LXXIX, *AP*, *HCPP*, 1903.

DCR 3160, Report for the Year 1903 on the Trade and Commerce of the Trebizond Vilayet by Mr. Consul Longworth , [Cd.1766-94], CI.1-101A, *AP*, *HCPP*, 1904.

DCR 3359, Report for the Year 1904 on the Trade and Commerce of the Trebizond Vilayet by Mr. Consul Longworth, [Cd. 2236-103], XCIII, *AP*, *HCPP*, 1905.

DCR 3577, Report for the Year 1905 on the Trade and Commerce of the Trebizond Vilayet by Mr. Consul Longworth, [Cd. 2682-102], CXXIX, *AP*, *HCPP*, 1906,

DCR 3911, Report for the Year 1906 on the Trade and Commerce of the Trebizond Vilayet by Mr. Consul Longworth, [Cd. 3288-172], XCIII, *AP*, *HCPP*, 1907.

DCR 4315, Report for the Year 1908 on the Trade and Commerce of the Trebizond Vilayet by Mr. Consul Longworth, [Cd. 4446-139], XCVIII, *AP*, *HCPP*, 1909.

DCR 4538, Report for the Year 1909 on the Trade and Commerce of the Trebizond Vilayet by Mr. Consul Longworth, [Cd. 4962-150], CIII, *AP*, *HCPP*, 1910.

DCR 4740, Report for the Year 1909-10 on the Trade and Commerce of the Trebizond Vilayet by Consul Longworth, [Cd.5465-133], XCIV, *AP*, *HCPP*, 1911.

DCR 5014, Report for the Year 1910-11 on the Trade and Commerce of the Vilayet of Trebizond, by Acting Consul Alvarez, [Cd.6005-187], C, *AP*, *HCPP*, 1912-13.

DCR 5166, Report for the Year 1912 on the Trade and Commerce of the Vilayet of Trebizond by Consul Satow, [Cd. 6665-124], LXXIII, *AP*, *HCPP*, 1913.

DCR 5313, Report for the Year 1913 on the Trade and Commerce of the Vilayet of Trebizond by Consul Satow, [Cd. 7048-180], XCV, *AP*, *HCPP*, 1914.

3. Erzeroum (Erzurum)

DCR 30, Report for the Year 1885 on the Trade of the District of Erzeroum by Acting-Consul Devey, LXXXVI, *AP*, *HCPP*, 1887.

DCR 192, Report for the Year 1886 on the Trade, &c., of the Vilayet of Erzeroum by Acting-Consul Devey, [C.4923-115], LXXXVI, *AP*, *HCPP*, 1887.

DCR 212, Report for the Year 1886 on the Trade of Erzeroum by Acting-Consul Devey, [C4923-135], LXXXVI, *AP*, *HCPP*, 1887.

DCR 386, Report for the Year 1887 on the Trade of Diarbekir (District of Erzeroum) by Acting Vice-Consul Boyajian, [C.5252-163], CIII, *AP*, *HCPP*, 1888.

DCR 527, Report for the Years 1887-88 on the Trade of the District of Erzeroum by Consul H. Chermside, [C.5618-80], LXXXI, *AP*, *HCPP*, 1889.

DCR 930, Report for the Years 1889-90 on the Trade of Erzeroum by Acting-Consul Hampson, [C.6205-161], LXXXVIII, *AP*, *HCPP*, 1890-1891.

DCR 1050, Report for the Year 1891 on the Trade of the District of Erzeroum by Acting-Consul Hampson, [C.6550-112], LXXXIV, *AP*, *HCPP*, 1892.

DCR 1242, Report for the Year 1892 on the Trade of the Consular District of Erzeroum by Acting-Consul Fitzmaurice, [C.6855-129], XCVII, *AP*, *HCPP*, 1893-94.

DCR 1271, Further Report for the Year 1892 on the Trade of the Consular District of Erzeroum (Van and Kharput) by Consul Graves, [C.6855-158], XCVII, *AP*, *HCPP*, 1893-94.

DCR 1426, Report for the Year 1893 on the Trade of the Consular District of Erzeroum by Consul Graves, [C.7293-96], LXXXVIII, *AP*, *HCPP*, 1894.

DCR 1608, Report for the Year 1894 on the Trade, &c., of Erzeroum by Consul Graves, [C.7828-25], C, *AP*, *HCPP*, 1895.

DCR 1821, Report for the Year 1895 on the Trade of Erzeroum by Consul Graves, [C.8277-39], XCIV, *AP*, *HCPP*, 1896.

DCR 1976, Report for the Year 1896 on the Trade of Erzeroum by Consul R.W. Graves, [C.8277-194], XCIV, *AP, HCPP*, 1897.

DCR 2163, Report for the Year 1897 on the Trade of Erzeroum by Consul Graves, [C.8648-185],

XCIX, *AP*, *HCPP*, 1898.

DCR 2233, Report for the Year 1898 on the Trade of Erzeroum by Acting-Consul Massy, [C.9044-59], CIII, *AP*, *HCPP*, 1899.

DCR 2477, Report for the Year 1899 on the Trade of the Consular District of Erzeroum by Consul Lamb, [Cd.1-114], XCVIII, *AP*, *HCPP*, 1900.

DCR 2657, Report for the Year 1900 on the Trade of the Consular District of Erzeroum by Consul Lamb, [Cd. 429-115], LXXXV, *AP*, *HCPP*, 1901.

DCR 2792, Report for the Year 1901 on the Trade of the Consular District of Erzeroum by Consul Lamb, [Cd. 786-96], CX, *AP*, *HCPP*, 1902.

DCR 3003, Report for the Year 1902 on the Trade &c., of the Consular District of Erzeroum by Consul Lamb, [Cd.1386-80], LXXIX, *AP*, *HCPP*, 1903.

DCR 3224, Report for the Year 1903 on the Trade &c., of the Consular District of Erzeroum by Mr. Acting Consul Shipley, [Cd. 1766-158], CI.1-101A, *AP*, *HCPP*, 1904.

DCR 3442, Report for the Year 1904 on the Trade of the Consular District of Erzeroum by Mr. Consul Shipley, [Cd. 2236-186], XCIII, *AP*, *HCPP*, 1905.

DCR 3652, Report for the Year 1905 on the Trade of the Consular District of Erzeroum by Mr. Consul Shipley, [Cd. 2682-177], CXXIX, *AP*, *HCPP*, 1906.

DCR 3851, Report for the Year 1906 on the Trade of the Consular District of Erzeroum by Mr. Consul Shipley, [Cd. 3283-112], XCIII, *AP*, *HCPP*, 1907.

DCR 4115, Report for the Year 1907 on the Trade of the Consular District of Erzeroum by Mr. Consul Shipley, [Cd. 3727-198], CXVII, *AP*, *HCPP*, 1908.

DCR 4389, Report for the Year 1908 on the Trade of the Consular District of Erzeroum by Consul Shipley, [Cd. 4962-1], CIII, *AP*, *HCPP*, 1910.

DCR 4545, Report for the Year 1909 on the Trade of the Consular District of Erzeroum by Consul P. McGregor, [Cd. 4962-157], CIII, *AP*, *HCPP*, 1910.

DCR 4734, Report for the Year 1910 on the Trade of the Consular District of Erzeroum by Consul P.J.McGregor, [Cd. 5465-127], XCVI, *AP*, *HCPP*, 1911.

DCR 4985, Report for the Year 1911 on the Trade of the Consular District of Erzeroum by Consul S.H. Monahan, [Cd. 6005-158], C, *AP*, *HCPP*, 1912-13.

DCR 5159, Report for the Year 1912 on the Trade of the Consular District of Erzeroum by Consul J.H. Monahan, [Cd. 6665-117], LXXIII, *AP*, *HCPP*, 1913.

DCR 5370, Report for the Year 1913 on the Trade of the Consular District of Erzeroum by Consul J.H. Monahan, [Cd. 7048-187], XCV, *AP*, *HCPP*, 1914.

4. Azerbaijan - Tabriz

Report by Mr. Dickson, British Acting Consul-General at Tabreez for 1859, [2896], LXIII, *AP*, *HCPP*, 1861

Remarks by Mr. Consul-General Abbott on the Trade of Tabreez for the Year ending 20th March, 1863, [3393], LXI, *AP*, *HCPP*,1864.
Report by Mr. Consul-General Abbott on the Trade and Commerce of Tabreez for the Year 1864, [3518], LIV, LV, *AP*, *HCPP*,1865.
Report by Mr. Consul-General Abbott on the Trade and Commerce of Tabreez for the Year 1865, [3729], LXX, *AP*, *HCPP*, 1866.
Report by Mr. Consul-General Keith Abbott on the Trade and Commerce of Tabreez for the Year 1866, [3953-viii], LXVIII, *AP*, *HCPP*, 1867-68.
Report by Mr. Consul-General E. Abbott on the Trade and Commerce for the Year 1867, [3953-viii], LXVIII, *AP*, *HCPP*, 1867-68.
Report by Mr. Consul-General Jones on the Trade and Commerce of Tabreez for the Year 1870, [C.343], LXV, *AP*, *HCPP*, 1871.
Report by Mr. Consul-General Jones on the Trade and Commerce of the Province of Azerbaijan for the Year 1870, [C.429], LXVI, *AP*, *HCPP*, 1871.
Report by Mr. Consul-General Jones on the Trade and Commerce of Tabreez for the Year 1872, [C.637], LVIII, *AP*, *HCPP*, 1872.
Report by Consul General Jones on the State of Trade in the Province of Azerbaijan during the Year 1872, LXV, *AP*, *HCPP*, 1873.
Tabreez. Report by Consul General Jones, in Reports by Her Majesty's Consuls on British Abroad, Part II, [C.799], LXVII.351, *AP*, *HCPP*, 1873.
Report by Consul General Jones on the Trade and Commerce of Tabreez for the Year 1873, [C.1132], LXXV, *AP*, *HCPP*, 1875.
Report by Consul General Jones on the Trade and Commerce of Tabreez for the Year 1877-8, [C.2134], LXXV, *AP*, *HCPP*, 1878.
Preliminary Report by Mr. Consul-General Abbott on the Trade and Commerce of the Province of Azerbaijan for the Financial Year ended March 31, 1880, [C.2701], LXXIV, *AP*, *HCPP*, 1880.
Preliminary Report by Mr. Consul-General Abbott on the Trade and Commerce of the Province of Azerbaijan for the Financial Year ended March 31, 1882, [C.3344], LXXI, *AP*, *HCPP*, 1882.
DCR 69, Report for the Year 1885 on the Trade of Tabreez by Mr. Consul-General Abbott, LXXXV, *AP*, *HCPP*, 1887.
DCR 241, Report for the Year 1886-7 on the Trade of Tabreez by Consul-General Abbott, [C.5252-16], CII, *AP*, *HCPP*, 1888.
DCR 423, Report on the Agricultural Resources of the Province of Azerbaijan, District of Tabreez by Abbott, [C.5252-200], CII, *AP*, *HCPP*, 1888.
DCR 445, Report for the Year 1887-88 on the Trade of Tabreez by Consul-General W.G.Abbott, [C.5352-222], CII, *AP*, *HCPP*, 1888.

DCR 611, Report for the Year 1888-89 on the Trade of Tabreez by W.G.Abbott, [C.5895-14], LXXVI, *AP*, *HCPP*, 1890.

DCR 798, Report for the Year ending March 21, 1890 on the Trade of the District of Tabreez by Consul-General C.E. Stewart, [C.6205-29], LXXXVII, *AP*, *HCPP*, 1890-91.

DCR 1440, Report for the Year 1893-94 on the Trade of the Province of Azerbaijan by Cecil G. Wood, [C.7293-110], LXXXVII, *AP*, *HCPP*, 1894.

DCR 1569, Report for the Year 1894-95 on the Trade, &c., of the Consular District of Tabreez by Cecil G. Wood, [C.7581-109], XCIX, *AP*, *HCPP*, 1895.

DCR 1968, Report for the Year 1896-97 on the Trade of the Consular District of Tabreez by C. G. Wood, [C.8277-186], XCII, *AP*, *HCPP*,1897.

DCR 2291, Report for the Year 1898-99 on the Trade and Commerce of Azerbaijan by Cecil G. Wood, [C.9044-117], CI, *AP*, *HCPP*, 1899.

DCR 2685, Report for the Year 1900 on the Trade of Azerbaijan by Cecil G. Wood, [Cd. 429-143], LXXXIV, *AP*, *HCPP*, 1901.

DCR 3308, Report for the Years 1902-04 on the Trade of Azerbaijan by Mr. Consul-Genral C. G. Wratislaw, [Cd.2236-52], XCI, *AP*, *HCPP*, 1905.

DCR 3507, Report for the Years 1904-05 on the Trade of Azerbaijan by Mr. Consul-Genral C. G. Wratislaw, [Cd.2682-32], CXXVII, *AP*, *HCPP*, 1906.

DCR 3736, Report for the Year 1905-06 on the Trade of Azerbaijan by C. G. Wratislaw. [Cd.2682-261], CXXVII, *AP*, *HCPP*, 1906.

DCR 4184, Report for the Years 1906-08 on the Trade of Azerbaijan by C. G. Wratislaw. [Cd.4446-8], XCVII, *AP*, *HCPP*, 1909.

DCR 5088, Report for the Year ended March 21, 1912 on the Trade of Azerbaijan by Acting Consul N.P. Cowan, [Cd.6665-46], LXXI, *AP*, *HCPP*, 1913.

5. Gilan - Rasht

Remarks by Mr.Consul Abbott upon the Silk Trade of Ghilan for the Year Ending March 31, 1865, [3582], LXIX, *AP*, *HCPP*, 1866.

Commercial Reports from Consuls, Foreign Office, vol.8, 1866, part 2, Report by Mr. Consul Abbott on the the Trade and Resources of the Province of Ghilan for the Year 1865, *AP*, *HCPP*, 1866.

Report by Mr. Acting Consul Henry H. Ongley on the Trade and Commerce of Ghilan for the Year 1866, [3953-i], LXVIII, *AP*, *HCPP*, 1867-68.

Report upon the Trade and Resources of the Province of Ghilan for the Year 1869, [C.343], LXV, *AP*, *HCPP*, 1871.

Report by Consul Abbott on the Trade of Ghilan for the Year 1870, [C.543], LVII, *AP*, *HCPP*, 1872.

Report by Consul Abbott on the Trade of Ghilan for the Year 1871, [C.637], LVIII, *AP*, *HCPP*, 1872.

Report by Consul Abbott on the Trade and Commerce of the Province of Ghilan for the Year 1872, LXV, *AP*, *HCPP*, 1873.

Report by Consul Abbott on the Trade and Commerce of the Province of Ghilan for the Year 1873, [C.1079], LXVII, *AP*, *HCPP*, 1874.

Report by Consul Churchill on the Silkworm Disease in Ghilan, [C.1421], LXXIV, *AP*, *HCPP*, 1876.

Report by Consul Churchill on the Trade and Commerce of the Provinces of Ghilan and Asterabad for the Years 1874 and 1875, [C.1589], LXXVI, *AP*, *HCPP*, 1876.

Report by Consul Churchill on the Naphta Pits of Bakou, and the Petroleum Manufactured in the Neighbourhood of that Town, [C.1589], LXXVI, *AP, HCPP*, 1876.

Report by Consul Churchill on the Trade and Commerce of Ghilan, Mazenderan, and Asterabad for the Year 1876, [C.1772], LXXXII, *AP*, *HCPP*, 1877.

Report by Consul Churchill on the Trade and Commerce of Ghilan for the Year 1877, [C.2285], LXXIV, *AP*, *HCPP*, 1878.

Report by Consul Churchill on the Trade and Commerce of the Province of Ghilan for the Year 1878, [C.2285], LXX, *AP*, *HCPP*, 1878-79.

Report by Consul Churchill on the Trade and Commerce of the Persian Caspian Provinces of Ghilan, Mazanderan, and Asterabad for the Year 1879, [C.2577], LXXIV, *AP*, *HCPP*, 1880.

Report by Consul Lovett on the Trade and Commerce of the Province of Asterabad for the Year 1881, [C.3344], LXXI, *AP*, *HCPP*, 1882.

DCR 1189, Report for the Year 1891 on the Trade of the Consular District of Resht by Consul H.L. Churchill, [C.6855-76], *XCV, AP*, *HCPP*, 1893-94.

DCR 1325, Report for the Years 1892-93 on the Trade of the Consular District of Resht by Consul H.L. Churchill, [C.6855-212], XCV, *AP*, *HCPP*, 1893-94.

DCR 1564, Report for the Year 1892-93-94 on the Trade of the Consular District of Resht by Consul H.L. Churchill, [C.7581-104], XCIX, *AP*, *HCPP*, 1895.

DCR 1833, Report for the Year 1895 on the Trade of the Province of Ghilan by Consul H.L. Churchill, [C.8277-51], XCII, *AP*, *HCPP*, 1897.

DCR 2128, Report for the Year 1897 on the Trade and Commerce of Resht by Mr. Consul H.L. Churchill, [C 8648-150], XCVII, *AP*, *HCPP*, 1898.

DCR 2648, Report for the Year 1900 on the Trade of the Consular District of Resht by Acting-Consul Churchill, [Cd.429-106], LXXXIV, *AP*, *HCPP*, 1901.

DCR 3109, Report for the Year 1902-03 on the Trade of the Consular District of Resht by Acting Vice-Consul Churchill, [Cd.1766-43], C, *AP*, *HCPP*, 1904.

DCR 3864, Report from March 20, 1903 to March 20, 1907 on the Trade of the Consular District of

Resht and Asterabad by Vice-Consul H.L. Rabino, [Cd.3283-125], XCI, *AP*, *HCPP*, 1907.

DCR 4381, Report on the Trade and General Condition of the City and Province of Asterabad by Vice-Consul H.L. Rabino, [Cd.4446-205], XCVII, *AP*, *HCPP*, 1909.

DCR 4398, Report from March 20, 1907 to March 20, 1909 on the Trade of the Persian Caspian Provinces (Consular District of Resht and Astarabad) by Vice-Consul Rabino, [Cd. 4962-10], I, *AP*, *HCPP*, 1910.

DCR 4812, Report on the Trade and General Condition of the City of Barfrush and the Province of Mazanderan for the Year 1910-11 by Vice-Consul H.L. Rabino, [Cd.5465-205], XCIV, *AP*, *HCPP*, 1911.

DCR 4828, Report from March 21, 1909 to March 20, 1911 on the Trade of the Persian Caspian Provinces (Consular District of Resht and Astarabad) by Vice-Consul H.L. Rabino, [Cd. 6005-1], XCVIII, *AP*, *HCPP*, 1912-13.

6. Tehran

Report by Mr. Eastwick, Her Majesty's Secretary of Legation, [2960], LVIII, *AP*, *HCPP*, 1862.

Report on the Trade of Khurasan by Mr. Eastwick, Her Majesty's Secretary of Legation to Earl Russel, [3222], LXX, *AP*, *HCPP*, 1863.

Report by Mr. Thomson, Her Majesty's Secretary of Legation, [3392], LXI, *AP*, *HCPP*, 1864.

Report on the Transit Trade between the City of Erzeroom and Persia, M. Magack to Mr. Stuart, [3586], LXXII, *AP*, *HCPP*, 1866.

Report by Mr. W.J. Dickson on the Trade and Commerce of Tehran for the Year 1866, [3953-i], LXVIII, *AP*, *HCPP*, 1867-68.

Report on the Population, Revenue, Military Force, and Trade of Persia by Mr. Thomson, Her Majesty's Secretary of Legation, [3954-iv], LXIX, *AP*, *HCPP*, 1867-68.

Report on the Trade of Persia by Mr. Dickson [C.3409], LXIX, *AP*, *HCPP*, 1882.

Report on the Trade of Persia by Mr. Dickson [C.3836], LXXIX, *AP*, *HCPP*, 1884.

Report on the Trade of Persia by Mr. Dickson [C.4383], LXXVI, *AP*, *HCPP*, 1885.

DCR 113, Report on the Trade and Industries of Persia by Mr. Herbert, [C.4923-36], LXXXV, *AP*, *HCPP*, 1887.

DCR 4487, Report on the Trade of Persia by L. Oliphant, Third Secretary to His Majesty's Legation at Tehran, [Cd.4962-99], CI, *AP*, *HCPP*, 1910.

DCR 4765, Report for the Year 1909-10 on the Trade of Persia by L. Oliphant, Acting Third Secretary to His Majesty's Legation at Tehran, [Cd.5465-189], XCIV, *AP*, *HCPP*, 1911.

DCR 4955, Report for the Year 1910-11 on the Trade of Persia by W.J.Garnett, Secretary to His Majesty's Legation at Tehran, [Cd.6005-128], XCVIII, *AP*, *HCPP*, 1912-13.

DCR 5037, Report for the Year 1911-12 on the Trade of Persia by W.J.Garnett, Secretary to His Majesty's Legation at Tehran, [Cd.6005-210], XCVIII, *AP*, *HCPP*, 1912-13.

DCR 5261, Report for the Year 1912-13 on the Trade of Persia by W.J.Garnett, Secretary to His Majesty's Legation at Tehran,[Cd.7048-78], XCIII, *AP*, *HCPP*, 1914.

DCR 5515, Report for the Year 1913-14 on the Trade of Persia by C.F.I. Ramsden, Third Secretary to His Majesty's Legation at Tehran,[Cd.7620-125], LXXI to LXXV, *AP*, *HCPP*, 1914-16.

7. Isfahan

DCR 1376, Report for the Years 1892-93 and1893-94 on the Trade, &c. of the Consular District of Ispahan by Consul J.R. Preece, [C.7293-46], LXXXVII, *AP*, *HCPP*, 1894.

DCR 1662, Report for the Year 1894-95 on the Trade of Ispahan and Yezd by Consul J.R. Preece, [C.7919-30], LXXXVIII, *AP*, *HCPP*, 1896.

DCR 1953, Report for the Year 1896 on the Trade of Ispahan by Consul J.R.Preece, [C. 277-171], XCII, *AP*, *HCPP*, 1897.

DCR 2260, Report for the Years 1897-98 and 1898-99 on the Trade of Ispahan and District by Consul J.R. Preece, [C.9044-86], CI, *AP*, *HCPP*, 1899.

DCR 3305, Report for the Years 1901-03 on the Trade of Ispahan and District by Consul-General J.R.Preece, [Cd.2236-19], XCI, *AP*, *HCPP, 1905.*

DCR 3748, Report for the Years 1905-06 on the Trade of Ispahan and Yezd by Dr. Aganoor, Acting Consul-General, [Cd.3283-9], XCI, *AP*, *HCPP*, 1907.

DCR 3923, Report for the Year 1906 on the Trade of Ispahan and Yezd by Consul-General Barnham, [Cd.3727-6], CXV, *AP*, *HCPP*, 1908.

DCR 4838, Report for the Year ending March 20, 1911 on the Trade of Ispahan and Yezd by Consul-General G. Grahame, [Cd.6005-11], XCVIII, *AP*, *HCPP*, 1912-13.

DCR 5048, Report for the Year ending March 20, 1912 on the Trade of the Consular District of Ispahan by Consul-General T.G. Grahame, [Cd.6665-6], LXXI, *AP*, *HCPP*, 1913.

DCR 5254, Report for the Year ending March 20, 1913 on the Trade of the Consular District of Ispahan by Consul-General T.G. Grahame, [Cd.7048-71], XCIII, *AP*, *HCPP*, 1914.

DCR 5521, Report for the Year ending March 20, 1914 on the Trade of the Consular District of Isfahan by Consul-General T.G. Grahame, [Cd.7620-131], LXXI to LXXV, *AP*, *HCPP*, 1914-16.

8. Shiraz

DCR 1474, Report for the Year 1893-94 on the Trade of Shiraz by Vice-Consul Crow, [C.7581-14], XCIX, *AP*, *HCPP*, 1895.

DCR 4342, Report for the Year 1908-09 on the Trade of Shiraz by Consul Bill, [Cd.4446-166], XCVII, *AP*, *HCPP,*1909.

DCR 5257, Report for the Year ending March 20, 1913 on the Trade of Shiraz by Major W.F. O' Connor, His Majesty's Consul at Shiraz, [Cd.7048-74], XCIII, *AP*, *HCPP*, 1914.

9. Kerman

DCR 1671, Report for the Year 1894-95 on the Trade of Kerman Consular District by P.M. Sykes, [C.7919-39], LXXXVIII, *AP*, *HCPP*, 1896.

DCR 3032, Report for the Year 1902-03 on the Trade of Kerman Consular District by Major P.M. Sykes, His Majesty's Consul, [Cd.1386-109], LXXVIII, *AP*, *HCPP*, 1903.

DCR 3167, Report for the Year 1903-04 on the Trade of the Kerman Consular District by P.M. Sykes, [Cd.1766-101], C, *AP*, *HCPP*, 1904.

DCR 3374, Report for the Year 1904-05 on the Trade of the Kerman Consular District by P.M. Sykes, [Cd.2236-118], XCI, *AP*, *HCPP*, 1905.

DCR 3682, Report for the Year 1905-06 on the Trade of the Kerman Consular District by Lt. Colonel W. Stewart, [Cd.2682-207], CXXVII, *AP*, *HCPP*, 1906.

DCR 3839, Report for the Year 1906-07 on the Trade of the Kerman Consular District by Major C. Ducat, [Cd.3283-100], XCI, *AP*, *HCPP*, 1907.

DCR 4087, Report for the Year ending March 20, 1908 on the Trade of the Kerman Consular District by Major Ducat, [Cd.3727-170], CXV, *AP*, *HCPP*, 1908.

DCR 4316, Report for the Year ending March 20, 1909 on the Trade of the Kerman Consular District by Major Ducat, [Cd.4446-140], XCVII, *AP*, *HCPP*, 1909.

DCR 4493, Report for the Year ending March 21, 1910 on the Trade of the Kerman Consular District by Nasrullah Khan, in charge of the British Consulate, [Cd.4926-105], CI, *AP*, *HCPP*, 1910.

DCR 4702, Report for the Year 1910-11 on the Trade of the Kerman Consular District by Lieutenant-Colonel T.W. Haig, His Majesty's Consul, [Cd.5465-95], XCIV, *AP*, *HCPP*, 1911.

DCR 4986, Report for the Year 1911-12 on the Trade of the Kerman Consular District by Lieutenant-Colonel T.W. Haig, His Birtannic Majesty's Consul, [Cd.6005-159], XCVIII, *AP*, *HCPP*, 1912-13.

DCR 5266, Report for the Year 1912-13 on the Trade of the Consular District of Kerman by Captain D.L.R. Lorimer, His Majesty's Consul, [Cd.7048-83], XCIII, *AP*, *HCPP*, 1914.

DCR 5482, Report for the Year 1913-14 on the Trade of the Consular District of Kerman by Major D.L.R. Lorimer, His Britannic Majesty's Consul, Kerman, [Cd.7620-92], LXXI to LXXV, *AP*, *HCPP*, 1914-16.

10. Khorasan

DCR 753, Report for the Year 1889-90 on the Trade of Khorasan by Consul-General MacLean, [C.5895-156], LXXVI, *AP*, *HCPP*, 1890.

DCR 976, Report for the Year 1890-91 on the Trade of the Consular District of Meshed by Consul-General MacLean, [C.6550-38], LXXXIII, *AP*, *HCPP*, 1892.

DCR 1134, Report for the Year 1891–92 on the Trade of Northern Khorasan by Consul-General Elias, [C.6855-21], XCV, *AP, HCPP,* 1893–94.

DCR 1268, Report for the Year 1892–93 on the Trade of the Consular District of Meshed by Acting Consular-General E.C. Ringler Thomson, [C.6855-155], XCV, *AP, HCPP,* 1893–94.

DCR 1429, Report for the Years 1893–94 on the Trade of the Consulate-Genral at Meshed by Vice-Consul Ringler Thomson, [C.7293-99], LXXXVII, *AP, HCPP,* 1894.

DCR 1607, Report for the Year 1894–95 on the Trade, &c. of Khorasan by Vice-Consul Ringler Thomson, [C.7828-24], XCIX, *AP, HCPP,* 1895.

DCR 1800, Report for the Year 1895 on the Trade of Khorasan by Consul-General N. Elias, [C.8277-18], XCII, *AP, HCPP,* 1897.

DCR 2008, Report for the Year 1896–7 on the Trade and Agriculture of Khorasan by Attaché Khan Bahadur Maula Bakhsh, [C.8648-30], XCII, *AP, HCPP,* 1897.

DCR 2202, Report for the Year 1897–98 on the Trade and Commerce of Khorasan by Lieut. Colonel Temple, [C. 9044-28], CI, *AP, HCPP,* 1899.

DCR 2368, Report for the Year 1898–99 on the Trade and Commerce of Khorasan by Captain J.F. Whyte, [Cd.1-5], XCV, *AP, HCPP,* 1900.

DCR 2533, Report for the Year 1899–1900 on the Trade and Commerce of Khorasan by Lieutenant-Colonel H.M. Temple, Consul-General, [Cd.352-29], XCV, *AP, HCPP,* 1900.

DCR 2921, Report for the Year 1901–02 on the Trade of Khorasan and Sistan by Lieutenant-Colonel T.F. Whyte, Acting British Consul-General, [Cd.786-225], CIX, *AP, HCPP,* 1902.

DCR 3267, Report for the Year 1902–03 on the Trade of Khorasan and Sistan by Lieut.-Colonel. C.F. Minchin, [Cd.2236-11], XCI, *AP, HCPP,* 1905.

DCR 3376, Report for the Persian Year 1903–04 on the Trade of Khorasan by Lieut.-Col. C.F. Minchin, [Cd.2236-120], XCI, *AP, HCPP,* 1905.

DCR 3499, Report for the Year 1904–05 on the Trade of Khorasan by Maj. P.M. Sykes, [Cd. 2682-24], CXXVII, *AP, HCPP,* 1906.

DCR 3724, Report on the Trade of Khorasan for the Year 1905–06 by Major R.L. Kennion, [Cd. 2682-249], CXXVII, *AP, HCPP,* 1906.

DCR 4006, Report for the Year 1906–07 on the Trade of Khorasan by Major P. Molesworth Sykes, [Cd.3727-89], CXV, *AP, HCPP,* 1908.

DCR 4162, Report for the Year 1907–08 on the Trade of Khorasan by Major P.M. Sykes, [Cd. 3727-245], CXV, *AP, HCPP,* 1908.

DCR 4376, Report for the Year 1908–09 on the Trade of Khorasan by Major P.M. Sykes, [Cd. 4446-200], XCVII, *AP, HCPP,* 1909.

DCR 4604, Report for the Year 1909–10 on the Trade of Khorasan by Major W.F.T. O'Connor, His Britannic Majesty's Consul-General and Agent of the Government of India in Khorasan,

[Cd. 4912-216], CI, *AP*, *HCPP*, 1910.

DCR 4794, Report for the Year 1910-11 on the Trade of Khorasan by Major P.M. Sykes, His Britannic Majesty's Consul-General in Khorasan, [Cd.5465-187], XCIV, *AP*, *HCPP*, 1911.

DCR 4991, Report for the Year 1911-12 on the Trade of Khorasan by Major P.M. Sykes, His Britannic Majesty's Consul-General in Khorasan, [Cd.6005-164], XCVIII, *AP*, *HCPP*, 1912-13.

DCR 5211, Report for the Year 1912-13 on the Trade of Khorasan by Major P.M. Sykes, His Britannic Majesty's Consul-General in Khorasan, [Cd.7048-27], XCIII, *AP*, *HCPP*, 1914.

DCR 5481, Report for the Year ending March 20, 1914 on the Trade of Khorasan by Lieutenant Colonel T.W. Haig, His Britannic Majesty's Consul-General and Agent of Government of India in Khorasan, [Cd.7620-91], LXXI to LXXV, *AP*, *HCPP*, 1914-16.

11. Sistan

DCR 3500, Report for the Year ending February 18, 1905, on the Trade of the Provinces of Sistan and Kain by Capt. A.D. MacPherson, [Cd.2682-25], CXXVII, *AP*, *HCPP*,1906.

DCR 3728, Report for the Year ending February 20, 1906 on the Trade of the Provinces of Sistan and Kain by Acting Consul Lieutenant Dankes, [Cd.2662-253], CXXVII, *AP*, *HCPP*, 1906.

DCR 3970, Report for the Year ending February 19, 1907 on the Trade of the Provinces of Seistan and Kain by Major R.L. Kennion, [Cd.3727-53], CXV, *AP*, *HCPP*, 1908.

DCR 4156, Report for the Year ending March 20, 1908 on the Trade of the Provinces of Seistan and Kain by Major R.L. Kennion, [Cd.3727-239], CXV, *AP*, *HCPP*, 1908.

DCR 4396, Report for the Year 1908-09 on the Trade of the Provinces of Seistan and Kain by Major Kennion, [Cd.4962-8], CI, *AP*, *HCPP*, 1910.

DCR 4587, Report for the Year 1909-10 on the Trade of the Provinces of Seistan and Kain by Major Frank McConaghey, [Cd.4962-199], CI, *AP*, *HCPP*, 1910.

DCR 4792, Report for the Year 1910-11 on the Trade of the Provinces of Seistan and Kain by Major W.F.T. O'Connor, His Britannic Majesty's Consul, [Cd.5465-185], XCIV, *AP*, *HCPP*, 1911.

DCR 5010, Report for the Year 1911-12 on the Trade of the Provinces of Seistan and Kain by Captain J.B.D.Hunter, His Britannic Majesty's Acting Consul, [Cd.6005-183], XCVIII, *AP*, *HCPP*, 1912-13.

DCR 5357, Report for the Year ending March 20, 1913 on the Trade of the Districts of Seistan and Kain by Major F.B. Prideaux, His Britannic Majesty's Consul, [Cd.7048-174], XCIII, *AP*, *HCPP*, 1914.

DCR 5539, Report for the Year ending March 20, 1914 on the Trade of the Districts of Seistan and Kain by Major F.B. Prideaux, His Britannic Majesty's Consul, [Cd.7620-149], LXXI to LXXV, *AP*, *HCPP*, 1914-16.

12. Kermanshah

DCR 3043, Report for the Year 1902-03 on the Trade of Kermanshah by H.L. Rabino, British Consular Agent, [Cd.1386-120], LXXVIII, *AP, HCPP,* 1903.

DCR 3189, Report for the Year 1903-04 on the Trade of Kermanshah and District by Mr.H.L. Rabino, British Consular Agent, [Cd.1766-123], C, *AP, HCPP,* 1904.

DCR 3420, Report for the Year 1904-05 on the Trade of Kermanshah by Acting Consul H.L. Rabino, [Cd.2236-164], XCI, *AP, HCPP,* 1905.

DCR 3683, Report for the Year ended March 20, 1906 on the Trade of Kermanshah by Captain H. Gough, [Cd.2682-208], CXXVII, *AP, HCPP,* 1906.

DCR 3953, Report for the Year 1906-07 on the Trade of Kermanshah by Captain L. Haworth [Cd.3727-36], CXV, *AP, HCPP, 1908.*

DCR 4100, Report for the Year March 21, 1907 to March 20, 1908 on the Trade of Kermanshah by Captain L. H. Haworth, [Cd. 3727-188], CXV, *AP, HCPP, 1908.*

DCR 4365, Report for the Year 1908-09 on the Trade of Kermanshah by Captain L. Haworth, [Cd.4446-189], XCVII, *AP, HCPP,* 1909.

DCR 4559, Report for the Year ending March 20, 1910 on the Trade of the Consular District of Kermanshah by Consul McDouall, [Cd.4962-171], CI, *AP, HCPP,* 1910.

DCR 4766, Report for the Year ending March 21, 1911 on the Trade of the Consular District of Kermanshah by Consul McDouall, [Cd.5465-159], XCIV, *AP, HCPP,* 1911.

DCR 4994, Report for the Year ended March 20, 1912 on the Trade of Kermanshah by Consul McDouall, [Cd.6005-167], XCVIII, *AP, HCPP,* 1912-13.

DCR 5204, Report for the Year ending March 20, 1913 on the Trade of Kermanshah by Consul McDouall, [Cd.7048-20], XCIII, *AP, HCPP,* 1914.

DCR 5419, Report for the Year ending March 21, 1914 on the Trade of Kermanshah by Consul McDouall, [Cd.7620-29], LXXI to LXXV, *AP, HCPP,* 1914-16.

13. Persian Gulf

Report lately made by Colonel Pelly to the Indian Government on the Trade of the Persian Gulf, India Office, 11 August 1871, LI, *AP, HCPP,* 1871.

Report on the Trade of the Persian Gulf and Muscat for the Year 1873 by E.C. Ross, Political Resident in the Persian Gulf, [C.1421], LXXIV, *AP, HCPP,* 1876.

Report on the Trade of the Persian Gulf and Muscat for the Years 1874-75 by Geo Lucas, Uncovtd. Asst. Resdt., Persian Gulf, [C.1421], LXXIV, AP, HCPP, 1876.

Report by Consul-General Ross on the Trade and Commerce of the Persian Gulf for the Year 1879, [C.2713], LXXV, *AP, HCPP,* 1880.

Report by Consul-General Ross on the Trade and Commerce of the Persian Gulf for the Year 1880, [C.3131], LXX, *AP, HCPP,* 1880.

Report by Consul-General Ross on the Trade and Commerce of the Persian Gulf for the Year 1882, LXXIV, *AP*, *HCPP*, 1883.

Report by Consul-General Ross on the Trade and Commerce of the Persian Gulf during the Year 1883, [C.4240], LXXVII, *AP*, *HCPP*, 1885.

DCR 29, Report for the Year 1885 on the Trade of Persian Gulf by Acting Consul-Genenrral Miles, LXXXV, *AP*, *HCPP*, 1887.

DCR 166, Report for the Year 1886 on the Trade of Fars by Consul-Genenrral Ross, [C.4923-89], LXXXV, *AP*, *HCPP*, 1887.

DCR 367, Report for the Year 1887 on the Trade of Fars by Consul-Genenrral Ross, [C.5252-144], CII, *AP*, *HCPP*, 1888.

DCR 591, Report for the Year 1888 on the Trade of Bushire by Consul-General C.W. Ross, [C.5618-144], LXXX, *AP*, *HCPP*, 1889.

DCR 629, Report for the Year Ended March 31, 1889, on the Trade of South Persia and the Persian Gulf by Consul-Genenrral Ross, [C.5895-32], LXXVI, *AP*, *HCPP*, 1889.

DCR 760, Report for the Year 1889 on the Trade of Bushire by Consul-Genenrral Ross, [C.5895-163], LXXVI, *AP*, *HCPP*, 1890.

DCR 826, Report for the Year 1890 on the Trade of Mohamerah by Mr. W. McDouall, Vice-Consul at Mohamerah, [C.6205-57], LXXXVII, *AP*, *HCPP*, 1890-91.

DCR 946, Report for the Year 1890 on the Trade of the District of Bushire by Consul-Genenrral Ross, [C.6550-8], LXXXIII, *AP*, *HCPP*, 1892.

DCR 946, Report for the Year 1890 on the Trade of the District of Bushire by Consul-Genenrral Ross, [C.6550-8], LXXXIII, *AP*, *HCPP*, 1892.

DCR 1092, Report for the Year 1891 on the Trade of the District of the Consulate-General at Bushire by Consul-General Talbot, [C.6812-17], LXXXIII, *AP*, *HCPP*, 1892.

DCR 1252, Report for the Year 1892 on the Trade, &c., of the Consular District of Bushire by Consul-General Talbot, [C.6855-139], XCV, *AP*, *HCPP*,1893-94.

DCR 1475, Report for the Year 1893 on the Trade of Bushire by Consul-General F.A. Wilson, [C.7581-15], XCIX, *AP*, *HCPP*, 1895.

DCR 1627, Report for the Year 1894 on the Trade of Consulate-General at Bushire by Consul-General F.A. Wilson, [C.7828-44], XCIX, *AP*, *HCPP*, 1895.

DCR 1797, Report for the Year 1895 on the Trade of Bushire by Consul-General F.A. Wilson, [C.8277-15], XCII, *AP*, *HCPP*, 1897

DCR 2018, Report for the Year 1896 on the Trade of the Consular District of Bushire by Consul-General Meade, [C.8648-40], XCVIII, *AP*, *HCPP*, 1898

DCR 2186, Report for the Year 1897 on the Trade of Bushire and District by Liut.-Colonel Meade, [C.9044-12], CI, *AP*, *HCPP*, 1899.

DCR 2346, Report for the Year 1898 on the Trade and Commerce of the Persian Gulf by Colonel M.

J.Meade, [C.9496-17], CI, *AP*, *HCPP*, 1899.

DCR 2442, Report for the Year 1899 on the Trade and Commerce of the Persian Gulf by Lt. Col. M. J.Meade, [Cd.1-79], XCV, *AP*, *HCPP*, 1900.

DCR 2631, Report for the Year 1900 on the Trade and Commerce of the Persian Gulf by Liut. Colonel C.A. Kemball, [Cd.429-89], LXXXIV, *AP*, *HCPP*, 1901.

DCR 2803, Report for the Year 1901 on the Trade and Commerce of the Persian Gulf by Liut. Colonel C.A. Kemball, [Cd.786-107], CIX, *AP*, *HCPP*, 1902.

DCR 3036, Report for the Year 1902 on the Trade and Commerce of the Persian Gulf by Lieutenant Colonel C. A. Kemball, His Majesty's Acting Consul-General for Fars, Khuzistan &c., [Cd.1386-113], CXXVIII, *AP*, *HCPP*, 1903.

DCR 3182, Report for the Year 1903 on the Trade and Commerce of the Persian Gulf by Lieut. -Colonel C.A. Kemball, [Cd.1766-116], C, *AP*, *HCPP*, 1904.

DCR 3408, Report for the Year 1904 on the Trade and Commerce of the Persian Gulf by Mr. Vice-Consul Richards, [Cd.2236-152], XCI, *AP*, *HCPP*, 1905.

DCR 3581, Report for the Year 1905 on the Trade and Commerce of Bushire by Mr. Vice-Consul Richards, [Cd.2682-106], CXXVII, *AP*, *HCPP*, 1906.

DCR 3951, Report for the Year 1906-07 on the Trade and Commerce of Bushire by Vice-Consul H.G. Chick, [Cd.3727-34], CXV, *AP*, *HCPP*, 1908.

DCR 4179, Report for the Persian Fiscal Year March 22, 1907 to March 21, 1908 on the Trade of Bushire by Vice-Consul H.G. Chick, [Cd.4446-3], XCVII, *AP*, *HCPP*, 1909.

DCR 4397, Report for the Persian Fiscal Year March 22, 1908 to March 21, 1909 on the Trade of Bushire by Vice-Consul H.G. Chick, [Cd.4962-9], CI, *AP*, *HCPP*, 1910.

DCR 4606, Report for the Persian Fiscal Year March 22, 1909 to March 21, 1910 on theTrade of the Consular District of Bushire by N. Worral, Assistant in His Majesty's Consular Service, [Cd.4962-218], CI, *AP*, *HCPP*, 1910.

DCR 4823, Report for the Persian Fiscal Year March 22, 1910 to March 21, 1911 on the Trade of the Consular District of Bushire by Vice-Consul H.G. Chick, [Cd.5465-216], XCIV, *AP*, *HCPP*, 1911.

DCR 5093, Report for the Persian Fiscal Year March 21, 1911 to March 20, 1912 on the Trade of the Consular District of Bushire by Vice-Consul H.G. Chick, [Cd.6665-51], LXXI, *AP*, *HCPP*, 1913.

DCR 5255, Report for the Persian Fiscal Year March 21, 1912 to March 20, 1913 on the Trade of the Consular District of Bushire by Vice-Consul H.G. Chick, [Cd.7048-72], XCIII, *AP*, *HCPP*, 1914.

DCR 5430, Report for the Year ending March 21, 1914 on the Trade of Bushire by Acting Vice-Consul C.J. Edmonds, [Cd.7620-40], LXXI to LXXV, *AP*, *HCPP*, 1914-16.

14. Arabistan [Khuzestan]

DCR 3360, Report for the Year 1904 on the Trade and Commerce of Arabistan by Consul McDouall, [Cd.2236-104], XCI, *AP*, *HCPP*, 1905.

DCR 3579, Report for the Year 1905 on the Trade and Commerce of Arabistan by Consul McDouall, [Cd.2682-104], CXXVII, *AP*, *HCPP*, 1906.

DCR 3885, Report for the Year ending March 21, 1907 on the Trade and Commerce of Arabistan by Consul McDouall, [Cd.3283-146], XCI, *AP,HCPP*, 1907.

DCR 4134, Report for the Year ended March 20, 1908 on the Trade and Commerce of the Province of Arabistan by Consul McDouall, [Cd.3727-217], CXV, *AP, HCPP*, 1908.

DCR 4343, Report for the Year ending March 20, 1909 on the Trade and Commerce of the Province of Arabistan by Consul McDouall, [Cd.4446-167], XCVII, *AP, HCPP*, 1909.

DCR 4594, Report for the Year ending March 22, 1910 on the Trade and Commerce of the Province of Arabistan by Leutenant A. T. Wilson, Indian Army, Acting Consul for Arabistan, [Cd. 4962-206], CI, *AP, HCPP*, 1910.

DCR 4827, Report for the Year ending March 20, 1911 on the Trade and Commerce of the Province of Arabistan by Captain L.B.Haworth, Acting Consul for Arabistan, [Cd.6005], XCVIII, *AP, HCPP*, 1912-13.

DCR 5264, Report for the Year ending March 20, 1913 on the Trade and Commerce of the Province of Arabistan by Major L. Haworth, His Majesty's Consul for Arabistan, [Cd.7048-81], XCIII, *AP,HCPP*, 1914.

DCR 5450, Report for the Year ending March 20, 1914 on the Trade and Commerce of the Province of Arabistan by Major A.P. Trevor, His Majesty's Consul for Arabistan, [Cd.7620-60], LXXI to LXXV, *AP, HCPP*, 1914-16..

15. Bandar 'Abbas and Lingah

DCR 3702, Report for the Year 1905 on the Trade and Commerce of Bundar Abbas and Lingah by Lieutenant W. Shakespear, [Cd.2682-227], *CXVII, AP, HCPP*, 1906.

DCR 3858, Report for the Year 1906 on the Trade and Commerce of Bundar Abbas and Lingah by Consul C.H. Gabriel, [Cd.3288-119], XCI, *AP, HCPP*, 1907.

DCR 4076, Report for the Year 1907-08 on the Trade and Commerce of Bundar Abbas and Lingah by Lieutenant C.H. Gabriel, [Cd.3727-159], CXV, *AP, HCPP*, 1908.

DCR 4437, Report for the Persian Official year, March 21, 1908 to March 20, 1909 on the Trade and Commerce of Bundar Abbas and Lingah by Captain M.E. Rae, His Majesty's Consul, [Cd.4962-49], CI, *AP, HCPP*, 1910.

DCR 4561, Report for the Persian Official Year, March 21, 1909 to March 20, 1910 on the Trade and Commerce of Bundar Abbas by Captain M.E. Rae, [Cd.4962-173], CI, *AP, HCPP*, 1910.

DCR 4811, Report for the Persian Official Year, March 21, 1910 to March 20, 1911 on the Trade and Commerce of Bundar Abbas by Captain H. V. Biscoe, His Majesty's Consul, [Cd. 5465-204], XCIV, *AP, HCPP*, 1911.

DCR 4821, Report for the Persian Official Year, March 21, 1910 to March 20, 1911 on the Trade and Commerce of Lingah by Vice-Consul R.H. New, [Cd.5465-214], XCIV, *AP, HCPP*, 1911.

DCR 5032, Report for the Persian Official Year, March 21, 1911 to March 20, 1912 on the Trade and Commerce of Lingah by Vice-Consul R.H. New, [Cd.6005-205], XCVIII, *AP, HCPP*, 1912-13.

DCR 5033, Report for the Persian Official Year, March 21, 1911 to March 20, 1912 on the Trade and Commerce of Bundar Abbas by Captain H. V. Biscoe, His Majesty's Consul, [Cd. 6005-206], XCVIII, *AP, HCPP*, 1912-13.

DCR 5263, Report for the Persian Official Year, March 21, 1912 to March 20, 1913 on the Trade and Commerce of Bundar Abbas by Captain H. V. Biscoe, His Majesty's Consul, [Cd. 7048-80], XCIII, *AP, HCPP*, 1914.

DCR 5277, Report for the Persian Official Year, March 21, 1912 to March 20, 1913 on the Trade and Commerce of Lingah by R.H. New, [Cd.7048-94], XCIII, *AP,HCPP*, 1914.

DCR 5413, Report for the Persian Official Year, March 21, 1913 to March 20, 1914 on the Trade and Commerce of Lingah by Vice-Consul G.A.G. Mungavin, [Cd.7620-23], LXXI to LXXV, *AP,HCPP*, 1914-16.

DCR 5425, Report for the Persian Official Year, March 21, 1913 to March 20, 1914 on the Trade and Commerce of Bundar Abbas by Captain H.V. Briscoe, His Britannic Majesty's Consul, [Cd.7620-35], LXXI to LXXV, *AP,HCPP*, 1914-16.

c) 領事等からの雑報 (*Diplomatic and Consular Reports,* Miscellaneous Series)

Report on the Present State of Persia and Her Mineral Resources, &c.; with Appendix by Dr. Baker on the Diseases and Climate of the North of Persia by Mr. Herbert, [C.4781], LXVII.205, *AP, HCPP*, 1886.

DCR MS15, Report on the importation of cotton goods of an inferior quality into Persia, Tabreez No.1, Consul-General Abbott to the Earl of Iddesleigh, Tabreez, September 27, 1886, Tabreez No.2. Consul-General Abbott to the Earl of Iddesleigh, Tabreez, October 23, 1886, [C.4924], LXXXII.1, *AP, HCPP*, 1887.

DCR MS71, Report on the Commercial Importance of the Transcaspian Railway, [C.5253-7], XCIX.1, *AP, HCPP*, 1888.

DCR MS119, Notes on British trade and Foreign Competition in North Persia by Mr.E.F. Law, Commercial Attaché for Russia, Persia, and the Asiatic Provinces of Turkey, [C.5619-8], LXXVII.411, *AP, HCPP*, 1889.

DCR MS144, Notes on the Wool Trade in Persia and Trans-Caucasia by Mr.E.F. Law, Commercial

Attaché for Russia, Persia, and the Asiatic Provinces of Turkey, [C.5619-2], LXXVII.411, *AP*, *HCPP*, 1889.

DCR MS 207, Report by Major-General T.E. Gordon on a Journey from Tehran to Karun and Mohamerah, via Kum, Sultanabad, Burujird, Khoremabad, Dizful, and Ahwaz, [C.6206-27], LXXXIV.1, *AP*, *HCPP*, 1890-91.

DCR 590, Report on the Trade and General Condition of the City and Province of Kermanshah by H.L. Rabino, Agent of the Imperial Bank of Persia, [Cd.1387-3], LXXVI, *AP*, *HCPP*, 1903.

Report on the Condition and Prospects of British Trade in Persia by H.W. Maclean, Special Commissioner of the Commercial Intelligence Commitee of the Board of Trade, [Cd.2146], XCV.789, *AP*, *HCPP*, 1904.

III 文献史料

A カージャール朝・イラン史関係

'Abd al-Razzāq Mohandes Boghāyerī, *Naqshe-ye Tehrān va aṭrāf dar sāl-e 1328 Hejrī Qamarī - 1910 Mīlādī*, repr. *Naqshe-ye Tehrān va aṭrāf dar zamān-e Aḥmad Shāh*, Tehrān, 1363 Kh.

Adamec, L. *Historical Gazetter of Iran*, Vol.1 (Tehran), Graz, 1976, Vol.2 (Meshed), Graz, 1981.

Ādamīyat, Farīdūn. *Showresh bar Emtiyāznāme-ye Rezhī: Taḥlīl-e Siyāsī*, Tehrān, 1360Kh.

Amīrkhīzī, Ḥājj Esmāʿīl. *Qiyām-e Āzarbāyjān va Sattār Khān*, Tehrān, Chāp-e dovvom, 2536 Sh.

Bāmdād, Mehdī. *Sharh-e Ḥāl-e Rejāl-e Īrān*, 6 vols., Tehrān, 1347-1351Kh.

Bird, I.L. (Mrs. Bishop). *Journey in Persia and Kurdistan*, 2vols., London, 1891.

Browne, E.G. *The Persian Revolution of 1905-1909*, London, 1910.

Browne, E.G. *A Year Amongst the Persians*, Cambridge, 1927.

Coxon, H. *Oriental Carpets: How They Are Made and Conveyd to Europe, with a Narrative of a Journey to the East in Search of Them*. London, 1884.

Curzon, G.N. *Persia and the Persian Question*, 2 vols., London, 1892.

E'temād al-Saltane, Moḥammad Ḥasan Khān (ed. ʿAbd al-Ḥoseyn Navāʾī & Mīr Hāshem Moḥaddes). *Merʾāt al-Boldān*, Tehrān, 1367 Kh.

Farāhānī, Mirza Moḥammad Ḥoseyn (ed. Ḥāfez Fārmān Farmāʿiyān), *Safarnāme-ye Mīrzā Moḥammad Ḥoseyn Farāhānī be Qafqāzīye — ʿOsmānī — Makke, 1302-1303 Hejrī Qamarī*, Tehrān, 1342 Kh.

Farāhānī, Mīrzā Moḥammad Ḥoseyn (ed. Masʿūd Golzārī). *Safarnāme*-ye Mīrzā Moḥammad Ḥoseyn Farāhānī Tehrān, 1362 Kh.

Farmayan, Hafez and Elton Daniel, (tr. & annotated). *A Shi'ite Pilgrimage to Mecca 1885-*

1886, Austin, 1990.

Fraser, D. *Persia and Turkey in Revolt*, London, 1910.

Ḥājjī Pīrzāde (ed. Ḥāfeẓ Farmān Farmā'iyān). *Safarnāme-ye Ḥājjī Pīrzāde*, 2vols., Tehrān, 1342–43 Kh.

Ḥājj Sayyāḥ, Moḥammad 'Alī (ed. 'Alī Dehbāshī). *Safarnāme-ye Ḥājj Sayyāḥ be Farang*, Tehrān, 1363 Kh.

Hājj Sayyāḥ, Moḥammad 'Alī (tr. Mehrbanoo Nasser Deyhim). *An Iranian in Nineteenth Century Europe, The Travel Diaries of Hāj Sayyāh 1859–1877*, Bethesda, Maryland, 1999.

Houtum-Schindler, *Eastern Persian Irak*, London,1896.

Höltzer, Ernst (ed. & tr. Moḥammad Assemi). *Persien vor 113 Jahren*, Text und Bilder 1. Teil: Eṣfahān, Tehrān, 2535 Sh.

Jamālzāde, Seyyed Moḥammad 'Alī. *Ganj-e Shāygān*, Tehrān, 1362 Kh.

Karbalā'ī, Sheykh Ḥasan (ed. Ebrāhīm Dehgān). *Qarārdād-e Rezhī 1890 m.*, n.p., n.d.

Kasravī, Aḥmad. *Tārīkh-e Mashrūṭe-ye Īrān*, Tehrān, Chāp-e nohom, 1351 Kh.

Kasravī, Aḥmad. *Zendegānī-ye Man*, Tehrān, 2535 Sh.

Kasravi, Aḥmad. *Tārīkh-e Hījdah Sāle-ye Āẕarbāyijān*, Tehrān, 2535 Sh.

Kasravī, Aḥmad. "Tārīkhche-ye Chobūq va Ghalyān," in Yaḥyā Ẕokā (ed.). *Kārvand-e Kasravī*, Tehrān, 2536 Sh. pp. 201–219.

Kasravi, Ahmad (tr. Evan Siegel). *History of the Iranian Constitutional Revolution*, Vol. I, Costa Mesa, 2006.

Kasravī, Aḥmad. *Āẕarī yā Zabān-e Bāstān-e Āẕarbāyijān*, Tehrān, n.d.

Kermānī, Nāẓem al-Eslām. *Tārīkh-e Bīdārī-ye Īrāniyān*, Tehrān, Bakhsh-e Avval va Dovvom, 1357 Kh.

Lafont, F. & H. Rabino. *L'industrie sericicole en Perse*, Montpellier, 1910.

Marāghe'ī, Zeyn al-Ābedīn. *Siyāhatnāme-ye Ebrāhīm Beyg yā Balā-ye Ta'assob-e ū*, n.p., n.d.

Martin, F.R. *A History of Oriental Carpets before 1800*, Vienna, 1908.

Mīrzā Ḥoseyn Khān Pesar-e Moḥammad Ebrāhīm Khān Taḥvīldār-e Eṣfahān (ed. Manūchehr Sotūde), *Joghrāfiyā-ye Eṣfahān*, Tehrān, 1342 Kh.

Moḥammad Mahdī Arbāb b. Moḥammad Reẓā Eṣfahānī (ed. Manūchehr Sotūde), *Neṣf-e Jahān fī Ta'rīf al-Eṣfahān*, Tehrān, 1340 Kh.

Mostowfī, 'Abd Allāh. *Sharḥ-e Zendegānī-ye Man yā Tārīkh-e Ejtemā'ī va Edārī-ye Dowre-ye Qājār*, Vol. I-III, Tehrān, 1343 Kh.

Najm al-Dowle, 'Abd al-Ghaffār, *Naqshe-ye Tehrān dar sāl-e 1309 Hejrī Qamarī -1891 Mīlādī*, repr. *Naqshe-ye Tehrān dar zamān-e Nāṣer al-Dīn Shāh*, Tehrān, 1363 Kh.

Nāder Mīrzā. *Tārīkh va Joghrāfī-ye Dār al-Salṭane-ye Tabrīz*, Tehrān, 1351 Kh.

Nasiru'd-in Shah (tr. J.W. Redhouse). *The Diary of H.M. The Shah of Persia, A.D. 1873*, London, 1874.

Nasiru'd-in Shah (tr. Houtum-Schindler & L. de Norman). *A Diary kept by H.M. The Shah of Persia during his Journey to Europe in A.D. 1878*, London, 1878.

Nasiru'd-in Shah. *Second Travels and Adventures of the Shah of Persia in Europe*, Bombay, 1881.

Nasiru'd-in Shah. *The Third Tour of the Shah of Persia in Europe*, Bombay, 1891.

Rabino di Borgomale, H.L. "A Journey in Mazanderan from Resht to Sari," in *Geographical Journal* 42 (1913), pp. 434-54.

Rabino, J. "Banking of Persia," in *Journal of the Institute of Bankers*, Vol.13, part 1, 1892, pp. 1-56.

Rabino, J. "An Economist's Notes on Persia," in *Journal of the Royal Geographical Society of London* 64 (1901), pp. 265-291.

Resulzade, Mehmet Emin (ed. Y.Akpınar, İ.M. Yıldırım ve S. Çağın). *İran Türkleri*, İstanbul, 1993.

Ṣaniʿ al-Dowle, Moḥammad Ḥasan Khān (Eʿtemād al-Salṭane) (ed. Moḥammad Golbān), *Safarnāme-ye Ṣaniʿ al-Dowle*, Tehrān, 2534 Sh.

Sāsānī, Khān Malek. *Yādbūdhā-ye Sefārat-e Estanbūl*, Tehrān, 1344 Kh.

Sayyāḥ, Ḥamīd (ed.). *Khāṭerāt-e Ḥājj Sayyāḥ yā Dowre-ye Khowf va Vaḥshat*, Tehrān, 2536 Sh.

Taqīzāde, H. (ed. I. Afshār). *Zendegī-ye Ṭūfānī*, Tehrān, 1367 Kh.

Taqīzāde, H. "*Ravābeṭ-e Īrān va Torkīye*," in *Maqālāt-e Taqīzāde*, Vol.1., Tehrān, 1349 Kh. pp. 241-246.

Taqizade, H. (tr. Nikkie R. Keddie). "The Background of the Constitutional Movement in Azerbaijan," in *Middle East Journal* 14 (1960), pp. 456-465.

Wills, C.J. *In the Land of Lion and Sun*, London, 1883.

Wills, C.J. *Persia as It Is*, London, 1883.

Wilson, X.W. (ed.). *Handbook for Travellers in Asia Minor, Transcaucasia, Persia, etc.*, London, 1895.

Wolff, H.D. *Rambling Recollections*, 2 Vols., London, 1908.

Vahīdniyā, Seyfollāh. *Qarārhā va Qarārdādhā-ye Dowrān-e Qājāriyye*, Tehrān, 1362 Kh.

B　オスマン帝国・トルコ史関係

Alakom, Rohat. *Eski İstanbul Kürtleri (1453-1925)*, İstanbul, 1998.

Asaf, Mehmet (ed. İsmet Parmaksızoğlu). *1909 Adana Ermeni Olayları ve Anılarım*, Ankara, 1982.

Bezmen, Nermin. *Fuad Bezmen — Bir Duayen'in Hatıratı*, İstanbul, 2002.

Bliss, Edwin Munsell. *Turkish Cruelties upon the Armenian Christians*, Chicago & Philadelphia, 1896.

Ergin, Osman Nuri. *Mecelle-i Umūr-i Belediyye*, Cilt 2, İstanbul, 1995.

Gulbenkian, Calouste. *La Transcaucasie et la Péninshule d'Apchéron: Souvenirs de Voyage*, Paris, 1891.

İrtem, Süleyman Kani (ed. Osman Selim Kocahanoğlu). *Ermeni Meselesinin İçyüzü*, İstanbul, 2004.

Karabekir, Kazım (ed. Orhan Hülagü- Ömer Hakan Özalp). *İktisat Esaslarımız, Hatıra ve Zabıtlarıyla 1923 İzmir İktisat Kongresi*, İstanbul, 2001.

Koç, Vehbi. *Hayat Hikayem*, İstanbul, 1973.

Lynch, H.B. *Armenia; Travels and Studies*, 2 vols., London, 1901.

Mintzuri, Hagop (tr. Silva Kuyumucuyan), *İstanbul Anıları 1897-1940*, İstanbul, 1994.

Mirzabala, Mehmetzade. *Ermeniler ve İran*, İstanbul, 1927.

Nazım Paşa, Hüseyn (ed. Necati Aktaş, Mustafa Oğuz, Mustafa Küçük). *Ermeni olayları Tarihi*, 2vols., Ankara, 1994.

Nazım Paşa, Hüseyn (ed. Tahsin Yıldırım). *Hatıralarım — Ermeni Olaylarının İçyüzü*, İstanbul, 2003.

Nowill Obe, Sydney. *Constantinople and Istanbul — 72 Years of Life in Turkey*, Kibworth Beauchamp, Leicestershire, 2011.

Pears, Edwin. *Forty Years in Constantinople*, New York, 1916 (Repr.1971).

Pervititch, Jacques. *Sigorta Haritalarında İstanbul*, İstanbul, n.d.

Sakıp Sabancı, *İşte Hayatım*, İstanbul, 1985.

Sakıp Sabancı (tr. İştetayatim). *This is My Life*, Avon, 2nd ed. 1988.

Sonyel, Salahi R. *İngiliz Gizli Belgelerine Göre Adana'da Vuku Bulan Türk-Ermeni Olayları (Temmuz 1908 - Aralık 1909)*, Ankara, 1988.

Stoeckel, J.M. "Modern Turkey carpets. A monoghraph," in C. Purdon Clarke (ed.), *Oriental Carpets*, Vienna, 1892.

Süleyman Sudi, *Defter-i Muktesid*, 3 cilt, İstanbul, 1306-1307 Kh.

Süleyman Sudi (ed. Mehmed Ali İnal), *Osmanlı Vergi Duzeni (Defter-i Muktesid)*, İsparta, 1996.

Sema, Sadri (ed. Ali Şükrü Çoruk), *Eski İstanbul Hatıraları*, İstanbul, 2002.

Ticaret ve Sanayi Odasında müteşekkil İstanbul İktisad Komisyonı tarafından tanzim olunan Rapor, 29 Kanun-u sani 1340 M.-1924 — 26 Teşrin-i sani 1340 M.-1924, İstanbul,1341 M.

Toynbee, Arnold J. *Armenian Atrocities. The Murder of Nation*, London, New York and Toronto, 1915.

Toynbee, Arnold J. "A Summary of Armenian History up to and including the year 1915," in Bryce Viscount, *The Treatment of the Armenians in the Ottoman Empire 1915-1916*, London, 1916.

Toynbee, Arnold J. *The Murderous Tyranny of the Turks*, London, New york and Toronto, 1917.

Toynbee, Arnold J. *The Western Question in Greece and Turkey*, London, 1922.

Villari, Luigi. *Fire and Sword in the Caucasus*, London,1906.

Yordanidu, Maria (tr. Osman Bleda). *Loksandra*, İstanbul, 1990.

Zarifi, Yorgo L. (tr. Karin Skotiniyadis), *Hatıralarım, Kaybolan Bir Dünya İstanbul 1800-1920*, İstanbul, 2002.

1330 senesi İstanbul Belediyesi İhsaiyat Mecmuası, Dersaadet, 1331 M.

IV 研究文献

A カージャール朝・イラン史関係(ペルシア語・欧米諸語等で著された単行本・論文)

Abrahamian, E. "Kasravi: The Integrative Nationalist of Iran," in *Middle East Studies* 9 (1973), pp. 271-295.

Abrahamian, E. *Iran between Two Revolution*, Princeton, 1982.

Abrahamian, E. "A Brief Note Respecting the Trade of the Northern Provinces of Persia, Addressed to T.H. Villiers [1832]," in *IS* 16 (1983), pp. 279-93.

Ādamīyat, Farīdūn. *Shūresh bar Emtiyāznāme-ye Rezhī: Taḥlīl-e Siyāsī*, Tehrān, 1360 Kh.

Afari, Janet. *The Constitutional Revolution (1906-1911): Grassroots Democracy, Social Democracy, the Origins of Feminism*, New York, 1996.

Afshar, Īrāj. "Persian Travelogues: A Description and Biblioghraphy," in Elton L. Daniel (ed.), *Society and Culture in Qajar Iran, Studies in Honor of Hafez Farmayan*, California, 2002, pp. 145-162.

Afshari, M.H. "The Pīsivarān and Merchants in Precapitalist Iranian Society," in *IJMES* 15 (1983), pp. 133-55.

Ağaoğlu, Ahmet. *1500 ile 1900 Arasında İran*, Ankara, 1934.

Ağaoğlu, Ahmet. *İran ve İnkilabı*, İstanbul, 1941.

Altstadt, Audrey L. *The Azerbaijani Turks*, Stanford, 1992.

Amanat, Abbas. *Pivot of Universe: Nasir al-Din Shah Qajar and the Iranian Monarchy, 1831-1896*, London & New York, 1997.

And, Metin. *Ritüelden Drama — Kerbelā — Muharrem — Taʿziye*, İstanbul, 1999.

Ashraf, A. "Historical Obstacles to the Development of a Bourgeosie in Iran," in *IS* 16(1969), pp. 54-79.

Ashraf, A. "The Roots of Emerging Dual Class Structure in Nineteenth Century Iran," in *IS* 14 (1981), pp. 5-27.

Ashraf, A. and H. Hekmat, "Merchants and Artisans and the Developmental Processes of Nineteenth Century Iran," in A.L. Udovich (ed.), *The Islamic Middle East 700-1900*, Princeton, 1981, pp. 725-750.

Atabaki, Touraj. *Azerbaijan - Ethnicity and Autonomy in Twentieeth century Iran*, London, 1993.

Atabaki, Touraj (ed.). *Iran and the First World War*, London, 2006.

Avery, Peter W. *Modern Iran*, London, 1965.

Avery, Peter W. "Persia on a Cross of Silver, 1880-1890," in E.Kedouri and S.Haim (ed.),

Towards a Modern Iran, London, 1980, pp. 1-37.
Baba, İmran (ed.). *Azerbaycan, Birinci Uluslararası Sempozyumu Bildirileri*, Atatürk Yüksek Kurumu Atatürk Kültür Merkezi Başkanlığı, Ankara, 2002.
Baghdiantz McCabe, Ina. "Silk and Silver: The Trade and Organization of New Julfa at the End of the Seventeenth Century," in *Revue des études arméniennes* 25 (1994-95), pp. 389-416.
Baghdiantz McCabe, Ina. " Socio-Economic Conditions in New Julfa post 1650: The Impact of Conversions to Islam on International Trade, " in *Revue des études arméniennes* 26 (1996-97), pp. 367-397.
Baghdiantz McCabe, Ina. " Merchant Capital and Knowledge: The Financing of Early Printing Presses by the Eurasian Silk Trade of New Julfa, " in *Treasures in Heaven: Armenian Art, Religeon, and Society*, New York, 1998, pp. 59-71.
Baghdiantz McCabe, Ina. *The Shah's Silk for Europe's Silver, The Eurasian Trade of Julfa Armenians in Safavid Iran and India (1530-1750)*, Atlanta, 1999.
Bahrambeygui, H. *Tehran: An Urban Analysis*, Tehrān, 1977.
Bakhash, Shaul. *Iran: Monarchy, Bureaucracy & Reform under the Qajars: 1858-1896*, London, 1978.
Banani, Amin. *The Modernization of Iran*, Stanford, 1961.
Bayat, Mangol. *Iran's First Revolution: Shiʿism and the Constitutional Revolution of 1905-1909*, Oxford, 1991.
Bazin, M. "La culture du tabac dans le Gilan," in *Studia Iranica* 9 (1980), pp. 121-30.
Bennet, Ian (ed.), *Rugs & Carpets of the World*, Edison, 1996.
Bonakdarian, Mansour. *Britain and the Iranian Constitutional Revolution of 1906-1911*, Syracuse, 2006.
Bosworth, C.E. & Hillenbrand, C. (eds.). *Qajar Iran, 1800-1925: Political, Social, and Cultural Change*, Edinburgh, 1984.
Browne, Edward G. *The Press and Poetry of Modern Persia*, Cambridge, 1914, repr. Los Angeles, 1983.
Browne, Edward G. *A Literary History of Persia*, 4 vols. Cambridge, 1956.
Busse, H. *History of Persia under Qajar Rule*, New York, 1972.
Carswell, John. "The Armenians and East-West Trade through Persia in the XVIIth Century," in M.Mollat (ed.) *Sociétés et compagnies de commerce en Orient et dans l'Océan Indien*, pp. 481-486.
Choqueri, C. (ed.). *The Armenians of Iran: The Paradoxical Role of a Minority in a Dominant Culture*, Harvard University Press, 1998.
Doerfer, Gerhard. *Türkische und Mongolische Elemente im Neuperisischen*, vol.1-4, Wiesbaden, 1963-69.
Doerfer, Gerhard. "Irano-Altaistisca: Turkish and Mongolian Languages of Persia and Afganistan,"

in *Current Trends in Lnguistics* 6, pp. 217-234.

Doerfer, Gerhard. "Das Chaladsch - eine archaische Türksprache in Zentralpersien," in *ZDMG* 118 (1968), pp.79-112.

Edwards, A.C. *The Persian Carpet*, Worcester and London, 1983.

Ellwanger, W. de L. *The Oriental Rug: A Monoghraph on Eastern Rugs with Some Practical Advice to Collectors*, New York, 1903.

Enayat, Anne. "AMĪN AL-ẒARB," in *Encyclopeadia Iranica*, vol.1, London, 1985, pp. 951-953.

Entner, M.L. *Russo-Persian Commercial Relations, 1828-1914*, Gainsville, 1965.

Erdmann, Kurt. *Seven hundred years of Oriental carpets*, Berkeley, 1970.

Ettehadieh, Mansoureh. "Patterns in urban developement; the growth of Tehran (1852-1903)," in E.Bosworth & C.Hillenbrand (eds.), *Qajar Iran, 1800-1925: Political, social and cultural change*, Edinburgh,1984, pp. 199-212.

Etteḥādīyye, Mansūre. *Injā Tehrān ast...: Majmūʻe-ye Maqālātī dar bāre-ye Tehrān 1269-1344*, Tehrān, 1377 Kh.

Farmayan, Hafez F. "Observations on Sources for the Study of Nineteenth and Twentieth Century Iranian Hsitory," in *IJMES* 5 (1974), pp. 32-49.

Ferrier, R.W. "The Armenians and the East India Company in Persia in the Seventeenth and Early Eighteenth Centuries, in *The Economic History Review*, 2nd Series, vol. 26-1 (1973), pp. 38-62.

Floor, W.M. "BĀZĀR ii. Organization and Function," in *Encyclopaedia Iranica*, vol.4, London, 1989, pp. 25-30.

Floor, W.M. "The Merchants (*tujjār*) in Qājār Iran," in *ZDMG* 126 (1976), pp. 101-35.

Floor, W.M. "The Customs in Qājār Iran," in *ZDMG* 126 (1976), pp. 281-311.

Floor, W.M. "Bankruptcy in Qājār Iran," in *ZDMG* 127 (1977), pp. 61-76.

Floor, W.M. "The Bankers (*ṣarrāf*) in Qājār Iran," in *ZDMG* 129 (1979), pp. 263-281.

Floor, W.M. "Hotz Versus Muhammmad Shafiʻ A Case Study in Commercial Litigation in Qājār Iran, 1888-1894," in *IJMES* 15 (1983), pp. 185-209.

Floor, W.M. "The Office of Muhtasib in Iran," in *IS* 18 (Winter, 1985), pp. 53-74.

Floor, W.M. "The Dutch and the Persian Silk Trade," in Ch. Melville (ed.), *Safavid Persia*, Cambridge, 1996, pp. 323-69.

Floor, W.M. *The Persian Textile Industry in historical perspective, 1500-1925*, Paris, 1999.

Floor, W.M. *A Fiscal History of Iran in the Safavid and Qajar Period 1500-1925*, New York, 1999.

Floor, W.M. *Traditional Crafts in Qajar Iran (1800-1925)*, Costa Mesa, 2003.

Floor, W.M. *Agriculture in Qajar Iran*, Washington D.C., 2003.

Floor, W.M. "Tea Consumption and Imports into Qajar Iran," in *Studia Iranica* 33 (2004), pp. 47-111.

Floor, W.M. "Weights and Measures in Qajar Iran," in *Studia Iranica* 37-1 (2008), pp. 57-115.

Floor, W.M. *Textile Imports into Qajar Iran*, Costa Mesa, 2009.
Gaube H. & Wirth, E. *Der Bazar von Isfahan*, Wiesbaden, 1978.
Ghougassian, Vazken S. *The Emergence of the Armenian Diocese of New Julfa in the Seventeenth Century*, University of Pennsylvania, 1998.
Gilber, Gad. G. "Demographic Developments in Late Qajar Persia, 1870-1906," in *Asian & African Studies* 2 (1976), pp. 125-56.
Gilber, Gad. G. "The Big Merchants (tujjār) and the Persian Constitutional Revolution of 1906," in *Asian & African Studies* 11 (1977), pp. 275-303.
Gilber, Gad. G. "Persian Agriculture in the Late Qajar Period, 1860-1906," in *Asian & African Studies* 12 (1978), pp. 312-65.
Gilber, Gad. G. "The Persian Economy in the Mid-19th Century," in *Die Welt des Islams* 19 (1979), pp. 177-211.
Gilber, Gad. G. "Trends in the Development of Prices in Late Qajar Iran, 1870-1906," in *IS* 17 (1983), pp. 177-98.
Herzig, Edmund M. "The Deportation of the Armenians 1604-1605 and Europe's Myth of Shāh 'Abbās I," in Ch. Melville (ed.), *Persian and Islamic Studies: in honour of P. W. Avery*, Cambridge 1, 1990, pp. 59-71.
Herzig, Edmund M. "The Volume of Iranian Raw Silk Exports in the Safavid period," in *IS* 25-1/2 (1992), pp. 61-81.
Herzig, Edmund M. "The Family Firm in the Commercial Organization of the Julfa Armenians," in Jean Calmard(ed.), *Etudes Safavides*, Paris-Téhéran, 1993, pp. 287-304.
Herzig, Edmund M. "The Rise of the Julfa Merchants in the Late Sixteenth Century," in Ch. Melville (ed.), *Safavid Persia*, London, 1996, pp. 305-322.
Helfgott, Leonard M. *Ties that Bind, A Social History of the Iranian Carpet*, Washington and New York, 1993.
Higgins, Patricia J. "Minority-State Relations in Contemporary Iran," in *IS* 17-1 (1984), pp. 37-71.
Holt, R.B. *Rugs, Oriental and Occidental, Antique and Modern: a Handbook for Ready Reference*, Chicago, 1901.
Issawi, Charles. "The Tabriz-Trabzon Trade, 1830-1900: Rise and Decline of a Trade Route," in *IJMES* 1 (1970), pp. 18-27.
Issawi, Charles (ed.). *The Economic History of Iran 1800-1914*, Chicago, 1971.
Issawi, Charles. "Iranian Trade, 1800-1914," in *IS* 16 (1983), pp. 229-242.
Ittig, Annette. "Ziegler's Sultanabad Carpet Enterprise," in *IS* 25-1/2 (1992), pp. 103-135.
Ittig, Annette. "The Kirmani Boom — A Study in Carpet Entrepreneurship," in Robert Pinner & Alter B.Denny (eds.). *Oriental Carpet & Textile Studies* I, London, 1985, pp. 111-123.
Jones, Geoffrey. *Banking and Empire in Iran*, Cambridge, 1986.

Kafkasyalı, Ali. *İran Türkleri*, İstanbul, 2010.
Kafkasyalı, Ali. *İran Coğrafyasında Türkler*, İstanbul, 2011.
Kazemzadeh, F. *Russia and Britain in Persia 1864-1914*, New Haven, 1968.
Keddie, Nikkie R. *Relligion and Rebellion in Iran, The Tobacco Protest of 1891-1892*, London, 1966.
Keddie, Nikkie R., *Sayyid Jamal al-Din "Al-Afghani": A Political Bioghraphy*, Berkeley, 1972.
Keddie, Nikki R. & Rudi Matthee (eds.), *Iran and the Surrounding World: interactions in culture and cultural politics*, Seatle, 2002.
Kévonian, Keram. "Marchands arméniens au XVIIe siècle," in *Cahiers du monde russe et soviètique* 16 (1975), pp. 199-244.
Khachikian, Levon. "Le registre d'un marchand arménien en Perse, en Inde et au Tibet (1682-1693)," in *Annales, Économies, Sociétés, Civilisations* 22-2 (1967), pp. 231-278.
Khansari, Mehdi & Minouch Yavari. *The Persian Bazar - Veiled Space of Desire*, Washinghton, 1993.
Kheirabadi, Masoud. *Iranian Cities - Formation and Development*, Austin, 1991.
Lambton, A.K.S. "The Impact of the West on Persia," in *International Affairs* 33 (1957), pp. 12-25.
Lambton, A.K.S. "The Tobacco Regie: Prelude to Revolution," in *SI* 22 (1965), pp. 119-157; 23 (1965), pp. 71-90 and repr. in A.K.S Lambton, *Qājār Persia*, Austin, 1987, pp. 223-276.
Lambton, A.K.S. "The Case of Ḥajjī Nūr al-Dīn, 1823-47," in *BSOAS* 30 (1967), pp. 54-72.
Lambton, A.K.S. "The Case of Ḥajiī 'Abd al-karīm, A Study on the Role of the Merchant in Mid-nineteenth Century Persia," in C.E.Bosworth (ed.) *Iran and Islam*, Edinburgh, 1971, pp. 331-360.
Lambton, A.K.S. *Qājār Persia*, Austin, 1987.
Lewis, G.G. *The Practical Book of Oriental Rugs*, Philadelphia, 1911.
Mahdavi, A. "Les archives Aminozzarb. Source pour l'histoire économique et sociale de l'Iran (fin du XIXe - début XXe siècle)," in *Le Monde iranien et l'Islam* 4 (1976-7), pp. 195-222.
Mahdavi, A. "The Significance of Private Archives for the Study of the Economic and Social History of Iran in the Late Qajar Period," in *IS* 16 (1983), pp. 243-278.
Mahdavi, Shireen. *For God, Mammon and Country, A Nineteenth Century Persian Merchant, Haj Muhammad Hassan Amin al-Zarb*, Boulder & Oxford, 1999.
Martin, Vanessa. *Islam and Modernism: The Iranian Revolution of 1906*, London, 1989.
Masters, Bruce. "The Treaties of Erzurum (1823 and 1848) and the Changing Status of Iranians in the Ottoman Empire," in *IS* 24/ 1-4 (1991), pp. 3-15.
Matthee, Rudolph P. *The Politics of Trade in Safavid Iran: Silk for Silver, 1600-1730*, Cambridge, 1999.
McDaniel, R.A. " Economic Change and Economic Resiliency in Nineteenth Century Persia," in *IS*

4 (1971), pp. 36-49.
Menges, Karl H. "Research in the Turkic dialects of Iran (Preliminary report on a trip to Persia)," in *Oriens* 4 (1951), pp. 273-279.
Minorsky,V. "The Turkish dialects of the Khalaj," in *BSOAS* 10/2 (1950), pp. 417-437.
Mirza Bala, Mehmetzade. *Ermeniler ve İran*, İstanbul, 1927.
Moaddel, Mansour. "Shi'i Political Discourse and Class Mobilization in the Tobacco Movement of 1890-1892," in *Sociological Forum* 7-3, 1992, pp. 447-468.
Mohammadi, Ali (ed.). *Iran Encountering Globalization: problems and prospects*, London, 2003.
Moʻtamedī, Moḥsen. *Joghrāfiyā-ye Tārīkhī-ye Tehrān*, Tehrān. 1381 Kh.
Mo'taẓed, Khosrow. *Ḥājj Amīn al-Ẓarb: Tārīkh-e Tejārat-e Sarmāyegozārī-ye Sanʻatī dar Īrān*, n.p., 1366 Kh.
Muford, J.K. *Oriental Rugs*, New York, 1900.
Najmī, Nāṣer. *Dār al-Khelāfe-ye Tehrān*, Tehrān, 1348 Kh.
Nasiri, Mohanmad Reza. *Nāsıreddın Şah Zamanında Osmanlı-İran Münasebetleri (1848-1896)*, Tokyo, 1991.
Nashat, G. "From Bazar to Market: Foreign Trade and Economic Development in Nineteenth Century Iran," in *IS* 14 (1981), pp. 53-85.
Nezam-Mafi, Mansoureh E. "Merchants and Government, Tobacco and Trade: The case of Kordestan, 1333 Kh./ 1919," in *IS* 20-1 (1987), pp. 1-15.
Niyā, Raḥīm Ra'īs. *Īrān va 'Oshmānī dar Āstāne-ye Qarn-e Bīstom*, 3vols. Tabrīz, 1374 Kh.
Nowshiravani, V.F. "The Beginning of Commercialized Agriculture in Iran," in A.L.Udovitch (ed.) *The Islamic Middle East 700- 1900*, Princeton, 1981, pp. 547-591.
Nūrbakhsh, Masʻūd. *Tehrān be Revāyat-e Tārīkh,* 4vols. Tehrān, 1381 Kh.
Olson, W.J. "The Mazanderan Development Project and Haji Mohammad Hasan: A Study in Persian Entrepreneurship, 1884-1896," in E. Kedouri and S. Haim (eds.), *Towards a Modern Iran*, London, 1980, pp. 38-55.
Pope, A.U. *A Survey of Persian Art*, Vol. III-IV, London & New York, 1939.
Ripley, M. *The Oriental Rug Book: Turkish, Persian, Caucasian, Turkomania, Indian Rugs: Legends and Myths, Designs, Material, Symbolism of Colours, Dyes, Shapes*, London, 1905.
Sabri-Tabrizi, Gholam-Reza. *Iran - A Child's Story, A Man's Experience*, Edinburgh, 1989.
Sakamoto, Tsutomu. "Istanbul and the Carpet Trade of Iran," in Th. Zarcone et F. Zarinebaf-Shahr (eds.). *Les Iraniens d'Istanbul*, Institut Français de Recherches en Iran et Institut Français d'études Anatoliennes, Paris-Téhéran-Istanbul, 1993, pp. 213-231.
Sakamoto, Tsutomu. "Islamic Pilgrimage and Tourism," in Tadao Umesao and, Harumi Behu (eds.), *Japanese Civilization in the Modern World IX: Comparative Perspective in Tourism*, *Senri Ethnological Studies* 38, Osaka, 1995, pp. 141-153.
Sakamoto, Tsutomu. " Trading Networks in Western Asia and the Iranian Silk Trade, " in S.

Sugiyama and Linda Grove (eds.), *Commercial Networks in Modern Asia*, Richmond, 2001, pp. 235–250.

Scarce, J. *Isfahan in Camera, 19th Century Persia through the Photographs of Ernest Holtzer*, London, 1976.

Seyf, Ahmad. "Silk Production and Trade in Iran in the Ninetennth Century," in *IS* 16-1/2 (1983), pp.51–71.

Seyf, Ahmad. "The Carpet Trade and the Economy of Iran, 1870–1906," in *Iran* 30 (1992), pp. 99–105.

Seyf, Ahmad. "Despotism and the Disintegration of the Iranian Economy, 1500–1800, " in E. Kedourie and S.G. Haim, *Essays on the Economic History of the Middle East*, London, 1997. pp. 1–19.

Seyf, Ahmad. " Foreign Firms and Local Merchants in the Nineteenth Century Iran, " in *Middle East Studise* 36-4 (2000), pp. 137–155.

Shaffer, Brenda. *Borders and Brethren, Iran and the Challenge of Azerbaijani Identity*, Cambridge (Massachusetts) & London, 2002.

Shahrī, Jaʿfar. *Tārīkh-e Ejtemāʿī-ye Tehrān dar Qarn-e Sīzdahom*, 6vols., Tehrān, chāp-e dovvom, 1369 Kh.

Sohrabi, Nader. *Revolution and Constitutionalism in the Ottoman Empire and Iran*, New York, 2011.

Stone, Peter F. *The Oriental Rug Lexicon*, London, 1997.

Suzuki, Hitoshi. "A Note on the Jan. 20, 1891 Akhtar Article concerning the Persian Tobacco Concession," in *AJAMES* 1 (1986), pp. 310–331.

Swietochowski, Tadeusz. *Russian Azerbaijan, 1905–1920*, Cambridge, 1985.

Tīmūrī, Ebrāhīm. *ʿAṣr-e Bī Khabarī, yā Tārīkh-e Emtiyāzāt dar Īrān*, Tehrān, 1363 Kh.

Tīmūrī, Ebrāhīm. *Taḥrīm-e Tanbākū: Avvalīn Moqāvamat-e Manfī dar Īrān*, Tehrān, 1328 Kh.

Tuson Penelope. *The Record of the British Residency and Agencies in the Persian Gulf*, London, 1978.

Vartan, Gregorian. "Minorities of Isfahan: The Armenian Community of Isfahan, 1587–1722," in *IS* 7-2 (1974), pp. 652–680.

Vaziri, Mostafa. *Iran as Imagined Nation: The Construction of National Identity*, New York, 1993.

Werner, Christoph. *An Iranian Town in Transition: A Social and Economic History of the Elites of Tabriz, 1747–1848*, Wiesbaden, 2000.

Wright, D. *The English amongst the Persians during the Qajar Period 1787–1921*, London,1977.

Wright, D. *The Persians amongst the English: Episodes in Anglo-Persian History*, London,1985.

Ydema, Onno. *Carpets and their Datings in Netherlandish Paintings 1540–1700*, Woodbridge, 1991.

Zanjānī, Moḥammad Reżā. *Taḥlīl-e Tārīkhī-ye Zamān-e Pīshvā-ye Bozorg, ʿĀlem Tashayoʿ*

Marhūm-e Āyat Allāh Ḥājjī Mīrzā Ḥasan Shīrāzī: Tahrīm-e Tanbākū, Tehrān, n.d.

Ẕokāʾ, Yaḥyā. *Tārīkhche-ye Sākhtemānhā-ye Arg-e Salṭanatī-ye Tehrān*, Tehrān, 1349 Kh.

Ẕokāʾ, Yaḥyā, Moḥammad Ḥasan Semsār (pazhūhesh), va ʿAlī Khādem (ʿakkāsī). *Tehrān dar Taṣvīr*, vol.1, Tehrān, 1369 Kh.

Zarcone, Th. et Zarinebaf-Shahr, F. (eds.). *Les Iraniens d'Istanbul*, Institut Français de Recherches en Iran et Institut Français d'études Anatoliennes, Paris-Téhéran-Istanbul, 1993.

B オスマン帝国・トルコ史関係（トルコ語・欧米諸語等で著された単行本・論文）

Affetinan, A. *İzmir İktisat Kongresi 17 Şubat ― 4 Mart 1923*, Ankara, 1982.

Akkuş, Turgay. *Meşrutiyet'ten Cumhuriyet'e Bursa Kent Tarihinde Gayrimüslimler*, İstanbul, 2010.

Akpınar, Mehmet. "Reji Uygulamasına Trabzon Örneği," in *Trabzon Tarihi Sempozyumu (Trabzon, 6-8 Kasım 1998)*, Trabzon, 1999, ss. 541-552.

Aktar Ayhan. *Türk Milliyetçiliği, Gayrimüslimler ve Ekonomik Dönüşüm*, İstanbul, 2006.

Alexandris, Alexis. *The Greek Minority of Istanbul and Greek-Turkish Relations 1918-1974*, Ahens, 1992.

Algar, Hamid. "Bektaşī ve İran: Temaslar ve Bağlantılar," in *Tarihī ve Kültürel Boyutlarıyla Türkiye'de Alevīler, Bektaşīler, Nusayrīler*, 1999, ss. 135-180.

Anonymous. *İstanbul , Kıtaların, Denizlerin, Yolların, Tacirlerin, Buluştuğu Kent (The City where the Continents, Seas, Roads, Merchants Meet)*, İstanubl, 1997.

And, Metin. *Istanbul in the 16th Century*, Istanbul, 1994.

Aras, Bülent, *The New Geopolitics of Eurasia and Turkey's Position*, London, 2002.

Aras, Güler. *Avrupa Birliği ve Dünya Pazarlarına Uyum Açısından Türk Tekstil ve Konfeksiyon Sektörünün Rekabet Yeteneği*, İstanbul, 2006.

Asaf, Mehmet (ed. İsmet Parmaksızoğlu). *1909 Adana Ermeni Olayları ve Anılarım*, Ankara, 1982.

Aslanapa, Oktay. *One Thousand Years of Turkish Carpets*, Istanbul, 1988.

Atan, Turhan. *Türk Gümrük Tarihi* I, Ankara, 1990.

Augustinos, Gerasimos. *The Greeks of Asia Minor*, Kent, 1992.

Aygün, Necmettin. *Onsekizinci Yüzyılda Trabzon'da Ticaret*, Trabzon, 2005.

Aynural, Salih. *İstanbul Değirmenleri ve Fırınları, Zahire Ticareti (1740-1840)*, İstanbul, 2001.

Bağış, Ali İhsan. *Osmanlı Ticaretinde Gayri Müslimler*, Ankara, 1983 (2. Baskı, 1998).

Bağış, Ali İhsan. "Osmanlı'dan *Cumhuriyet'e Türk-Müslüman Burjuvazisi Oluşturma Çabaları*," in *Osmanlı* 3 (1999), ss. 543-547.

Bacqué-Grammont, Jean-Louis et Paul Dumont (eds.). *Contributions à l'histoire économique et sociale de l'Empire ottoman*, Leuven, 1983.

Balta, Evangelia. "History and Historiography on Greek Tobacco," in Emine Gürsoy Naskali (ed.), *Tütün Kitabı*, İstanbul, 2003, ss. 86-97.

Barlow, Robin & Fikret Şenses. " The Turkish export boom: Just reward or just lucky?," in *Journal of Development Economics* 48 (1995) pp. 111-133.

Baykara, Hüseyn. *Azerbaycan İstiklâl Mücadelesi Tarihi*, İstanbul, 1975.

Behar, Cem. *The Population of the Ottoman Empire and Turkey, 1500 — 1927*, Ankara, 1995.

Beydilli, Kemal. "Karadeniz'in Kapalılığı karısında Avrupa Küçük Devletleri ve "Mîrî Ticâret" Teşebbüsü," in *Belleten* 214 (1991), ss. 687-755.

Beydilli, Kemal. *II. Mahmud Devri'nde Katolik Ermeni Cemāati ve Kilisesi'nin Tanınması (1830)*, Harvard Üniversitesi, 1995.

Bostan, İdris."Rusya'nın Karadeniz'de Ticarete Başlaması ve Osmanlı İmparatorluğu (1700-1787)," in *Belleten* 225 (1995), ss. 353-394.

Bostan, İdris."İzn-i Sefine Defterleri ve Karadeniz'de Rusya ile ticaret Yapan Devlet-i Aliyye Tüccarları, 1780-1846," in *Türkülük Araştırmaları Dergisi* 6 (1996), ss. 21-44.

Bostan, İdris."Karadeniz'in Dış Ticarete Kapalı Olduğu Dönemde Trabzon Limanı," in *Trabzon Tarihi Sempozyumu (Trabzon, 6-8 Kasım 1998)*, Trabzon, 1999, ss. 303-309.

Boyar, Ebru and Kate Fleet. *A Social Hiistory of Ottoman Istanbul*, Cambridge, 2010.

Braude, B. & B. Lewis (eds.). *Christians and Jews in the Ottoman Empire: The Functioning of a Plural Society*, 2 vols., New York & London, 1982.

Carkoğlu, Ali & Barry Rubin. *Turkey and the European Union: domestic politics, economic integration and international dynamics*, London, 2003.

Cezar, Mustafa. *Typical Commercial Buildings of the Ottoman Classic Period and the Ottoman Construction System*, İstanbul, 1983.

Cezar, Mustafa. *XIX. Yüzyül Beyoğlusu*, İstanbul, 1991.

Clogg, R. "The Greek Mercantile Bourgeoisie: progressive or reactionary," in R. Clogg (ed.), *Balkan Society in the Age of Greek Independence*, London, 1981, pp. 1-20.

Clogg, R. "The Greek Millet in the Ottoman Empire," in B. Lewis and B. Braude (eds.), *Christians and Jews in the Ottoman Empire*, vol.1, New York, 1981, pp. 185-207.

Clogg, R. *Anatolia: Studies in the Greek East in the 18th and 19th centuries*, Aldershot, 1996.

Çelik, Zeynep. *The Remaking of Istanbul: Portrait of an Ottoman City in the Nineteenth Century*, Seatle, 1986.

Çizakça, M. "A Short History of the Bursa Silk Industry (1500-1900)," in *JESHO* 23-1/2(1980), pp. 142-152.

Dabağyan, Levon Panos. *Sultan Abdülhamit ve Ermeniler*, İstanbul, 2001.

Dalsar, F. *Türk Sanayi ve Ticaret Tarihinde Bursa'da İpekçilik*, İstanbul,1960.

Davis, R. *Aleppo and Devonshire Square*, London,1967.

Davutoğlu, Ahmet. *Stratejik Derinlik, Türkiye'nin Uluslararası Konumu*, İstanbul, 2003.

Dursel, Vedat. *El Halıcılığımız Dünya Pazarlarında Dünü Bugünü ve Yarını*, İstanbul, 1983.

Eldem, Edhem, Daniel Goffman, and Bruce Masters (eds.). *The Ottoman City between East and*

West, Cambridge, 1999.
Eldem, Edhem. " Istanbul: from imperial to peripheralized capital," in Edhem Eldem, Daniel Goffman and Bruce Masters (eds.), *The Ottoman City between East and West*, Cambridge, 1999, pp. 135-206.
Eldem, Edhem. *French Trade in Istanbul in the Eighteenth Century*, Leiden, 1999.
Eldem, Edhem. *A History of the Ottoman Bank*, Istanbul, 1999.
Epstein, M.A. *The Ottoman Jewish Communities and their Role in the Fifteenth and Sixteenth Centuries*, Freiburg, 1980.
Ercan, Yavuz. *Osmanlı Yönetiminde Gayrimüslimler*, Ankara, 2001.
Erder, Leila. "Factory districts in Bursa during the 1860s," in *Journal of Faculty of Architecture* 1 (Middle East Technical Universty), (Spring, 1975), pp. 85-99.
Erder, Leila. "Bursa ipek sanayiinde teknolojik değişmeler 1835-1865," in *Studies in Development*, (Middle East Technical Univeresity) special issue, 1978, pp. 111-22.
Fairlie, Susan Elizabeth. *The Anglo-Russian Grain Trade 1815-1861*, Thesis submitted for the Degree of Doctor of Philosophy (Faculty of Arts) in the University of London, August 1950.
Faroqhi, S. *Towns and Townsmen of Ottoman Anatolia: Trade, Crafts and Food Production in an Urban Setting, 1520-1650*, Cambridge, 1984.
Fidan, Mehmet Sadettin. *Geçmişten Günümüze İstanbul Hanları*, İstanbul, 2009.
Firro, Kais. "Silk and Socio-Economic Changes in Lebanon, 1860-1919," in E.Kedourie and S.G. Haim(eds.), *Essays on the Economic History of the Middle East*, London, 1997, pp. 20-50.
Fırat, M. Ferhat. *Sultan II. Abdülhamit Han Döneminde Ermeni Meselesi*, İstanbul, 2004.
Frangakis-Syrett, Elena. *The Commerce of Smyrna in the Eighteenth Century (1700-1820)*, Athens, 1992.
Galanté, Abraham. *Histoire des Juifs d'Anatolie*, 2 vols., Istanbul, 1937-39.
Galanti, Avram. Türkler ve Yahudiler. İstanbul, 1928 (3. baskı, 1955).
Gaube, H. & E. Wirth. *Aleppo: historische und geographische Beiträge zur baulichen Gestaltung zur sozialen Organisation und zur wirtschaftliche Dynamik einer vorderasiatischen Ferhandelsmetropole*, Wiesbaden, 1984.
Genç, Mehmet. "Osmanlı İktisadi Dünya Görüşünün Ülkeleri," in *İstanbul Üniversitesi Edebiyat Fakültesi Sosyoloji Dergisi* 1 (1989), ss. 176-85.
Genç, Mehmet. "Osmanlı İmparatorluğu'nda Devlet ve Ekonomi," in *V. Milletlerarası Türkiye Sosyal ve İktisat Tarihi Kongresi Tebliğler*, Ankara, 1991, ss. 13-25.
Genç, Mehmet. *Osmanlı İmparatorluğu'nda Devlet ve Ekonomi*, İstanbul, 2000.
Gerber, Haim. *Economy and Society in an Ottoman City: Bursa, 1600-1700*, Jerusalem, 1988.
Ghazarian, Vatche (ed.), *Armenians in the Ottoman Empire: an anthology of transformation, 13th-19th centuries*, Walthan, Mass., 1998.
Goffman, Daniel. *Izmir and the Levantine World, 1550-1650*, Seattle, 1990.

Goffman, Daniel. "İzmir: from village to colonial port city," in Edhem Eldem, Daniel Goffman, and Bruce Masters (eds.), *The Ottoman City between East and West*, Cambridge, 1999, pp. 79-134.
Gondicas, D. and C. Issawi. *The Greeks in the Ottoman Empire*, Princeton, 1995.
Gondicas, D. and C. Issawi. *Ottoman Greeks in the Age of Nationalism*, Princeton, 1997.
Gül, Murat. *The Emergence of Modern Istanbul*, London & New York, 2009.
Gülenaz, Nursel. *Batıllaşma Dönemi İstanbul'unda Hanları ve Pasajlar*, İstanbul, 2011.
Güler, Ali, & Suat Akgül. *Sorun olan Ermeniler*, Ankara, 2003.
Güren, Ceyhan. *Türk Hanlarının Gelişimi ve İstanbul Hanları Mimarisi*, İstanbul, 1976.
Harun, Arıkan. *Turkey and the EU: an Awkward candidate for EU membership?*, Aldershot, 2003.
Hewins, Ralp. *Mr Five Percent, The Biography of Calouste Gulbenkian*, London, 1957.
Hocaoğlu, Mehmed. *Arşiv Vesikalarıyla Tarihte Ermeni Mezalimi ve Ermeniler*, İstanbul, 1976.
Hulkiender, Murat. *Bir Galata Bankerinin Portresi George Zarifi 1806-1884*, İstanbul, 2003.
İnalcık, Halil. "Imtiyazat," in EI^2, vol.3, Leiden, 1971, p. 1186.
İnalcık, Halil. "Bursa and the Commerce of the Levant," in *JESHO* 3-2 (1960), pp. 131-147.
İnalcık, Halil. "Bursa'da Asır Sanayi ve Ticaret Tarihine Dair Vesikalar," in *Belleten* 24 (1960), ss. 45-102.
İnalcık, Halil. "Harir," in EI^2, vol.3, Leiden, 1971, pp. 211-218.
İnalcık, Halil. *The Ottoman Empire: The Classical Age (1300-1600)*, London, 1973.
İnalcık, Halil. "The hub of the city: the Bedestan of İstanbul," in *International Journal of Turkish Studies* I (1980), pp. 1-17.
İnalcık, Halil & Donald Quataert. *An Economic and Social History of the Ottoman Empire, 1300-1914*, Cambridge 1994.
İnalcık, Halil. "Bursa and the Silk Trade," in Halil İnalcık (ed.), *An Economic and Social History of the Ottoman Empire, 1300-1914*, pp. 218-255.
İnalcık, Halil. *Essays in Ottoman History*, İstanbul, 1998.
İnalcık, Halil. "The Question of the Closing of the Black Sea under the Ottomans," in *Essays in Ottoman History*, İstanbul, 1998, pp. 415-445.
İnalcık, Halil. "Türkiye pamuklu tekstil sanayiinde modernleşme," in *Türkiye Tekstil Tarihi üzerine araştırmalar*, ss. 148-181.
İslamoğlu-Inan, Huri (ed.). *The Ottoman Empire and the World-Economy*, Conbride and Paris, 1987.
Issawi, Charles. (ed.). *The Economic History of Turkey 1800-1914*, Chicago, 1980.
Issawi, Charles. *An Economic History of the Middle East and North Africa*, New York, 1982.
Issawi, Charles. "The Transformation of the Economic Position of the Millets in the Nineteenth Century," in B. Braude & B. Lewis (eds.), *Christians and Jews in the Ottoman Empire, vol. I : The Central Lands*, New York, 1982, pp. 261-285.
Issawi, Charles. (ed.), *The Fertile Crescent 1800-1914*, Oxford, 1988.

Issawi, Charles. *The Middle East Economy — Decline and Recovery*, Princeton, 1995.

İstanbul Büyükşehir Belediyesi, *Sayılarla İstanbul*, İstanbul, n.d.

Kal'a, Ahmet ve Diğerleri (eds.). *İstanbul Ticaret Tarihi I*, İstanbul, 1997.

Karaca, Ali. "Osmanlı İmparatorluğunda Reji ve Tütün Kaçakçılığında Trabzon Örneği: Bir Yabancı Sermaye Serüveni", in *Tütün Kitabı*, İstanbul, 2003, ss. 56-85.

Karacakaya, Recep. *Kaynakçalı Ermeni Meselesi Kronolojisi (1878-1923)*, İstanbul, 2001.

Karpat, K.H. "Ottoman Population Records and the Census of 1881/82-1893," in *IJMES* 9 (1978), pp. 237-274.

Karpat, K. H. "Population Movements in the Ottoman State in the Nineteenth Century," in Jean-Louis Bacqué-Grammont et Paul Dumont (eds.), *Contributions de l'histoire économique et sociale de l'Empire Ottoman*, Leuven, 1983, pp. 385-428.

Karpat, K.H. "The Ottoman Demography in the Nineteenth Century: Sources, Concepts, Methods," in Jean-Louis Bacqué-Grammont et Paul Dumont (eds.), *Économie et sociétés dans l'Empire Ottoman*, Paris, 1983, pp. 203-218.

Karpat, K.H. *Ottoman Population 1830-1914*, Madison, 1985.

Kasaba, Reşat. *The Ottoman Empire and the World Economy*, Albany, 1988.

Kazgan, Haydar. *Galata Bankerleri*, İstanbul, 1991.

Kazgan, Gülten. "Küreselleşen Kapitalizm ve Osmanlı Ekonomisinin Yarı Sömürgeleşmesi: XVIII. Yüzyıl Sonundan Birinci Dünya Savaşına," in *İktisat* 394 (1999), ss. 25-37.

Koraltürk, Murat. *Türkiye'de Ticaret ve Sanayi Odaları (1880-1952)*, İstanbul, 2002.

Köker, Osman (ed.). *Armenians in Turkey 100 Years Ago*, İstanbul, 2005.

Kurmuş, Orhan. *Emperyalizmin Türkiye'ye Girişi*, İstanbul, 1974.

Kurmuş, Orhan. "Some Aspects of Handicraft and Industrial Production in Ottoman Anatolia 1800-1915," in *Asian & African Studies* 15 (1981), pp. 85-101.

Kurmuş, Orhan. "The 1838 Treaty of Commerce Re-examined," in Jean-Louis Bacqué-Grammont et Paul Dumont (eds.), *Économie et sociétés dans l'Empire Ottoman*, Paris, 1983, pp. 411-417.

Küçük, Cevdet. *Osmanlı Diplomasısında Ermeni Meselesinin Ortaya Çıkışı 1878-1897*, İstanbul, 1984.

Küçükerman, Önder. *Hereke Halı Fabrikası*, İstanbul, 1987.

Küçükerman, Önder. *İsparta Halı Fabrikası*, İstanbul, 1990.

Küçükerman, Önder ve Mortan, Kenan. *Kapalıçarşı*, İstanbul, 2007.

Kütükoğlu, Mübahat S. *Osmanlı — İngiliz İktisadi Münasebetleri I (1580-1838)*, Ankara, 1974.

Kütükoğlu, Mübahat S. *Osmanlı — İngiliz İktisadi Münasebetleri II (1838-1850)*, İstanbul, 1976.

Kütükoğlu, Mübahat S. "XIX Yüzyılda TrabzonTicareti," in M.Sağlam (ed.), *Birinci Tarih Boyuca Karadeniz Kongresi Bildirileri* (13-17 Ekim 1986), Samsun,1988, ss. 97-131.

Kütükoğlu, Mübahat S. " Gümrük," in *İslam Ansiklopedisi*, vol. 14, ss. 264-265.

Leon, G.B. "The Greek Merchant Marine (1453-1850)," in S.A. Papadopoulos (ed.), *The Greek Merchant Marine*, Athens, 1972, pp. 32-43.

Levy, Avigdor. *The Sephardim in the Ottoman Empire*, Princeton, 1992.

Levy, Avigdor (ed.). *The Jews in the Ottoman Empire*, Princeton-New York, 1994.

Mantran, R. *Istanbul dans la seconde moitié du XVIIe siècle*, Paris, 1962.

Mantran, R. *XVII. Yüzyılın II. Yarısında İstanbul*, Ankara, 1990.

Mantran, R. *XVI. ve XVII. Yüzyılda İstanbulda Gündelik Hayatı*, İstanbul, 1991.

Masters, Bruce. *The Origins of Western Economic Dominance: Mercantilism and the Islamic Economy in Aleppo, 1600-1750*, New York, 1988.

Masters, Bruce. " The Age of the Ayans, 1699-1812, " in Halil İnalcık & Donald Quataert (eds.), *An Economic and Social History of the Ottoman Empire, 1300-1914*, Cambridge, 1994, pp. 637-758.

Masters, Bruce. "Aleppo: the Ottoman Empire's caravan city," in Edhem Eldem, Daniel Goffman and Bruce Masters (eds.), *The Ottoman City between East and West*, Cambridge 1999, pp. 17-78.

Mastny, Vojtech and R.Craig Nation (eds.), *Turkey between East and West*, Boulder, 1996.

Mazıcı, Nurşen. *Belgelerle Uluslararası Rekabette Ermeni Sorunu'nun Kökeni 1878-1918*, İstanbul, 1987.

McCarthy, J.A. *Muslims and Minorities: The population of Ottoman Anatolia and the End of Empire*, New York, 1983.

McCarthy, J.A. *Death and Exile: The Ethnic Cleansing of Ottoman Muslims, 1821-1922,* Princeton, 1995.

Müller-Wiener, Wolfgang, *İstanbul Limanı*, İstanbul, 1998.

Nagata, Yuzo. *Tarihte Āyānlar: Karaosmanoğulları Üzerinde Bir İnceleme*, Ankara, 1997.

Naskali, Emine Gürsoy (ed.). *Tütün Kitabı*, İstanbul, 2003.

Nazır, Bayram. *Dersaadet'te Ticaret*, İstanbul, 2011.

Nezihi, Hakkı. *50 Yıllık Oda Hayatı 1882-1932*, İstanbul, 1932.

Oktar, Tiğinçe. "Osmanlı Devletinde Reji Şirketinin Kurulmasından Sonraki Gelişimeler," in Emine Gürsoy Naskali (ed.) *Tütün Kitabı*, İstanbul, 2003, ss. 45-55.

Owen, R. "The Silk-reeling industry of Mount Lebanon, 1840-1914: a study of the possibilities and limitations of factory production in the periphery," in Huri İslamoğlu İnan (ed.), *The Ottoman Empire and the World-Economy*, Cambridge, 1987, pp. 271-283.

Owen, R. "The Study of Middle Eastern Industrial History: Notes on the Inter-relationship between Factories and Small-Scale Manufacturing with Special References to Lebanese Silk and Egyptian Sugar 1900-1930," in *IJMES* 16 (1984), pp. 475-487.

Owen, R. *The Middle East in the World Economy 1800-1914*, London & New York, 1993.

Owen, Roger and Şevket Pamuk. *A History of Middle East Economies in the Twentieth Century*,

London, 1998.

Ökçün, A. Gündüz (ed.). *Türkiye İktisat Kongresi, 1923, İzmir; Haberler — Belgeler — Yorumlar*, Ankara, 1981.

Öke, Mim Kemal. *Ermeni Sorunu: 1914-1923*, Ankara, 1991.

Öke, Mim Kemal. *The Armenian Question*, Ankara, 2001.

Pamuk, Şevket. *Osmanlı Ekonomisi ve Dünya Kapitalizmi 1820-1913*, Ankara, 1984.

Pamuk, Şevket. *The Ottoman Empire and European Capitalism 1820-1913*, Cambridge, 1987.

Pamuk, Şevket. *19. Yüzyülda Osmanlı Dış Ticareti*, Ankara, 1995.

Pamuk, Şevket. *100 Soruda Osmanlı-Türkiye İktisadi Tarihi 1500-1914*, İstanbul, 1999.

Pamuk, Şevket. *Osmanlı-Türkiye İktisadi Tarihi 1500-1914*, İstanbul, 2007 (3. Baskı).

Pamukciyan, Kevork. *İstanbul Yazılar*, İstanbul, 2002.

Pamukciyan, Kevork (ed. Osman Köker). *Biyografileriyle Ermeniler* (Ermeni Kaynaklarından Tarihe Katkılar - IV), İstanbul, 2003.

Panayotopoulos, A. "On the Economic Activities of the Anatolian Greeks," in *Deltio Kentrou Mikrasiatikon Spoudon* 4 (1983), pp. 87-128.

Planhol, X. de. "ḲARĀ Deniz," in *EI²*, vol.4, pp. 576-577.

Quataert, Donald. "Limited revolution: the impact of the Anatolian Railway on Turkish transportation and provisioning of Istanbul 1890-1908," in *The Business History Review* 51-2, 1977, Summer, pp. 139-160.

Quataert, Donald. "A Provisional Report Concerning the Impact of European Capital on Ottoman Port and Railways Workers, 1888-1909," in Jean-Louis Bacqué-Grammont et Paul Dumont (eds.), *Économie et sociétés dans l'Empire Ottoman*, Paris, 1983, pp. 459-470.

Quataert, Donald. "The silk industry of Bursa 1880-1914," in Jean-Louis Bacqué-Grammont et Paul Dumont (eds.), *Contributions l'histoire économique et sociale de l'Empire Ottoman*, Leuven, 1983, pp. 481-503, repr. in Huri İslamoğlu İnan (ed.), *The Ottoman Empire and World Economy*, Cambridge 1987, pp. 284-299.

Quataert, Donald. *Social Disintegration and Popular Resistancein the Ottoman Empire, 1881-1908*, New York, 1983.

Quataert, Donald. "Machine breaking and the changing carpet industry of Western Anatolia 1860-1908," in *Journal of Social History* 9, 1986, pp. 473-89.

Quataert, Donald. *Manufacturing and Technology Transfer in the Ottoman Empire, 1800-1908*, İstanbul, 1992.

Quataert, Donald. *Ottoman Manufacturing in the Age of the Industrial Revolution*, Cambridge, 1993.

Quataert, Donald. *Manufacturing in the Ottoman Empire and Turkey 1500-1950*, New York, 1994.

Quataert, Donald. "The age of Reforms, 1812-1914," in Halil İnalcık & Donald Quataert, (eds.) *An Economic and Social History of the Ottoman Empire, 1300-1914*, Cambridge, 1994, pp.

759-943.
Quataert, Donald(ed.). *Consumption Studies and the History of the Ottoman Empire, 1550-1922*, Albany, 2000.
Refik, Ahmet. *Onaltıncı Asırda İstanbul Hayatı (1553-1591)*, İstanbul, 1988.
Refik, Ahmet. *Hicri Onbirinci Asırda İstanbul Hayatı (1000-1100)*, İstanbul, 1988.
Refik, Ahmet. *Hicri Onikinci Asırda İstanbul Hayatı (1100-1200)*, İstanbul, 1988.
Refik, Ahmet. *Hicri Onüçünci Asırda İstanbul Hayatı (1200-1255)*, İstanbul, 1988.
Riedmayer, András. "Ottoman-Safavid Relations and the Anatolian Trade Routes: 1603-1618," in *Turkish Studies Association Bulletin* (Maryland) 5 (1981), pp. 7-9.
Rittenberg, Libby (eds.), *The Political Economy of Turkey in the Post-Soviet Era*, Westport, 1998.
Rubin, Barry & Ziya Önis (ed.), *The Turkish Economy in crisis*, London, 2003.
Sabancıoğlu. Müsemma. "Jaques Pervititch ve haritaları," in Jacques Pervititch (ed.), *Sigorta Haritalarında İstanbul*, İstanbul, n.d., ss. 21-22.
Şaşmaz, Musa. *Kürt Musa Bey Olayı (1883-1890)*, İstanbul, 2004.
Shaw, Stanford J. "The Ottoman Census System and Population, 1831-1914," in *IJMES* 9 (1978), pp. 325-338.
Shaw, Stanford J. & Ezel Kural Shaw. *History of the Ottoman Empire and Modern Turkey*, vol.II, Cambridge, 1977.
Shaw, Stanford J. *The Jews of the Ottoman Empire and the Turkish Republic*, New York, 1991.
Shaw, Stanford J. "Iranian Relations with the Ottoman Empire in the Eighteenth and Nineteenth Centuries," in Stanford J. Shaw (ed.). *Studies in Ottoman and Turkish History: Life with the Ottomans*, İstanbul, 2000, pp. 393-409.
Sonyel, Salahi R. *İngiliz Gizli Belgelerine Göre Adana'da Vuku Bulan Türk-Ermeni Olayları (Temmuz 1908-Aralık 1909)*, Ankara, 1988.
Sönmez, Mustafa. *Türkiye'de Holdingler*, İstanbul, n.d.
Sönmez, Sevengül. *İstanbul'un 100 Ailesi*, İstanbul, 2010.
Soysal, Ismail (ed.). *The Turkish Views on Eurasia*, Istanbul, 2001.
Stoianovich, T. "The Conquering Balkan Orthodox Merchant," in *Journal of Economic History* 20-2 (1960), pp. 234-313.
Tanju, Sadun. *Hacı Ömer*, İstanbul, 1983.
Toprak, Zafer. *Sümerbank*, İstanbul, 1988.
Toprak, Zafer. *Türkiye'de "Milli İktisat"(1908-1918)*, Ankara, 1982.
Toprak, Zafer. *İttihad ve Terakki ve Cihan Harbi*, İstanbul, 2003.
Tosuner, Nurten Erk. "80 Yıllık sanayici Fuad Bezmen 100 yaşına 'tertemiz' giriyor," in *Hürriyet*, 27 Nisan 2009.
Tozlu, Selahattin. "19. Yüzyılda Sosyo-Ekonomik Bakımından Trabzon Limanı," in *Trabzon ve Çevresi Uluslararası Tarih-Dil-Edebiyat Sempozyumu (Trabzon, 3-5 Mayıs 2001)* I,

2002, ss.381-397.
Tuğlacı, Pars. *Tarih Boyunca Batı Ermenileri*, Cilt I-II, İstanbul, 2004.
Turgay, A. Üner. "Trade and Merchants in Nineteenth-Century Trabzon: Elements of Ethnic Conflict," in B. Lewis and B. Braude (ed.), *Christians and Jews in the Ottoman Empire*, vol. I, New York & London, 1982, pp. 287-318.
Turgay, A. Üner. "Ottoman-British Trade through Southeastern Black Sea Ports During the Nineteenth Century," in Jean-Louis Bacqué-Grammont et Paul Dumont (eds.), *Économie et sociétés dans l'Empire Ottoman*, Paris, 1983, pp. 297-315.
Turgay, A. Üner. "Trabzon," in *Doğu Akdeniz'de Liman Kentleri (1800-1914)*, İstanbul, 1994, ss. 45-73.
Uğur, Mehmet. *The European Union and Turkey: an anchor/credibility, dilemma*, Aldershot, 1999.
Uğur, Mehmet & Nergis Canefe(eds.). *Turkey and the European Integration*, London, 2004.
Ünal, Metin. "Tütünün Dört Yüz Yılı," in Emine Gürsoy Naskali (ed.). *Tütün Kitabı*, İstanbul, 2003, ss. 17-30.
Uras, Esat. *Tarihte Ermeniler ve Ermeni Meselesi*, İstanbul, 1976.
Uras, Güngor. "Mensucat Santral'ın doğumu ve Ölümü," in *Milliyet*, 28 Nisan 2002.
Wallerstein, I. "The Ottoman Empire and the Capitalist World Economy: Some Questions for Research," in Osman Okyar and Halil İnalcık (eds.), *The Social and Economic History of Turkey (1071- 1920)*, Ankara, 1980, pp. 117-122.
Wallerstein, I. and R. Kasaba. "Incorporation into the World-Economy: Change in the Structure of the Ottoman Empire 1750-1839," in Jean-Louis Bacqué-Grammont et Paul Dumont (eds.), *Économie et sociétés dans l'Empire Ottoman*, Paris, 1983, pp. 335-354.
Wallerstein, I., H. Decdeli, and R. Kasaba. "Incorporation into the World-Economy," in H. İslamoğlu-İnan (ed.), *The Ottoman Empire and the World Economy*, Cambridge and Paris, 1987, pp. 88-100.
Wood, A. *A History of the Levant Company*, London, 1935.
Yerasimos, Stefanos (tr. Babür Kuzucu). *Azgelişmilik Sürecinde Türkiye, Kitap 2: Tanzimat'tan 1. Dünya Savaşına*, İstanubul, 1987 (5. Baskı).
Zarinebaf-Shahr, F. "Caravan Trade between Iran and the Ottoman Empire in the Eighteenth Century," in *Turkish Studies Association Bulletin* (Maryland) 16-1 (1992), pp. 81-82.
Zeytinoğlu, Erol ve Necla Pur. *İstanbul Ticaret Odası'nın 100 Yılı (1882-1982)*, İstanbul, 1982.

C 経済史関係を中心とするイラン・トルコ関係以外の著作

Chapman, S.D. "The International Houses: The Continental Contribution to British Commerce, 1800-1860," in *The Journal of European Economic History* 6-1 (1977), pp. 5-48.
Chaudhuri, K.N., *Trade and Civilisation in the Indian Ocean: An Economic History from the Rise of Islam to 1750,* Cambridge, 1985.

Chaudhury, S. & M. Morineau. *Merchants, Companies and Trade: Europe and Asia in the early modern era*, Cambridge, 1999.

Federico, Giovanni. *An Economic History of the Silk Industry, 1830-1930*, Cambridge, 1997.

Haslam, M. *Arts & Crafts Carpets*, London, 1991.

Hawley, W.A. *Oriental Rugs, Antique and Modern*, New York, 1913.

Harvey, Ch. and J. Press. *William Morris, Design and Enterprise in Victorian Britain*, Manchester, 1991.

Humphries, S. *Oriental Carpets*, London, 1910.

Laufer, Berthold. *The Introduction of Tobacco into Europe*, Chicago, 1924.

Laufer, Berthold. *Tobacco and Its Use in Asia*, Chicago, 1924.

Le Strange, *Baghdad during the Abbasid Caliphate*, London, 1970.

Lassner, J. *The Topoghraphy of Baghdad in the Early Middle Ages*, *Text and Studies*, Detroit, 1970.

Parry, Linda. *Wiliam Morris Textiles*, London, 1983.

Raymond, A. *Les marchés de Caire:Traduction annotée du texte de Maqrīzī*, Le Caire, 1979.

Steensgaard, Niels. *Carracks, Caravans and Companies: The structual crisis in the European-Asian trade in the early 17th century*, Copenhagen, 1973.

Steensgaard, Niels. *The Asian Trade Revolution of the Seventeenth Cemtury: the East India Companies and the Decline of the Caravan Trade*, Chicago, 1974.

Subrahmanyan, Sanjay (ed.). *Merchants Networks in the Early Modern World*, Aldershot, 1996.

Wirth, E. "Zum Problem des Bazars (sūq, çarşı)," in *Der Islam* 51/2-52/1 (1974-75). pp. 203-260, 6-46.

D　カージャール朝・イラン史関係（日本語で著された単行本・論文。翻訳を含む）

阿部克彦「アルダビール・カーペット」（大塚和夫他編『岩波イスラーム辞典』岩波書店、2002年）95頁。

井上英二「テヘランの都市化に関する一考察」（『日本オリエント学会創立25周年記念オリエント学論集』刀水書房、1979年）51－60頁。

岩崎葉子『テヘラン商売往来』（アジア経済研究所、2004年）。

ヴルフ、ハンス・E（原隆一、禿仁志、深見和子訳）『ペルシアの伝統技術』（平凡社、2001年）。

織田武雄「イランの首都テヘラーン」（『史林』46－4、1963年）138－159頁。

大野盛雄『ペルシアの農村』（東京大学出版会、1971年）。

大野盛雄『イスラム世界』（講談社、1971年）。

岡崎正孝「1870－80年代におけるエスファハーンの工業」（『足利惇氏博士喜寿記念オリエント学インド学論集』国書刊行会、1978年）91－104頁。

岡崎正孝「19世紀イランにおけるケシ作の進展」（『経済研究』31、1980年）72－80頁。

岡崎正孝「カージャール朝史ペルシア語史料解題」（『オリエント』25、1982年）74－87頁。

岡崎正孝「19世紀後半イランの社会経済史資料」(『現代アジアにおける地域政治の諸相』大阪外国語大学アジア研究会、1984年) 165－78頁。

岡崎正孝「19世紀後半のイランにおける養蚕業の衰退とギーラーンの農業の変化」(『オリエント』27－2、1984年) 69－82頁。

岡崎正孝・江浦公治『カージャール朝史文献目録』(昭和59年度科学研究費補助金一般研究 (C)「19世紀後半におけるイラン社会の変容に関する基礎的研究」(課題番号59510168) 研究成果報告書、大阪外国語大学外国語学部、1985年)

岡崎正孝『カナート　イランの地下水路』(論創社、1988年)。

岡崎正孝「19世紀末イラン社会における宗教指導者：アガー・ナジャフィーを中心に」(『評林』15、1988年) 199－214頁。

岡崎正孝「カージャール朝下におけるケシ栽培と1870－71年大飢饉」(『西南アジア研究』31、1989年) 38－55頁。

岡崎正孝「抵抗と直訴の社会史」(『同胞』145、1990年) 10－12頁。

岡崎正孝「1898年のタブリーズにおけるパン騒動」(『史林』74－1、1991年) 118－134頁。

加賀谷寛「イラン立憲革命の性格について」(『東洋文化研究所紀要』26、1962年) 71－110頁。

加賀谷寛「イラン立憲革命の性格について (続編1) ─ イラン近代史とバクティヤーリー族社会の変動 ─」(『東洋文化研究所紀要』39、1965年) 179－207頁。

加賀谷寛「近代イスラム権利闘争史と立憲革命」(『仁井田陞博士追悼論文集2』勁草書房、1966年) 201－220頁。

加賀谷寛「書評　N.R.ケディー著『イランにおける宗教と反乱 ─ イランのタバコ・ボイコット運動 (1891～92年)』」(『アジア経済』9-4、1968年) 101－105頁。

加賀谷寛「19世紀イランの民族運動」(『岩波講座世界歴史21』岩波書店、1971年) 365－385頁。

加賀谷寛『イラン現代史』(近藤出版社、1975年)。

加賀谷寛「歴史的観点からみたイランの民族運動と宗教勢力 ─ タバコ・ボイコット運動からイラン革命まで」(中東調査会編『イスラーム・パワーの研究2』中東調査会、1982年) 37-50頁。

加賀谷寛「革命状況と説教者 ─ イラン立憲革命の場合」(『オリエント』33－2、1990年) 53－64頁。

加納弘勝「テヘランの発展と社会変化」(『アジア経済』20－1、1979年) 36－65頁。

加納弘勝「19世紀後半から20世紀初頭のイラン経済」(『アジア経済』15－11、1974年) 69－385頁。

上岡弘二・家島彦一『インド洋西海域における地域間交流の構造と機能 ─ ダウ調査報告2』(東京外国語大学アジア・アフリカ言語文化研究所、1979年)。

上岡弘二・羽田亨一・家島彦一『ギーラーンの定期市 ─ 1986年度予備調査報告』(東京外国語大学アジア・アフリカ言語文化研究所、1988年)。

黒田卓「イラン立憲革命におけるラシュト蜂起」(『史林』67-1、1984年) 34-75頁。
黒田卓「第一次大戦末期のイラン民族解放運動についての一考察 ― Jangal紙を中心に」(『西南アジア研究』24、1985年) 84-94頁。
黒田卓「イラン立憲革命と地域社会 ― ギーラーン州アンジョマンを中心に」(『東洋史研究』53-3、1994年) 155-187頁。
黒田卓「19世紀末から20世紀初めにかけてのアゼルバイジャンの新聞について ― A. アガーエフを中心に」(木村喜博編『現代中央アジアの社会変容』東北大学学際科学研究センター、1999年) 127-143頁。
黒田卓「新聞のなかのイラン立憲革命」(『岩波講座世界歴史23 アジアとヨーロッパ ― 1900年代-20年代』岩波書店、1999年) 83-109頁。
後藤晃『中東の農業社会と国家』(御茶の水書房、2002年)。
後藤晃「19世紀イランにおける貿易の展開と社会経済構造の変容」(『東洋文化研究所紀要』107) 179-258頁。
小牧昌平「Malkom Khān の "Qānūn" について：イラン近代史上の一問題」(『アジア・アフリカ言語文化研究』25、1983年) 61-97頁。
小牧昌平「Malkom Khān の初期の政治活動をめぐって ― イラン近代史上の一問題」(『史学雑誌』92-8、1983年) 66-86頁。
近藤信彰「マヌーチェフル・ハーンの資産とワクフ」(『東洋史研究』60-1、2001年) 1-33頁。
近藤信彰「テヘランの古集会モスクとワクフ」(『アジア・アフリカ言語文化研究』66、2003年) 1-20頁。
近藤信彰「ウラマーとファトワー ― 近世イランを中心に」(林佳世子・桝屋友子編『記録と表象 ― 史料が語るイスラーム世界』東京大学出版会、2005年) 171-192頁。
近藤信彰「19世紀テヘランの高利貸 ― 約款売買文書をめぐって」(『西南アジア研究』63、2005年) 14-40頁。
近藤信彰「テヘラン大バーザールの一サライ ― ワクフと遺言に見るその背景」(『歴史と地理』591、2006年) 1-15頁。
近藤信彰「初期ガージャール朝とテヘラン―宮廷の季節移動と首都」(『オリエント』48-2、2006年) 66-86頁。
近藤信彰「19世紀テヘランの大バーザール ― 発展、構成、所有関係」(『上智アジア学』25、2007年) 161-195頁。
近藤信彰「イスラーム法と執行権力 ― 19世紀イランの場合」(佐々木有司編『法の担い手たち』国際書院、2009年) 287-306頁。
近藤信彰「19世紀後半のテヘランのシャリーア法廷台帳」(『東洋史研究』70-2、2011年) 1-32頁。
近藤信彰「テヘランのマドラサとワクフ」(『アジア・アフリカ言語文化研究』84、2012年) 67-104頁。

坂本勉「19世紀イスファハーンの都市構成とメイダーン I」(『史学』50巻記念号、1980年) 367-387頁。

坂本勉「19世紀イスファハーンの都市構成とメイダーン II」(『史学』51-1・2、1981年) 145-158頁。

坂本勉「19世紀イスファハーンの都市構成とメイダーン III」(『史学』51-3、1981年) 43-79頁。

坂本勉「19世紀テヘランとモストウフィー家」(『オリエント』25-2、1983年) 1-20頁。

坂本勉「19世紀イスタンブルとイラン人」(護雅夫編『内陸アジア・西アジアの社会と文化』山川出版社、1983年) 823-845頁。

坂本勉「19世紀テヘランの人口調査資料」(『オリエント』27-1、1984年) 92-108頁。

坂本勉「近代イスラム都市とイラン人」(三木亘・山形孝夫編『イスラム世界の人びと━都市民』東洋経済新報社、1984年) 37-76頁。

坂本勉「19世紀カフカーズとイラン人」(『西と東━前嶋信次先生追悼論文集』、汲古書院、1985年) 69-89頁。

坂本勉「トルコ=イラン比較関係史と都市の商業」(『イスラムの都市性・研究報告』42、1989年) 1-14頁。

坂本勉「巡礼とコミュニケーション」(『世界史への問い 3 移動と交流』(岩波書店、1990年) 197-222頁。

坂本勉「タブリーズの絨毯貿易」(『東洋文化研究所紀要』114、1991年) 133-173頁。

坂本勉「イラン人のメッカ巡礼と都市ネットワーク」(『東洋文化』72、1992年) 191-234頁。

坂本勉「イランの立憲派ウラマーとイスタンブル」(『歴史学研究』633、1992年) 43-53頁。

坂本勉「近代イランにおける絹貿易の変遷」(『東洋史研究』51-4、1993年) 123-160頁。

坂本勉「中東イスラーム世界の国際商人」(松井透編『岩波講座世界歴史15 商人と市場━ネットワークのなかの国家』(岩波書店、1999年) 209-234頁。

坂本勉「西アジアの流通ネットワークとイランの絹貿易」(杉山伸也、リンダ・グローブ編『近代アジアの流通ネットワーク』創文社、1999年) 279-301頁。

坂本勉「イスラーム世界の市場空間とイスファハーン」(佐藤次高、岸本美緒編『市場の地域史』山川出版社、1999年) 16-52頁。

坂本勉『ペルシア絨毯の道』(山川出版社、2003年)。

坂本勉「イラン系アルメニア商人のネットワークとイスタンブル」(『慶應義塾大学言語文化研究所紀要』37、2006年) 27-43頁。

坂本勉「イスタンブルの中継貿易とイラン」(『ヨーロピアン・グローバリゼーションと諸文化圏の変容研究プロジェクト報告書 IV』東北学院大学オープン・リサーチ・センター、2011年) 1-47頁。

坂本勉「イランのタバコ・ボイコット運動とイスタンブル」(上)(下)(『史学』81-1・2、

2012 年) 83 – 116 頁、(『史学』81 – 3、2012 年) 49 – 89 頁。
サーデク・ヘダーヤト (中村公則訳)「エスファハーンは世界の半分」(『ハルブーザ』225、1991 年) 1 – 39 頁。
佐藤規子「近代イランにおける宗教と政治」(『オリエント』34 – 2、1992 年) 17 – 33 頁。
佐野東生『近代イラン知識人の系譜 ― タキーザーデ・その生涯とナショナリズム』(ミネルヴァ書房、2010 年)。
嶋本隆光「イラン立憲革命 (1905 – 1911 年) 初期におけるウラマーの役割と公正 ('adl) について」(『アジア経済』22 – 6、1981 年) 46 – 65 頁。
嶋本隆光「イスラムの商業倫理 (理論と実際) ― 12 イマーム派シーア派主義の場合、19 世紀のイランを中心に」(『日本中東学会年報』7、1992 年) 221 – 271 頁。
嶋本隆光「バスト考 ― イラン近代史における宗教的習慣の一考察」(『オリエント』28 – 2、1985 年) 35 – 49 頁。
杉田英明「絨毯と文学 (1) ― (3)」(『紀要比較文化研究』23 – 25、1985 年) 27 – 161、63 – 148、37 – 142 頁。
杉村棟『絨毯 シルクロードの華』(朝日新聞社、1994 年)。
鈴木均「イスタンブル在住イラン人とタバコ・ボイコット運動」(『アジア・アフリカ言語文化研究』32、1986 年) 143 – 178 頁。
鈴木均『現代イランの農村都市』(勁草書房、2011 年)。
田熊友加里「近代ヨーロッパにおける東洋の絨毯の受容 ― 個人的愛好から大衆鑑賞への広がり」(『日本女子大学大学院文学研究科紀要』15、2009 年) 75 – 88 頁。
田熊友加里「ヴィルヘルム・ボーデと絨毯収集 ― 絨毯研究およびベルリン美術館イスラーム部門設立 (1904 年) に与えた影響 ―」(『史艸』51、2010 年) 1 – 21 頁。
谷重雄「乾燥地域の都市 – テヘランのことなど – 」(『地理』7 – 10、1962 年) 1085 – 1090 頁。
ナスィーリー、モハンマド・レザー (羽田亨一訳)「カージャール朝時代におけるイランとオスマン朝・トルコの通商関係」(『通信』75、東京外国語大学アジア・アフリカ言語文化研究所、1992 年) 48 – 54 頁。
八尾師誠「イラン立憲革命期におけるイジュテマーユーネ・アーミューンをめぐる問題 ― ソ連邦での研究状況の紹介にそえて」(『史朋』3、1975 年) 1 – 14 頁。
八尾師誠「イラン立憲革命に於けるタブリーズ蜂起」(『イスラム世界』12、1977 年) 64 – 86 頁。
八尾師誠「イラン立憲革命と新聞 ― 『Anjoman』紙の分析にむけて」(護雅夫編『内陸アジア・西アジアの社会と文化』山川出版社、1983 年) 847 – 885 頁。
八尾師誠「ザカフカスのイラン人出稼ぎ労働者とイラン立憲革命 (1)」(『人的移動にともなう地域社会の変容 ― その国際比較』東京外国語大学海外事情研究所、1986 年) 93 – 103 頁。
八尾師誠「イラン「立憲革命」におけるウラマーの役割の再検討 ― 研究史的側面から」(『史潮』20、1986 年) 34 – 47 頁。

八尾師誠「ザカフカスのイラン人出稼ぎ労働者とイラン立憲革命（2）」（『人的移動にともなう都市及び農村の変容 ── 国際比較の観点から』東京外国語大学海外事情研究所、1987 年）81－90 頁。

八尾師誠（訳）「エブラーヒム・ベクの旅行記」（『イスラム世界』35・36、1991 年）39－149頁。

八尾師誠『イラン近代の原像』（東京大学出版会、1998 年）。

羽田正「メイダーンとバーグ ── シャー・アッバースの都市計画再考－」（『橘女子大学研究紀要』14、1987 年）175－197 頁。

羽田正・三浦徹編『イスラム都市研究 ── 歴史と展望』（東京大学出版会、1991 年）。

羽田正「シャー・アッバースとアルメニア人（中東のマイノリティー ── 過去と現在）」（岡崎正孝編『中東世界 ── 国際関係と民族問題』世界思想社、1992 年）77－85 頁。

羽田正『シャルダン『イスファハーン』誌研究 ── 17 世紀イスラム圏都市の肖像』（東京大学東洋文化研究所、1996 年）。

羽田正「三つの「イスラーム国家（構造と展開）」（羽田正編『岩波講座世界歴史 14 イスラーム・環インド洋世界』（岩波書店、2000 年）3－90 頁。

羽田正「バンダレ・アッバースとペルシア湾海域世界」（『歴史学研究』757、2001 年）1－11 頁。

羽田正「バンダレ・アッバースの東インド会社商館と通訳」（羽田正責任編集；歴史学研究会編『港町に生きる』青木書店、2006 年）95－123 頁。

羽田正『東インド会社とアジアの海』（講談社、2007 年）。

羽田正『冒険商人シャルダン』（講談社、2010 年、『勲爵士シャルダンの生涯』中央公論新社、1999 年の新装本）。

原隆一『イランの水と社会』（古今書院、1997 年）。

原隆一・岩崎葉子編『イラン国民経済のダイナミズム』アジア経済研究所、1999 年。

藤井守男「デホダーと立憲革命－『チャランドパランド』について」（『東京外国語大学論集』32、1982 年）133－152 頁。

藤井守男「ターレボフの人と思想」（『東京外国語大学論集』33、1983 年）191－209 頁。

藤井守男「ミールザー・ファテ・アリー・アーホンドザーデ（1812－78）とイラン－文学史的側面から－」（『東京外国語大学論集』34、1984 年）217－234 頁。

藤井守男「アーホンドザーデに見る「イラン・ナショナリズム」の諸相」（『オリエント』29－2、1987 年）85－101 頁。

前嶋信次『東西文化交流の諸相』（東西文化交流の諸相刊行会、1971 年）。

前嶋信次『東西物産の交流』（誠文堂新光社、1982 年）。

三杉隆敏、佐々木聖編著『ペルシャ絨毯文様事典』（柏書房、1990 年）。

水田正史「ペルシア帝国銀行史序説」（『経済学論叢』38－4、1987 年）100－118 頁。

水田正史「ペルシア帝国銀行史研究の新段階 ── G. ジョーンズ博士の Banking and Empire をめぐって ── 」（『経済学論叢』39－2、1988 年）152－167 頁。

水田正史「19世紀イランの中央銀行と経済開発」(内田勝敏編『世界経済と南北問題』ミネルヴァ書房、1990年) 278-288頁。

水田正史「カージャール朝期タブリーズの金融と貿易決済」(『オリエント』36-1、1993年) 89-106頁。

水田正史「イギリス系海外銀行進出以前のイラン金融史 ― アミーノッ・ザルブとラリ商会―」(『経済学論叢』45-2、1993年) 72-94頁。

水田正史「20世紀初頭のイランにおける『国民銀行』設立運動」(『証券経済学会年報』31、1996年) 200-205頁。

水田正史「イギリス・ロシアの角逐とペルシア帝国銀行」(入江節次郎編『世界経済史』ミネルヴァ書房、1997年) 111-125頁。

水田正史「西暦19世紀におけるイラン北東部の貿易 ― カスピ海以東のイラン・ロシア間国境の画定以前 ― 」(『経済学論叢』52-2、2000年) 82-101頁。

水田正史「ロシアの中央アジア進出とホラーサーンの貿易 ― 西暦1882-1890年 ―」(『社会科学』(同志社大学) 66、2001年) 55-75頁。

水田正史「ペルシア割引貸付銀行とイラン・ロシア間の貿易と金融」(大阪外国語大学編『中東イスラム・アフリカ文化の諸相と言語研究』(大阪外国語大学)、2001年) 323-342頁。

水田正史「ロシアの中央アジア進出とイラン東北部の社会経済的変容 ― 西暦1890年代のホラーサーン」(『社会科学』(同志社大学) 68、2002年) 157-176頁。

水田正史「イラン立憲革命と国民銀行設立問題」(『大阪商業大学論集』125、2002年) 225-243頁。

水田正史「英露協商とイランの借款問題」(『社会科学』(同志社大学) 69、2002年) 85-123頁。

水田正史「第1次世界大戦以前のイランの開発と英露の金融」(『大阪商業大学論集』127、2003年) 189-214頁。

水田正史『近代イラン金融史研究』(ミネルヴァ書房、2003年)。

水田正史『第一次世界大戦期のイラン金融』(ミネルヴァ書房、2010年)。

守川知子「カージャール朝期旅行記史料研究序説」(『西南アジア研究』55、2001年) 44-68頁。

守川知子『シーア派聖地参詣の研究』(京都大学学術出版会、2007年)。

山崎秀司『ペルシア絨毯 古典美の世界』(河出書房新社、2002年)。

吉田雄介「19世紀前期のイランにおける絨毯生産」(『史泉』82、1995年) 1-21頁。

吉田雄介「ケルマーン絨毯というブランド―19世紀末に生じた世界商品への成長」(野間晴雄編著『文化システムの磁場―16-20世紀アジアの交流史』関西大学出版部、2010年) 207-228頁。

ラムトン、アン・K.S.(岡崎正孝訳)『ペルシアの地主と農民』(岩波書店、1976年)。

脇村儀太郎「ペルシャ絨毯の美―アルメニア商人・マンチェスター商人・ロンドン商人」

(『趣味の価値』岩波新書、1967 年) 147-166 頁。

E　オスマン帝国・トルコ史関係（日本語で著された単行本・論文。翻訳を含む）

新井政美『トルコ近現代史 ― イスラム国家から国民国家へ』（みすず書房、2001 年）。
新井政美『オスマン帝国はなぜ崩壊したのか』（青土社、2009 年）。
新井政美編著『イスラムと近代化』（講談社、2013 年）。
上野雅由樹「マフムト 2 世期オスマン帝国の非ムスリム統合政策 ― アルメニア・カトリック共同体独立承認の事例から」（『オリエント』48-1、2005 年）69-87 頁。
上野雅由樹「ミッレト制研究とオスマン帝国下の非ムスリム共同体」（『史学雑誌』119-11、2010 年）64-81 頁。
上野雅由樹「タンズィマート期アルメニア共同体の再編 ― ミッレト憲法後のイスタンブル総主教座を中心に」（『東洋文化』91、2011 年）263-287 頁。
江川ひかり「タンズィマート改革と地方社会」（『東洋学報』79-2、1997 年）1-29 頁。
岡野内正「オットマン・バンクについての覚書」（『経済学論叢』34-3・4、1984 年）196-210 頁。
岡野内正「インペリアル・オットマン・バンクについての覚書」（『経済学論叢』35-1、1985 年）75-104 頁。
カザン、エリア（佐々田英則・村川英訳）『エリア・カザン自伝』（朝日新聞社、上・下、1999 年）。
黒木英充「アレッポ都市社会の構造 ― 18 世紀後半から 19 世紀始めを中心に」（『比較都市史研究』6-2、1987 年）13-28 頁。
黒木英充「アレッポのスーク：構造と機能― 18・19 世紀を中心に」（「イスラム圏における異文化接触のメカニズム」プロジェクト班『イスラム圏における異文化接触のメカニズム ― 市の比較研究 1』東京外国語大学アジア・アフリカ言語文化研究所、1988 年）63-78 頁。
黒木英充「都市騒乱に見る社会関係：アレッポ、1819-20 年」（『日本中東学会年報』3-1、1988 年）1-59 頁。
黒木英充「都市騒乱に見る社会関係 ― アレッポ・1850 年」（『東洋文化』69、1989 年）173-213 頁。
黒木英充「オスマン期アレッポにおけるヨーロッパ諸国領事通訳」（『一橋論叢』110-4、1993 年）48-60 頁。
黒木英充「中東の地域システムとアイデンティティー ― ある東方キリスト教徒の軌跡を通して」（溝口雄三ほか編『地域システム』東京大学出版会、1993 年）189-234 頁。
黒木英充「ギリシア正教＝カトリック衝突事件 ― アレッポ、1818 年」（『アジア・アフリカ言語文化研究』48・49、1995 年）137-154 頁。
黒木英充「あるフランス人通訳にとってのイスタンブル」（『アジア遊学』49、勉誠出版、2003 年）46-53 頁。

黒木英充「オスマン帝国における職業的通訳たち」(真島一郎編『だれが世界を翻訳するのか ― アジア・アフリカの未来から』人文書院、2005 年) 211－224 頁。

黒木英充「オスマン帝国におけるギリシア・カトリックのミッレト成立 ― 重層的環境における摩擦と受容」(深沢克己編『ユーラシア諸宗教の関係史論 ― 他者の受容、他者の排除』勉誠出版、2010 年) 171－199 頁。

クロッグ、リチャード(高久暁訳)『ギリシャ近現代史』(新評論、1998 年)。

黒田美代子『商人たちの共和国』(藤原書店、1995 年)。

小松香織(書評)「レシャト・カサバ著『オスマン帝国と世界経済』」(『東洋学報』72－1、1990 年) 116－125 頁。

小松香織「イダーレイ・マフスーサ ― 近代オスマン海運に関する一考察」(『日本中東学会年報』10、1995 年) 1－25 頁。

小松香織「オスマン帝国末期の英国黒海汽船海運 ―『英国領事報告書』より ―」(『歴史人類』26、1998 年) 127－166 頁。

小松香織「アブデュルハミト 2 世時代の官営汽船 ―「特別局」とオスマン海軍」(『史学雑誌』107－6、1998 年) 1－35 頁。

小松香織「オスマン帝国末期の黒海海運 ― 汽船航路をめぐる国際競争」(『イスラム世界』51、1998 年) 1－22 頁。

小松香織『オスマン帝国の海運と海軍』(山川出版社、2002 年)。

小松香織「オスマン帝国末期の海洋活動と黒海沿岸民」(『歴史人類』38、2010 年) 1－23 頁。

小松香織「オスマン帝国史研究と「世界システム」論」(『西洋史論叢』33、2011 年) 35－41 頁。

小松香織「オスマン帝国の経済ナショナリズムに関する一考察」(『東洋史研究』71－1、2012 年) 156－190 頁。

坂本勉「〈書評〉Zeynep Çelik, The Remaking of Istanbul – Portrait of an Ottoman City in the Nineteenth Century, Washington, University of Washington Press, 1986,(『地中海学研究』13、1990 年) 161－169 頁。

坂本勉「山田寅次郎とトルコ・タバコ」(三笠宮殿下米寿記念論集刊行会編『三笠宮殿下米寿論集』刀水書房、2004 年) 381－393 頁。

坂本勉「トルコをめぐる広域経済圏と人の移動」(『歴史学研究』703、1997 年) 135－143 頁。

佐原徹哉『近代バルカン都市社会史 ― 多元主義空間における宗教とエスニシティ』(刀水書房、2003 年)。

澤井一彰「16 世紀後半のオスマン朝における飢饉と食糧不足」(『東洋文化』91、2011 年) 44－75 頁。

澤井一彰「穀物問題に見るオスマン朝と地中海世界」(鈴木董編『オスマン帝国史の諸相』東京大学東洋文化研究所、2012 年) 84－127 頁。

設楽國廣「「青年トルコ人」運動の展開をめぐって」(『イスラム世界』11、1976年) 27 - 50頁。

設楽國廣「第二次立憲体制成立直後の状況 ― 青年トルコ人革命の内部抗争」(『イスラム世界』16、1976年) 33 - 46頁。

設楽國廣「オスマン帝国におけるイスラムと民衆 ― 青年トルコ人革命期を中心として」(『史潮』新18、1985年) 68 - 83頁。

設楽國廣「青年トルコ人革命」(前嶋信次他編『オリエント史講座 6 ―アラブとイスラエル』学生社、1986年) 5 - 18頁。

設楽國廣「「アブデュル・ハミト2世の専制政治構造」(『日本中東学会年報』3 - 1、1988年) 175 - 194頁。

杉原達『オリエントへの道：ドイツ帝国主義の社会史』(藤原書店、1990年)。

鈴木董『イスラムの家からバベルの塔へ ― オスマン帝国における諸民族の統合と共存』(リブロポート、1993年)。

鈴木董『オスマン帝国とイスラム世界』(東京大学出版会、1997年)。

鈴木董『オスマン帝国の解体』(筑摩書房、2000年)。

鈴木董編『オスマン帝国史の諸相』(東京大学東洋文化研究所、2012年)。

高橋昭一『トルコ・ロシア外交史』(シルクロード、1988年)。

寺尾誠「イスラーム都市空間の構成原理」(寺尾誠編著『都市と文明』、ミネルヴァ書房、1996年) 128 - 158頁。

永田雄三「トルコにおける前資本主義社会と「近代化」― 後進資本主義の担い手層をめぐって ― 」(大塚久雄編『後進資本主義の展開過程』アジア経済研究所、1973年) 139 - 187頁。

永田雄三・加賀谷寛・勝藤猛『中東現代史 トルコ・イラン・アフガニスタン』(山川出版社、1982年)。

永田雄三「トルコの豪農地主と地域社会」(佐藤次高、冨岡倍雄編『イスラム世界の人びと 2 農民』東洋経済新報社、1984年) 113 - 146頁。

永田雄三「歴史の中のアーヤーン ― 19世紀初頭トルコ社会の繁栄」(『社会史研究』7、1986年) 82 - 162頁。

永田雄三「報告 オスマン帝国における国家的土地所有原則の衰退 ― チフトリキ型大土地所有の発展 ― 」(『歴史学研究』618、1991年) 37 - 41頁。

永田雄三・斉藤美津子「18世紀初頭のオスマン朝=サファヴィー戦争期のアレッポ市場圏」(『イスラム圏における異文化接触のメカニズム ― 人間動態と情報』東京外国語大学アジア・アフリカ言語文化研究所、1994年) 31 - 51頁。

永田雄三・羽田正『成熟のイスラーム社会』(中央公論社、1997年)。

永田雄三「アレッポ市場圏の構造と機能」(佐藤次高、岸本美緒編『市場の地域史』山川出版社、1999年) 127 - 162頁。

永田雄三「商業の時代と民衆」(松井透編『岩波講座世界歴史 15 商人と市場―ネット

ワークのなかの国家』（岩波書店、1999 年）235－261 頁。
永田雄三編『西アジア史 II　イラン・トルコ』（山川出版社、2002 年）。
永田雄三『前近代トルコの地方名士 ─ カラオスマンオウル家の研究 ─ 』（刀水書房、2009 年）。
林（山本）佳世子「15 世紀後半のイスタンブル ─ メフメト 2 世の復興策を中心に」（『お茶の水史学』25、1982 年）1－18 頁。
林佳世子「イスラム都市の慈善施設「イマーレット」の生活」（『東洋文化』69、1989 年）119－144 頁。
林佳世子「トルコの都市の商業空間について」（清水宏祐編『イスラム都市における街区の実態と民衆組織に関する比較研究』東京外国語大学、1991 年）113－126 頁。
林佳世子『オスマン帝国の時代』（山川出版社、1997 年）。
林佳世子「都市を支えたワクフ制度 ─ イスラム世界の宗教寄進制度の経済的側面（都市における救貧と福祉の制度）」（歴史学研究会編『ネットワークのなかの地中海』青木書店、1999 年）256－284 頁。
林佳世子『オスマン帝国 500 年の平和』（講談社、2008 年）。
深沢克己「レヴァント貿易と綿布 ─ 18 世紀マルセイユ商業史序説」（『土地制度史学』109、1985 年）1－18 頁。
深沢克己「レヴァント更紗とアルメニア商人 ─ 捺染技術の伝播と東西貿易」（『土地制度史学』111、1986 年）18－37 頁。
深沢克己「18 世紀のレヴァント貿易とラングドックの毛織物工業 ─ アレッポ向け毛織物輸出の変動をめぐって」（『土地制度史学』125、1989 年）1－20 頁。
深沢克己「18 世紀のフランス＝レヴァント貿易と国際金融 ─ ルー商会文書の為替手形（上）」（『史淵』132、1995 年）1－21 頁。
深沢克己「18 世紀のフランス＝レヴァント貿易と国際金融 ─ ルー商会文書の為替手形（下）」（『史淵』133、1996 年）1－31 頁。
深沢克己「ヨーロッパ商業空間とディアスポラ」（松井透編『岩波講座世界歴史 15　商人と市場─ネットワークのなかの国家』岩波書店、1999 年）181－207 頁。
深沢克己「レヴァントのフランス商人 ─ 交易の形態と条件をめぐって」（歴史学研究会編『地中海世界史・第 3 巻　ネットワークのなかの地中海』青木書店、1999 年）113－142 頁。
深沢克己『商人と更紗 ─ 近世フランス＝レヴァント貿易史研究』（東京大学出版会、2007年）。
堀井優「16 世紀前半のオスマン帝国とヴェネツィア ─アフドナーメ分析を通して」（『史学雑誌』103－1、1994 年）34－62 頁。
堀井優「オスマン朝のエジプト占領とヴェネツィア人領事・居留民 ─ 1517 年セリム 1 世の勅令の内容を中心として」（『東洋学報』78－4、1994 年）33－60 頁。
堀井優「マムルーク朝末期の対フランク関係とアレキサンドリア総督職」（『オリエント』

堀井優「オスマン帝国とヨーロッパ商人 ── エジプトのヴェネツィア人居留民社会」（深沢克己編著『国際商業』（ミネルヴァ書房、2002年）233-259頁。

堀井優「研究フォーラム　エジプトのヴェネツィア商人をめぐって」（『歴史と地理』576、2004年）71-74頁。

堀井優「中世アレクサンドリアの空間構成」（深沢克己・責任編集『港町のトポグラフィ』青木書店、2006年）245-270頁。

堀井優「ヴェネツィア人領事が見たエジプトとその周辺 ── 16世紀の商業と行政をめぐって」（鈴木董編『オスマン帝国史の諸相』東京大学東洋文化研究所、2012年）40-60頁。

松井真子「オスマン帝国の専売制と1838年通商条約 ── トルコ・アヘンの専売制（1828年―1839年）を事例として」（『社会経済史学』64-3、1998年）26-55頁。

松井真子「オスマン帝国の内国交易政策とムスターミン商人 ── ミーリー税を手がかりに」（『日本中東学会年報』14、1999年）197-218頁。

松井真子「東方問題とレヴァント貿易 ──あるイギリス外交官のみたオスマン帝国」（深沢克己編『国際商業』ミネルヴァ書房、2002年）261-287頁。

松井真子「オスマン帝国とイギリスの通商関係の変容（1838年）」（歴史学研究会編『世界史史料8　帝国主義と各地の抵抗 ── 南アジア・中東・アフリカ』岩波書店、2009年）113-14頁。

松井真子「オスマン帝国の「条約の書」にみる最恵国条項」（鈴木董編『オスマン帝国史の諸相』東京大学東洋文化研究所、2012年）128-49頁。

松村高夫「アルメニア人虐殺」（『三田学会雑誌』94-4、2002年）17-29頁。

松原正毅『遊牧の世界』上・下（中央公論社、1983年）。

宮武志郎「16世紀オスマン朝における―ユダヤ教徒と情報ネットワーク」」（『研究紀要（Bulletin）』1（普連土学園）、1994年）33-53頁。

宮武志郎「16世紀オスマン宮廷とユダヤ教徒 ── ナスィ家によるティベリア再建をめぐる一考察」（『私学研修』137、1995年）119-133頁。

宮武志郎「ヨセフィ・ナスィ ── オスマン朝における元マラーノの軌跡」（『オリエント』39-1、1996年）149-165頁。

宮武志郎「16世紀地中海世界におけるマラーノの足跡 ── ドナ・グラツィア・ナスィ」（『地中海学研究』20、1997年）51-82頁。

宮武志郎「15・16世紀オスマン朝におけるユダヤ教徒宮廷侍医」（『史学』69-3・4、2000年）487-501頁。

宮武志郎「イベリア半島から移住したユダヤ教徒たち」（『アジア遊学』49、2003年）17-26頁。

宮武志郎「16世紀地中海世界におけるユダヤ教徒ネットワークとユダヤ教徒医師」（『西南アジア研究』63、2005年）54-67頁。

松谷浩尚『現代トルコの政治と外交』（勁草書房、1987 年）。
松谷浩尚『現代トルコの経済と産業 ― トルコ財閥の研究』（中東調査会、1989 年）。
山内昌之『中東国際関係史研究 ― トルコ革命とソビエト・ロシア 1918-1923』（岩波書店、2013 年）。

F　経済史関係を中心とするイラン・トルコ関係以外の著作

浅田実『商業革命と東インド貿易』（法律文化社、1984 年）。
浅田実『東インド会社』（講談社、1989 年）。
アブー＝ルゴド、ジャネット・L.（佐藤次高・斯波義信・高山博・三浦徹訳）『ヨーロッパ覇権以前』（岩波書店、上・下、2001 年）。
生田滋『大航海時代とモルッカ諸島』（中公新書、1998 年）。
石井寛治『近代日本とイギリス資本』（東京大学出版会、1984 年）。
石井孝『港都横浜の誕生』（有隣新書、1980 年）。
今西錦司『遊牧論そのほか』（秋田屋、1948 年、新装版が 1995 年に平凡社から復刊）。
上野堅実『タバコの歴史』（大修館書店、1998 年）。
宇賀田為吉『タバコの歴史』（岩波新書、1973 年）。
ウォーラーステイン、I.（川北稔訳）『近代世界システム I-II』（岩波書店、1985 年）。
ウォーラーステイン、I.（川北稔訳）『近代世界システム 1600-1750』（名古屋大学出版会、1993 年）。
ウォーラーステイン、I.（川北稔訳）『近代世界システム 1730-1840s』（名古屋大学出版会、1997 年）。
ウォーラーステイン、I.（藤瀬浩司、日南田静真ほか訳）『資本主義世界経済 I-II』（名古屋大学出版会、1987 年）。
ウォーラーステイン、I.（田中治男、伊豫谷登士翁、内藤俊雄訳）『世界経済の政治学』（同文館出版、1991 年）。
ウォーラーステイン、I.（川北稔訳）『史的システムとしての資本主義』（岩波書店、1985 年、1997 年新版）。
梅棹忠夫『文明の生態史観』（中央公論社、1974 年初版、1998 年改版）。
梅棹忠夫『狩猟と遊牧の世界』（講談社学術文庫、1976 年）。
大木昌「東南アジアと「交易の時代」」（松井透編『岩波講座世界歴史 15　商人と市場―ネットワークのなかの国家』岩波書店、1999 年）105-130 頁。
岡田泰男『経済史入門』（慶應義塾大学出版会、1997 年）。
カーティン、フィリップ（田村愛理・中堂幸政・山影進訳）『異文化間交易の世界史』（NTT 出版、2002 年）。
ガードナー、ブライアン（浜林正夫訳）『イギリス東インド会社』（リブロポート、1989 年）。
加藤博『文明としてのイスラム』（東京大学出版会、1995 年）。

加藤博『イスラム世界の経済史』（NTT 出版、2005 年）。
川勝平太編『アジア交易圏と日本工業化　1500－1900』（リブロポート、1991 年）。
川勝平太『文明の海洋史観』（中央公論社、1997 年）。
川北稔編『ウォーラーステイン』（講談社選書メチエ、2001 年）。
グッドマン、J．（和田光弘、森脇由美子、久田由佳子訳）『タバコの世界史』（平凡社、1996 年）。
ケイン、P.J.、ホプキンズ、A.G.（竹内幸男、秋田茂訳）『ジェントルマン資本主義の帝国』（名古屋大学出版会、1997 年）。
ケイン、P.J.、ホプキンズ、A.G.（木畑洋一、旦祐介訳）『ジェントルマン資本主義の帝国　1914～1990』（名古屋大学出版会、1997 年）。
コウル、D.P.（片倉もとこ訳）『遊牧の民　ベドウィン』（社会思想社、1982 年）。
佐藤次高、岸本美緒編『市場の地域史』（山川出版社、1999 年）。
重松伸司『マドラス物語』（中公新書、1993 年）。
重松伸司「ベンガル湾という世界 ― 14～16 世紀の地域交易圏」（溝口雄三他編『地域システム』（東京大学出版会、1993 年）51－85 頁。
シーマン、L・C・B（社本時子、三星賢三訳）『ヴィクトリア時代のロンドン』（創元社、1989 年）。
杉山伸也「幕末、明治初期における生糸輸出の数量的再検討 ― ロンドン・リヨン市場の動向と外商」（『社会経済史学』45－3、1979 年）262－289 頁。
杉山伸也、リンダ・グローブ編『近代アジアの流通ネットワーク』（創文社、1999 年）。
杉山伸也『グローバル経済史入門』（岩波新書、2014 年）。
杉原薫『アジア間貿易の形成と構造』（ミネルヴァ書房、1996 年）。
チャップマン、S.D.（神田さやこ訳）「イギリス商社の歴史的評価」（杉山伸也、リンダ・グローブ編『近代アジアの流通ネットワーク』創文社、1999 年）311－321 頁。
角山栄『産業革命と民衆』（河出書房新社、1975 年）。
角山幸洋『堺段通』（関西大学出版部、1992 年）。
トメ＝ピレス（生田滋他訳注）『東方諸国記』（岩波書店、1966 年）。
長島弘「海上の道 ― 15～17 世紀のインド洋、南シナ海を中心に」（歴史学研究会編『世界史とは何か』（講座世界史 I）東京大学出版会、1995 年）255－284 頁。
長島弘「インド洋とインド商人」（羽田正編『岩波講座世界歴史 14　イスラーム・環インド洋世界　16－18 世紀』岩波書店、2000 年）141－165 頁。
長島弘「アジア海域通商圏論 ― インド洋世界を中心に」（歴史学研究会編『歴史学における方法的展開』青木書店、2002 年）21－36 頁。
永積昭『オランダ東インド会社』（講談社学術文庫、2000 年）。
服部春彦『フランス近代貿易の生成と展開』（ミネルヴァ書房、1992 年）。
パリー、リンダ（多田稔、藤田治彦共訳）『ウィリアム・モリスのテキスタイル』（岩崎美術社、1988 年）。

パリー、L．編著『決定版ウィリアム・モリス』（河出書房新社、1998 年）。
パリー、リンダ & ギリアン・モス（高野瑶子訳）『ウィリアム・モリスとアーツ・アンド・クラフツ運動』（千毬館、1992 年）。
パリー、リンダ編（多田稔監修）『ウィリアム・モリス』（河出書房新社、1998 年）。
パリゼー、エルネスト（渡辺轄二訳）『絹の道』（雄山閣、1988 年）。
ハルダッハ、クルト、シリング、ユルゲン（石井和彦訳）『市場の書』（同文館、1998 年）。
浜下武志『近代中国の国際的契機』（東京大学出版会、1990 年）。
浜下武志「中国の経済と歴史 ── 地域研究と中国経済」（慶応義塾大学地域研究センター編『地域研究と第三世界』（慶応通信、1989 年）67 − 96 頁。
浜下武志・辛島昇編『地域史とは何か』（山川出版社、1997 年）。
原洋之介『アジア・ダイナミズム』（ＮＴＴ出版，1996 年）。
藤田治彦『ウィリアム・モリスへの旅』（淡交社、1996 年）。
古田和子『上海ネットワークと近代東アジア』（東京大学出版会、2000 年）。
ブルノア、リュセット（長沢和俊・伊藤健司訳）『シルクロード ─〔絹〕文化の起源をさぐる』（河出書房、1980 年）。
ブレシ、A.、フェルターク、O.（高橋清徳編訳）『図説　交易のヨーロッパ史』（東洋書林、2000 年）。
ブロック、マルク（高橋清徳訳）『比較史の方法』（創文社、1978 年）。
ブローデル、フェルナン（村上光彦訳）『日常性の構造 ── 物質文明・経済・資本主義 15 − 18 世紀』1 − 2（みすず書房、1985 年）。
ブローデル、フェルナン（山本淳一訳）『交換のはたらき ── 物質文明・経済・資本主義 15 − 18 世紀』1 − 2（みすず書房、1986 − 88 年）。
ブローデル、フェルナン（村上光彦訳）『世界時間 ── 物質文明・経済・資本主義　15 − 18 世紀』1 − 2（みすず書房、1996 − 99 年）。
ブローデル、フェルナン（金塚貞文訳）『歴史入門』（太田出版、1995 年）。
ピアスン、M.N.（生田滋訳）『ポルトガルとインド』（岩波書店、1984 年）。
ヒックス、J.R.（新保博・渡辺文夫訳）『経済史の理論』（講談社学術文庫、1998 年）。
ヘンダーソン、フィリップ（川端康雄・志田均・永江敦訳）『ウィリアム・モリス伝』（晶文社、1990 年）。
ボー、ミシェル（筆宝康之、勝俣誠訳）『資本主義の世界史』（藤原書店、1996 年）。
本多勝一『アラビア遊牧民』（朝日文庫、1981 年）。
松井透『世界市場の形成』（岩波書店、2001 年）。
松井透編『岩波講座世界歴史 15　商人と市場─ネットワークのなかの国家』（岩波書店、1999 年）。
松井透「商人と市場」（松井透編『岩波講座世界歴史 15　商人と市場─ネットワークのなかの国家』（岩波書店、1999 年）3 − 78 頁。
マッケンジー、ジョン・F.（平田雅博訳）『大英帝国のオリエンタリズム』（ミネルヴァ書

房、2001年)。
松原建彦『フランス近代絹工業史論』(晃洋書房、2003年)。
溝口雄三・浜下武志・平石直昭・宮嶋博編『地域システム』(東京大学出版会、1993年)。
宮崎正勝『イスラーム・ネットワーク』(講談社、1994年)。
村山聡『近世ヨーロッパ地域史論』(法律文化社、1995年)。
モリス、ウィリアム (中橋一夫訳)『民衆の芸術』(岩波文庫、1993年)。
山田雅彦「ヨーロッパの都市と市場」(佐藤次高、岸本美緒編『市場の地域史』山川出版社、1999年) 53-89頁。
家島彦一『イスラム世界の成立と国際商業』(岩波書店、1991年)。
家島彦一『海が創る文明』(朝日新聞社、1993年)。
家島彦一『海域から見た歴史』(名古屋大学出版会、2006年)。
『横浜市史』第二巻 (横浜市、1959年)。
『横浜市史 資料編二 (増訂版) 統計編』(横浜市、1980年)。
米山達雄『絹に関するノート』(冨民協会、1973年)。
リード、アンソニー (平野秀秋・田中優子訳)『大航海時代の東南アジア』I + II (法政大学出版局、1997、2002年)
レイサム、A.J.H. (川勝平太・菊池紘一訳)『アジア・アフリカと国際経済 1865-1914年』(日本評論社、1987年)。

G　邦語の旅行記 (邦訳も含む)

シャルダン、J. (佐々木康之・佐々木澄子訳)『ペルシア紀行』(岩波書店、1993年)。
シャルダン、J. (岡田直次訳注)『ペルシア見聞録』(平凡社、1997年)。
古川宜誉『波斯紀行』(参謀本部、1891年)。
ベル、ガートルード・ロージアン (田隅恒生訳)『ペルシアの情景』(法政大学出版局、2000年)。
モーリア、J. (岡崎正孝、江浦公治、高橋和夫訳)『ハジババの冒険 1-2』(平凡社、1984年)
吉田正春『回疆探検 波斯之旅』(博文館、1894年、後に『回疆探検 ペルシャの旅』として1991年に中公文庫より復刊)。
山田寅次郎『土耳古画観』(博文館、1911年)

初出一覧

【序章】書き下ろし原稿。ただし、部分的に「交易圏論からみるイスタンブル」(『創文』442 号、創文社、2002 年 5 月)、「中東イスラーム世界の国際商人」(『岩波講座世界歴史15 商人と市場』、1999 年 3 月) から引用、参照した。

【第 1 章】「イスタンブルの中継貿易とイラン」(東北学院大学オープン・リサーチ・センター『ヨーロピアン・グローバリゼーションと諸文化圏の変容研究プロジェクト報告書IV』2011 年 3 月)。ただし、この報告書にはかって発表したことのある「19 世紀イスタンブルとイラン人」(護雅夫編『内陸アジア・西アジアの社会と文化』山川出版社、1983 年 6 月)、「19 世紀テヘランの人口調査資料」(『オリエント』27-1、1984 年 9 月) を部分的に参照、引用して書き変えたものが入っていることを断っておきたい。

【第 2 章】「イラン系アルメニア商人のネットワークとイスタンブル」(『慶應義塾大学言語文化研究所紀要』37、2006 年 3 月)。

【第 3 章】「近代イランにおける絹貿易の変遷」(『東洋史研究』(京都大学) 第 51 巻 4 号、1993 年 3 月)。なお、これに基づいて「西アジアの流通ネットワークとイランの絹貿易」(杉山伸也、リンダ・グローブ編『近代アジアの流通ネットワーク』創文社、1999 年 6 月) という論文を発表したことがあるが、内容として大きく変わらないものの、表現、その他の点でまったく別の論文である。" Trading Networks in Western Asia and the Iranian Silk Trade," in S.Sugiyama and Linda Grove (eds.), *Commercial Networks in Modern Asia*, Curzon Press, Richmond, 2001) はその英訳である。

【第 4 章】「タブリーズの絨毯貿易」(『東洋文化研究所紀要』(東京大学) 第 114 冊、1991 年) および『ペルシア絨毯の道』(山川出版社、2003 年) の第 2 章「カーペット・ブームにわくイラン」、第 3 章「絨毯にかけるウィリアム・モリスの夢」を部分的に参照・引用しつつ、新たな構想のもとに章節の構成を改め、大幅に加筆・修正して書き変えた。また、これとは別に『東洋文化研究所紀要』掲載の論文に基づいて " Istanbul and the Carpet Trade of Iran," in Thierry Zarcone (ed.), *Les Iraniens d'Istanbul, Institut Français de Recherches en Iran*, Institut Français d'études Anatoliennes, Paris-Teheran-Istanbul, 1993 という英文論文を発表したこともある。

【第 5 章】「イランのタバコ・ボイコット運動とイスタンブル」(上)(下)(『史学』(慶應

義塾大学）第 81 巻 1・2 号、2012 年 3 月；第 81 巻 3 号、2012 年 7 月）

【終章】書き下ろし原稿。ただし、部分的に「イスタンブルのアルメニア商人」（『アジア遊学』No. 49、勉誠出版、2003 年 3 月）から引用、参照したところもある。

あとがき

　思い返してみると、本書で扱った中東イスラーム世界の都市における市の構造、商人たちがつくり出す交易ネットワークと商品流通の問題に関心をもつようになったのは、今から 40 年も前のことである。助手に採用されてから 3 年目の 1976 年に慶應義塾・福沢基金を得てイランとイギリスに留学した。その時に訪れたイランの都市の風景、バーザールの喧噪は、それまで書物を通してしか知り得なかったものとはまったく違う強烈な印象を私に与え、以後、これを原点としながら途中、寄り道することはあったが研究を続け、今に至っている。

　留学以前の学部から大学院にかけての時期における私自身の関心は、恩師の前嶋信次先生が東洋史概説の講義のなかで話された那珂通世訳の『成吉思汗実録』に強く惹かれたということもあってモンゴル帝国史の研究にあった。ただ、慶應には前嶋先生のみならず井筒俊彦先生によって戦前期から培われてきたイスラーム学の伝統があり、それを引き継いで牧野信也、黒田寿郎の両先生が担当されていたアラビア語の講読、演習の授業に出るようになって、次第に私の関心は東のモンゴル高原・東アジアの世界からイスラーム史料を使った西の中央アジア、イラン、アナトリアのモンゴル帝国の世界へと移っていった。これには大学院修士課程の時代に千葉大学から出講されていた三橋冨治男先生のトルコ史とイラン留学から帰国されたばかりの岡田恵美子先生担当のペルシア語の授業を受講したことが影響している。しかしこれ以上に決定的だったのは、当時北海道大学の教授をされていて後に京都大学に移られた本田実信先生が主宰する 13-14 世紀のイランの歴史家ラシードアッディーンが著した『集史』の講読会に参加してみないかと声をかけられたことである。これを通じて同世代の加藤和秀、北川誠一、八尾師誠、志茂碩敏、清水宏祐等の諸氏と知り合い、ペルシア語を使ったイルハン国史の研究の方

にのめり込んでいった。

　イランに留学した当初はイクター制の研究を通じてモンゴルの遊牧民によって支配されるイランの農村社会を知りたいという気持ちが強かった。これには当時、私と同世代の若手の研究者の先頭に立ってマムルーク朝のイクター制の研究を精力的に行っていた佐藤次高氏やオスマン帝国においてティマール制が解体していく過程で台頭してくるアーヤーン層の研究ですぐれた成果を挙げていた永田雄三氏に影響されたところが大きい。しかし、実際に現地に足を印してみて目に入ってくるイランの農村風景はオアシスの小規模な乾燥農業が大半を占めるということもあって活気に乏しく、すでに早くからシーラーズ近郊の農村に入り、地を這うようにして調査を続けられていた大野盛雄先生や原隆一氏等には本当に申し訳ない気持ちでいっぱいであるが、あまり惹きつけられるるものがなかった。

　こうした思いは、イラン滞在中に旅したエジプトでの経験によってさらに強まった。カイロにある農業博物館を訪れた際、かの地に長期滞在中の板垣雄三先生と偶然出会う僥倖に恵まれ、先生のご厚意で自ら運転される車でナイルのデルタ地帯を下ってアレクサンドリアまで連れて行ってもらい、さらにナイル川を遡ってファイユームにまで足を伸ばした。この旅を通じて目に入ってくるナイル沿岸に広がるグリーンベルトの農村風景は、イランのそれと比べようもないほど豊かであり、その落差に打ちのめされた。農村レベルでみるかぎり、イランはエジプトに到底、太刀打ちできないのではないかという暗澹たる気持ちに襲われた。

　落胆した気持ちを抱いてエジプトからイランに戻り、気を取り直してイラン社会をもう一度見つめ直していくなかで急速に私が惹きつけられていったのは、テヘランやイスファハーンのバーザールに集まってくる人々の雑踏や市場の活気ある風景であった。これこそがどこにも引けを取らないイランの魅力であるという思いを強くし、一大決心をして当初のイクター制を通じたモンゴル支配時代のイラン農村社会の研究から近代イランの都市社会史、経済史の研究へとテーマを変更した。帰国後に書いた「19世紀イスファハーンの都市構成とメイダーンⅠ～Ⅲ」という論文は、残念ながら本書に収録することはできなかったが、こうした煩悶のなかから生まれた成果の一端であ

る。

　しかし、私の彷徨はこれで終わらなかった。最初の留学生活が終わりに近づこうとする頃にトルコのイスタンブルを訪れる機会をもったが、この街はエジプトおよびカイロに行ったときに感じた驚きとは違った意味で私には衝撃的であった。モーリアはそのピカレスク小説の傑作『ハジババの冒険』のなかで故郷のイスファハーンを出奔して遍歴の旅を続け、最後にイスタンブルに辿り着いてその街並みと建物のあまりの美しさ、宏壮さに驚いた主人公のハジババに、イスファハーンが「世界の半分」だとすればイスタンブルはさしずめ「世界の全部」だと言わしめているが、私がイスタンブルをはじめて見たときに抱いた印象もまさにハジババとまったく同じものであった。

　中東イスラーム世界の都市のなかでも屹立した位置を占めるイスタンブルがもつ、この底知れない都市としての魅力はその後も抗しがたいかたちで私をとらえて離さず、帰国後も毎年のようにイスタンブルを訪ねては人を惹きつけてやまない魅惑の源泉が何なのかについて思いをめぐらした。こうしたなか、カパル・チャルシュの近くにあるかつてイランの商人たちが事務所を構えていたキャラバンサライ＝ヴァーリデ・ハンを訪ね、そこがイランにとって対ヨーロッパ貿易を行っていくにあたってなくてはならない境域市場になっていたことに改めて気づき、次第にイランの都市社会史・経済史をイスタンブルとのつながりのなかで研究していくことも可能なのではないかと考えるに至った。イスタンブルをオスマン帝国の都市としてだけとらえず、イランを含めた中東イスラーム世界、さらにはヨーロッパにもつながる国を越えた広域的な交易圏の中心として位置づけ、そこに収斂・輻射する重層的な交易ネットワークを具体的な商品流通とそれを担う商人の動きを通じて明らかにしながら、イランを一国史の枠のなかに閉じ込めず、イランとトルコの比較関係史、さらには近代ヨーロッパがつくり出すグローバルな資本主義の世界経済のなかに位置づけていくという問題意識となって熟していったのである。

　試行錯誤を続けながら、とにもかくにもこのような考えに辿り着くことができたのには、よくよく考えてみると学生時代に指導を受けた前嶋信次先生に負うところが大きいといわなければならない。私自身は対象とする時代と

地域において師の学問を引き継ぐことはできなかったが、先生が目ざされたユーラシア全域を視野に入れた東西文化の交流史とその比較関係史の手法は無意識のうちに私の身体に自然に染みつき、自分の学問の糧になったことは間違いなく、改めてここでその学恩に対して深甚なる謝意を捧げたい。また、先生の学問をもっとも忠実に継承し、それをインド洋海域を舞台とする壮大なイスラーム・ネットワーク論として展開された家島彦一氏の学問からも常に啓発され、刺激を受けた。私自身の問題意識、方法論は、どちらかというとヨーロッパ資本主義経済のアジアへの拡大とその衝撃に対する現地商人の対応を問題にするアジア交易論的な経済史研究に近い立場にあると思っているが、二人の先学が追求された文化史のスタンスに対する共感、こだわりも人一倍強く、こうした思いはイランにおけるカーペット・ブームについて扱った論文のなかに反映させていただいたつもりである。

　イスタンブルからイランの都市に向かって延びる交易ネットワークを通じて近代の中東イスラーム世界の歴史をトータルにとらえていくという考えが固まった後、再び海外に長期にわたって滞在できる機会がめぐってくると、次の留学先は迷うことなくトルコだと決め、結局、そこでの滞在は二度にわたることになった。最初のそれは1987年から89年にかけてのアンカラとイスタンブルの滞在で、最初の1年間を当時、アンカラに置かれていた日本学術振興会の西アジア地域センターの派遣研究員とアンカラ大学言語・歴史・地理学部講師として過ごし、残りの8ヶ月をイスタンブルで暮らした。その後、1999年から2000年にかけて1年余りにわたってイスタンブルに滞在する機会を得たが、この時は大学からサバティカルをもらい、ボアジチ大学に拠点を置きながら自由に自分の研究を続けた。

　この二度に及ぶトルコ滞在中にとくに力を入れて通ったのは、イスタンブル商業会議所の資料室と総理府文書局である。前者にはオスマン・トルコ語とフランス語で出されていた『イスタンブル商業会議所新聞』が完全なかたちで収蔵されており、このなかからイランの絹・絨毯・タバコ貿易関係の記事を拾い出すことに多くの時間を割いた。その閲覧と複写にあたっては当時、資料室長を務めていたアイタチ・バルコト氏に多大の便宜をはかっていただいた。惜しいことに氏は今から5年ほど前に病を得て物故されたが、ここで

改めて弔意を表すとともに感謝の言葉を申し添えたい。

　一方、総理府文書局ではこれまでまったく利用されてこなかったイランおよびイスタンブルで起こされたタバコ・ボイコット運動関係のオスマン・トルコ語関係の史料を蒐集することに力を注いだ。ペルシア語の知識があると、オスマン・トルコ語の史料を読むことは現代トルコ語から入った人とくらべるといくらか易しいといえるかもしれないが、ただ字を崩した文書史料となるとまったく別で、その解読には難渋した。このため最初にアンカラに滞在していた時には、アンカラ大学のヤブズ・エルジャン、オゼル・エルゲンチ両教授の研究室に週に一度くらいの割合で伺い、いろいろ教えを乞うた。また二度目のイスタンブル滞在時にはイスタンブル大学文学部のイルハン・シャーヒン教授のお世話になった。まがりなりにも総理府文書局の難解な史料を読めるようになったのは、これら3人の方々のおかげであり、深く感謝する次第である。

　このように私とイスタンブルとの関わりは、対イランの中継貿易という点でもっぱらつながっていたといえるが、長くこの街に暮らすようになり、また帰国後も毎年欠かさず訪問するということを続けていくうちにイスタンブルの歴史と文化そのものにも当然のことながら惹かれるようになり、イスタンブルにかんする本もそれなりに集めるようになった。そうしたもののなかでイスタンブルに住む人たちの暮らしや考え方を知る上でとくに印象に残るのは、現代トルコを代表する作家として知られるアジズ・ネシンが書いた自伝である。日本ではノーベル賞を受賞したということもあってオルハン・パムクの作品がよく読まれ、彼の自伝『イスタンブール』も巷間に広く流布しているが、ネシンの自伝はイスタンブルの下町カースムパシャで生まれ育ったごく普通の庶民の生活と人生模様が優しいまなざしで書かれているという点で私の好みに合い、今でも愛読書のひとつになっている。

　ネシンの自伝に親しむようになったきっかけのひとつは、1987年に最初にトルコに滞在した際にアンカラ大学日本学科で客員教授として教えられていた護雅夫先生と3ヶ月ほど滞在の時期が重なったことである。ある時言語・歴史・地理学部の先生の研究室に伺うと、「今自分はネシンの作品を訳している」といってその原稿を私に示し、ネシンの素晴らしさ、それまでの

交友関係を熱き思いをこめて語って下さった。この原稿こそ近年、先生の遺作としてようやく出版されるに至った『口で鳥をつかまえる男』（藤原書店、2013年）であるが、護先生を通してネシンとその文学作品がより身近なものとなり、イスタンブルに住む人々の心性にいくらかでも迫れるようになったのは私にとって収穫であった。

　また、護先生には後任としてアンカラ大学日本学科で教える機会を作って下さり、これがトルコの若き学生諸君との濃密な人間関係を築くきっかけになったことに対し、厚くお礼申し上げたい。わずか1年という短い期間ではあったが、日本ではとっくに忘れ去られているといってもいい麗しき師弟関係の美風がトルコにはまだまだ残っており、これに甘えて今では堂々たる中年の域に達したかっての教え子たちと昔と変わることなく、交友を続けられるということは本当に有り難いことである。

　これまでの研究の歩みのなかですでに名前を挙げた方々以外にも多くの人たちから支援を賜った。すべてお名前を記すことはできないが、イラン関係では最初の留学の際の受け入れにあたってご尽力いただいたテヘラン大学のイーラージ・アフシャール教授、岩見隆、関喜房の両氏、そして研究面で数々の助言をいただいた岡崎正孝、上岡弘二、黒田卓の諸氏に感謝の言葉を申し述べたい。トルコ関係では設楽國廣、鈴木董、アイドゥン・ヤマンラール、水野美奈子の諸氏、そしてアンカラ時代の家主であった言語・歴史・地理学部考古学科のエルクシン・ギュレチ教授およびボジアチ大学文理学部のセルチュク・エセンベル教授との長きにわたる交友もいつまでも忘れがたい思い出である。

　また、編集にあたっては2年余り前に出した編著書『井筒俊彦とイスラーム』の際にお世話になった飯田建氏の手を煩わせた。私事にわたって恐縮だが、本書の原稿を昨年5月に脱稿した直後に人生においてはじめての大病を患い、病院で手術を受けた。入院生活は1ヶ月余りに及び、退院した後も大きな手術であっただけに心身ともに無理が利かず、しばらくの間は刊行に向けて動くことができない状態が続いた。しかし、このようなかたちで比較的早くに出版にこぎつけることができたのは、ひとえに飯田氏の迅速、機敏な対応と丁寧な編集作業のおかげである。心からお礼申し上げたい。なお、校

正にあたっては慶應義塾大学言語文化研究所でペルシア語を教える杉山隆一氏にもお手伝いいただいた。あわせてお礼申し上げる。

　最後にこれまで長年にわたって私の研究を温かい目で見守り、支えてくれた母すみと妻さよ子に深甚なる感謝の言葉を捧げたい。

2015 年 2 月 24 日

坂本　勉

索 引

あ行

アーカー，ハーッジー・ミール・ジャアファル Āqā, Ḥājjī Mīr Jaʿfar　61, 62, 69
アーシュティヤーニー，モハンマド・ハサン Āshtiyānī, Moḥammad Ḥasan　181-188
アーダミーヤト Ādamīyat, Farīdūn　50, 167
アーツ・アンド・クラフト運動　137, 138, 141
アーヤーン（名士たち）　181
アクバル，セイイェド・アリー Akbar, Seyyed ʿAlī　179
アザルヤン Azaryan, Arstaki　70, 233
アジア交易圏論　8
アシール・エフェンディ通り Aşirefendi Caddesi　241
アスタラーバード Astarābād　73, 100
アストラハン　32, 35, 46
アゼリー　57-59, 72-73, 81, 123, 125, 157, 171
アゼリー商人　59-62, 69, 81
アゼルバイジャン　10, 11, 27, 34, 41-42, 57-58, 127, 148-152, 154, 177, 212, 245
アゼルバイジャン・トルコ語　80, 81, 151
アゼルバイジャン語　57-58
アダナ　164, 238-241, 243
アッバース，シャー ʿAbbās, Shāh　10
アデン　6, 8, 9
アナスタスヤン，イスライル Anastasyan, Israil　228, 234-236
アナトリア　1-2, 10-12, 16, 22, 29, 33, 56, 77-78, 130, 163-164, 171, 202, 232, 233, 240
アナトリア鉄道　228
アニリン　147
アフガーニー，ジャマーロッディーン　24, 79
『アフタル Akhtar』（ペルシア語新聞）　177, 196, 202, 205, 207, 209-210, 212, 215
アブデュルハミト2世　195-196, 203-204, 206, 210-212, 214
アフメト・ジェヴァート・パシャ Ahmet Cevat Paşa　196
アヘン　49, 54, 77, 132, 141, 163, 221
アボット Abbott　38, 40, 72-74, 101, 132

アミーノッザルブ Amīn al-Ẓarb　24-25, 27-29, 45-57, 64, 76, 81, 114-115, 121, 122, 125, 133
アミーノッソルターン Amīn al-Solṭān　178, 180-182, 185-190
アミールヒーズィー Amīrkhīzī, Ḥājj Esmāʿīl　59
アムステルダム　5
アメリカン・タバコ会社　171
アラス川　11
アラビア海　6, 8
アラブ・ムスリム商人　6
アラブ諸国　245
アルグ　184
アルセニアン，アルセン Arsenian, Arsen　82, 89-90
アルセニアン，オスキハン Arsenian, Oskihan　82-88, 92
『アルセニアン一件文書』　82-83, 92
アルセニアン家　82, 93, 157
アルセニアン商会　83
アルダビール　127, 139, 148
アルダビール絨毯　127, 129-130, 137, 141
アルタベフ，イサク Altabef, İsak　235-236
アルピガー Alpiger　142-144
アルプ，テキン Alp, Tekin　230
アルメニア・カソリック教徒　70, 72
アルメニア系の非ムスリム商人　10, 14, 19, 22, 24, 35, 36, 46, 55, 70, 72, 73, 75-77, 113, 162, 164, 233
アルメニア系商人　10-11, 13, 17, 33-34, 70, 74, 78-79, 81-83, 87-88, 91, 93, 120, 124, 131, 157, 177-179, 192-193, 228-229, 232, 234-235, 243
アルメニア語　80
アルメニア民族主義者　233
アルヤナキアン Alyanakian　88-90
アルヤナキアン，クリコル Alyanakin, Krikor　82
アレクサンドリア　6, 15
アレッポ　10-13, 15-17, 29, 81, 95, 112, 131
アンカラ　164, 227-228, 234-235, 237
アンカラ商業会議所　236
アンジョマン（協会）　62

索引

アンティーク絨毯　139
アントウェルペン　5, 15
イェディクレ　238-239
イェメン　6, 9, 197
イギリス　14-16, 21-24, 29, 31-40, 42-45, 48, 58, 62-63, 66-75, 77, 81-83, 85-86, 89, 91-93, 95, 97-98, 101-103, 116, 123, 130-141, 149-150, 152, 155, 157, 163, 164, 168-170, 176-177, 179, 217, 219, 221, 225, 229, 233, 244
イギリス資本　65, 168, 176, 178
イギリス商人　23, 31, 35-36, 74, 93, 238
石井寛治　99
石井孝　98
移出　101, 122
イスタンブル交易圏　18, 24, 96, 130, 226, 229, 234, 237, 246, 247
イスタンブル商業会議所　70, 73, 108, 162, 229, 231, 233
『イスタンブル商業会議所新聞 Journal de la chamber de commerce de Constantinople, Dersaadet Ticaret Odasi Gazetesi』　63, 105, 108, 110, 115-116, 119, 122, 174-176, 194, 205, 206, 233
イスタンブルヤン，ホヴァネス İstanbulyan, Hovhannes　71-72
イスティクラール通り　227
イスパルタ　163-164
イスファハーン　11-12, 21, 23-24, 27, 28, 46, 52-53, 55, 57-58, 76, 122, 133, 143, 145, 147-149, 169, 172, 175, 177, 180, 182, 184, 191, 208-209, 216-226
イズミル　10-13, 15-18, 29, 34, 56, 81, 112, 131, 163-164, 171, 231, 238
イスラーム法（シャリーア）　55, 183, 185
イタリア商人　6, 14
イタリア諸都市　5
市（いち）　2-4
イッゼト・アリー İzzet Ali　195, 200, 208
イッティグ Ittig, Annette　130, 142, 154
異文化認識　136
イラク　1, 6, 143, 155, 164, 179-182, 187-188, 196-197, 232, 245
イラン=イラク戦争　245
イラン更紗　61
イラン市場　22-23, 33-37, 39, 45-46, 49, 54, 69, 74-75, 77
イラン商人　17-19, 22-24, 33, 36-40, 43, 45, 49-51, 53-61, 64-65, 70, 72-78, 81, 102, 121-123, 125, 130, 140, 156-159, 162, 165, 168, 192-193, 202-203, 209-216, 218, 224-226, 229, 246
『イラン人覚醒の歴史 Tārīkh-e Bīdārī-ye Īrāniyān』　183
イラン人コミュニティ　56, 86-87, 203, 207, 211, 215
イラン総領事館　82, 85-88, 91-92
イランの民族運動　167-168, 225-226
イラン立憲革命　59, 62, 68-69, 77, 107, 113, 116-117, 155, 157, 167, 185
インディゴ　147
インド更紗 chintz　32
インド洋　3
インド洋海域　6-9, 22, 99
ヴァーリデ・ハン Büyük Valide Hanı　60-61, 72, 88, 157, 159, 202-204, 209-211
ヴァン　10, 233, 235
ウィーン　85-86, 136
ウィーン博覧会　134, 136, 141
ヴィクトリア・アンド・アルバート博物館　127, 130, 136
ウィルトン　138
ヴィンセント，エドガー Vincent, Edgar　194
ヴェネツィア　5-6, 14-15
ヴェフビー・コチュ合名会社 Vehbi Koç ve Ortakları Kolektif Şirketi　235
ウォーラーステイン　6, 8, 18
ウシャク　163-164
ウラジミール　39, 69
ウラマー　40, 55, 62, 68, 79, 151, 168, 179-188, 190, 192, 196, 201, 211-212, 217-218, 220, 224
ウルフ Wolff, Henry Drummond　176
エジプト　1, 6, 8-9, 14, 29, 177, 233, 240
エスナーフ（同職組合）　13, 203-204, 236
エスニシティ　107, 117, 119
エタシズム（国家資本主義）　236, 239
エディルネ　112, 233
エディルネ（アドリアノープル）条約　15
エマーメ・ジョムエ Emām-e Jomʻe　182, 187
エミノニュ　88, 158-160, 241
エミノニュ埠頭　158, 161
エルズルム　11-12, 233
エンゼリー　41, 101, 106, 124
エントナー Entner, M. L.　73, 155
黄色種　171
王の広場　28, 217
大市（おおいち）　5, 32, 41, 51
オーストリア　14, 48, 75
オーストリア=ハンガリー帝国　135, 227,

229
岡崎正孝　96, 167, 219
オザル Turgut Özal　244
オスマン債務管理局　110, 112, 125, 178, 198
オスマン帝国総理府　87
オスマン帝国総理府文書局　195-196
オスマン帝国タバコ専売会社 Société de la Régie cointéressée des tabacs de l'empire ottoman, Memalik-i Şahane Duhanları Müstereku'l Menfaa Reji İdaresi　169-171, 177-178, 194, 197, 201
オスマン帝国トンベキ輸入専売会社　199
オスマン帝国の蚕種　107-108, 112
オスマン帝国の商人　14, 22-24, 33, 41, 45, 54-56, 106, 119, 121, 124-125, 162, 165, 193
オッカ　110, 176, 178
オデッサ　12, 15, 48, 69
オリエンタル・カーペット製造会社 Oriental Carpet Manufacturers Ltd.　164-165
オリエント葉　171
オルンスタイン Ornstein, M.　177, 186, 189-191, 194
オンス　106, 107, 112, 114

か行

カージャール朝　25, 34, 43-44, 48, 50, 51, 54, 56, 109, 128, 131, 133, 136, 144, 147, 169, 175-176, 178-179, 181-182, 184-185, 189-192, 194-195, 203, 206, 215-223
カーシャーン　58, 101, 105, 122, 127, 143, 145, 148, 175, 191, 208
カーセブ kāseb　59
カータルト Quataert, Donald　112, 125, 163, 164, 178, 201
カーペット・ブーム　129, 140, 143, 146, 148-149, 151, 154, 156, 163-165
カーペット・ロード　156
カーリミー　6
カーリミー商人　6-8
街区（マハッレ maḥalle）　25-26, 28, 144
蚕　95, 98, 100, 103, 105, 106, 113, 117, 131-132
海港都市　9-10, 12, 29, 56, 163
カイセリ　163-164, 239, 240
買い付け商人　107, 117, 119-121, 124
改定税率　199
街頭デモ　204
カイロ　4, 6, 9, 15

化学染料　54, 147
加賀谷寛　167
カサド，ネシム Kasado, Nesim　243
カザン，エリア　163
カザンジュヤン，アヴァンディス Kazancıyan, Avandis　243
カシュガーイー族　136, 149
カスピ海　11, 12, 32-33, 40, 46, 73, 101, 106, 133, 148, 156
カスピ海航路　41, 156
カスピ海南岸地方　10-12, 16, 41, 95, 121, 131-132
カスムパシャ地区　235
カッパドキア　163, 164
家内手工業　142
金巾（かなきん）shirting　32
カネの流れ　47
カパル・チャルシュ（グランド・バーザール）　60, 157, 245
カピチュレーション　12, 14, 30, 230
カフカス・メルクール汽船会社 Kavkaz-Merkur Co.　41
株式会社　197, 231, 235
カラゲンジアン Karaghenzian　88-91
ガラタ　10, 158, 227, 233-235
ガラタ埠頭　158
カリカット　6, 8-9
カルス　163-164
カルバラー　79
ガルヤーン ghalyān　173, 187
為替　56, 69, 190, 244
関税　9, 13, 30, 45, 56, 108, 112, 115, 195, 198-200, 214, 230, 240
関税制度　45
関税同盟　244
関税表　200
間接貿易　36
幹線ルート　16, 33, 40-41, 143, 229
乾燥繭　115, 119, 121
環大西洋交易圏　8
カンルジャ条約　42
生糸　10-11, 46, 52, 95-103, 110, 115, 116, 121-125, 131-134, 141
生糸貿易　95-97, 100-103, 122-125, 132, 133, 141
ギーラーン　41, 52, 64, 67, 95-97, 100-107, 109, 112-118, 120-121, 123-126, 131, 133
機械制綿工業　31, 122
生金巾（きかなきん）grey shirting　32
企業家　231, 234, 237, 240-241, 245-247

380 索引

刻みタバコ 173
キセル 173
喫煙法 170, 173
キッドミンスター 138
絹 10-12, 16, 18, 30, 46-49, 52, 64, 66, 68, 76-77, 81, 96, 102, 110, 126-127, 130-133, 140-141, 150, 162, 169, 246
絹織物 61, 65-68, 105, 122, 131, 134, 135, 154
絹織物業 11, 95, 101, 115, 122, 124
絹税（きぬぜい） 110-111, 126
絹の専売制 81
絹貿易 10, 13, 17, 21, 46, 66, 70, 81, 96, 98, 105, 115, 121, 123-126, 130-134
絹貿易の独占権 131
生繭（きまゆ） 117-119, 121
キャスラヴィー, アフマド Kasravī, Aḥmad 59, 62, 150-151, 167, 171
キャラバン 15, 33-34, 146
キャラバンサライ kārvānsarā 4, 28, 48, 60, 72, 144, 157, 159, 183
旧市街 25-26, 88, 158, 203, 241
旧ソ連圏 245-247
キュチュク・カイナルジャ条約 14, 30, 213
ギュムリク 105
ギュリュン・ハン Gürün Han 241-242
境域市場 3, 10-11, 15, 17, 22-24, 36, 37, 56, 76, 134, 156-157, 162-164, 229
境界域 2, 10
競合 24, 38, 130, 140, 164, 197, 216, 224, 246
行商 28, 51
行商人 117, 121
強制移住 11, 232
共存 7, 18, 24, 37
共存関係 2
共同出資者 47
共和人民党 236
局地的交易圏 2, 4
居留地 10, 12
ギリシア系非ムスリム商人 16-17, 24, 29, 31, 37-40, 45, 47, 69, 72, 76-77, 93, 96-98, 100-102, 105-106, 114, 120-121, 124-125, 141, 159, 163, 228, 239-240
キリム 128
禁止令 181-183, 185-189, 191, 196
『近東報知新聞 Le Moniteur Oriental』 205, 206
金融市場 48
クウェート 245

グジャラート 8, 9
グジャラート商人 8, 9
クラスノヴォドスク 156
クリミア・ハン国 13
クリミア戦争 170
グルジア 33-34
クルシュ 198, 200, 208, 214
クルディスターン 146
クルド族 149
グルベンキヤン, カルースト Gulbenkian, Calouste 71, 233
グルベンキヤン Gülbenkiyan, Serope 70, 72
グレートゲーム 23, 75
グローグ, ロバート Gloag, Robert 171
経済圏 3, 247
芸術至上主義 137
毛織物 5, 48, 67-69
ゲセルヤン兄弟商会 Vahram Geseryan ve Aram Geseryan 234
決済 5, 47-48, 50, 72, 114, 117, 123
結節点 3, 22, 78
ケディ Keddie, Nikkie R. 167, 180
ケトヒュダー 204
ケラーン 107-108, 115-117, 144-145, 155-178
ケルマーニー Kermānī, Nāẓem al-Eslām 167, 182, 183
ケルマーン 46, 143, 148-150, 152-154, 191
ケルマンシャー 143, 155, 187
絹糸工場 52
現地商人 3, 9, 35, 37, 75, 178
ゴア 9
公安警察 203, 204, 210-211
広域的な交易圏（交易ネットワーク） 2-8, 10-11, 14-19, 22-24, 32, 40, 74-78, 81, 91, 121, 125, 130, 134, 142, 146, 165, 168-169, 196, 222, 226
交易圏 2-8, 11, 14-15, 17-19, 22-24, 32, 40, 78, 81, 96, 125, 130, 134, 142, 152, 165, 168-169, 226, 229, 234, 237, 246-247
交易システム 3-4, 8, 16
交易都市 13, 17, 32-33, 97, 101, 131, 140, 149, 245
交易ネットワーク 3-6, 8-11, 13-14, 16-19, 22-24, 29-32, 35-40, 46-47, 49-51, 54-58, 65, 70, 72-78, 80-81, 83, 89, 91-93, 121, 124, 126, 130, 134, 140, 142, 146, 152, 156-157, 162, 165, 192, 202, 204-205, 207, 209, 213, 224-226, 229,

245-247
交易の中心（エンポーリアム）　2-3, 6, 10, 11, 18, 81, 125, 177, 246, 247
交易の担い手　96
交易路　10, 16-17
紅海　6, 9
交換　2, 5, 55
交換価値　138
高関税政策　64
抗議運動　40, 168, 180, 185-186, 209, 210
抗議集会　203-204, 209-210
工業化の進展　135, 237
工業振興策　236-237, 239
工業都市　237
工場制手工業　146
香辛料　5-7
香辛料貿易　6, 8-9
護衛隊（ジャンダルマ）　201-202
コーラン　185
国際交易　6, 237
国際商人　10, 12, 29, 62, 231
国際都市　22, 247
穀倉地帯　15, 31
国民経済　231, 239
国民経済論　230
穀物供給地　228
胡椒　6, 9
コチュ，ヴェフビ　227-228, 234-237, 240-243, 245, 247
コチュザーデ・アフメト・ヴェフビー商会　Koçzade Ahmet Vehbi Firması　234
コチュ商事株式会社 Koç Ticaret Anonim Şirketi　235-236
コチュ持株会社 Koç Holding Şirketi　236
黒海　13-18, 22, 29-35, 40-41, 48, 56, 78, 91, 93, 112, 171, 229
黒海汽船会社　41
黒海航路　15, 34, 156
黒海北岸地方　13-14, 31, 48
米　49, 54, 96, 103, 105, 123, 132
コンスタンティノープル　10, 14
コンスタンティノープル条約　14
コンヤ　163-164, 239

さ行

サーマッラー　180-181, 187-188, 196
在地の商人　13, 125
財閥企業　227, 236-237, 243
細胞検査法　104
サイヤーフ，ハージュ Sayyāḥ, Ḥājj　79-80

再輸出　16, 24, 36-37, 68, 76, 101, 155-157, 162
サウディアラビア　245
ザカフカス　12, 22, 33, 40-41, 58-59, 64, 74, 78, 102, 156, 211, 213-214
ザカフカス・ルート　40-42, 45-46, 56, 64, 67, 74, 102, 124-125, 155-156, 211, 213, 229
ザカフカス鉄道　41-42, 156
ザグロス山脈　149
サスーン　233
佐藤規子　167
『サバフ』（トルコ語新聞）　202, 206-207, 212
サバンジュ，サークプ Sabancı, Sakıp　241, 243
サバンジュ，ハッジュ・オメル Sabancı, Hacı Ömer　240-243, 245, 247
サバンジュ財閥　240, 243-244
サバンジュ持株会社 Sabancı Holding Şirketi　243
サファヴィー朝　10, 21, 25, 81, 127, 131, 133, 139-140, 171
サブシステム　7
サムスン　56, 164, 171
晒金巾 white shirting　32
ザリーフィ，ヨルゴ・ジョージ Zarīfī, Yorgo George　232
ザリーフィ Zarīfī 一族　232
サロニカ　112, 238
産業革命　31, 135-137, 170
ザンジャーニー Zanjānī, Moḥammad Reẓā　167
蚕種　66, 98-100, 102-117, 121, 124, 125, 132
蚕種業者　108, 110, 113-115
蚕種検査　111
蚕種商人　104, 107
蚕種の売込商人　112, 121
蚕種の改良事業　110, 111, 125
蚕種輸出　99, 105, 107-108, 112
蚕種輸入　98, 100, 105, 107, 109, 113
サンチーム　113
シーア派聖地　179, 180
シーラーズ　143, 148, 175, 177, 179-180, 182, 191, 193, 208, 209
シーラーズィー，モハンマド・ハサン Shīrāzī, Moḥammad Ḥasan　180-183, 185, 187, 188, 196
シヴァス　11, 163, 164
シェイフ・サフィー廟　127

シェイフ・モハンマド・アリー Sheyḫ Moḥammad 'Ali　217, 224
ジェノヴァ商人　10, 95
シガー（葉巻タバコ）　170, 173
シガレット（紙巻きタバコ）　65, 170-171, 173, 197
事業本部　177, 190, 194-195, 206
市場　3-6, 9, 11, 15-18, 22-23, 31-37, 39, 40, 45-46, 48-49, 52-54, 69, 74, 75, 77-78, 93, 102-103, 115, 120-122, 124-125, 128, 130-131, 134, 141, 147, 149, 155-158, 164-165, 168, 171, 175, 192, 195, 197, 207-209, 216, 222, 226, 228-230, 236, 241-245
市場空間　4-5, 156-159, 162
『自叙伝 Hayat Hi-kayem』　227, 234, 236
資本主義経済　3, 7-8, 18-19, 38, 78, 93
資本輸出　18, 170
シャー＝タフマースプ1世 shāh Taḥmāsp　127
シャーセヴァン族　149
ジャーディン・マセソン商会　98-99
シャーヒー　108, 218
ジャガード織機　139
借款　110, 189
ジャマールザーデ Jamālzade, Seyyed Moḥammad 'Ali　112, 155-157
シャリーア　55, 185
シャンパーニュの大市　5
週市　4
周縁化　6, 18-19, 78
集会　203-204
従価制　199
従価税率　200
住居　138, 144
自由航行権　14, 30, 33
従属化　18-19, 23, 78
従属地域　8
絨毯　18, 49, 65-66, 76, 96, 103, 123, 127-130, 133-152, 154-159, 162-163, 169, 221, 229, 230
絨毯工場　140, 142-145, 150, 152, 164
絨毯産業　140, 143, 144, 146-147, 149, 152, 154
絨毯産地　144, 148, 150, 154, 164
絨毯市場　162, 165
絨毯商人　157, 162, 165
絨毯職人　139
絨毯製作　139-140
絨毯の産地（生産地）　143-145, 148, 154, 164

絨毯の商品生産　140, 149
絨毯貿易　96, 130, 136, 142-143, 145, 147, 154, 156, 230
絨毯輸出　66, 133-134, 140, 143, 154, 155, 163
州知事　55, 62, 182-183, 186, 218-221
自由貿易主義　3, 16, 22
住民交換　78
住民交換協定　231, 240
住民構成　24, 27
従量制　199
従量税率　200
ジュネーブ　5
シュメル・バンク　239, 241
シュレイヤー Süreyya　196, 211, 214
使用価値　138
商館　5-6, 12, 120
蒸気船　16, 41, 101, 106
蒸気船航路　15
商業　1, 3-4, 11, 14, 18, 23-25, 29-31, 51, 54-55, 57-60, 62-63, 70, 76, 81, 83, 109, 141, 157, 163, 231-234, 236, 237
商業会議所　49-51, 54-55, 63, 70, 73, 83, 107-108, 162, 229, 231, 233
商業主義　147
商業情報　31, 55
商社　98, 133, 140-141, 156-157, 221
常設店舗　4
常設の市・店舗　4
消費　7, 13-14, 34, 38, 40, 65, 68, 74, 116, 122, 130, 133, 135, 137, 155, 169, 170, 175, 190, 191, 194, 207-209, 225, 239
消費生活　138
商品価値　134, 224
商品作物　95, 132
商品取引所　5
商品輸出　18
商品連鎖　18
情報収集　203
書記官局　196, 203, 210
書記官局長　196, 204, 211, 214
ジョルファー　11-12, 42
シリング　122
シルクロード　130
神学生（トッラーブ tollāb）　55
人口調査　25, 58
新市街　25, 87, 158, 227, 233, 238
信用取引　50-51
スーク sūq　4
スーフィー　60

索　引　383

スエズ運河　99, 143
鈴木均　167, 215
スナッフ　170
スモーキング　170
スルタン＝カリフ　203-204
生活調度品　137-138
税関　45, 63, 89, 91, 108, 157-158, 177, 199-201, 219
生産過程　18-19, 114, 124, 142
製糸工場　118, 122
製織技術　130, 142
青年トルコ人革命　68-69, 77, 157-158, 164, 230
世界経済　3, 7, 18, 78, 96, 130, 226, 247
世界市場　93, 165
世界システム　6-8, 18-19, 78
ゼッロルソルターンẒell al-Solṭān　217-219, 221
繊維産業　244, 246
染色　39, 52-53, 130, 143-147, 152, 238, 243
専売会社　168-170, 176-177, 180-181, 185-186, 189-190, 192-193, 195, 197, 199, 201-202, 206-207, 209, 211-216, 218, 220, 222-224
専売制　7, 10, 81, 178-179, 201, 204, 206, 209, 213
送金の方法　47
総支配人　142-144, 177, 181, 186, 190, 191, 194, 206, 220
総理府　87, 108, 195-196, 203-205, 209, 210, 213
ソグド商人　130
ゾゲブ, ジョルジュ・ドゥ Zogheb, Georges de　193-194, 206, 220
祖国解放戦争　229, 231, 240
ソルターナーバード（アラーク）　79, 140, 142-148, 150-151, 154

た行

タージェル tājer　59
第一次エルズルム条約　43-44
第二次エルズムル条約　43-45
第一次世界大戦　78, 159, 162-164, 227, 229-234, 246
対イラン中継貿易　34, 63, 159, 229
対イラン貿易　15-17, 33-35, 45, 63, 75, 141, 246
対外貿易　13, 23-24, 30, 46, 48-49, 57
大航海時代　8

大衆消費社会　135, 170
隊商　13, 16, 21, 203
対ヨーロッパ貿易　17, 19, 22, 23, 37, 50, 59, 81, 102, 141
代理商　59
代理商人　61, 120-121
代理店　38, 234
代理店契約　35-36
代理人（ワキール）　6, 36, 46, 71, 88-91, 216, 220-221, 223-224
多国籍企業 kompānī-ye aghlab-e melal　176, 179, 194
タッヴァーフ ṭavvāf　117
経糸　127, 145, 151
タバータバーイー, モハンマド・レザー Ṭabāṭabā'ī, Moḥammad Rezā　182, 184, 187
タバコ・ボイコット運動　24, 65, 77, 167-169, 174, 180, 193, 209, 214, 225-226
タバコ職人　177
タバコ税　178, 181
タバコ専売事業　176-178
タバコの種類　170, 173, 191
タバコの品種　171
タバコの輸出先　168
タバコ輸出　65, 169, 179-180, 192, 213
タバコ利権　168-170, 176-177, 179-183, 185, 188, 190-193, 195, 197, 204, 206, 225-226
タバコ利権廃棄の勅令　204
タフマースプ2世　25
タブリーズ　10-12, 15-17, 28, 32-35, 37-43, 45-47, 55, 57-59, 61-64, 67-69, 72-74, 76, 80, 97, 101-103, 122-125, 131-132, 134, 139-140, 143-144, 148-152, 154-156, 177-179, 191, 210-211, 217, 229
タブリーズ商人　102-103, 123-125, 154
タブリーズ蜂起　59
タフレシー, セイイェド・アリー・アクバル Tafreshī, Seyyed 'Alī Akbar　181, 184, 187, 188
ダマスクス　95, 112
タルボット Talbot, G. F.　169, 176-178
嘆願書　179, 196, 203-204
タンバーク— tanbākū　65, 170-171, 173-176, 181-182, 186, 190-193, 196, 219
タンバークーの産地と等級　175
地域間交易　19, 80
チェルシー絨毯　139
地中海　1, 3, 5-6, 10-11, 15-16, 29, 31, 93, 98-99, 130, 141, 173

384 索引

チフトリキ　11，18
チャクマクチュラル Çakmakçılar 通り　60，88
チャプマン Chapman　31，93
チャルシュ çarşı　4，60，88，157，203，245
チャルディランの戦い　10
駐イスタンブル・イラン大使館　43-44，56，203
仲介商人　6，33，74，235，243
仲介手数料　36
中核地域　6，8，18
中継関税　40，42-45，56，63-64，76，157
中継地　3，9，15-17，22，24，32-33，37，39-40，45-46，48，50，56-57，59，61-64，67-69，72-74，76-77，81-90，96，97，101-102，131-132，134，141，154-156，163，179，191，213，229-230
中継貿易港　11
中継貿易ルート　32-34，40-41，46，48，64
中継貿易路　10
中東イスラーム世界　1-5，7-8，10-11，21，36，78-79，93，131，170，245-247
チュブク çubuk　172-173
直接貿易　35-36，120-121，124
勅許状商人（ベラートル・テュッジャール beratlı tüccar）　30
ツィーグラー商会 Ziegler and Company　75，101，140-148，150-151，154，156，219，221-222
通行証（カルタス）　9
通行税　11，45
通商条約　3，16，22-23，38，40，42-45，63，76，95，101，178，213-214
通商条約の改定　40，42-43，76
通訳　30，85
ディウ　8，9
低関税政策　33
定期市　2，4-5
帝政ロシア　14，23，30，32-35，39-41，44，46，48，51，58，64，68-69，73-75，77，101，119，150，155-156，176，178，192，211，213-214，229
ティフリス（トビリシ）　33，35，41-42，48，59，80，101，210，211
ティームーリー Tīmūrī, Ebrāhīm　167
ディヤルバクル　10，12
手形　48，72，154，190
デザイン　39，53，68，130，138-139，146，147，149，152-153
テズケレ tezkere　195-196，203

手荷物貿易　245
テヘラン　24-29，34，37，45-48，54-56，58，61-62，76，79，89，105，108，142，143，148，169，176，177，179-183，185-188，190-192，202
デモ　203-204
デューク，ジェームズ・ブキャナン　171
テライユ・ペヤン Terrail Payen and Co.商会　116
デルマガーニー Delmagānī　154
テレンバール　114
天竺木綿 T-cloth　32
天然染料　54
トゥートゥーン tütün　170，181，182，186
同職組合 aṣnāf　28，203
トゥッジャール（卸売りを行う大商人）　231，236
トゥトゥン tütün　169-171，173，197，201
トカト　11
独占権　81，131，168，176，181，186，195，197，215，219
独占税　198，200
特別委員会 Komisyonu Mahsus　195-196，198，208
特権（イムティヤーザート imtiyazat）　30
特権会社　95
トプラク，ザーフェル　230
トラブゾン　12，15-17，22，32-35，42，56，57，62-64，66-69，78，90-91，102，134，135，149，154，164，171，217，233
トラブゾン＝タブリーズ・ルート　32-35，37-43，45，63-64，68-69，103-104，124，125，155-156，211，229
トランジット　33，41，64，102
トランスカスピ鉄道　156
トルコ・クルド系住民　77，232，233
トルコ共和国　159，162，226-227，229，231，234，237-238，243
トルコ系商人　231，233，238-239
トルコ絨毯　163-165
トルコの繊維製品　244
トルコマーン（トルクメン）　146，149
トルコマンチャーイ条約　178
トルコ民族主義　229-230
トルコ結び　151-152
トルコムヤン，ケヴロク Torkomyan, Kevrok　110-112
トンベキ　65，170，191，194-209，211-226
トンベキ専売会社 Société du Tombac　193-206，209-215，226
トンベキ専売会社の増資　205

索　引

トンベキの関税協定　199
トンベキの輸出利権　220
トンベキの輸入専売利権　197, 209
トンベキの輸入量　198, 200
トンベキ輸出協定　223
トンベキ輸入専売会社 Société du Tombac, La Société de la Régie des tumbekis persans, Tömbeki İnhisarı　65, 192, 195, 199, 206, 216-226
問屋制家内工業　146, 152, 154, 156

な行

ナージルリ　239, 241
ナーズィフ，アフメト Nazif, Ahmet　195, 200
ナーセロッディーン・シャー Nāṣer al-Dīn Shāh　53, 128, 136, 182-188, 204
内国関税　16
内国関税局長　195, 200, 208
内国専売権　181, 184-185
ナジャフ　79
ナジャフィー，アーカー Najafī, Āqā　180, 182, 217, 218, 224
ニージニー・ノブゴロド　32, 41, 51
ニーデ　163, 164
荷担ぎ人夫（ハマル）　240
ニコチアーナ・タバクム Nicotiana tabacum　170
ニコチアーナ・ペルシカ Nicotiana persica　170
ニコチアーナ・ルスチカ Nicotiana rustica　170
ニコチン　173
ニスバ　57
日本　79, 98-100, 102-105, 122, 132, 163, 167
日本の在来種　171
日本の蚕種　99-100
入市税　45
にわか商人　245
ヌーリー，ファズロッラー Nūrī, Fazl Allāh　182, 187

は行

バーザール bāzār　4, 25-26, 28, 40, 53, 60, 73, 75, 133-134, 142, 151, 157, 179, 180, 183
バージェス，チャールズ Burgess, Charles　34
ハージッジ・アーカー・モハンマド Ḥājj Āqā Moḥammad　218-219
パートナー　28, 224, 238
パートナーシップ　83-87, 92, 228
バーレー種　171
ハーレム　183
賠償金　189, 191
ハイダルパシャ　227
パイプ・タバコ　170, 173
ハイリーイェ・トゥッジャール Hayriye Tüccar　231
パイル糸（結び糸）　127, 151
バクー　12, 41, 46, 55, 59, 101, 124
バグダード　4, 12, 55, 101, 108, 116, 122, 143, 155, 187, 197, 220
博覧会　134, 136, 141
バクルキョイ　238-239
ハゴプ・ミンツーリ Mintzuri, Hagop　70
播種　175, 179
パスカリディ Pascalidi 兄弟商会　104, 106, 112, 116
バスト bast　62, 209, 211-213
パストゥール法　104, 108, 110-112
バスラ　143, 197
バツーミ　12, 22, 41, 59, 124
ハディース　185
バトマン　107-108, 115, 119
パナヨッティ Panayotti　47
パパドポウロス，デメトリウス Papadopoulos, Demetrius　115
パパドポウロス H. Papadopoulos 商会　120, 121
バフティヤーリー族　149
ハマダーン　122, 143, 148, 191
パムク，シェヴケト Pamuk, Şevket　63, 238
バヤル，ジェラール Bayar, Celal　241
パラ　198, 200
ハラーム（禁止）　183
バルカン諸国　245
バルカン戦争　230, 238
バルタ・リマヌ条約　42
バルタジュ・ハン Baltacı Han　206
パルティア商人　130
バルフォルーシュ　46
パン・イスラーム主義　24
ハン han　4
ハンザ同盟都市　5
バンダル・アッバース　220
バンダレ・レンゲ　220
ハンブルグ　165
ピールザーデ Pīrzāde, Ḥājjī Moḥammad ‘Alī　60-62, 69
比較関係史　19, 169
東インド会社　95

東シナ海　8
緋金巾 Turkey red　32
庇護民（プロテジェ protégé）　30, 74, 82, 83, 101, 141, 150, 177, 192, 213-214, 231
ビザンツ帝国　10, 14, 22
ビトリス　233
非ムスリム商人　10, 14, 16-19, 22, 24, 29-31, 35-40, 43, 45-47, 49, 55, 69-70, 72-78, 93, 96-98, 100, 102, 105-106, 113-114, 120-121, 124-126, 141, 159, 162-164, 221, 224, 228-231, 233-240, 243, 246
非ヨーロッパ諸地域　6, 8, 19, 136
非ヨーロッパ世界　7
広場　4, 25, 28, 217
ファトワー　185
ファラーハーニー Farāhānī, Mīrzā Moḥammad Hoseyn　56-57, 59-60, 62
ファラーハーン地方　142, 144
フィレンツェ　11
ブーシェル　145, 217
フェルト　128
フォンダコ　5
物質文明　137-138
ブラウン Browne, Edward G.　167
フラン　113, 117
フランス　11, 14-15, 30, 44, 46, 48, 75, 96, 99, 105-106, 108, 110-112, 116, 119, 121, 124, 131-132, 135, 147, 164, 168-170, 174, 178, 193-194, 205, 225, 226, 244
フランス資本　65, 158, 168, 205
フランス商人　95, 120, 229
ブラント，ジェームズ Brant, James　34-36
フランドル　5
フリー・トランジット政策　41, 64, 102
フリー・ポート　165
ブリュージュ　5
プリント地　39, 147
ブルサ　10, 12, 15, 95, 104-106, 108-112, 114, 116, 125-126, 163, 164
ブルドゥル　163
分業　1-3, 18, 126, 137, 231
分業体制　18
フンドゥク funduq　4, 6
ベイオウル　227
ベイオウル地区　82, 87
ベザノス　104, 106, 112, 114-116
ベズメン，ハリル・アリ Bezmen, Halil Ali　238-239, 242

ベフバハーニー，セイイェド・アブドゥッラー Behbahānī, Seyyed ʿAbd Allāh　185
ペプリン（微粒子病）　46, 95, 132
ペルシア語新聞　177, 196
ペルシア絨毯　127, 129, 130, 133-141, 143, 145, 147, 162-165
ペルシア絨毯製造会社 Persian Carpet Manufacturing Company　145
ペルシア帝国タバコ専売会社 Imperial Tobacco-Corporation of Persia　65, 169-170, 176-179, 186, 192-197, 199-200, 202, 204-206, 225
ペルシア結び　151
ペルシア湾　6, 17, 22, 32-33, 68, 143, 220, 230
ペルティヴィッチ，ジャック　159
ヘルフゴット Helfgott, Leonard M.　130, 142
ヘレケ　163-164
ペンス　122
ボイコット運動　65, 167-169, 174-175, 179, 180, 183, 188, 192, 194, 196, 201, 209-210, 213-216, 225-226, 232
貿易形態　36, 120
貿易構造　18-19, 49, 95, 132
貿易商社　133
法源　185
紡績会社　114, 239-244
紡績工場　115, 238-241
ホクム　180, 182-183, 185, 187
保護貿易主義　33, 41
補償金　189-190
補償問題　169, 180, 190
ボスフォラス海峡　14, 33, 159, 229
保税倉庫　157-159, 162, 165
ポチ　41, 101
ボッサ BOSSA 紡績会社　240, 243-244
ホッツ商会 Hotz and Sons　145, 219, 221, 222
ボナクダーリアーン Bonakdarian, Mansour　167
ホラーサーン　9, 41, 58, 100, 104-105, 148-150
ホラーサーン地方　47, 99, 149, 156
ボルージェルド　148
ポルトガル　7-9
香港上海銀行　142
ポンド　90, 97-99, 102, 107, 122, 131, 132, 144, 189, 191, 205

ま行

マーザンダラーン　41, 73, 100, 105

索 引　387

前貸し金　113, 152, 217
マカリアン Macarian　90
マシュハディサル　46
マシュハド　46, 148-149, 156, 177, 191
マスジェデ・シャー Masjed-e shāh　217
マズバタ mazbata　196, 198
マドラサ　55, 144, 186-187
マフダヴィー，シーリーン Mahdavi, Shireen
　28, 47-48, 50
マホウキアン Mahoukian　90
マムルーク朝　4, 7-8
マルコム・ハーン Malkom Khān　79, 85
繭　10-11, 66-67, 96, 99, 100, 103, 109,
　112-121, 123-126, 131, 134-135, 154, 229
繭の買い付け商人　118, 121, 125
繭の流通段階　121
繭貿易　96, 116-117, 120-125
マラッカ　8-9
マラバール海岸　6
マルジャア・アッ＝タクリード Marjaʿ al-taqlīd
　（（「模倣の源泉」）　180
マルセイユ　11, 15, 46-47, 95, 99, 102,
　103, 120-122, 124-125
マレコルトッジャール（Malek al-tojiār「商人
　の長」）　186, 218-219
マンチェスター　31, 38, 69, 82-84, 86,
　88-91, 93, 104, 140-141, 143, 147, 157,
　238
水ギセル　173, 180
水タバコ　44, 65, 170-173, 184, 197, 207
密偵　204
密輸　65, 200-202, 207, 224
ミッリー・イクティサート milli iktisat 政策
　229-231, 233, 238
港市　6, 8-9, 78
南シナ海　8
見本市　51
ミラノ　11, 120-121, 124-125, 131
民主党政権　236, 240
民族運動　167-169, 225-226
民族間衝突　77, 233
民族トルコ商業連合会 Milli Türk Ticaret Birliği
　233
ミンバル　187
無関税政策　41
ムヒッティン，アフメド Muhittin, Ahmed
　230
名望家層　18
メダリオン　147
メッカ巡礼　56, 61
メッセ　5

綿織物　32, 49, 52, 69, 141, 147, 238,
　239, 241
綿花　18, 49, 54, 240-241
綿繰り工場　240
綿糸工場　238-239
メンスージャート・サントラル Mensucat Santral　238-239, 242-243
綿製品貿易　24, 29, 32-33, 37, 39-40, 45,
　70, 72-74, 76
メンデレス，アドナン Menderes, Adnan　236,
　239-240
綿布　39, 52, 73, 74, 176
綿紡績業　238-240, 244, 246
綿紡績工業　39
モカッリド　185
モサーレセ契約　114-115
モジュタヘド Mojtahed　55, 179-180, 185
モスクワ　39, 46, 51, 69, 95, 122
モストウフィー，アブドッラー Mostowfī, ʿAbd
　Allāh　128
戻し税　63-64
モノの流れ　18, 22
モラッベ契約　114
モリス，ウィリアム　137-139, 141
モリス，フィリップ Morris, Philip　171
紋様　130

や行

ヤズド　46, 143, 182, 191
遊牧　2, 13, 128, 136, 146, 149
遊牧社会　2, 23, 152
輸出関税　115, 136
輸出商人　119-120
輸出商品　46, 49, 95, 141
輸出振興策　244
輸出税　43-44
輸出専売　204
輸出専売権　181, 184-186, 192
輸出入関税　30, 43, 56
輸出入貿易　22, 30, 62-64, 123, 140-141,
　145, 221
輸出の振興　53, 133
輸出貿易　44, 46-49, 64-65, 67, 76-77,
　95-97, 99, 101-103, 108, 120-121, 123,
　131-134, 140-141, 155, 163, 192, 237,
　244-245
ユダヤ系　112, 162, 224, 235-236, 238,
　241
ユダヤ系トルコ人　238
輸入関税　199, 214, 240
輸入税　41, 44-45, 63

輸入専売権　198, 204-205
輸入代替工業化政策　238-239, 244, 246
輸入貿易　35, 47, 49, 64-65, 68-69, 77, 157, 207, 212, 237
ユルドゥズ・サライ書記官局　203-204, 210, 211, 214
養蚕　46, 95, 100-101, 105, 109-110, 113-115, 117, 124-125, 132
養蚕技術　10, 131
養蚕業　96, 104-106, 109-110, 112, 115, 121
養蚕業の復興　109-110, 125-126
養蚕の復興　103, 163
ヨーロッパ更紗 printed cotton, printed calico　32, 61
ヨーロッパ市場　46, 102-103, 120, 124, 125, 130, 141, 147
ヨーロッパ資本主義経済　3, 18, 19, 95, 226
ヨーロッパの商人　3, 6, 11-14, 16-18, 22, 23, 30, 38, 49, 75, 77, 78, 102, 113, 121, 130, 133, 140, 158, 246
緯糸　127, 145
『横浜市史』　98

ら行

ラーレリ地区　245
ライスペーパー　171
ライプツィッヒ　32, 41
ラシュト　52, 97, 99, 101, 104, 106-107, 114-117, 122-124, 191
ラッセル Lascelles, F.　181, 186, 189
ラッリ商会　29-33, 36-40, 43, 45-50, 69, 70, 72, 76, 93, 97-98, 100-102, 105, 141, 159, 232
ラムトン Lambton, A.K.S.　167, 180
利権廃棄　168-169, 180, 186-189, 191, 192, 202, 204, 206, 214
利権廃棄協定の交渉　191
利権廃止協定　189, 192
利権料　198, 215
離散　232-233, 240
離散者　232
リスト, フリードリッヒ List, Friedrich　230
流通回路　75, 156
流通過程　19, 120
流通ネットワーク　168, 211, 215
両替商（サッラーフ ṣarrāf）　24, 28, 46, 76, 190
両大戦間期　234, 236-237, 239, 241
リヨン　5, 11, 103, 120-121, 124, 131

リラ　61, 110, 194, 197-198, 205, 234
ルザー・パシャ Rıza Paşa　196
ルッカ　11
レヴァント会社　16, 31, 35, 95
ロウ Law, E. F.　74-75, 77, 103
ロシア商船　14, 30
ロシア商人　23, 34, 74, 77
露土戦争　14-15, 30, 232
ロル族　149
ロンドン　5, 15, 31, 34, 48, 82-83, 85-87, 90, 92, 127, 136, 139, 145, 148, 163-165, 171, 177, 189, 233

わ行

湾岸諸国　245

著者紹介
坂本 勉（さかもと つとむ）

1945年生まれ。1969年慶應義塾大学文学部東洋史専攻卒業。1975年慶應義塾大学大学院文学研究科博士課程修了。1974年より慶應義塾大学文学部助手、1981年助教授、1991年教授、2011年定年により退職、現在慶應義塾大学名誉教授。1976-78年テヘラン大学、ケンブリッジ大学中東センターに留学。1987-89年日本学術振興会西アジア地域センター（アンカラ）派遣研究員およびアンカラ大学言語・歴史・地理学部講師としてトルコに滞在。1999-2000年ボアジチ大学（イスタンブル）文理学部訪問教授。専攻は近代中東イスラーム世界史、イラン＝トルコ比較関係史、日本とイスラーム世界の交流史。

著書として『トルコ民族主義』講談社、1996年、『イスラーム巡礼』岩波書店、2000年、『ペルシア絨毯の道』山川出版社、2003年、『トルコ民族の世界史』（『トルコ民族主義』の増補改訂版）慶應義塾大学出版会、2006年、編著として『イスラーム復興はなるか』講談社、1993年、『近代日本とトルコ世界』勁草書房、1999年、『日中戦争とイスラーム』慶應義塾大学出版会、2008年、『井筒俊彦とイスラーム』慶應義塾大学出版会、2012年などがある。

イスタンブル交易圏とイラン
——世界経済における近代中東の交易ネットワーク

2015年4月10日　初版第1刷発行

著　者―――坂本　勉
発行者―――坂上　弘
発行所―――慶應義塾大学出版会株式会社
　　　　　〒108-8346　東京都港区三田2-19-30
　　　　　TEL〔編集部〕03-3451-0931
　　　　　　　〔営業部〕03-3451-3584〈ご注文〉
　　　　　　　〔　〃　〕03-3451-6926
　　　　　FAX〔営業部〕03-3451-3122
　　　　　振替　00190-8-155497
　　　　　http://www.keio-up.co.jp/
装　丁―――鈴木　衛（東京図鑑）
印刷・製本――亜細亜印刷株式会社
カバー印刷――株式会社太平印刷社

©2015 Tsutomu Sakamoto
Printed in Japan　ISBN 978-4-7664-2207-8